21세기

가족상담

전영주 염은선 황경란 배덕경 송정숙 이복숙 공저

신정

/머/리/말/

21세기에 들어서며 한국의 가족상담 분야는 괄목할 만한 성장을 거듭해왔습니다. 가족센터(건강가정지원센터)를 중심으로 가족상담서비스를 제공하는 공적 전달체계가 촘촘하게 구축되었고 동시에 민간 전달체계도 확충되면서 가족문제로 어려움을 겪는 분들은 누구나 쉽게 가족상담서비스를 접할 수 있게 되었습니다. 가족상담 교육과 연구, 훈련 또한 발전되어 대학을 중심으로 전문적인 연구와 체계적 교육이 이루어지고 있으며 민간 학회를 중심으로 부부가족상담 전문가 자격제도도 꾸준히 운영되고 있습니다.

다만 학부생 대상의 가족상담 수업을 오랫동안 진행하면서 학부생 수준에서 읽기 쉬운 가족상담 교재가 흔치 않다는 점을 안타깝게 생각해왔습니다. 그러던 차에 신정출판사 최용구 사장님의 권유로 2016년 가족상담 입문서인 '가족상담: 개념과 실제'를 집필하게 되었고, 여러 대학에서 이 책을 가족상담 수업 교재로 채택해 주셔서 기대 이상의 사랑을 받았습니다. 그간 개정의 필요성이 계속 제기되었지만, 집필진 중 고인이 되신 분이 있어 개정보다 '21세기 가족상담'이라는 새로운 이름의 책으로 전면 재집필하여 세상의 빛을 보게 되었습니다.

이 책의 집필진은 가족상담 연구자이자 교육자이며 오랫동안 상담현장에서 가족상담을 실천해온 전문가 6명으로 구성되었습니다. 집필진은 학부생들이 가족상담 개념과 실제를 이해하기 쉽도록 각 장마다 가상사례를 삽입해 상담이론과 기법을 적용해 볼 수 있도록 하였습니다. 또한 각 장의 끝에 '활동하기'를 두어 다양한 상담 관련 방송매체와 영화를 소개하여 가족상담 수업에 활용해볼 수 있도록 하였고, 독자들이 상담 모델과 관련된 다양한 실습을 해볼 수 있도록 하였습니다.

본서는 총 5부로 1부 가족상담의 기초, 2부 정서 모델, 3부 행동 교류 모델, 제4부 후기 근대주의 모델, 제5부 매체를 활용한 가족상담 등으로 구성하였습니다. 1부 가족상담의 기초는 1장 가족상담의 개요, 2장 가족상담 전달체계, 3장 가족상담의 실제에 대해 다루었습니다. 2부 정서 모델에서는 4장 대상관계 가족상담, 5장 보웬 다세대 가족상담, 6장 사티어 경험적 가족상담을 살펴보았습니다. 행동 교류모델을 다룬 3부는 7장 구조적 가족상담, 8장 전략적 가족상담, 9장 인지행동 가족상담을 포함합니다. 후기근대주의 모델을 다룬 4부는 10장 해결중심 단기치료, 11장 이야기치료, 12장 통합적 가족상담으로 구성되어 있습니다. 마지막으로 매체를 활용한 가족상담을 다룬 5부는 13장 가족놀이치료, 14장 가족인형치료, 15장 가족미술치료를 포함합니다. 이 책의 1, 3, 5, 8장은 전영주, 7, 9장은 염은선, 4, 6, 12장 및 5장의 사례는 황경란, 13, 14, 15장은 배덕경, 10, 11장은 송정숙, 2장은 이복숙이 각각 맡아 집필하였습니다.

이 책을 통해 2019년 불의의 사고로 별이 되신 양무희 선생님을 기리고자 합니다. 부울경 지역 및 신라대학교 가족상담 공동체의 토대를 함께 다졌고 항상 따뜻한 치유자이자 든든한 동료였던 양무희 선생님의 사랑과 헌신을 기억합니다. 마지막으로 이 책이 나올 수 있도록 격려해 주신 신정출판사의 최용구 사장님, 그리고 편집과 교정과정으로 수고해 주신 직원들께 감사를 전합니다.

2022년 8월

집필진 일동

/차/례/

PART 02 정서 모델

Family Counseling in 21st Century

CHAPTER 04 대상관계 가족상담

CHAPTER 05 다세대 가족상담

CHAPTER 06 경험적 가족상담

PART 04 후기 근대주의 모델

Family Counseling in 21st Century

CHAPTER 10 해결중심 단기치료

CHAPTER 11 이야기치료

CHAPTER 12 통합적 가족상담

PART 05 매체를 활용한 가족상담

Family Counseling in 21st Century

CHAPTER 13 가족놀이치료

CHAPTER 14 가족인형치료

PART

01

가족상담의 기초

CHAPTER 01 가족상담의 개요

CHAPTER 02 가족상담 전달체계

CHAPTER 03 가족상담의 실제

Family Counseling in 21st. Century

Ⅰ부는 가족상담의 기초에 관한 내용으로 가족상담의 개요, 현황, 전달체계, 가족상담의 실제 등을 다룬다. 1장에서는 가족상담의 개념과 특징, 가족상담의 인식론, 가족상담의 기본개념, 가족상담의 발달 등 가족상담의 개요를 살펴본다. 2장에서는 우리나라 가족상담서비스가 이루어지는 현황을 공적 전달체계와 민간 전달체계를 중심으로 살펴본다. 3장에서는 가족상담의 실제를 다루며, 구체적으로 가족상담에서의 평가 및 사례개념화의 주요 이슈, 가족상담의 초기・중기・종결단계에서 점검해야 하는 핵심사항, 가족상담자의 중요 내용을 살펴본다.

CHAPTER 01

가족상담의 개요

Family Counseling in 21st Century

1 가족상담의 개념과 특징

1) 가족상담의 개념

문제가 없는 가족은 없다. 모든 가족은 크고 작은 문제를 수없이 경험하며 살아간다. 어떤 문제는 감기처럼 가볍게 지나가지만, 어떤 문제는 만성적으로 오랜 세월 동안 가족을 괴롭히거나 깊은 상흔을 남겨 다음 세대 가족까지 힘들게 할 수 있다.

가족의 정서적 환경과 상호작용 유형은 개인의 정서와 행동에 깊은 영향을 미친다. 개인이 어떤 문제를 가졌을 때 그것은 단지 개인의 문제가 아닌 가족의 문제인 경우가 적지 않다. 가족상담은 가족을 돕는 개입방법 중 하나로 개인이나 가족의 문제해결을 위해 관계의 맥락에서 조력하는 상담활동이다.

가족상담의 단위는 개인이 아닌 개인을 둘러싼 관계의 망, 즉 가족관계가 된다. 가족상담은 개인심리치료에 비해 상담기간이 짧은 편으로 평균 10회기 내외로 종결된다. 주로 부부나 가족이 상담의 단위가 되지만, 한 명의 개인을 대상으로 상담을 진행하는 경우라도 상담자가 내담자의 심리내적 측면에 초점을 두기보다 체계론적 관점에서 내담자의 문제의 배경과 관계망에 초점을 두고 상담을 진행한다면 가족상담으로 간주될 수 있다(정문자 외, 2018).

2) 가족상담의 출현배경

가족상담은 2차 세계대전이 끝난 20세기 중반 미국에서 시작되었고, 1960년대부터 유럽, 아시아, 중동, 호주 등 전 세계로 확산되었다. 직선적이고 기계론적인 개인심리치료 인식론 대신 순환론적 인식론을 대안으로 수용하면서, 인간의 갈등과 문제를 해결하기 위해 맥락을 살펴보는 관계적 관점을 취하게 되었다. 일반체계론과 사이버네틱스를 배경으로 구축되었던 전통적 가족상담은 1980년대 후반 포스트모더니즘 사조가 등장하고 정보화와 세계화의 추세 속에 변화를 맞이했고 21세기 들어 뇌과학 및 신경생물학의 발전으로 새로운 도전을 맞이하고 있다.

역사적으로 가족상담이 전문 영역으로 탄생하기까지는 개인심리치료의 한계를 느끼고 가족을 대상으로 상담해야 할 필요성을 제기한 여러 영역의 전문가들이 있었다. 20세기 중반을 향해가면서 아동발달, 부부상담, 사회복지실천, 그리고 집단상담 등의 분야에서는 개인을 넘어선 가족개입에 대한 관심이 커졌다. 이들 영역은 각각 가족상담의 태동에 기여했다.

(1) 아동발달 영역

아동발달 영역에서는 개인의 문제 원인을 아동기의 성장환경이나 부모와의 관계에서 찾았다. 20세기 초 아동권리운동과 아동지도에 대한 사회적 관심은 가족상담의 태동에 기여했다. 프로이트(Sigmund Freud)나 아들러(Alfred Adler)와 같은 심리

의 태동에 기여했다. 프로이트(Sigmund Freud)나 아들러(Alfred Adler)와 같은 심리학자들은 정서적 문제가 아동기에 시작되며 아동기의 문제 예방과 초기발견은 성인기의 문제를 예방할 수 있다고 주장하였다. 생애 초기의 가족관계를 기능적으로 변화시킴으로써 아동발달에 긍정적 영향을 미칠 수 있다고 보고, 가족을 대상으로 하는 상담이 필요하다고 생각하기 시작했다.

(2) 부부상담 영역

부부상담 영역은 부부를 함께 만나 문제를 해결해야 한다는 필요성이 제기된 부분이다. 산업화 이후 근대적 부부중심의 핵가족이 지배적인 가족 유형이 되었고, 우호적인 부부관계가 가족기능의 중심으로 자리를 잡으면서, 결혼생활의 문제는 가족기능성과 직결되는 이슈가 되었다. 20세기 초반, 당시 결혼생활에 문제가 있었던 사람들은 심리치료전문가보다는 목사, 의사, 변호사, 교수, 교사 등 심리치료의 영역 밖에서 사람들을 돕는 전문가집단을 찾아 자신의 어려움을 의논하였다. 이들은 부부문제를 다루기 위해서는 부부를 함께 만나야 한다고 확신하게 되었고, 새로운 접근이 필요하다는 데 공감하였다.

(3) 사회복지실천 영역

사회복지실천은 19세기 말 영국과 미국의 자선조직에서 출발하였으며 전통적으로 가족에 대한 개입을 강조했다. 사회복지사는 가정을 방문하여 의식주와 같은 기본적 욕구를 원조했으며, 가족문제를 제대로 이해하기 위해 부모의 면접을 강조했다. 이러한 사회복지적 접근은 당시 가족문제의 책임을 어머니에게 돌리는 관행과는 매우 대조적인 접근이었다.

(4) 집단역동운동 영역

마지막으로 가족상담의 출현에 영향을 미친 집단은 집단역동운동이다. 이는 상담과 교육의 대상을 개인보다 집단으로 넓히며 소집단의 일종인 가족을 상담의 단위로 고려함으로써 가족상담의 태동에 기여하였다. 집단의 역동을 처음 도입한 것은 20세기 초 오스트리아의 정신과 의사였던 모레노(Jacob Moreno)로 그는 드라마와 치료적 기술을 결합한 사이코드라마(psychodrama)를 개발하여 활용하였다. 그의 시도는 당시의 정신치료자들로 하여금 전통적인 심리치료방식에 의문을 품게 하였고, 가족원들을 함께 만나는 것이 개인과의 분리된 만남보다 더 효과적일 것이라는 시각이 발전하게 되었다(Nichols & Schwartz, 2001, 김영애 외 역, 2002). 집단역동에서는 집단원이 어떠한 내용의 메시지를 주고받는가보다 그 메시지를 어떠한 방법으로 전달하고 공유하는가 하는 의사소통과정에 주목하는 것이 필수적이라고 보는데, 이러한 시각은 가족상담의 초기 발달단계에서 가족원 간 의사소통의 내용보다 과정에 주목하도록 하는 데 영향을 미쳤다(정문자 외, 2018).

3) 개인상담과 가족상담의 차이

개인상담과 가족상담 중 어느 쪽이 더 유용한가에 대한 질문은 답하기 어렵다. 내담자의 특정 문제, 상담자의 선호, 상담의 맥락 등에 따라 개인상담 또는 가족상담을 결정하는 것이 적절할 것이다. 개인상담과 가족상담을 대치되는 것으로 보는 것보다 상호보완적인 접근을 통해 내담자에게 최적화된 상담을 제공하는 지혜가 필요하다. 개인상담과 가족상담은 다음과 같은 점에서 차별화된다.

(1) 세계관의 차이

개인상담과 가족상담은 각각 기계론적 세계관과 유기체론적 세계관이라는 다른 출발점을 가지고 있다. 개인상담은 문제를 바라보고 문제를 진단하는 과정에서 '이것 아니면 저것'이라는 이분법적 입장을 취한다. 문제의 원인과 결과를 분리해 생각하고, 전문가인 상담자와 도움을 받는 내담자를 주체와 객체로 분리한다.

반면 가족상담은 체계론에 근거하므로 세상을 유기적으로 연결된 관계의 망으로 본다(정문자 외, 2012). 유기체론적 세계관은 우주가 상호연관된 관계망으로 구성되어 있으며, 본질적으로 역동적이라고 본다. 부분들은 유기적으로 연결되어 있으며 맥락이나 상황에 따라 상대적으로 행동한다. 사람의 몸은 정신과 연결되어 있으며, 타인이나 환경과도 유기적으로 연결되어 있기 때문이다. 유기체론적 관점의 출현으로 개인상담적 접근은 보완의 필요성이 제기되었으며 인간의 문제와 고통, 그에 대한 해결과 변화의 방향에도 혁신적인 변화가 일어났다.

(2) 문제의 초점

개인상담은 내담자를 별개의 독립된 존재로 보고, 내담자의 특성은 무엇이며 내담자가 어떠한 행동을 하여 문제가 나타났는지 원인을 파악하는 데 관심을 가진다. 따라서 내담자의 주변 맥락이나 관계는 일차적인 관심사가 아니다.

반면 가족상담은 내담자의 주변관계망에 관심을 두고, 상호관계의 맥락에서 내담자의 문제를 바라본다. 내담자가 드러내고 있는 증상은 역기능적 연쇄과정의 맥락에서 발생되고 있다고 보기 때문이다.

(3) 내담자에 대한 시각

개인상담은 내담자를 자극에 대해 수동적이고 반응적인 존재로 본다. 따라서 전문가인 상담자가 제시하는 해법에 따라 내담자는 긍정적 방식으로 반응하고 변화될 것으로 기대한다.

한편 가족상담은 내담자가 환경에 적극적으로 참여하며 주변 맥락에 영향을 미치는 능동적 존재로 간주한다. 상담자는 내담자 가족의 상호작용을 존중하며 치료 과정에 함께 참여하여 가족체계의 변화를 촉진하는 입장에 있다.

(4) 인과관계를 보는 시각

개인상담은 문제의 원인과 결과 관계를 선형적으로 보고(A → B → C), 문제의 원인을 파악하기 위해 '왜?'라는 질문을 자주 한다. 내담자의 증상과 행동의 원인을 파악하기 위해 이전의 과거 발달력을 추적한다.

가족상담은 순환적인 인식론을 바탕으로, 문제를 둘러싼 체계의 부분들은 상호 연결되어 있기 때문에 원인과 결과를 분리해 정확히 파악하는 것은 어렵다고 본다. '왜'라는 질문보다 '무엇이 일어나고 있는가'에 집중하며, 상호작용의 유형을 파악하는 데 관심을 가진다.

(5) 문제의 진단과 해결과정

개인상담에서 진단과 평가의 기준은 객관적으로 설정될 수 있고, 어느 내담자에게나 동일하게 적용될 수 있다고 가정한다. 예를 들어 DSM-V, MMPI, MBTI와 같은 진단도구를 자주 사용하는데, 실증적이며 계량적인 방식으로 가치중립적 과학적 태도가 상담에서도 동일하게 강조된다.

반면 가족상담은 맥락과 상호작용하는 내담자에 대해 절대적이고 객관적인 평가를 하는 것에 대해 회의적이다. 동일한 상황이라도 내담자의 인식행위에 따라 다르게 이해되고 경험될 수 있다고 가정하기 때문에 객관적이고 정확한 진단과 사정을 강조하지 않는다.

2 가족상담의 인식론

1) 초기 가족상담의 인식론

(1) 체계이론

1930년대 생물학에서 유래한 체계이론은 현상의 상호 의존성에 초점을 두고 전체를 이해하며, 이러한 체계론적 사고는 세계를 분리된 객체로 바라본 기계론적 세계관과는 매우 다른 것이었다. 일반체계이론(General Systems Theory: GST)은 체계가 외부환경과 상호작용하면서 환경의 지속적인 입력과 출력을 통해 자신을 유지해 나간다고 보는 살아 있는 체계에 대한 생물학적 모델이다. 일반체계이론은 체계를 환경과 지속적인 상호작용을 하는 개방체계로 보기 때문에, 외부 관찰자가 체계에 대한 투입(input)과 산출(output) 간의 피드백 과정을 관찰함으로써 체계의 특성을 파악할 수 있다고 본다. 따라서 관찰이 불가능한 심리내면에 대한 가정을 세울 필요 없이 관찰이 가능한 투입과 산출 관계에만 관심을 두면 된다는 결론에 도달한다(정문자 외, 2018).

살아 있는 유기체에 대한 일반체계이론 초기의 관심은 더 나아가 인간체계와 사회체계에도 적용되었다. 가족도 특정한 관계에 있는 개인으로 이루어진 전체로서 외부환경과 지속적인 상호작용을 하는 개방체계로 보았던 것이다. 20세기 중반 사회과학 분야에서 최초로 체계론적 사고를 도입한 주체는 가족 의사소통을 연구하던 캘리포니아 팔로알토(Palo Alto) 시의 MRI(Mental Research Institute) 그룹이었다. 체계론적 사고는 순환적 인과론을 제시했고, 이를 바탕으로 문제의 원인과 해결을 직선적 인과론에 근거해 바라보는 전통적인 심리치료와는 인식론적으로 다른 가족상담 분야가 탄생할 수 있었다.

가족체계론의 기본 가정은 다음과 같다. 첫째, 하나의 체계를 이해하려면 부분이 아닌 전체를 보아야 한다. 둘째, 체계는 서로 연결된 부분들의 합으로, 체계의 모든 부분들은 상호 의존적이다. 셋째, 체계는 환경에 영향을 미치고, 환경은 체계에 영향을 미친다. 넷째, 인간체계인 가족체계는 자기성찰적이다. 다섯째, 체계는 실재가 아니라 은유이며 모델이다.

가족은 인간체계이므로 기계와 달리 자기행동과 인식에 대한 성찰이 가능하다. 스스로 체계의 상태를 조사하며 목표를 세울 수 있고 어느 정도 스스로를 조정하기도 한다. 추상적 목표를 설정하고, 전 생애적인 장기계획을 수립하며, 기술과 인력을 동원해 복잡한 조직을 계획할 수도 있다. 인간체계 내에서 일어나는 이러한 활동은 높은 수준의 의사소통이 요구된다. 의사소통은 단순히 객관적 정보교환의 수준 이상으로, 가족원들이 구축한 의미의 합의과정이라는 점에서 자기성찰이 가능한 복잡한 활동이다(Whitchurch & Constantine, 1993).

(2) 사이버네틱스

사이버네틱스(cybernetics) 또는 인공두뇌학은 피드백이 기계의 체계를 조절하기 위해 어떻게 사용되는지에 관한 연구이다. 사이버네틱스의 어원은 배의 조타수를 의미하는 그리스어 'kybernetes'에서 유래되었으며, 2차 세계대전이 한창이던 1940년대에 뉴욕 시에서 열린 메이시 회의를 통해 개념적 틀이 수립되었다. 이 회의에 참석했던 학자들은 두 개의 핵심그룹, 즉 수학자, 공학자, 신경과학자로 이루어진 최초의 사이버네틱스 학자와 베이슨(Bateson)과 미드(Mead) 등 인문학 분야의 학자 집단이었다. 이들은 기계와 살아 있는 유기체의 공통점으로서 통제와 자기조절과정을 이해하기 위한 인식론을 개발하는 데 관심이 있었다. 이들 학자들은 기계와 살아 있는 유기체의 작동원리에 차이가 있다는 것을 발견했는데, 기계는 자극과 반응, 투입과 산출의 연결이라는 선형적 인과관계에 의해 작동되지만 살아 있는 유기체는 인과적으로 연결된 구성요소의 순환적 배열(피드백 루프)에 의해 움직인다는 차이가 있다고 보았다.

사이버네틱스는 생물체계와 사회체계에 있어서 순환적 인과관계와 피드백 기제에 관한 과학으로 발달 초기에는 주로 공학에 적용되었다. 자동온도조절장치와 같이 자기조절능력을 가지고 있는 공학적 결과물들이 많이 개발되었다. 한편 사이버네틱스의 공학적 개념을 행동과학의 용어로 환원하고 가족상담에 적용하는 데 선도적 역할을 했던 사람은 그레고리 베이슨(Gregory Bateson)이었다. 그는 "살아 있는 것의 본질"로서 기계와 살아 있는 유기체를 구분하는 기준이 되는 것은 마음이라고 보았다(정문자 외, 2018).

사이버네틱스는 1차와 2차 사이버네틱스로 구분되는데, 1차 사이버네틱스는 일반체계론과 같은 것으로 간주되며, 2차 사이버네틱스는 사회구성주의와 상통하는 것으로 간주된다(정문자 외, 2018).

(3) 가족에 대한 시스템 패러다임

일반체계이론과 사이버네틱스는 동일한 세계관을 기초로 발전되었으며, 가족상담 연구에서 일반체계이론과 인공두뇌학이 결합된 체계이론은 특별한 위치를 차지한다. 미국에서는 일반체계이론이 더 널리 사용된 반면 유럽에서는 사이버네틱스라는 용어가 더 널리 채택되었다(정문자 외, 2018).

자연과학 일반에서 널리 활용되고 있었던 일반체계이론(General Systems Theory: GST)과 정보처리 및 의사소통에서 활용되고 있던 인공두뇌학(Cybernetics)이 가족 연구에 적용된 시기는 2차 세계대전 직후로 모든 사회과학 영역에서 가장 빠른 시점이었다. 이는 미국 캘리포니아 팔로알토(Palo Alto)시에 위치한 연구소인 MRI(Mental Research Institute)에서의 혁신적인 의사소통연구 덕으로, MRI 연구팀은 의사소통 '내용'보다 의사소통의 '과정'에 주목해야 함을 발견하였다. 인류학자인 베이슨(Gregory Bateson)과 정신의학자인 잭슨(Don Jackson)은 MRI 연구팀을 이끌며 체계이론을 가족 연구에 적용시킨 당사자들이었다. 이들은 가족항상성을 유지하는 패턴, 역기능적 가족체계, 특히 조현병(정신분열증) 가족의 의사소통 등을 연구하였다. 이 과정에서 베이슨의 순환적 인식론은 기존의 선형적 인과론과 달리, 가족원 누구도 비난하지 않으면서 가족문제를 중재할 수 있는 체계적 접근으로 소개되었다(Kelvin & White, 2000).

이후 가족을 체계(system)로 보는 관점은 가족상담 분야에서 강력한 은유(metaphor)가 되었으며, "가족은 체계"라는 시스템 패러다임은 초기 가족상담 분야를 지배하였다. 일반체계이론과 인공두뇌학의 개념을 도입한 가족체계 관점은 총체적으로 가족과정(family process) 관점으로 부르게 되었다. 가족상담의 초기 모델은 체계론적 사고를 바탕으로 발전되었으며, 다분히 기계적인 관점이기도 하였다. '체계(system)'는 어떤 현상을 전체의 맥락에서 이해하는 것으로, 부분에 초점을 두기보다 전체와의 상호연관성을 강조한다. 체계이론(System Theory)이라 함은 상호작용하는 일련의 관련된 요소에 대한 연구를 가리키는 일반적인 용어로 일반체계이론과 사이버네틱스를 포함한다(Nichols & Schwartz, 2001, 김영애 외 역, 2002).

2) 후기 가족상담의 인식론

(1) 포스트모더니즘

20세기 후반 포스트모더니즘(Post-Modernism) 또는 탈근대주의 사상의 확산과 함께 가족상담은 새로운 방향으로 전개되었고, 후기 가족상담 혹은 2차 가족상담이라고 불리는 모델이 각광받게 되었다. 포스트모더니즘은 1980년대부터 문학, 예술, 문화 전반에 나타난 시대정신 또는 세계관이다. 포스트모더니즘은 인간과 사회를 인식하는 방식, 진리에 대한 인식 방법에서 모더니즘(modernism)과 차이가 있다.

모더니즘이 본질주의, 보편주의, 이분법적 사고를 강조하는 반면, 포스트모더니즘은 다양성, 차이, 비본질주의를 강조한다. 포스트모더니즘은 2차 사이버네틱스 관점과 일치한다. 모더니즘은 객관적 지식과 절대적 진실이 가능하다고 믿었지만, 포스트모더니즘은 우주는 누구에게나 똑같이 존재하는 하나의 세계(universe)가 아니라 각자의 관찰과 인식행위를 통해 다르게 구성될 수 있다는 다중세계(multiverse)를 주장한다. 따라서 사실(fact)은 관점(perspective)으로 대체되며, 절대적인 기준은 없다고 가정한다(정문자 외, 2018).

이러한 사상은 지식권력을 가진 전문가에게 평가와 개입의 권한을 부여했던 모더니즘의 입장과 거리를 둔다. 모더니즘 성향의 치료는 인간의 문제를 문제중심적으로 접근하였으며, 기질적 특성이나 객관적 잣대로 평가할 수 있는 '가족의 기능성 대 역기능성'에 초점을 두었다. 그러나 포스트모더니즘 성향의 상담은 어떤 개인 또는 가족이 기능적이거나 역기능적인가에 대한 입장은 보는 사람의 시각에 따라 달라진다는 점을 강조한다. 이에 따라 전문가(상담자)의 권한은 축소되고, 내담자(가족)의 잠재력과 해결역량을 강조하게 된다.

(2) 구성주의와 사회구성주의

구성주의(Constructivism)와 사회구성주의(Social Constructionism)는 가족상담이 포스트모더니즘 지향으로 전환되는 데 큰 공헌을 한 사상들이다. 둘 다 실재를 객관적으로 서술할 수 있다는 기존 관념을 거부한다.

구성주의는 인지생물학에 뿌리를 둔 사상으로 생명체의 신경망에 대한 연구를 기반으로 살아 있는 체계가 곧 인지체계이며 자율적인 체계라고 규정하였다(정문자 외, 2018에서 재인용). 구성주의 관점에 의하면, 인식현상이란 마치 내가 보는 것이 남들도 모두 보는 '사실'이며 특정 대상이나 물체가 '바깥 거기에(out there)'에 존재한다고 믿는 것은 모두 우리의 지각체계(감각과 신경계로 이루어진)의 활동이다. 우리의 지각은 각자의 신경체계를 통해 여과되므로, 존재하는 것을 실제로 알 수 있다는 가정에는 한계가 있다.

사회구성주의는 실재에 대한 지식을 구성하는 과정에서 사람들의 상호작용 영향력에 초점을 둔다. 즉, 우리는 언어, 문화, 관계를 타인과 공유함으로써 우리가 관찰한 것을 구성하게 된다. 신념, 가치, 제도, 관습, 명칭, 법률 등 사회의 모든 영역은 사회구성원이 일상적인 삶을 통해 서로 상호작용함으로써 구성되는 것들이다. 사회는 구성원이 세상을 해석할 수 있는 '렌즈'를 제공하는데, 사회화 과정을 통해 이미 정해진 지식을 가르치는 매개가 언어이다. 사회구성주의의 기본 전제는 네 가지로 요약할 수 있는데, ① 실재는 사회적으로 구성되며, ② 실재는 언어를 통해 구성되며, ③ 실재는 이야기를 통해 조직되고 유지되며, ④ 본질적인 진실이란 존재하지 않는다는 것 등이다(Freedman & Combs, 1996; 정문자 외, 2018).

3 가족상담의 기본 개념

1) 체계이론의 핵심 개념

(1) 체계

체계는 상호작용하는 관계에 있는 부분들의 합으로, 가족은 상호작용하는 개인의 집단으로 볼 수 있는 하나의 체계이다. 체계에는 여러 수준(level)이 있어 가족은 사회라는 상위체계의 하위체계인 동시에 개인이나 부부, 부모자녀 등과 같은 하위체계의 상위체계이기도 하다. 즉, 개인, 부부, 가족, 직장이나 사회 등 체계의 다양한 수준들은 서로 연결되어 있으며 동시에 고유한 특성을 가지고 존재한다. 가족체계를 이해하기 위해서는 가족 내 하위체계와 가족 외부 상위체계의 특성을 파악해야 한다.

(2) 전체성

체계론의 핵심은 부분이 아닌 전체에 주목하는 것이다. 가족체계가 개인으로 구성된 것은 사실이지만 단순히 개개인을 모아 놓은 것에 불과하지는 않다. 체계는 전체로 이해되어야 하므로 가족원 개인이나 부부하위체계, 형제자매 하위체계를 분절해 이해하는 것보다 가족체계 전체의 역동을 이해하는 것이 중요하다. 전체의 큰 맥락에서 살펴봄으로써 문제를 둘러싼 맥락의 패턴을 파악할 수 있다. 예를 들어 청소년 자녀의 일탈행동이라는 문제를 부모의 결혼문제나 부모자녀 간의 관계문제의 하위체계를 중심으로 볼 수도 있으며, 가족이 처한 사회구조적 위치와 연관지어 이해할 수도 있다. 가족의 규칙이나 가족신화, 가훈, 가족분위기 등은 모두 가족의 전체성과 관련된 개념이라 할 수 있다.

(3) 상호의존성

체계를 이루고 있는 부분들은 서로 연결되어 있으며, 한 부분의 변화는 다른 모든 부분의 변화를 가져오게 된다. 가족체계 또한 한 개인의 행동이나 태도의 변화에 따라 다른 가족원들 및 가족체계의 변화가 초래되는데, 구성원 간의 상호의존성이 지나치게 높으면 밀착 또는 융합된 관계로 역기능이 발생할 수 있다. 반대로 의존성이 너무 낮으면 소원한 관계가 되어 개인이나 체계가 필요로 하는 지원을 받기 어렵다. 따라서 적절한 분리와 연결성의 균형은 가족기능의 최적화에 필요한 요소이다.

(4) 위계

위계는 권위나 권력과 관련된 개념으로 가족원이 자신의 위치에 맞는 권력과 통제를 가질 때 가족체계의 위계질서가 유지된다. 가족과정에서의 적절한 위계는 부모가 자녀보다 더 많은 권력과 통제를 가지고 규칙을 집행하는 위치에 있어야 한다고 본다. 세대 간에 명확한 경계와 위계질서가 유지될 때 가족의 기능성도 향상된다. 한편 지나치게 경직된 위계는 가족 내 평등과 자율을 저해하고 차별과 억압을 가져올 수 있다.

(5) 경계

경계는 체계와 하위체계 또는 상위체계 간의 분리나 소속을 구분해 주는 규정성이며, 경계를 통해 가족체계와 하위체계는 그 정체성을 유지할 수 있다. 가족의 경계는 눈에 보이는 것은 아니지만, 가족의 상호작용을 지속적으로 관찰함으로 파악할 수 있다. 개인과 체계 간에는 서로 정보와 에너지 등을 주고받아야 하므로 경계는 어느 정도 투과성을 가지게 되며, 가족은 기본적으로 개방체계라고 할 수 있다.

경계에 대한 규정은 인간의 상반된 욕구인 자율성과 소속감에 대한 욕구와 관련되어 있다. 인간은 독립성과 자율성을 추구하지만 동시에 친밀감과 소속감에 대한 욕구를 갖고 있으며, 기능적인 가족은 이러한 욕구를 충족시킬 수 있다. 반면 경계가 지나치게 밀착된 가족은 가족원의 자율성을 침해할 수 있으며 경계가 지나치게 경직된 경우는 소속감이 부족할 수 있다. 따라서 하위체계와 가족체계의 정체성은 상반된 욕구를 균형적으로 충족해줄 수 있는 경계의 특성에 의해 결정된다.

(6) 순환적 인과관계

직선적 인과관계는 원인(A)과 결과(B)를 명확하게 구분한다. 반면 순환적인 인과

관계는 관련된 요소들이 유기적으로 연결되어 있어 명확한 원인과 결과의 구분이 어렵다고 본다. 순환적 관계 속에서 특정 원인을 정하는 것을 마침표(punctuation)라고 하는데, 마침표를 어디에 찍느냐에 따라 원인이 달라질 수 있다고 본다. 즉, 인과관계를 바라보는 사람에 따라 마침표를 찍는 위치가 달라지며 원인도 다르게 지각될 수밖에 없다. 예를 들어 아내의 잔소리와 남편의 음주가 순환적 인과관계 속에서 남편과 아내가 서로를 관계문제의 원인제공자로 비난하고 있다고 하자. 이때 남편은 아내의 잔소리에 마침표를 찍을 것이며, 아내는 남편의 음주에 마침표를 찍을 것이다. 이와 같이 누가 옳은가, 또는 누가 문제의 원인제공자인가를 따지는 것은 무의미하며, 역기능적 연쇄과정 자체가 변화의 대상이 되어야 한다.

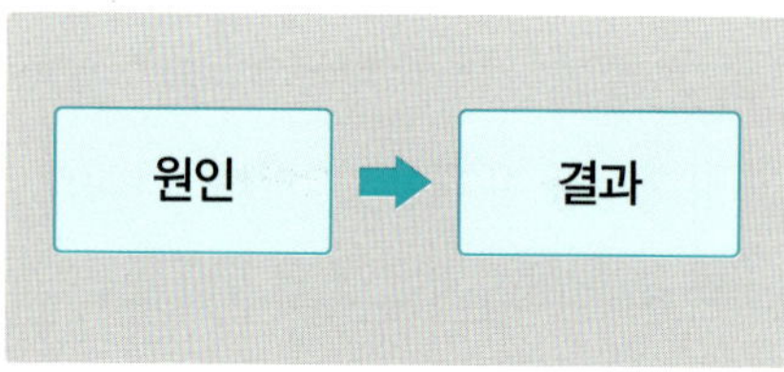

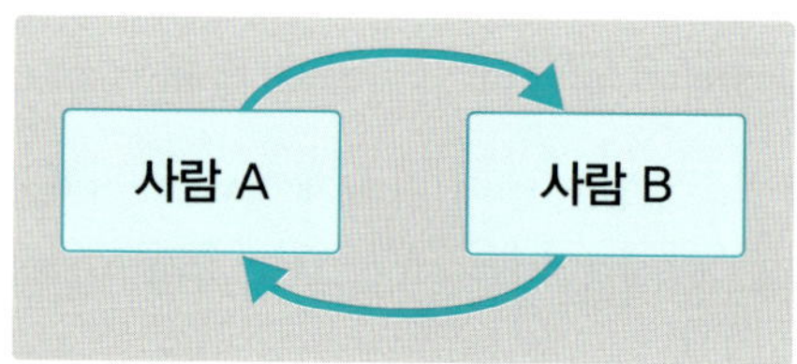

[그림 1-1] 인과관계의 유형

(7) 항상성

항상성은 '안정(stasis)'를 의미하는 어원 homeo에서 나왔으며, 유기체가 일정한 상태로 균형을 유지하려는 작용이나 성질을 의미한다. 가족체계는 끊임없이 변화하는 가족 내외의 환경에 적응하면서 일관성을 유지하고자 하는 경향성을 갖는데, 이를 가족항상성이라고 한다. 모든 가족은 나름의 자체적 수준으로 기능하기 때문에 정상적 항상성을 규정하기는 어렵다. 가족은 변화와 안정 사이의 역동적인 균형을 유지하는데, 만일 변화를 성장의 기회라기보다 가족에 대한 위협으로 지각하게 되면 완고하게 기존 가족과정의 방식에 집착하면서 가족 안에 역기능이 발생할 수 있다.

[그림 1-2] 안정과 변화의 균형

(8) 의사소통

가족원 간의 상호작용은 의사소통과정을 통해 이루어지며, 의사소통은 여러 수준에서 이해될 수 있다. 가족상담에서 의사소통은 내용과 과정의 측면을 가지고 있다고 본다. 내용은 메시지의 정보나 사실을 의미하며, 과정은 정보를 취하는 방식이나 관계성을 의미한다. 가족상담자가 관심을 두어야 하는 측면은 내담자의 내용이나 정보보다 의사소통과정과 관계의 차원이다. 가족상담에서는 가족이 언어적 상징을 바탕으로 정보처리를 하고 가족원 간에 공유하는 방식에 주목한다.

"넌 왜 내 말을 듣지 않니? 너는 내가 배 아파 낳은 자식이야."

- 내용: 내 말을 들어라. 나는 너의 엄마이다.
- 과정: 너는 위계질서에서 아랫사람이고 나는 너에게 순종을 요구할 수 있다.

(9) 가족규칙

가족은 하나의 체계로서 가족규칙은 가족의 상호작용을 지배하는 행동규범이나 기대라고 할 수 있다. 가족규칙은 성역할, 행동규범, 의사소통방식, 감정표현방식 등과 연관되며, 예컨대 식사준비는 누가 하고, 의사결정과정은 어떻게 이루어지고, 감정표현은 어떻게 해야 하는지 등은 모두 가족규칙을 나타낸다. 가족을 체계로 본다는 것은 개별 가족원의 특성보다 가족 상호작용을 주관하는 규칙을 파악함으로써 가족체계를 이해한다는 의미이다. 사티어(Virginia Satir)는 가족원의 발달에 맞게 조정 가능한 융통성 있는 규칙, 가족원 모두 수용할 수 있는 합의된 규칙, 가족원이 분명하게 이해할 수 있는 명확한 규칙 등이 좋은 규칙이라고 하였다. 좋은 규칙은 가족원의 자존감을 높이고 원활한 의사소통을 가능하게 한다.

〈가족규칙의 예〉

- 식사 후 자신이 사용한 식기는 치워야 한다.
- 휴가 계획은 부모가 정한다.
- 저녁식사는 가족이 함께 해야 한다.

(10) 피드백

인공두뇌학에서 피드백은 어떤 과정이나 행동의 결과에 대한 정보를 그 근원에 전달하는 과정으로, 쉽게 말해 체계의 자기조절 메커니즘이다. 피드백은 의사소통의 통제를 유지하며 정보를 교환하는 과정에서 서로의 행동을 통제하거나 확장하게 하는 역할을 한다. 가족체계 안에서도 가족이 변화에 저항하며 원래의 항상성으로 돌아가고자 하는 부적 피드백과 일탈을 도모하고 변화를 시도하는 정적 피드백 고리가 규칙에 의해 규제된다. 건강한 가족을 유지하기 위해서는 안정성과 변화가 모두 필요하기 때문에 부적 피드백과 정적 피드백이 맥락에 맞게 주어지는 것이 중요하다. 다음 예시는 자녀의 변화에 대처하는 부모의 행동이 가족의 항상성을 유지하고자 하는 부적 피드백 고리와 가족 항상성에 변화를 일으키게 되는 정적 피드백 고리를 보여준다.

가족은 함께 시간을 보내고 늘 화목해야 한다고 생각하는 김씨, 그러나 최근 그의 아들(중학교 2학년)이 부모에게 말대꾸를 시작하고 귀가시간을 연장해 달라고 요청해 김씨는 당황하고 있다.

- 부적 피드백: 김씨는 아들의 행동을 나무라고 기존의 귀가시간을 지키도록 종용한다.
- 정적 피드백: 김씨는 아들의 독립성 욕구를 인정하고 귀가시간을 조정하기로 한다.

(11) 동일결과성

동일결과성(equifinality)이란 특정 목표달성을 위해 다양한 경로가 있음을 의미하는 용어이다. 어떤 변화를 위해 한 가지 길만 있다고 믿는 경우가 많지만, 사실은 목표에 도달하는 다양한 길이 있다.

예를 들어 수험생을 둔 가족의 경우, 어머니의 새벽도시락 준비, 아버지의 한밤 학원까지 차 태워주기, 언니가 친구들 집에 데려오지 않기 등은 모두 다양한 행태로 수험생인 가족원의 성공적인 입시라는 단일한 결과를 위해 체계의 각 부분들이 협력하고 있는 것이다.

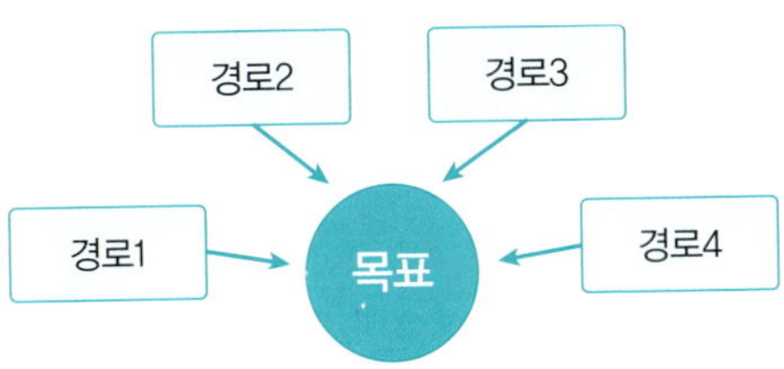

[그림 1-3] 동일결과성

(12) 개방성과 폐쇄성

가족과 같이 살아 있는 체계는 외부환경과 끊임없이 상호작용하기 때문에 개방적 체계로 볼 수 있다. 체계의 개방성과 폐쇄성은 외부체계에서 들어오거나 나가는 정보의 흐름이나 상호교류를 허용하는 정도를 나타낸다. 가족의 건강성은 가족의 발달단계나 주어진 상황에 맞춰 개방성과 폐쇄성 간의 적절한 균형을 갖출 때 보장된다. 그러나 극단적인 폐쇄성은 역기능적 가족의 특성으로 꼽히기도 하는데, 예컨대 고립된 환경의 가정폭력이나 특정종교집단 등의 폐쇄성이 공동체의 문제해결이나 적절한 지원을 어렵게 만들곤 한다.

(13) 자율성과 자기조직

유기체는 환경과 상호작용할 뿐 아니라, 자체적으로 재조직하며 전체 구조를 유지할 수 있는 자기조직적 능력을 갖고 있다. 인간체계인 개인이나 가족도 환경과의 상호작용에 의해서만 작동되는 것이 아니라 가족 내부에서의 자기성찰적 활동에 의해 변화가 이루어지기도 한다. 가족 자율성과 자기조직적 특성은 초기 가족상담 모델보다 후기 가족상담 모델에서 더 많이 강조된다.

2) 포스트모던 가족상담의 핵심 개념

(1) 젠더

성역할, 성차별, 성폭력 등 젠더와 관련된 문제들은 가족상담 분야에서 간과할 수 없는 중요한 이슈이다. 그러나 임상적 중립성이 강조되는 가족상담에서 젠더 인식을 임상현장에 적용하는 것은 쉬운 일이 아니다. 성별 행동에 대한 문화적 신념과 외부적 요인들을 고려하며 보이지 않는 힘과 영향력을 고려할 수 있는 젠더 감수성을 키우는 것은 상담자에게 필수적으로 요구된다.

젠더 감수성이 낮은 상담자는 가정폭력, 근친상간, 알코올중독 등의 문제에서 책임의 문제를 간과하거나, 독립성이나 경쟁력과 같은 전통적인 남성성의 특질을 정신건강의 기준으로 삼는 관례를 문제의식 없이 수용하는 경향이 있다. 예컨대 은연중에 자녀 육아문제는 기본적으로 어머니의 책임이라고 생각하거나, 외도에 대한 성별 이중 잣대를 적용하거나, 가족상담에 불참하는 아버지를 묵인할 수 있다.

젠더 감수성이 높은 상담자는 본인 및 내담자가 가부장적 사회에서 어떤 방식의 영향을 받았거나 받고 있는지에 대해 잘 인식하고 있기 때문에 젠더 관련 가족문제를 적절하게 다룰 수 있다. 내담자가 가부장적 가족에서의 초기 경험과 무의식적 환상의 의미를 해석하거나, 자녀가 동성의 부모나 이성의 부모와 관계 맺는 방식이 현재의 배우자나 이성과의 관계에 미친 영향 등 젠더 중립적 관점에서 내담자 가족의 역동을 파악할 수 있다.

여성주의 가족치료의 핵심 요소 중 하나는 내담자의 힘을 키우는(empowerment) 것인데, 내담자가 남성 또는 여성으로서의 신념을 검토하게 하고, 관계성의 권력을 검토함으로써 내담자의 젠더 감수성을 높일 수 있도록 돕는다. 젠더 감수성이 높은 가족상담자는 단순히 가족을 넘어 사회적 · 문화적 상황까지 시야를 넓혀 편협하고 불평등한 성역할의 관습과 가치를 바꾸는 데 기여할 수 있다.

(2) 문화

문화는 가족 행동을 형성하는 가장 강력한 요인이다. 상담자의 문화적 역량은 다문화 가족을 만날 때 가장 분명하게 나타나지만, 동일한 문화적 배경을 가진 한국인 가족을 만난다고 상담자와 내담자가 같은 가치를 공유하고 있다고 가정해서는 안 된다. 문화적 배경이 다른 내담자를 만날 때 상담자가 저지르기 쉬운 실수는 문화적 차이를 문제나 병리로 간주하는 것이다. 또 다른 실수는 상담자가 다양한 문화의 전문가가 되어야 한다고 믿는 것이다. 상담자가 타 문화를 정형화하여 선입견이나 편견을 갖거나, 타 문화에 대해 이해한다고 과신하는 것은 매우 위험한 일이다.

문화적 역량의 기본 조건은 상담자가 다른 문화에 대한 존중과 호기심을 가지는 태도를 갖는 것이다. 다른 문화에 대해 모르는 것을 모른다고 인정하는 것이 중요하다. 유능한 상담자는 다른 문화의 방식은 존중하면서 역기능적인 것으로 보이는 것에 대해서는 질문할 수 있어야 한다.

(3) 사회계층

사회계층(social class)은 '개인이나 가족이 위치한 사회경제적 지위(socio-economic status)로 인해 발생하는 특별한 지위와 가치'를 의미하며, 소득, 교육수준, 직업 등이 지표가 된다. 사회경제적 지위는 발달환경과 경험을 결정하는 주요 요소로 개인과 가족의 경험과 기회에 대한 한계를 규정한다. 따라서 내담자의 사회계층에 대한 정보는 가족의 위기 또는 자원으로 중요한 의미가 있으므로 기본 정보로 수집되어야 한다.

자본주의사회에서 돈에 관한 이슈나 빈곤문제는 가족생활 전반에 지대한 영향을 미친다. 가족상담자는 사회와 국가의 정치적 · 경제적 · 사회적 현실에 대해 관심을 가져야 하며, 상담현장에서 내담자의 경제적 어려움으로 인한 부정적 영향력에 대해 주목해야 한다. 내담자가 경제적 곤궁으로 개인이나 가족이 의식주 해결을 위한 분투로 삶의 즐거움을 상실할 수 있고, 절대빈곤 상태에 있지 않더라도 타인의 풍요로운 일상을 자신의 삶과 비교하게 될 때 상실감과 박탈감을 느낄 수 있다. 사회계층은 종종 한부모가족, 조손가족, 다문화가족 등 특정 가족 유형과 연관되어 있는데, 빈곤이 젠더, 연령, 문화, 인종 등의 요인과 결합하여 이중 또는 삼중의 낙인이 되어 개인과 가족의 발달과정 전체에 중대한 영향을 미칠 수 있다. 상담자는 사회계층이 내담자의 문제행동이나 가족의 이슈에 미치는 영향력을 다각적으로 평가해야 한다(McGoldrick et al., 2011).

(4) 영성

영성(spirituality)은 종교나 신앙심과는 차별화되는 인류 문명의 보편적 특성으로, "의미, 목적, 도덕성을 발달시키는 보편적 인간의 경험"이라 할 수 있다. 영성은 우리 자신과 세계에 대한 주관적 이해 및 경험의 일부로서 매우 중요한데, 존재론적이며 주관적이고 초이성적이며 비세속적인 존재의 본질적 측면으로 간주된다(김유숙 외, 2017).

20세기에 걸쳐 심리치료를 포함한 사회과학 영역에서 영성이나 종교를 다루는 것을 피해왔지만, 21세기에 접어들면서 개인, 가족, 공동체의 삶과 환경에서 영성의 중요성에 대한 관심이 증가하기 시작하였다. 심리학이나 정신의학에서도 사정과 개입에서 영성의 역할에 주목하고 있다. 가족상담 분야에서 상담자가 내담자에게 공감과 수용, 사랑을 느낄 수 있도록 상담자 자신을 개방하는 데 영성을 활용하는 움직임도 있다. 기도나 명상을 통해 무비판적 태도와 감정이입 등을 최대화하기도 한다.

(5) 다양성

가족상담자는 젠더, 문화, 사회계층, 영성 등 다양한 내담자를 만나게 되므로 체계적·맥락적 역동을 인식하고 그에 따라 내담자를 차별하지 않는 서비스를 제공해야 한다. 여기서 중요한 점은 내담자뿐만 아니라 상담자도 다양한 맥락에 놓여 있다는 점이다. 즉, 다양한 체계와 연결되어 있는 상담자와 마찬가지로 내담자 간의 상호작용에서도 복합적 요인들이 교차하며 임상적 역동에 영향을 미친다. 내담자의 특정한 측면(예컨대 한부모 빈곤가족)에만 주목할 경우 내담자의 정체성을 구성하는 다른 여러 요인들을 간과할 수 있다.

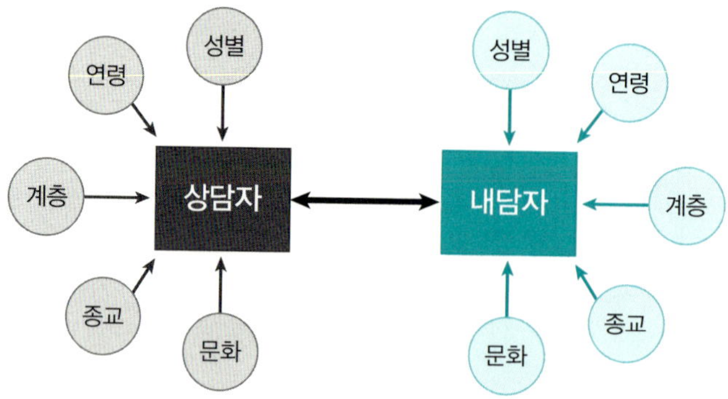

[그림 1-4] 상담자와 내담자의 교차성

출처: Reiter (2018), 정혜정 역 (2021)에서 발췌 및 수정

(6) 언어체계

상담은 언어게임이라고 할 수 있다. 문제는 언어로 만들어지며 해결 또한 언어로 만들어진다. 포스트모던 상담 모델은 절대적 진실이 존재하지 않는다고 보며, 대화 속의 언어를 통해 의미가 구성된다고 본다. 전통적 상담 모델에서 상담자가 내담자의 문제나 불평에 초점을 둔 문제대화를 했다면, 포스트모던 상담에서는 해결 대화를 통해 문제나 불평이 아닌 것에 초점을 두는 경향이 있다.

상담은 언어체계에 초점을 두며, 상담자는 내담자가 지금껏 주목하지 않았던 삶의 측면으로 이끌어 새로운 대안을 탐색할 수 있도록 돕는다. 예컨대 해결중심단기치료는 치료적 대화를 활용해 문제대화를 해결 대화로 전환한다. 이야기치료는 치료적 대화를 통해 패배적 삶의 이야기를 해체하고 선호하는 이야기로 재구성한다.

(7) 호기심

21세기 가족상담에서 가장 강조되는 상담자의 자세는 다양한 문화에 대한 겸허함과 내담자의 경험에 대해 알고자 하는 진정한 호기심을 갖는 것이라 할 수 있다. 해결중심단기치료와 이야기치료를 비롯한 사회구성주의 치료 모델들은 상담자가 상담과정의 중심이 아닌 주변부에서 내담자의 문제해결을 조력해주는 동반자의 입장을 강조한다. 여기서 상담자는 내담자의 세계에 대해 호기심과 겸허함을 가지고 상담 전 과정에서 '알지 못함의 자세(Not-knowing posture)'를 유지할 수 있어야 한다.

호기심을 갖는다는 것은 상담자가 모든 답을 알고 있지 않다는 의미이기도 하다. 상담자는 알지 못함의 자세를 가지고 내담자에게 기꺼이 경청할 준비를 할 수 있어야 한다. 상담자는 내담자의 어려운 상황에 대해 "당신의 경험에 대해 알고 싶습니다. 저에게 말해 주세요."라고 이야기할 수 있어야 한다.

(8) 가족 이야기

가족의 삶은 다양한 가족원의 삶이 상호작용하는 여러 겹으로 구성된 이야기로 이루어져 있다. 삶의 이야기가 복합적이라는 점에서 상담자들은 가족을 둘러싼 사회적 · 역사적 · 문화적 맥락에서 가족 이야기가 어떻게 구성되는지 관심을 갖게 되었다. 가족 이야기는 가족들이 본인의 삶의 사건들을 특정한 방식으로 해석하고 의미를 부여하며 만들어진다. 가족 이야기는 가족이 지금까지 살아온 삶을 보여주는 동시에 앞으로 살아갈 미래의 삶의 이정표가 되기도 한다. 상담자는 내담자가 가족 이야기에서 삶의 경험을 해석하는 내담자의 방식을 조명하고 해체하는 대화를 시도하는데, 이야기 과정 속에서 가족이 삶의 주체로서 선호하는 이야기를 재구성할 수 있도록 상담자는 이야기 동반자이자 조력자 역할을 하게 된다.

4 가족상담의 발달

1) 서구 가족상담의 발달

(1) 태동기

가족상담은 1930년대 후반부터 1940년대 초반 체계이론과 인공두뇌학의 이론적 토대 구축으로 새로운 순환적 인식론이 등장하고 아동발달, 부부상담, 사회복지, 집단상담 등의 행동과학 분야에서 가족상담의 필요성이 제기되면서 시작되었다. 두 차례의 세계대전을 겪는 동안 서구에서 과학적 사고의 대전환이 나타나면서 기존의 기계론적 인식론의 대안으로 순환적 인식론이 제시되었다. 가족상담의 탄생에 큰 영향을 미친 사람은 인류학자인 그레고리 베이슨(Gregory Bateson)이다. 그는 사이버네틱스의 원리와 개념을 행동과학에 적용하였으며, 특히 가족의사소통을 이해하는 데 이를 활용하였다.

(2) 전통적 가족상담의 출현

2차 세계대전이 끝난 후 미국사회는 전쟁의 후유증으로 다양한 가족문제에 직면하게 되었고, 가족의 안정성을 되찾는 데 사회적 관심이 높아졌다. 캘리포니아 팔로알토(Palo Alto) 시에 위치한 연구소인 MRI(Mental Research Institute)에서 베이슨(Gregory Bateson), 잭슨(Don Jackson), 헤일리(Jay Haley) 등 여러 분야의 연구자들이 의사소통을 연구하는 과정에서 가족의 역기능적 의사소통이 조현병(정신분열증)의 원인이 될 수 있다는 가설을 세우게 되었다. 그들은 조현병이 개인의 정신내적 질병이라기보다 대인적 · 관계적 현상이라고 보았다. 이를 바탕으로 MRI는 체계론과 사이버네틱스에 기반한 가족과정이론을 정립하였고, 최초의 가족치료 전문학술지인 『Family Process』를 발간하였다.

비슷한 시기에 MRI 외에도 미국의 다른 지역에서도 가족을 상담의 단위로 인식한 전문가들이 있었다. 예를 들어 애커먼(Nathan Ackerman), 보웬(Murray Bowen), 위터커(Carl Whitaker), 미누친(Salvador Minuchin) 등 정신과 의사들 또한 아동의 문제를 다루며 어머니를 중심으로 가족 개입에 관심을 갖고 각자의 임상에서 가족을 면담하기 시작하였다.

1960년대 들어 미국에서 가족상담은 독립된 전문영역으로 자리 잡기 시작했고, 여러 가족상담 모델이 발전되었고 일반 대중에게 가족상담에 대한 인식이 심어지기 시작하였다. 1970년대 들어 가족상담 모델은 보다 분화되고 전문화되었으며 각 상담 모델은 경쟁적으로 출판물과 훈련을 제공했다. 이 시기의 대표적인 가족상담 모델로는 다세대 모델, 구조적 모델, 경험적 모델, 전략적 모델, 인지행동적 가족상담 모델 등이 있다.

보웬(Bowen)은 조현병 환자의 어머니와 자녀 간의 융합을 다룬 '모자공생(mother-child symbiosis)'과 '미분화 가족 자아군(undifferentiated family ego mass)' 등의 개념을 발전시켰고, '자아분화', '삼각관계', '가족투사과정' 및 '다세대 전수' 등의 개념을 주축으로 하는 다세대가족상담 모델을 정립하였다. 사티어(Satir)는 인본주의와 게슈탈트의 영향을 받아 가족의 정서에 초점을 둔 경험적 가족상담 모델을 발전시켰고, 억압된 정서를 자유롭게 경험하게 함으로써 의사소통과 가족규칙, 자존감의 변화를 꾀하였다. 미누친(Minuchin)은 가족구조의 개념을 중심으로 가족의 하위체계, 경계, 위계 등의 개념을 발전시켜 구조적 가족상담 모델을 정립했다. MRI 출신인 헤일리(Haley)는 의사소통과정에 내재된 수진자와 송신자의 권력관계에 주목하였고, 전략적 모델을 발전시켜 역설적 기법을 통해 증상을 유지시키는 가족 내 역기능적 연쇄과정을 끊는 데 집중했다.

1980년대까지 널리 확산되었던 초기 가족상담 모델을 '1차 가족상담' 혹은 '체계론적 가족상담'이라도 한다. 초기 가족상담 모델 간에도 초점이 가족의 정서, 행동, 인지 중 어디에 있는지, 또는 시간적 초점이 과거, 현재, 미래 중 어디에 있는지에 따라 상담목표나 기법, 상담자의 역할 등에서 차이가 있다. 그럼에도 초기 가족상담 모델들은 공통적인 부분들이 있다. 첫째, 치료의 첫 단계에서 가족에 대한 평가를 강조한다. 둘째, 문제 발생에 대해 특정 가족원에 초점을 두는 것이 아니라 가족원 모두의 책임을 강조한다. 셋째, 가족의 의사소통 유형 파악과 변화를 강조한다. 마지막으로 상담의 목표가 가족역할의 융통성과 적응력 도모 및 부부간의 권력 균형, 가족집단성 안에서 개별성 확립, 의사소통의 명료성 도모 등에 있다.

(3) 후기 가족상담의 출현

1980년대 이후부터 특정 모델에 집중하기보다 여러 모델을 통합하고 내담자 가족의 필요에 따라 적절한 모델이나 기법을 사용할 필요성을 느끼게 되었다. 특히 포스트모더니즘의 확산과 함께 가족상담 분야는 더욱 절충과 통합의 방향으로 나아가게 되었다. 기계론적 체계론은 퇴색한 반면 구성주의와 사회구성주의가 포스트모더니즘의 사조 속에 등장하며, 개인이 의미를 부여하는 세계가 곧 진실이며 실재라는 것을 강조하였다. 구성주의는 실재란 개인이 주관적으로 구성하는 것임을 강조하며, 사회구성주의는 우리가 경험하는 실재는 사회적이고 언어적 상호작용을 통해 구성된다고 보는 관점이다.

탈근대주의 또는 후기 가족상담은 특정 모델에서 제시하는 주요 개념에 따라 정상성이나 역기능성을 평가하거나 상담자가 주도적으로 가설과 치료목표를 설정하는 것에 의미를 잃어갔다. 후기 가족상담은 개인이 자신의 가족이나 관계를 어떻게 경험하는지, 자신의 경험의 세계에 어떤 의미를 부여하며 어떻게 구성하는지 등을 파악하는 것이 문제해결과정에서 더 중요하게 되었다. 상담자는 내담자보다 더 많이 알고 있는 유능한 전문가가 아니라, 내담자의 경험세계를 재창조하는 과정에서 협력하는 동반자 역할이 부각되었다. 가족상담 후기 모델은 해결중심 모델, 이야기 치료, 통합 모델 등을 포함하며, 놀이와 같은 다양한 매체를 활용한 가족상담도 늘어나고 있는 추세이다(정문자 외, 2018).

2) 한국 가족상담의 발달

(1) 한국 사회의 변화와 가족상담

한국인은 전통적으로 삶의 문제해결과 어려움의 대처를 위해 다양한 종교와 철학적 사상의 도움을 받아왔다. 한국인의 세계관은 수천 년간 유교, 불교, 도(道)사상, 무속과 민간신앙 등의 다양한 영향 속에 집단주의, 전체론적 세계관을 반영하는 동양적 전통을 품고 있다. 또한 근대 서구문화와 함께 유입된 가톨릭과 개신교도 현대 한국인의 사상과 문제해결에 적지 않은 영향을 미쳤다.

20세기 이후 한국사회는 극적인 변화를 경험해왔다. 일제강점, 한국전쟁, 경제발전, 민주화 항쟁, 외환위기 등 정치적, 사회적, 경제적 격동기를 겪으며, 가족은 사회와 국가의 생존과 번영을 위해 수많은 어려움을 완충하며 가족원을 보호해왔다. 각 세대는 산업화, 민주화, 세계화 등의 과업을 성공적으로 이루며 사회발전에 이바지하였다.

그럼에도 불구하고 현 세대는 윗세대로부터 전수된 문제와 누적된 불안을 처리하며, 동시에 21세기의 이슈들, 즉 정보화, 세계화, 환경오염, 취업문제 등에 직면하고 있다. 이러한 상황에서 한국 가족상담 분야의 태동과 발전은 당연한 과정이었으며, 21세기 들어 가족을 보호하고 강화시키며 문제해결을 도우려는 공적 지원이 확대되고 있다.

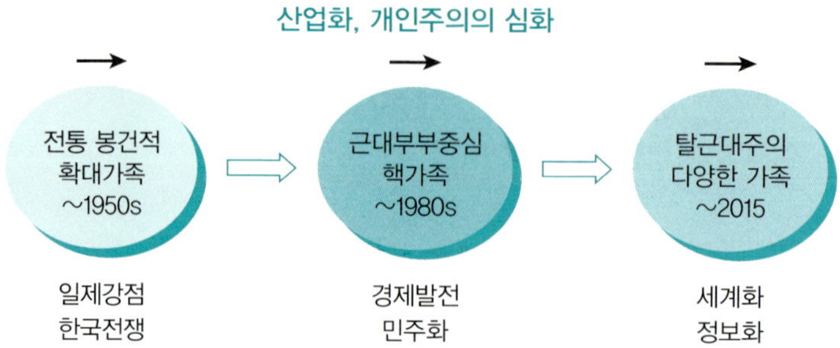

[그림 1-5] 한국 가족을 둘러싼 변화

(2) 한국 가족상담의 발달과정

한국 사회에 가족상담이 처음 소개된 시기는 1970년대 후반부터 1980년대 초반으로 이 시기부터 외국의 가족상담 서적이 번역되고, 대학에서 가족상담 과목이 개설되기 시작했다. 정신의학, 심리학, 사회복지학, 간호학 등 다양한 학문 분야의 학자 및 임상가들이 모여 가족상담 연구모임을 결성하였고, 이는 1988년 '한국가족치료학회'의 창립으로 이어졌다. 가족상담 분야가 학문적 기틀을 갖추게 되면서 학술모임, 워크숍, 학술대회 등을 정기적으로 개최하게 되었다(정문자 외, 2018).

1990년대 들어 한층 전문화된 가족치료 체계가 잡히기 시작하였다. 1993년 한국가족치료학회는 전문학술지인 '한국가족치료학회지'를 발행하기 시작하였고, 가족치료전문가 자격제도가 구축되어 가족치료사 자격을 위한 시험을 통해 자격을 갖춘 부부가족상담전문가를 배출하였다. 또한 가족상담 사례회의도 정례화되며 학술과 임상의 전문성이 더욱 강화되었다.

한국의 가족상담 분야는 서구와 마찬가지로 가족문제에 관심을 두었던 여러 학문 분야가 모여 이루어진 다학제적 성격을 가지고 있다. 정신의학, 가정의학, 간호학, 아동가족학, 교육심리학, 목회상담학, 사회복지학, 심리학 등 다양한 학문적 배경을 가지고 있는 전문가들이 모여 가족상담을 공부하고 실천현장에서 가족과 일하고 있다.

2000년대 이후 건강가정에 대한 사회적 관심과 함께 가족상담서비스를 받을 수 있는 공적 전달체계(예: 가족센터)가 전국적으로 구축되어 일반인의 가족상담 접근성이 용이해졌다. 2002년 한국가족상담학회(현, 한국상담학회 산하 부부가족상담학회)의 창립과 함께 가족상담의 저변이 한층 더 넓어졌으며, 가족상담 전공 대학원이 증가하였고, 슈퍼비전 체계가 구축되어 조직적인 교육훈련이 가능해졌다.

초기	성장기	안정기
1970년대 후반~ 1980년대까지	1990년대	2000년대 이후
• 가족상담 소개 • 대학에서 가족상담 강좌 개설 • 가족상담실천 시작 • 1988년 한국가족치료학회 창립	• 1993년 한국가족치료학회지 발간 • 학술대회, 워크숍, 사례회의 개최 • 가족상담전문가 자격제도 구축 • 가족상담 대학원 과정 개설	• 한국부부가족상담학회 창립 • 국제사례회의 정례화 • 슈퍼비전 체계 구축 • 건강가정지원센터 등 공적 전달체계 구축

[그림 1-6] 한국 가족상담의 발전단계

(3) 한국 가족상담의 현황

한국에서 가족상담이 이루어지는 전달체계는 공공 영역과 민간 영역으로 나눌 수 있다. 공공기관으로는 가족센터(건강가정 · 다문화가족지원센터), 가정폭력상담소, 학교상담, 가정법원, 사회복지관 등을 들 수 있다.

그 중 가족센터는 가족상담을 필수사업으로 포함하고 있기 때문에 가족상담 서비스를 제공하는 대표적인 공공기관이라 할 수 있다. 웹사이트(www.familynet.or.kr)나 전화(1577-9377)를 통해 가족상담서비스를 신청할 수 있다. 가족문제로 어려움을 겪고 있는 사람이라면 누구나 지역의 가까운 가족센터(건강가정 · 다문화가족지원센터)에서 무료 또는 소정의 비용으로 가족상담을 받을 수 있다.

한편 가정폭력상담소는 가정폭력과 관련된 문제에 대해 전문적인 상담과 법률적 지원을 받을 수 있으며 필요시 쉼터 연계도 가능하다. 학교 세팅에서는 WEE클래스를 비롯하여 부모상담 및 가족상담이 가능하다. 사회복지관은 가족상담이 주요 사업은 아니나 전통적으로 가족사례관리와 상담이 이루어지는 현장이다.

가족상담이 이루어지는 민간 전달체계로는 사설상담소 및 클리닉이 대표적이며, 주로 아동가족상담센터나 심리상담센터 등의 명칭으로 가족상담이 이루어지고 있다. 성당이나 교회 등 종교기관, 소아정신과나 종합병원의 정신과에서도 가족상담을 실행하고 있다. 또한 여러 대학교에도 부설 가족상담센터가 설치되어 있다.

활동하기

1 최근 우리 사회에서 가장 심각하다고 생각되는 가족문제 세 가지를 꼽아 보고, 그 배경에 대해 소그룹으로 나누어 토론해 봅시다.

2 가족문제를 다룬 방송 프로그램을 한 편 선택해 함께 시청하고, 문제 배경과 가족역동, 상담자의 개입방법 등에 대해 소그룹으로 토론해 봅시다.

3 가족상담의 기본 개념들을 검토하고, 각 개념을 본인 가족이나 주변 가족관계에 적용해 분석해 봅시다.

CHAPTER 02

가족상담 전달체계

Family Counseling in 21st Century

1 한국 가족상담정책과 전달체계

1) 한국의 가족상담정책

가족상담이 한국에 도입된 것은 1970년 후반으로 초기 가족상담의 실천은 몇몇 임상가들의 개인적 활동에서 시작되었다. 가족과 관련된 상담서비스가 1990년대부터 가족복지정책에서 다루어지기 시작했으나, 당시에는 가족문제를 해결하기 위한 서비스를 명시적으로 밝힌 관련법을 독자적으로 갖추지는 못하였다. 그러다, 1998년 「가정폭력범죄의 처벌 등에 관한 특례법」, 「가정폭력방지 및 피해자보호 등에 관한 법률」이 제정된 이후 가정폭력과 같은 가족문제가 더 이상 개별 가정의 문제가 아니라 사회가 함께 예방하고 해결해야 할 문제로 인식되었다(김태현, 2000).

한국 가족의 변화와 가족문제에 대한 새로운 방식의 개입이 요구됨에 따라 2004년 「건강가정기본법」이 마련되었다. 그리고 2008년 「다문화가족지원법」이 제정되었고 공적 전달체계로 건강가정지원센터와 다문화가족지원센터가 구축되었다.

2007년「민법」에 이혼절차에 따른 이혼숙려제도가 포함되었다. 이 제도는 부부가 협의이혼을 신청한 뒤 일정 기간 이상의 숙려기간이 지나야 법원이 이혼을 허용한다. 이혼숙려제도는 일시적인 감정 충동에 의한 성급한 이혼을 막고 이혼에 대한 서로의 생각과 의견을 통해 심사숙고의 시간을 갖도록 도입되었다.

2010년에는 근로자 및 가족 상담을 위한 노동부「근로복지기본법」이 조성되었다. 또한「한부모가족지원법」,「아동청소년의 성보호에 관한 법률」에서는 아동성보호법 피해아동청소년, 보호자 및 형제자매에 대한 상담이나 치료를 제공하도록 명시하고 있다. 자살에 대한 국가적 책무와 예방정책에 관한「자살예방 및 생명존중문화 조성을 위한 법률」은 국민의 소중한 생명보호 · 생명존중문화를 조성하도록 규정하고 있다.

공적 가족상담은 가족문제에 대해 정책적 · 체계적으로 개입하기 위해 예방과 치료적 차원에 초점을 두고 있다. 한국 사회는 과거에 비해 전반적으로 사회경제 및 교육 수준이 향상되고 사회적 인식 수준이 높아지면서 가족문제와 관련된 상담이 증가하였고, 이는 공적 가족상담 확산에 기여하였다. 현대사회의 가족문제는 더 이상 가족 스스로 해결할 수 있는 개인의 문제가 아니며 국가적 차원에서 예방하고 해결해야 할 문제라는 인식이 높아지게 되었다.

본 장에서는 공공 및 민간영역의 가족상담 현황 및 전달체계에 대해서 살펴보고자 한다.

〈표 2-1〉 한국의 가족상담 관련법

제정 연도	관련법	전달체계
1994	성폭력방지 및 피해자보호 등에 관한 법률 정신보건법	성폭력상담소
1998	가정폭력범죄의 처벌 등에 관한 특례법 가정폭력방지 및 피해자보호 등에 관한 법률	가정폭력상담소
2004	건강가정기본법	가족센터
2008	다문화가족지원법	

2007	민법(제836조 2항 이혼 절차)	가정법원
2010	근로복지기준법	근로복지공단
2012	교육부 훈령(제329호 Wee 프로젝트 법적 근거: Wee 프로젝트 사업 관리 · 운영에 관한 규정)	위(Wee)센터

2) 가족상담 실천영역

가족상담은 가족원들이 경험하는 기능적 · 정서적 문제를 해결하기 위해 전문가들이 다양한 가족상담 치료 모델을 적용하여 가족원 간의 상호작용 방식에 변화를 유도하거나 상실, 악화된 가족기능을 회복하기 위한 개입이다(전영주 외, 2015). 저출산, 고령화, 이혼 등의 사회변화로 인해 야기되는 다양한 가족문제에 공적기관의 체계적 개입으로 가족상담에 대한 사회적 관심이 높아졌다. 또한 아동 및 가족관련 기관의 필요성이 제기되면서 가족상담을 운영하는 기관이 늘어났다(신혜종, 2015).

가족상담은 운영 주체에 따라 공공영역과 민간영역으로 나눌 수 있다. 공공영역에서는 여성가족부 가족센터, 가정폭력상담소, 성폭력상담소, 법무부 가정법원, 교육부 Wee센터, 노동부 근로복지넷의 전달체계가 작동하고 있다.

민간영역에서는 대학 부설가족상담기관, 기업 부설기관, 병원 부설기관, 사설가족상담소 및 아동상담소나 심리치료센터 등 다양한 기관에서 가족을 대상으로 하는 상담과 치료가 활발하게 이루어지고 있다. 또한 성당이나 교회 등 종교기관에서도 전통적으로 가족관계 증진을 위한 프로그램을 운영하고 있고, 목회자나 전문가를 초빙해 가족생활교육 프로그램과 가족상담을 시행하기도 한다.

한편, 정신건강의학과에서도 가족상담 클릭닉을 운영하고 있고, 종합병원에서는 외래환자들의 정신적 · 심리적 문제를 다루고 있다. 대학교의 경우 가족상담 및 가족치료 관련학과, 부설 가족상담센터가 설치 운영되는 경우가 있다. 대학부설 가족상담센터는 내담자 가족을 만나는 임상의 장일 뿐만 아니라 교육훈련에 활용되기도 한다. 또한 기업에서는 근로자의 일과 삶의 증진 및 가족을 위한 상담이 운영되고 있다.

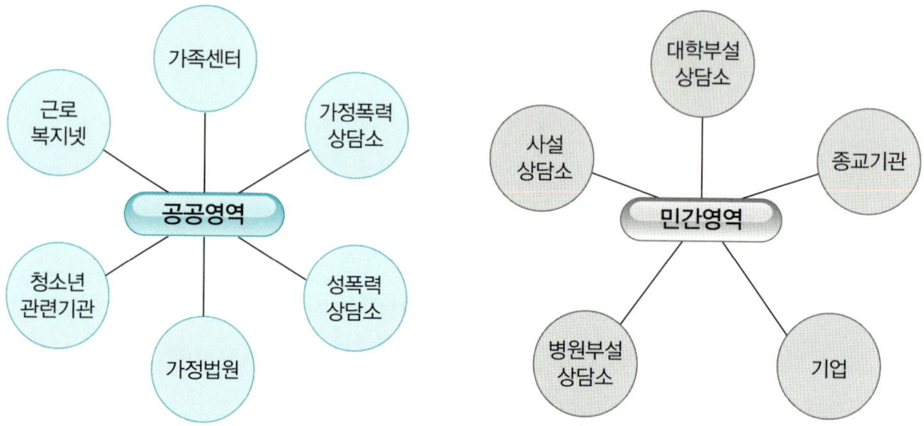

[그림 2-1] 가족상담 실천영역: 공공영역과 민간영역

2 가족상담 공적 전달체계

1) 현황

한국은 1997년 아시아 금융위기 이후 출산율 감소와 고령화, 혼인율 감소와 이혼율 증가, 맞벌이가족, 위기가족, 다문화가족, 1인가구의 증가와 같은 다양하고 급격한 사회변화를 경험하고 있다. 이러한 사회변화는 더 이상 가족 스스로 가족문제를 해결하기 어려워졌으며, 국가 차원에서 통합적 정책을 바탕으로 가족문제를 예방하고 해결해야 한다는 인식이 확산되었다(김인숙, 2003).

이와 같은 현상은 공적 전달체계의 필요성에 대한 사회적 공감대로 이어졌다. 그리하여 1990년대 중반 이후 가족갈등, 이혼, 가정폭력, 성폭력, 자녀학대 문제에 대한 법적, 제도적 장치를 기반으로 한 공적 전달체계가 구축되기 시작하였다(이선혜 외, 2005).

2004년 제정된 「건강가정기본법」은 가족상담 및 지원에 관한 포괄적 법률로 가족문제에 대한 적절한 해결방안을 강구하여 가족원의 건강성 증진 및 건강가정 구현에 목적을 두고 있다. 그리고 2008년 제정된 「다문화가족지원법」은 결혼이민자 및 그 가족들을 위한 가족상담이 가능하도록 기반이 조성되었다.

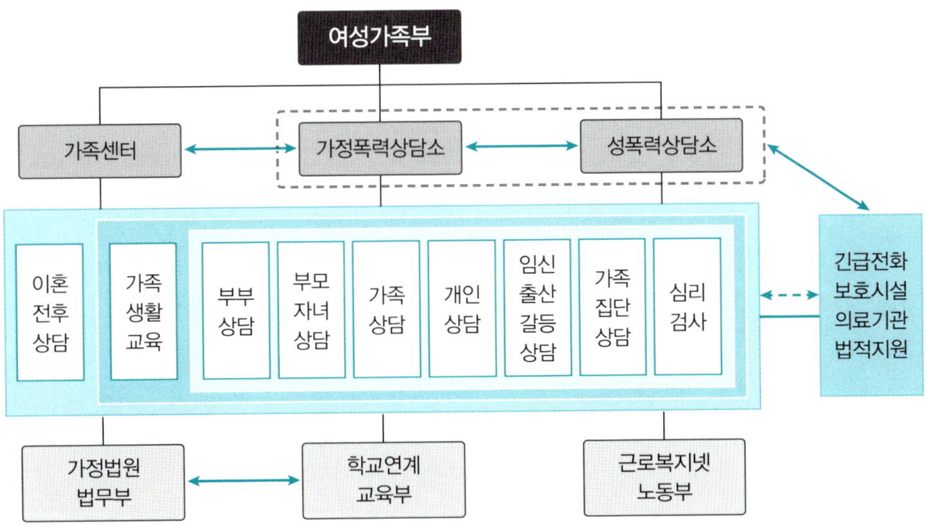

[그림 2-2] 가족상담 공적 전달체계 현황

공공영역에서 가족상담의 목표는 국민의 건강한 가정생활 영위와 가족의 유지 및 발전을 위해 정책적인 지원을 하는 데 있다. 그러므로 공공영역에서 실시되고 있는 가족상담은 가족문제 예방 및 해결, 가족해체 예방, 전반적인 가족기능의 증진과 활성화하는 데 있다. 이를 위해 다양한 대상별로 이루어지는 여러 공공서비스 기관들은 서로 연계를 강화하고 교육 및 자문기관의 역할을 수행한다. 다음에서는 공공 영역에서 가족상담을 실시하고 있는 다양한 서비스 기관들의 가족상담 현황 및 전달체계에 대해 살펴보고자 한다.

2) 유형

(1) 가족센터

가족센터(Family Center)는 가정 중심의 통합적 서비스를 제공하기 위해 법적·제도적 기반 마련의 필요성으로 설립된 대표적인 공적 가족서비스 기관이다. 모든 가족원들의 행복한 삶과 건강한 사회구성원의 삶을 위하여 가족상담서비스를 제공하고 있다. 또한 긴급상담 발생 시 조기 개입을 통한 예방적 차원에서의 가족상담이 이루어지고 있다.

2004년 여성가족부에서 서울 용산구센터, 경남 김해시센터, 전남 여수시센터를 시범 운영하기 시작하였다. 그리고 결혼이민자들이 증가하면서 다문화가정에 대한 관심이 높아지고 2008년 다문화가족을 위한 다양한 정책들이 마련되었다. 가족센터는 건강가정기본법 및 다문화가족기본법에 의거하여 설치·운영하고 있다.

여성가족부는 가족 형태가 다양해지면서 통합적 가족서비스 제공의 필요성을 인식하고 기존의 건강가정지원센터와 다문화가족지원센터를 '가족센터'로 명칭을 통합 개편하였다. 2021~2022년부터 가족센터 통합이 단계적으로 시행되었으며, 2023년 이후 대부분의 지역에서 '가족센터'라는 명칭으로 일원화되었다.

2025년 현재 가족센터 214개소, 건강가정지원센터 13개소, 다문화가족지원센터 19개소가 운영되고 있다. 가족센터는 가족관계에서 나타나는 다양한 갈등 및 문제 상황 해결을 유도하고 개인 및 가족의 역량 강화를 위한 상담이 이루어지는 대표적인 공공기관이다.

〈표 2-2〉 가족센터 현황

관련법	2004년 건강가정기본법, 2008년 다문화가족지원법
센터수	2025년 214개 센터 운영
상담목적	생애주기에 따라 발생되는 가족 내 다양한 갈등과 문제의 해결을 위한 개인상담, 가족상담, 집단상담 등을 통해 문제해결을 유도하고 개인 및 가족의 역량 강화
주요상담	부부상담, 부모자녀상담, 가족상담, 이혼 전·후상담, 임신출산양육갈등상담

출처: 여성가족부 (2025).

〈표 2-3〉 가족센터 상담내용

부부상담	부모자녀상담	이혼 전·후상담	임신·출산·양육 갈등상담	그 외 가족상담
• 부부관계갈등 • 의사소통 • 부부성격 및 가치관 차이 • 외도 • 배우자 의심 • 부부 성문제 • 경제문제 • 국적 및 문화 언어 차이에서 오는 의사소통 등 부부관계에서 발생하는 문제 상담	• 시/조부모·자녀 간 관계갈등 • 부모의 부양문제 • 부모의 성격문제 • 부모의 질환문제 • 자녀양육문제 • 자녀성격문제 • 국적 및 문화, 언어 차이에서 오는 의사소통 • 자녀 비행·일탈·따돌림 등 • 부모자녀 간 발생하는 문제 상담	• 이혼을 고려하고 있거나, 이혼에 대해 언급하거나 이혼에 관한 결정을 호소하는 등 이혼 전후 관련한 문제 상담 • 이혼과 관련된 부부의 심리, 정서, 경제적 문제, 자녀문제에 효율적으로 대처하고, 이혼 여부를 합리적으로 결정하도록 상담	• 임신·출산·양육에 따른 갈등을 상담 • 미혼모 시설 등 유관기관 연계 • 출산·자녀양육에 대한 정보 제공	• 사별 • 본가와 처가의 갈등 • 형제자매 갈등 • 원가족 갈등 등 • 부부와 부모·자녀 간 외의 다른 가족들로부터 발생하는 가족문제 상담

출처: 한국건강가정진흥원 (2025).

공적 가족상담은 생애주기에 따라 발생하는 부부간 갈등해결 및 관계증진을 도와 건강한 부부관계 형성을 돕는다. 또한 특화된 이혼 전·후상담은 부부 두 사람이 상담 및 이혼조정 협상에 임하거나 공동부모역할 수행에 있어 능동적이고 상호협력적인 관계를 이어가도록 한다. 나아가 원만한 공동부모역할과 부모자녀관계를 유지하여 자녀의 건강한 성장을 도모한다.

한편 임신출산갈등상담은 예기치 못한 임신과 출산으로 양육에 대한 갈등 등 위기 상황에 있는 임신부들이 안정감을 가지도록 한다. 또한 출산에 대한 불안과 두려움을 최소화시키고 양육정보 등을 통해 건강한 부모역할 수행을 돕는다.

다문화가족 및 비다문화가족 대상으로 가족문제 해결 및 가족원의 성장과 발달을 촉진한다. 이를 통해 모든 가족원들의 가족관계 향상 및 가족기능 강화를 도모한다.

2004년 건강가정지원센터와 2008년 다문화가족지원센터가 개소, 2025년 현재 가족센터로 가족상담이 운영되는 전문적인 공적 기관이다. 이 기관에서는 전문성과 신뢰를 바탕으로 가족상담 건수가 꾸준히 늘어나고 있다. 가족센터를 통해 상담에 참여한 여성내담자는 남성내담자에 비해 2배가 많으며, 남성내담자 역시 상담에 대한 인식의 변화로 꾸준하게 상담이 늘어나고 있다. 가족상담 참여자 중 30대와 40대가 가장 많으며, 2003년 개소 이후 해마다 지속적으로 많아지고 있다. 그러나 2020년 시작된 코로나19의 유행으로 대면상담이 어려워지면서 가족상담 참여자가 26만명으로 줄었으나 2023년 29만명으로 늘었다.

[그림 2-3] 가족센터 상담 참여인원 현황

출처: 한국건강가정진흥원 (2024).

한편 가족센터는 내담자의 성별이나 연령과 같은 개별상황에 알맞은 장기간 구조화된 상담을 지원하기 위해 가족지원통합시스템을 구축하고 있다. 가족 내 다양한 갈등과 문제 상황에 대해 면접상담, 전화상담, 사이버상담, 찾아가는 상담 등의 다양한 형태로 가족상담이 운영되고 있다.

가족센터에서는 가족상담전화(1577-4206)를 통해 이혼 전·후 가족에 대한 비대면 상담서비스 제공으로 자녀의 심리·정서안정과 협력적인 부모역할 및 양육에 도움을 주고 있다.

〈가족상담 연계 사례 1〉

중학생인 ○○는 여러 번의 자살시도를 하였고 이러한 행동이 반복되면서 교육복지사와 면담을 하게 되었다. 면담하는 과정에서 학교생활 부적응, 부모와의 갈등이 심하고 관계가 원만하지 않다는 사실을 알게 되었다. 교육복지사는 부모에게 ○○가 심각한 상태이며 가족이 다함께 가족상담을 받아 자녀에 대한 이해와 부모자녀관계 개선이 필요하다고 판단하였다. 부모 역시 자녀의 발달적 특성을 이해하고 자녀양육 및 부모자녀관계 개선을 위한 상담이 필요하다고 인지하여 ○○구가족센터로 가족상담을 연계하였다. 상담자는 부모가 자녀의 부정적인 행동이 민주적이지 못한 양육과 자녀를 신뢰하지 못하거나 구속하고 통제하려는 태도에서 기인한다는 사실을 인식할 수 있도록 하였다. 또한 원만하지 않은 부부관계 역시 자녀에게 부정적인 영향을 미치게 됨을 깨닫을 수 있도록 하였다. ○○이 가족은 가족상담을 통해 서로의 생각과 감정을 나누고 자녀가 죄책감을 가지지 않도록 하며, 부모에게(가족 안에서) 얼마나 소중한 존재인지 인식하도록 하였다. 또한 자녀의 자기존중감은 긍정적인 행동을 하게 하고 난관에 부딪혔을 때 인내심을 가지고 시도해 보는 용기를 갖게 한다는 것, 자녀가 긍정적인 행동을 하는 순간을 포착하여 격려하고 칭찬함으로써 자기존중감을 향상시켜 건강한 성장을 도모할 수 있도록 하였다. ○○이 가족은 가족상담을 통해 부모는 자녀의 그릇된 행동에 따른 문제와 관련하여 가족의 리더로서 해결책을 찾아내야 하는 책임감을 갖게 되었고 자녀생활의 모든 측면에서 자유를 허용할 수 있게 되었다.

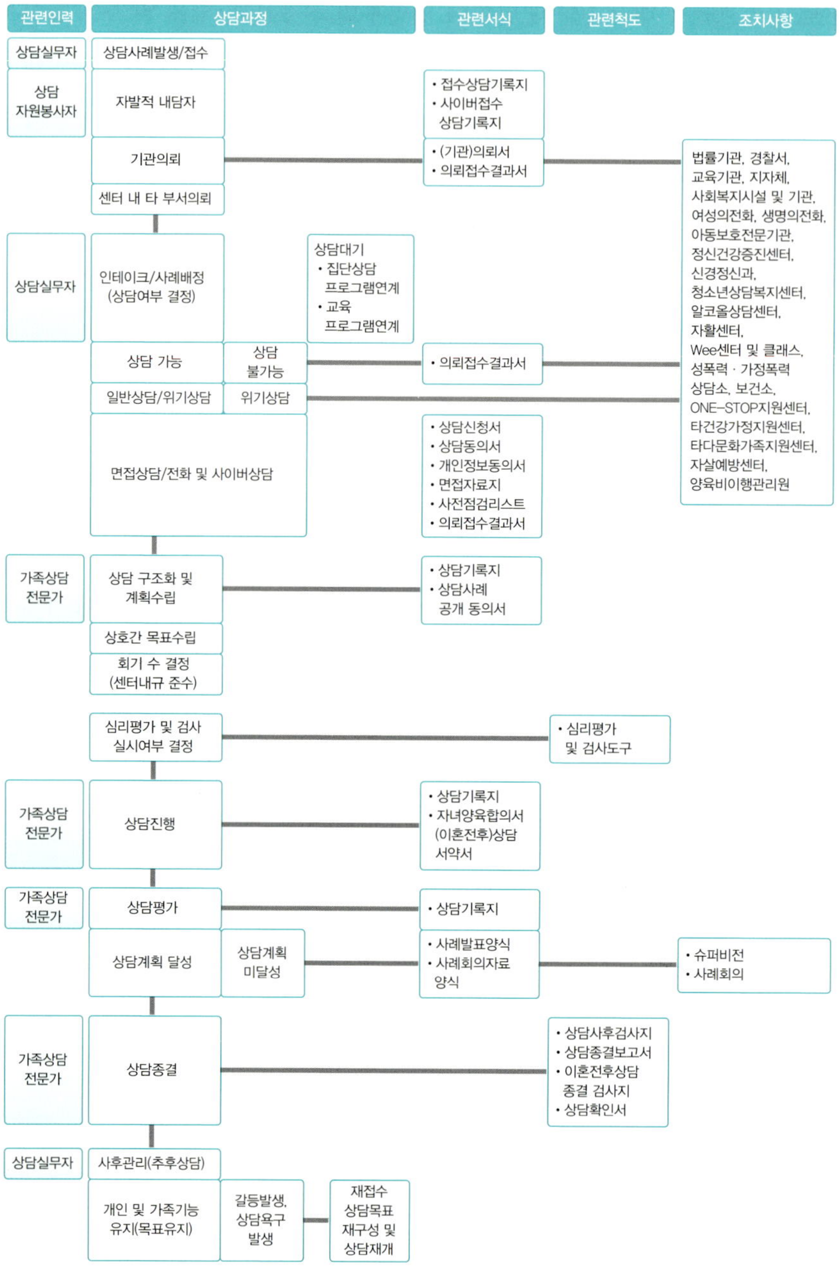

[그림 2-4] 가족센터 상담업무의 절차와 흐름도

출처: 한국건강가정진흥원 (2024).

(2) 가정폭력상담소

가정폭력상담소는 1998년「가정폭력방지 및 피해자 보호 등에 관한 법률」을 근거하여 설립되었으며 가정폭력방지 및 피해자 보호사업을 추진하는 기관이다. 여기에서는 가정폭력의 피해자, 가정보호사건, 조사 및 심리, 항고와 재항고, 민사처리에 관한 특례, 벌칙 등에 대해 정보를 제공한다.

전국적으로 국번 없는 특수전화 '1366'을 365일 24시간 운영하여 피해자에 대하여 1차 긴급상담, 의료기관, 상담기관, 법률구조기관, 보호시설, 위기개입 서비스를 지원한다(여성가족부, 2015). 상담소에서는 가정폭력뿐만 아니라 성폭력 및 성매매 등으로 긴급한 구조·보호 또는 상담을 필요로 하는 사람들이 언제라도 상담을 받을 수 있도록 연계한다. 이를 통해 가족갈등문제, 부부문제, 이혼 등에 관한 서비스가 필요한 내담자를 위한 가족상담이 실시되고 있다. 가정폭력의 피해를 신고받거나 이에 관한 상담, 가정폭력으로 인하여 정상적인 가정생활 및 사회생활이 어려운 경우에도 지원받을 수 있다.

〈표 2-4〉 가정폭력상담소 현황

관련법	1998년 가정폭력방지 및 피해자보호 등에 관한 법률
센터수	2025년 124개소 운영*
상담목적	가정폭력 피해자에게 상담, 의료, 법률, 보호, 숙식 등 지원서비스 제공을 통한 건강한 사회인으로 복귀 및 자립지원
주요상담	피해자 및 가해자 모두에게 전문가를 통한 개인/집단 심리상담, 부부가족캠프를 실시, 이혼, 부부갈등, 중독 등(가해자는 검찰, 법원, 경찰로부터 치료를 연계받음)

*주: 가정폭력 피해자 보호 강화를 국정과제로 제시한 정부가 가정폭력상담소 예산을 삭감하면서 가정폭력상담소를 줄이고 상담사 인력을 감축하였다.

출처: 여성가족부 (2025).

가정폭력상담은 가정 내 발생하는 가정폭력을 예방하고 가정폭력피해자를 보호함으로써 가정해체 예방과 건전한 가정을 유지하도록 도모한다. 가정폭력이 발생하게 되는 이유가 단순히 부부나 가족 간의 문제가 아니라, 개인적 · 사회적 요인들이 복합적으로 상호작용하여 발생하는 가정 및 사회의 병리현상으로 인식하도록 한다.

가정폭력이 지속적으로 증가하는 데는 여러 가지 요인이 있으나 가정폭력을 가족의 사적 문제로 취급하거나 신고를 해도 적극적인 공적 보호조치가 이루어지지 않는 것이 원인이다(여성가족부, 2015). 그래서 정부는 이러한 문제점을 해결하기 위해 가해자의 퇴거와 접근금지, 긴급임시조치와 같은 제도를 통해 피해자 보호와 안전을 강화하는 「가정폭력특례법」(2011.10.26)과 「가정폭력방지법」(2012.5.2)을 개정하였다. 이러한 영향으로 심리 · 정서지원을 위한 상담뿐만 아니라 수사 및 법적 지원, 시설입소연계, 의료지원, 기타 등의 공공영역에서의 지원이 증가하게 되었다(여성가족부, 2015).

〈표 2-5〉 가정폭력상담소 지원실적 (단위: 건)

연도	계	지원내용					
		심리 · 정서적지원	수사 · 법적 지원	의료적 지원	자립지원	동반아동 지원	기타
2014	100,301	48,135	3,153	16,942	2,726	22,720	6,625
2015	139,943	71,620	4,580	20,549	8,170	24,154	10,870
2016	129,140	62,117	3,822	20,159	9,311	12,365	21,366
2017	123,223	55,739	3,530	19,162	7,629	25,022	12,141
2018	169,682	89,796	5,151	21,188	9,564	31,328	12,655
2019	168,203	78,499	4,496	18,364	11,832	39,814	15,198
2020	164,086	75,208	4,383	17,296	12,199	35,146	19,855
2021	172,385	68,822	4,247	18,690	10,716	43,926	25,984
2022	192,341	74,961	4,323	16,707	33,959	45,435	16,956
2023.6.	81,915	34,179	2,255	8,376	8,058	19,547	9,500

출처: 여성가족부 (2024).

가정폭력은 더 이상 개인의 문제가 아니라 사회적 문제로 인식되었고, 부부강간, 근친 성폭력, 부모학대 등 다양한 가정폭력 현상들은 사회적 이슈로 조명되고 있다. 2021년 통계청 자료에 의하면 가정폭력이 2013년 이후 2019년까지 지속적으로 증가하였으나, 최근 3년 동안 꾸준히 감소 추세를 보였다. 이러한 현상이 코로나19의 영향으로 감소되었다는 의견도 있다. 가정폭력상담 건수가 적은 이유가 가정폭력이 줄었다는 것을 의미하는 것이 아니라, 대면상담이 어려워져 생긴 상황일 수 있다는 것이다(중앙일보, 2020.4.5).

한국 사회의 폭력범죄에 대한 사회적 인식이 높아지면서 일반인을 비롯한 관련 기관 서비스 종사자의 폭력 신고의무가 제도화되었다. 폭력에 대한 신고의무제도화가 시작되면서 경찰 등 공공영역에서의 지원이 증가하였다. 이는 가정폭력이 개인이 아닌 사회와 정부가 함께 해결해 나가야 한다는 인식이 높아지고 정착되어 가고 있음을 시사한다.

(3) 성폭력상담소

성폭력에 대한 사회적 관심은 1980년대 이후 성폭력 피해자 지원 및 가해자 교육의 필요성이 제기되면서 가해자를 처벌하고 피해자를 보호하기 위한 법제도 및 정책 등이 구체화되기 시작하였다(하혜숙 · 김동일, 2007). 성폭력상담소는 1994년 성폭력방지 및 피해자보호 등에 관한 법률을 근거로 성폭력범죄를 예방하고 그 피해자를 보호하여, 국민의 인권신장과 건강한 사회질서 확립을 목적으로 설립되었다. 성폭력 관련 법률이 제정되기 이전에는 성문제와 가족문제를 민간영역으로 간주하여 공적으로 관여하지 않았던 탓에 피해자는 법적 보호를 받지 못하였다.

성폭력 예방 및 상담은 1990년대 들어와서 성문제와 가족문제를 사회적 문제로 인식하면서 공적 전달체계 접근이 시작되었다. 성폭력상담 및 교육 활동은 성폭력을 예방하고 해결하기 위한 개인적 · 사회적으로 매우 중요한 역할을 한다. 이를 통해 재발방지를 위한 효율적이고 바람직한 대인관계 기술 습득 및 일상 회복을 돕는다.

〈표 2-6〉 성폭력상담소 현황

관련법	1994년 성폭력방지 및 피해자보호 등에 관한 법률
센터수	2025년 179개소 운영
상담목적	성폭력 피해자에게 치료
주요 상담	피해자 및 가해자 전문상담가와 연계하여 심리치료, 부부상담 실시 의료, 법률지원, 아동, 청소년, 지적장애인 전문상담 등(가해자는 검찰, 경찰로부터 상담을 연계받음)

출처: 여성가족부 (2025).

〈표 2-7〉 성폭력상담소 지원실적 (단위: 건)

연도	계	지원내용					
		심리 · 정서 지원	수사 · 법적 지원	의료지원	학교문제 (전학)지원	자립지원	기 타
2016	97,566	49,942	1,018	8,807	7,204	10,661	19,934
2017	98,954	48,237	1,201	8,844	8,259	10,930	21,483
2018	120,675	62,831	1,314	8,911	10,813	17,005	19,801
2019	141,719	66,514	1,284	13,898	11,907	20,928	27,188
2020	158,991	70,484	1,260	17,500	15,623	19,470	34,654
2021	143,263	64,044	2,013	19,647	16,865	14,064	26,630
2022	142,501	59,005	1,038	20,075	11,177	17,875	33,331
2023	144,632	52,154	1,435	23,417	10,807	18,789	38,030

[그림 2-6] 성폭력상담소 지원실적

출처: 여성가족부 (2024).

성폭력상담은 전화상담, 면접상담, 방문면접상담, 기타 상담, 사이버상담으로 진행되며 성폭력, 성상담, 가정폭력, 가족문제, 부부갈등, 중독, 기타 등에 관한 내용으로 구성되어 있다. 또한 심리정서지원, 수사 및 법적지원, 의료지원, 시설입소 연계, 기타 등에 대해 지원되고 있다. 통계청(2021) 자료에 의하면 성폭력상담은 2016년 이후 꾸준하게 늘어나고 있다. 2020년 기준 15만여건의 상담을 받았으며, 5년 동안 2.5배 늘어날 정도로 많아졌다.

성폭력은 피해자 개인에게 단순히 심리적 · 정신적 피해를 입히는 데 그치는 것이 아니라, 개인의 사회적 성장과 발달에 큰 장애를 가져다주기 때문에 심각하게 다루어야 할 문제이다. 성폭력 피해자와 그 가족은 불안과 두려움, 분노와 보복심리, 무력감과 죄의식, 가족관계 및 사회 적응의 손상 등의 피해를 경험하게 된다.

(4) 가정법원

가정법원에서는 2007년 12월 21일 민법 제836조의 2가 신설되어 이혼하려는 부부에게 이혼에 따른 상담을 권고하고 일정한 숙려기간이 지나야 협의이혼 사실을 확인해 주는 이혼숙려제도를 시행하였다. 1990년대 말부터 아시아 금융위기와 같은 사회적 변화로 인하여 이혼율이 높아지고, 특히 2000년대에는 미성년 자녀를 둔 부모의 이혼이 많아지면서 사회적 문제가 되었다(위키백과, 2015). 이에 가정법원에서는 2008년부터 이혼을 신청한 부부 대상으로 상담을 권고하는 '협의이혼 전 상담제도'를 도입하였다.

〈표 2-8〉 가정법원 현황

관련법	2007년 민법(제836조의 2 이혼의 절차)
가정법원수	13개원
상담목적	협의이혼 전 상담 의무상담
주요상담	부부관계 회복, 자녀의 복리증진, 자녀양육, 자녀들의 심리상태 등

출처: 대한민국 법원 (2022).

부산가정법원은 2012년부터 협의이혼 전 의무상담제도를 시행하고 있으며, 이는 부부관계회복과 자녀의 복리증진 등 여러 부분에서 긍정적인 역할을 한다. 협의이혼 전 의무상담에서는 자녀의 양육과 친권자 결정에 관한 협의서 내용이 자녀의 복리에 적합한지 여부와 함께 부부갈등문제, 자녀와의 관계, 자녀들의 심리상태 등에 대한 가족상담을 받을 수 있다.

대구가정법원은 2014년 9월 1일부터 협의이혼 의사 확인 신청 접수 시 만 6세 이하의 미성년 자녀를 둔 부부를 대상으로 협의이혼 전 의무상담을 받도록 하였다. 그리고, 2015년 3월 1일부터 접수되는 사건에 대하여는 만 15세 이하(2015년 기준, 2000.1.1. 이후 출생자) 자녀 및 임신 중인 자녀를 둔 부부로 의무상담 대상을 확대하였다.

2015년에는 서울가정법원, 부산가정법원, 인천가정법원, 창원가정법원, 대전가정법원 등에서 가족센터(건강가정지원센터)와 연계하여 만 18세 미만 자녀를 둔 협의이혼 신청 부부들을 대상으로 협의이혼 전 의무상담이 이루어지고 있다(대한민국 법원, 2021). 이는 부모의 이혼으로 겪게 되는 자녀의 감정을 이해하고 안전하게 성장시키기 위해서 지속적으로 자녀와 접촉을 해 나가도록 한다.

가정법원은 지역 가족센터와 연계하여 이혼 전 · 후 가족지원사업으로 이혼 신청 또는 소송 중인 가족의 상담과 치유 프로그램이 있다. 가정법원에서는 재판 및 협의이혼 당사자들을 가족센터로 연계하여 부부갈등조정 프로그램, 협의이혼 상담지원, 부모교육 등에 참여하도록 한다. 또한 협의이혼 및 가사재판이혼을 신청한 가족들을 대상으로 가족캠프, 부부간 감정조절 및 관계개선, 협력적 부모역할, 부모자녀관계 향상을 위한 프로그램 및 가족상담을 실시하고 있다.

이혼 전 · 후 가족지원은 이혼 종료에 대한 심사숙고, 이혼의 긍정적 · 부정적 감정을 정리하고 부부 양측이 이혼을 최적의 선택으로 수용하여 건강한 이혼을 돕고 있다. 이혼 부부 각자는 자신에 대한 이해와 건강한 이혼 후 관계를 형성할 수 있는 능력과 자신감을 향상시킨다. 또한 이혼 후에도 원만한 공동부모역할과 부모자녀관계를 유지함으로써 자녀의 피해를 최소화하여 건강한 성장과 복리를 위해 함께 노력하도록 유도한다.

〈협의이혼 전 숙려기간, 상담절차〉

가정법원에서 실시되고 있는 협의이혼 숙려기간 및 상담제도에 대해서 알아보겠습니다.

가정법원에서는 종래 협의이혼의사 확인절차를 통한 이혼에서 감정이 흥분된 상태에서 충분한 숙려기간을 갖지 아니한 채 협의이혼을 하게 되는 부부들이 적지 않았습니다.

그로 인해 이혼율이 증가되고, 이혼에 따른 결손가정도 증대되어 이혼이 심각한 사회문제화됨에 따라 협의이혼의사 확인절차에서 이혼 당사자들에 대한 상담이 필요하다는 인식하에 2008년 숙려기간 및 상담 제도를 시행하고 있습니다.

- 숙려기간 제도: 숙려기간을 통하여 당사자들이 다시 한 번 이혼에 대하여 생각해 볼 수 있는 기간
- 숙려기간: 미성년 자녀 및 임신 중인 경우-3개월 / 성인자녀가 있는 경우-1개월
- 상담제도: 협의이혼 전 상담 진행

출처: 대한민국 법원 (2015).

법원행정처는 여성가족부, 지방자치단체와 협력을 통해 이혼과정에서 양육비 등 관련 가정법원의 역할을 확대하여 자녀의 안정적 성장발달을 도모한다. 또한 양육비 관련 정보전달형 교육 및 부 · 모간 양육비 관련 협의사항 확인절차 강화, 양육비 이행을 위한 상담 등으로 경제적 어려움 없이 자녀가 안정적인 생활을 유지하도록 돕는다(여성가족부, 2021).

통계청(2022)에 의하면 2010년부터 2017년까지 이혼건수가 적었다가 2018년과 2019에는 많아졌다. 2020년에는 코로나19로 인한 사회적 거리두기 영향으로 이혼이 줄었다. 또한 조이혼율 역시 감소하거나 유지되고 있으며, 이혼숙려제도에 의한 이혼 전 · 후 상담으로 미성년 자녀를 둔 부부의 이혼은 전체 이혼의 44.2%이며, 2010년 이후 지속적으로 낮아지고 있다(통계청, 2021). 외국인과의 이혼도 지속적으로 줄었고, 특히 한국남자와 외국여자 이혼 비중 역시 2010년 이후 지속적으로 낮아

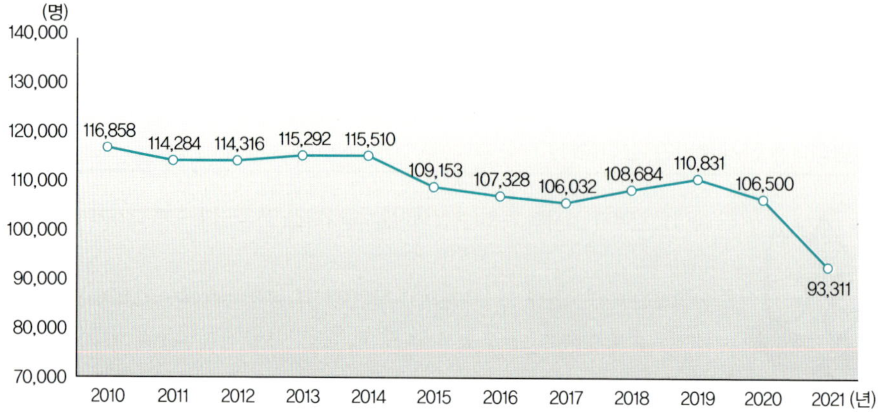

[그림 2-5] 이혼 현황

출처: 통계청 (2022).

지고 있다.

가정법원에서는 다문화가정의 부부를 위해서 한국국제교류재단, 가족센터(다누리콜센터)와 협력하여 협의이혼 전 부부상담에 통역서비스를 지원한다. 총 13개국(한국어, 중국어, 영어, 베트남어, 일본어, 타갈로그(필리핀)어, 크메르(캄보디아)어, 우즈베키스탄어, 라오스어, 러시아어, 타이어, 몽골어, 네팔어) 통번역서비스를 통해 의사소통의 어려움이 해결되도록 돕고 있다.

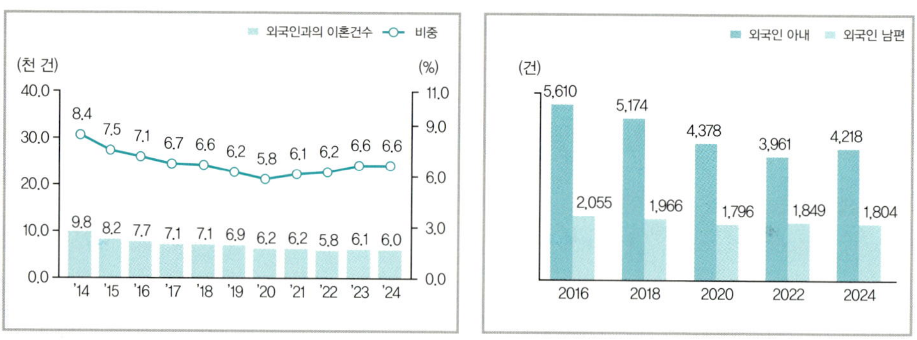

[그림 2-6] 외국인과의 이혼

출처: 통계청 (2024).

〈가족상담 연계 사례 2〉

아내가 남편을 상대로 이혼 소송을 제기하여 가사재판이 진행 중인 사례이다. 부부는 함께 살며 다툼과 갈등이 증폭되면서 자녀양육권, 면접교섭, 양육비 등 합의가 이루어지지 않아 상담 의뢰되었다. 부부는 이혼 소송 전 받은 상처보다 이혼 소송 중에 더 많은 상처로 사건 진행에 있어 소통하기 힘들어졌다. 가사조사관은 부부의 원만한 이혼과 갈등을 해결하기 위해서 상담이 필요하다고 판단하였다. 부부는 상대배우자에 대한 원망, 분노 등의 부정적인 감정에 대한 분리가 필요하며 서로 감정을 자극하지 않도록 자제하고 합의에 따라 갈등을 해결하는 것이 중요하였다. 부부는 상담을 통해 부모의 갈등이 오랫동안 지속되면 자신들의 갈등과 상처에 더 집중하게 되어 자녀가 느끼는 마음의 고통이 커지는 것을 알아차리지 못하게 된다는 것을 깨달을 수 있게 되었다. 두 사람은 협력적인 부모역할 상담을 통해 부모 이혼과정으로 자녀들의 일상생활의 변화가 최소화되어 상실감, 좌절감을 갖지 않고 능동적이고 건강한 성장을 위한 방법을 모색할 수 있게 되었다.

(5) 청소년 관련 기관

2004년에 제정 · 공포된 「학교폭력예방 및 대책에 관한 법률」과 「초 · 중등교육법」 제19조 2항의 규정에 따라 각 학교에 상담교사가 배치되어 학생들의 문제에 대한 상담을 하고 있다(온경자, 2009). 그리고 지역사회청소년통합지원체계(CYS-Net: Community Youth Safety-Net) 구축으로 지역사회 위기청소년을 위한 지원이 시 · 군 · 구 청소년상담복지센터 중심으로 이루어지고 있다.

급변하는 교육 상황에 따라 청소년 범죄, 가출, 성, 폭력 등 개인적 위기, 빈곤, 부모의 이혼, 다문화가정 등 가족위기 및 학습부진, 학업중단 등 교육적 위기 등 다양한 위기 상황에 놓이게 된다. 이러한 위기 상황에 놓인 청소년 및 학생을 대상으로 '진단-상담-치유' 지원을 위한 위기상담지원 사업의 필요성을 인식하게 되었다(한국교육개발원, 2022).

학생문제와 청소년문제를 해결하기 위하여 정부는 2009년부터 학교상담의 새로운 모델로 'Wee프로젝트'를 운영, 위기학생을 위한 국가 차원의 학생안전통합시스템을 구축하였다. Wee프로젝트는 학교, 교육청, 지역사회가 연계하여 학생들의 건강하고 즐거운 학교생활을 지원하는 다중의 통합지원 서비스 안전망이다. 1차 안전망으로 단위 학교에 'Wee클래스', 2차 안전망으로 시 · 군 · 구 교육청 단위에 'Wee센터', 3차 안전망으로 권역 단위에 대안교육기관으로 'Wee스쿨'을 운영하고 있다 (교육부, 2022).

학교에는 Wee클래스 7,631개, 교육지원청은 Wee센터 204개소, 교육청은 Wee스쿨 15개교가 있다. 가정의 문제로 인해 학업을 유지하기 어려운 학생들을 위한 가정형 Wee센터 19개소, 고위기 학생의 보다 심층적인 지원을 위한 병원형 Wee센터 10개소가 있다. 그리고 학교폭력 피해학생 전담지원기관, 학교폭력 가해학생 특별교육이수기관, 117신고센터가 있다(교육부, 2022).

Wee클래스는 성장하는 학생들의 비행, 심리문제, 대인관계, 학업문제해결 등 개인적인 성장, 학교생활과 관련된 제반 문제의 예방과 해결을 돕는다. 또한 학생의 학교생활 적응을 위한 가족문제, 대인관계, 학업 및 진로, 성, 성격에 대한 학생상담을 비롯하여 부모상담 및 가족상담이 실시되고 있다.

청소년상담기관에서는 위기학생의 체계적인 관리 및 심리치료로 학교 부적응으로 정서적 어려움을 겪는 학교 밖 청소년 및 학생들에게 심리 · 정서적 안정과 학교적응력을 향상시킨다. 또래 간의 상호작용을 배움으로써 건강한 인간관계 형성과 즐거운 학교생활을 영위하게 한다. 학업중단 위기학생에게는 적극적인 상담 개입을 통해 학업중단 예방과 학교 적응력을 향상시킨다. 부모상담을 통해 자녀 탐색과 신뢰감 형성, 가족 간의 원활한 의사소통 능력이 향상되도록 돕는다.

〈가족상담 연계 사례 3〉

ADHD인 ○○는 학교에서 부적응행동을 보이고 폭력적인 성향으로 담임교사(교육복지사)가 상담 의뢰하여 Wee센터에서 상담을 진행하게 되었다. Wee센터 상담교사는 ○○를 상담하는 과정에서 부모님과 면담을 하였고, 이 과정에서 어머니가 ○○의 행동을 제지하기 위해 ○○에게 체벌을 하는 사실을 알게 되었다. 그리고 어머니는 ADHD의 특성이나 치료에 대한 정보가 없고 ○○를 어떻게 양육해야 할지 몰라 어려움을 겪고 있으며, 남편과의 관계에서 갈등을 겪고 있다는 사실도 알게 되었다. Wee센터에서는 ○○이 가족이 상담을 통해 자녀양육(ADHD 특성 이해) 및 부부관계 개선을 할 수 있도록 가족상담이 필요하다고 판단하였다. 상담교사는 ○○가족이 가족상담을 받을 수 있도록 하였다. ○○이 가족은 가족상담사와의 상담을 통해 부부관계 개선, 가족의사소통 향상, ADHD 특성 이해, 자녀양육방법 코칭 등 전문적인 서비스를 받을 수 있게 되었다.

(6) 근로복지넷

지금까지 살펴본 다양한 공적인 기관들과 더불어 근로자에 대한 전문적 상담을 진행하는 기관으로 근로복지공단에서는 2009년 300인 이하 중소기업의 근로자들을 위한 EAP(Employee Assistance Program)가 도입되었다. 근로자의 정서적 · 심리적 어려움 해결을 위하여 EAP 전문기관 상담 위탁으로 운영하고 있다.

노동부는 2007년 하반기부터 중소기업 근로자에게 심리상담을 지원하는 근로자(심리상담)지원프로그램을 시작하기로 하고 공모를 통해 사업수행기관을 선정하였다. EAP 및 기업상담은 근로자의 스트레스와 정신건강뿐만 아니라 국가경쟁력에도 긍정적인 영향을 미친다(왕은자 · 김계현, 2009).

근로자 및 그 가족들을 위한 상담은 직무만족, 개인 및 가족의 부정적인 영향을 미치는 다양한 문제들을 해결하도록 돕는 것이다. 이를 통해 직무만족도 상승을 가져와 조직 내 적응, 일에 대한 몰입과 헌신 등 기능적인 태도의 발전을 도모한다. 또한 직장생활과 가정생활에서 스트레스 감소와 일 · 생활 균형으로 안정적인 삶을 유지해 나갈 수 있도록 돕는다.

〈표 2-9〉 근로복지넷 상담 분야

직장영역	개인영역	가족영역
• 직무스트레스 • 조직 내 소통능력(동료, 상·하간 갈등) • 업무역량(리더십) 강화 • 불만고객 등 응대 • Work-Life Balance(장시간, 육아휴직 등) • 직장 내 괴롭힘	• 성격진단 • 스트레스 관리 • 정서문제(우울, 불안, 장애, 분노, 강박 등) • 생활습관관리(금연, 절주, 비만 등) • 대인관계 • 자살	• 부부(관계갈등, 성문제, 맞벌이, 주말부부) • 자녀(학습코칭, 또래관계, 발달, ADHD 등) • 기타(가족 내 정신질환, 부모상담 등)

출처: 근로복지넷 (2025).

3) 의의와 과제

한국에서 가족상담을 위한 공적 전달체계가 구축된 시점은 1990년대 중반 가정폭력상담소 설치를 시작으로 약 30년 정도가 되었으며, 가족센터는 2004년 건강가정기본법(2008년 다문화가족지원법) 제정 이후 약 25년이 되었다. 이는 가족문제에 공적 차원의 개입과 정책지원이 정착되고 있음을 시사한다.

가족상담을 위한 공적 전달체계에서 이루어진 긍정적 효과는 다음과 같다. 첫째, 통계청 자료에 의하면, 2009부터 2021년까지는 이혼건수와 조이혼율이 꾸준히 감소하였다. 2008년 시행된 이혼숙려제도에 의한 이혼 전·후 상담을 통해 성급하게 이혼결정을 하지 않고 조금 더 심사숙고하는 시간을 통해 협의이혼의 수가 감소한 것과 관련이 있을 것이다.

둘째, 성폭력 및 가정폭력에 관한 법률 제정과 상담소의 설치 및 운영을 통한 공적 개입으로 폭력은 개인의 문제가 아닌 범죄라는 사회적 인식이 높아졌다. 이러한 과정에서 아내 구타뿐만 아니라 부부강간, 근친성폭력, 부모학대, 데이트폭력 등 다양한 가정폭력과 성폭력 현상이 사회적 이슈로 조명되고 있다. 특히 2011년 '가정폭력특례법'을 시작으로 피해자를 보호하기 위한 가해자에 대한 긴급임시조치, 접근금지, 수강명령 등이 다양한 형태의 상담과 함께 시행되고 있다.

셋째, 위기가족(이혼, 자살, 폭력피해, 자연 및 인적재난 등)의 어려움을 '개인이나 개별 가족'의 문제로 보지 않고 사회적 문제로 간주해 공적 전달체계를 통해 가족상담을 포함한 다양한 지원이 이루어지고 있다. 위기를 경험하는 가족은 가족기능의 약화, 가족불안정 심화를 겪으면서 취약가족이 되거나 가족해체 가능성이 높다(김승권, 2012). 공적 전달체계의 적절한 개입으로 가족위기를 사전에 예방하고 건강한 가족을 유지하도록 돕는다. 가족이 위기를 경험할 때 공적 차원에서 전문적 개입과 서비스 요구의 필요성으로 신고의무제도화 도입과 사회적 인식이 높아졌다.

한편 공적 전달체계의 가족상담을 제공하는 전문인력의 자격과 관련된 과제가 여전히 남아 있다. 현재 국가공인 가족상담관련 자격증이 거의 없는 현실에서 공적 전달체계에서는 민간에서 발급하는 자격취득자 또는 가족상담학과 수련자들을 상담전문인력으로 선발 및 배치하고 있다. 가족상담전문인력에 대한 정의도 제각각이며 애매하고 포괄적으로 정의하고 있는 상태이며, 제도 안에서 통일성 있게 자격기준이 마련되어야 한다. 국가자격증제도가 빠른 시일 내에 도입되어 전문가 양성 및 관리를 체계화하여 임상현장에 투입할 수 있는 심리상담사법이 제정될 필요가 있다.

2022년 4월 현재 한국상담학회에서는 '심리상담사 법안'(의안번호 14984, 최종윤 의원 대표 발의, 2022년 3월 28일 발의)과 '국민 마음건강증진 및 심리상담지원에 관한 법률안'(의안번호 15039, 전봉민 의원 대표 발의) 중이다. 학회에서는 심리상담사법안 발의를 위한 국민청원이 진행되고 있다.

3 가족상담 민간 전달체계

1) 현황

한국의 가족상담은 1970년대부터 1980년대 초반 외국의 가족상담 서적이 번역되고, 대학에서 가족상담 과목이 개설되면서 학계를 중심으로 시작하였다(전영주 외, 2015). 1990년대부터는 한국가족치료학회지를 통하여 가족상담의 다양한 영역에 관한 연구가 활발하게 진행되고 있다. 한국상담학회는 2000년 전국적인 학회로 출범 창립하여 한국 상담의 성장에 기여하고 있다.

그동안 가족상담 분야는 질적, 양적 성장을 이루어 왔다. 많은 대학에서 가족상담관련 학과와 전공을 개설하였고, 관련된 민간자격증이 많이 생겨났으며, 더불어 가족관련정책과 실천현장도 크게 확대되었다(정문자 외, 2018).

사회변화에 의해 야기되는 다양한 가족의 문제에 체계적으로 개입하여 원조하는 가족상담에 대한 사회적 관심이 매우 높아지면서, 전통적으로 가족서비스를 제공하는 아동 및 가족관련 기관에 가족상담실을 갖추는 곳이 많아지고 있다. 다음에서는 민간영역에서 가족상담을 실시하고 있는 서비스 기관들에 대해 살펴보고자 한다.

2) 유형

(1) 대학부설 상담소

가족상담이 소개된 것은 1970년대 중반이며, 1971년 이화여자대학교 대학원 사회사업학과(현사회복지학과)에서 가족상담을 과목으로 개설하였다. 1990년 시기에 여러 대학에서 가족상담이 교과목으로 개설되면서 전공하는 학생들의 수가 증가하였고 대학원의 교과목으로 개설되어 이론과 실습을 병행하고 있다.

2022년 기준 상담관련 대학원은 국내 164개 대학교의 243개 학과 교과과정이 개설되어 있다. 학부과정에도 상담관련 학과가 개설되어 '상담' 명칭을 사용하고 있는 학과(전공)는 174개로 온라인 사이버대학의 경우는 143개 과정이 운영되고 있다.

이들 교육프로그램의 철학 및 목표는 가족문제 이해와 예방, 치료를 위한 지식과 기법을 습득한 유능한 전문가를 양성하는 데 있다. 가족상담은 아동학, 가족학, 상담학, 목회상담학 등에서 이루어졌으며, 대학교의 경우 가족상담 관련학과가 생기면서 부설 가족상담센터가 설치 운영되기 시작하였다.

대학부설 상담소는 실천, 교육, 훈련의 장으로 활용되고 있으며, 지역사회구성원의 가족관계 증진과 가족해체를 예방하여 건강한 지역사회 발전을 위한 역할을 수행하고 있다. 또한, 지역사회 유관기관과의 연계를 통해 다양한 가족상담서비스를 제공하고 있다. 신라대학교 가족상담센터, 수원대학교 아동가족상담연구센터, 상명대학교 상명가족아동상담연구소 등이 있다.

〈가족상담 연계 사례 4〉

아동보호전문기관에서 아동에 대한 사례관리 및 아동학대 행위자(양육자) 상담을 진행하게 되었다. 사례관리사는 ○○의 사례관리 중 아동학대 양육자를 면담하게 되고, 양육자 중 주로 부모와 면담을 하게 된다. 양육자 면담 과정 중 특히 부모가 아동을 학대하는 경우, 양육 지식과 양육 기술 부족이라고 판단되었다. 또한 가족 내 문제로 갈등을 겪고 있으며, 자신의 감정을 약자인 아동에게 학대하는 역기능적인 행동으로 나타나고 있다는 사실을 알게 되었다. 아동보호전문기관 사례관리사는 양육자 ○○의 부모에게 가족상담 및 가족집단상담(프로그램)이 필요하다고 판단하였다. 사례관리사는 ○○의 가족이 가족상담을 받을 수 있도록 지역 가족상담전문기관인 신라대학교 가족상담센터로 연계하였다. 신라대학교 가족상담센터에 의뢰된 ○○가족은 가족전문상담사와 상담을 통해 아동학대가 중대범죄이며 아동 발달에 부정적인 영향을 미치게 됨을 인식하도록 하였다. 또한 ○○부모는 자녀에게 체벌의 위협이 주어지면 부정적인 행동을 보이며 마음속에 원한을 심어줄 수 있음을 인식하게 되었고 부모자녀관계 개선, 자녀양육방법 등 전문적인 상담을 받을 수 있게 되었다.

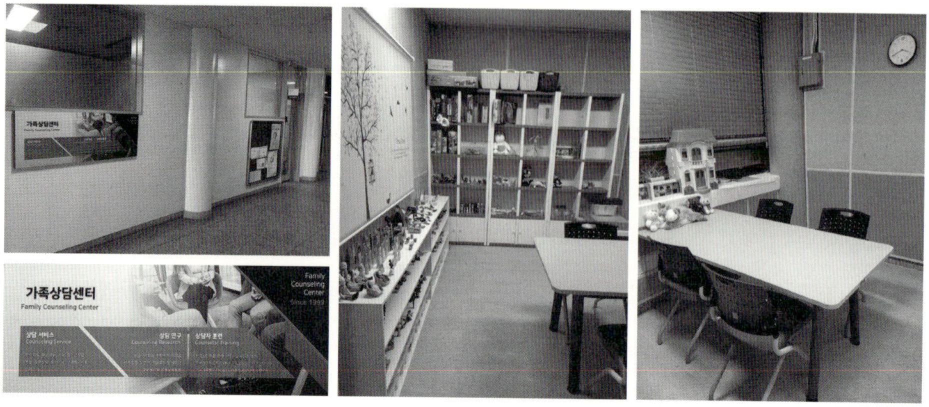

[그림 2-7] 신라대학교 가족상담센터

(2) 종교기관부설 상담소

한국 종교기관에서의 상담은 1951년 연세대학교 이환신 교수가 미국에서 사회학과 목회상담학을 전공하고 '목회문학의학'으로 한국 신학계에서 목회상담이 시작되었다(김춘경 외, 2016).

기독교 상담은 1958년 미국에서 목회상담을 전공한 감리교 김승호 목사가 국제대학교 교수로 감리교신학대학과 이화여대 등에서 상담을 강의하며 한국 상담문화 활성화에 공헌하였다. 1960년 미국 장로교 선교사 반피득(VaN Lierop) 박사가 연세대학교에서 목회상담학을 강의하면서 미국 목회상담교육의 주류인 임상목회교육을 도입하였다. 그 후 1980년대 초반 감리교신학대학교에서 임상목회교육으로 기독교 상담학이 시작되었다(김춘경 외, 2016).

종교기관연계 상담소로는 기독교 한국복지목회상담교육원, 천주교 서울대교구 영성심리상담교육원, 서울가톨릭상담센터, 천주교 한국천주교중앙협의회가 있다. 교회에서는 주로 목사님들과 상담을 전공한 그리스도인들이 교회 목회자와 신도들을 위한 상담을 하고 있다.

현재 가족상담서비스가 이루어지고 있는 교회는 지구촌교회, 여의도순복음교회, 사랑의교회, 높은뜻광성교회, 오륜교회, 신반포교회, 응암교회, 분당만나교회, 분당우리교회, 안산제일교회, 대전새로남교회, 인천주안교회, 광주월광교회, 부산수영로교회 등이 있다(NAVER, 2022).

불교계 상담은 1990년에 개통된 불교계 상담기관 '자비의 전화'를 모태로 지난 2000년 설립된 불교상담개발원이 2000년 8월 경기도 화성 용주사에서 '제1회 2천년대의 불교와 상담의 만남' 개최를 통해 시작하였다. 불교상담개발원은 불교상담과 명상전문가 배출을 위한 전문교육과 배출된 전문 상담가들에 의한 상담지원을 하고 있다. 자비의 전화에서는 부처님 말씀을 서양심리학에 접목해 다양한 분야에서 어려움을 겪고 있는 이들에게 고민 해결을 돕기 위한 상담을 실천하고 있다(불교신문, 2016.5.6).

(3) 기업부설 상담소

한국의 기업 내 상담은 1973년 연소근로자 특별보호정책의 일환으로 여자상담원이 근로상담을 시작하였다. 이후 1977년 산업상담원제도와 고충처리제도에 따른 산업상담을 하게 되었다(김학종, 2015).

1990년대 초반 삼성그룹이 근로자 및 가족을 위한 복지시설인 삼성생활문화센터를, 포항제철이 상담실을 설립하여 상담전문가를 임명한 이후로 기업상담과 관련한 학술활동이 본격적으로 등장하기 시작하였다(왕은자 · 김계현, 2009). 2000년대 들어 삼성그룹은 계열사 23개에서 27개 상담센터를 운영 100여명의 상담사를 두고 상담실을 운영하였다. 그리고 LG그룹 LG전자, 현대그룹 현대자동차, 현대중공업, 우리은행 등이 상담서비스를 도입하기 시작하였다(김학종, 2015). 2004년 현대그룹의 현대자동차에서 기업이미지 제고와 구성원들을 위한 상담실을 운영하기 시작하였다. 현대자동차는 구성원의 개인, 가족, 직장, 스트레스 등 문제를 해결할 수 있도록 상담, 심리검사, 코칭, 서비스연계 등을 실시하고 있다. 2005년에는 LG그룹이 '마음 건강'을 위한 전문인력을 두고 계열사에 관련 시스템을 구축하였다. LG전자에서는 상담실을 인사부서와 별도 조직으로 독립적인 심리상담실을 운영하고 있다(김학종, 2015).

기업상담의 역사는 20년 정도로 몇몇 대기업 중심으로 정착되는 과정에 있으며 아직 활성화되었다고 보기는 어렵다. 상담이 기업에 도입되어 정착되고 활성화되기 위해서는 상담 인지도, 접근성, 안전성, 관련부서의 지원과 공식적인 상담 절차의 체계화 같은 회사 내 상담 인프라의 구축이 필요하다. 기업 및 근로자를 위해 충분히 효과를 발휘할 수 있는 적절한 상담 인프라의 구축은 국내 기업상담의 발전 단계에 비추어보면 체계적인 관점에서 기업상담의 효과라고 할 수 있다(왕은자 외, 2009).

기업상담의 목표는 생산성 및 업무성 향상, 기업이미지 향상, 근로자 사기 증가, 조직의 잠재된 문제 사전 예방 및 적극적인 대처방안을 모색하는 데 있다. 개인에게는 실질적인 스트레스 관리 및 문제해결, 시간 및 비용 절감, 상담에 대한 인식변화, 일과 생활 균형의 중요성을 알게 한다. 그리고 근로자 자신의 문제를 탐색하고 적극적인 개입으로 문제해결을 통해 심리·정서적 안정을 찾게 한다.

삼성전기 나누리상담실

현대중공업 심리상담실 마음정원

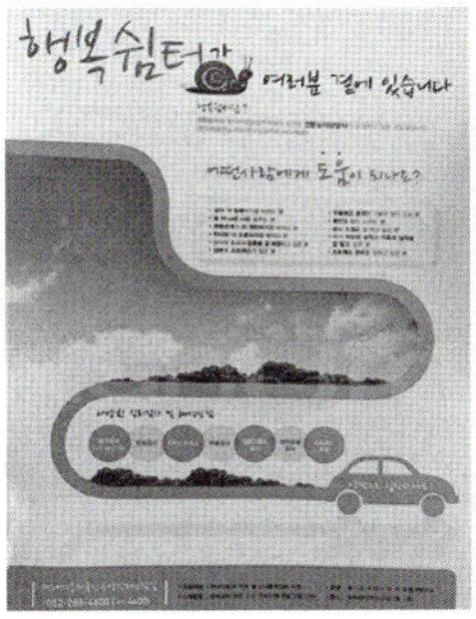

현대자동차 심리상담실 행복쉼터

LG그룹 비움과 채움 공간

[그림 2-8] 기업부설 상담소

출처: 김학종 (2015).

(4) 병원부설 상담소

병원부설 상담소의 경우 정신건강의학과를 중심으로 환자와 가족을 대상으로 가족상담과 가족심리교육 등을 실시하고 있다. 대표적으로 서울대학교병원, 서울아산병원, 서울삼성병원, 부산대학교병원, 인제대학교 백병원 등이 있으며, 병원부설상담소에서는 다음과 같은 상담을 진행하고 있다.

서울대학교병원은 2008년 신경정신건강센터를 개소하여 환자와 가족들에게 심리 및 사회 · 환경적 요인을 고려한 통합적인 상담과 검사를 하고 있다. 서울아산병원은 2012년부터 정신건강의학과에서 스트레스 심리상담센터를 운영하여 상담을 제공하고 있다. 여기에서는 내담자와 충분한 시간을 갖고 함께 공감하여 문제해결을 위한 방향 모색과 내담자가 두려워하거나 고통스러워서 보지 않으려고 하는 자신의 감정을 알아차리도록 돕고 있다. 또한 부부 및 가족상담은 부부간의 갈등을 해소하고 갈등으로 인해 비롯된 가족 내의 균열과 고통을 치유하도록 돕는다. 그리고 가족상담 및 부모자녀관계 개선, 청소년상담, 부모역할훈련프로그램, 학습컨설팅 등에 대한 상담을 실시하고 있다(서울아산병원, 2022).

사설 개인 정신건강의학과 라온에서는 정신과전문의와 가족치료전문가가 가족상담, 부부상담, 개인상담, 부모자녀문제 등에 대한 상담을 실시하고 있다. 가족상담은 가족간의 의사소통, 가족 간의 친밀도, 가족 내에서 반복되는 악순환, 가족의 문제에 대해 가족원 간의 역할이 기능적으로 수행하도록 돕고 있다. 부부상담은 부부관계 점검, 각자의 감정과 생각을 충분히 잘 나눔으로써 부부관계가 원만해지도록 돕는다, 이를 통해 부모자녀관계에도 긍정적인 영향을 미치도록 하고 있다.

[그림 2-9] 부부가족상담센터 라온

출처: www.maritaltherapy.co.kr, blog.naver.com/coupledoc

(5) 사설상담소

한국에서는 사회적 · 환경적 여건의 영향과 국민소득 수준의 향상, 전문상담교사 등 사회전반적인 전문상담사의 노력과 활동이 많아지면서 사설상담소 운영이 늘어나고 있다. 또한 상담을 접목한 각종 방송 프로그램 등이 복합적으로 작용하면서 상담서비스에 대한 요구가 높아지면서 사설상담소가 증가하고 있다.

사설상담소는 2019년 5월 2,862개였다. 그러나 2022년 5월 '심리상담' 키워드로 온라인 포탈검색 서비스인 '카카오맵(다음 지도)'을 통한 상담소 검색에서 5,383개가 나올 만큼 그 수가 폭발적으로 늘어나고 있다. 사설상담소는 개인상담, 가족상담 및 심리검사에서 공공기관과의 협력, 바우처사업, EAP사업, 방과 후 및 학교의 다양한 진로프로그램 진행, 부모교육, 강의 등 다양한 형태로 운영되고 있다. 특히 보다 나은 상담의 질적 서비스를 받고 싶어 하는 내담자들의 요구가 사설상담소에서 충족되면서 상담관련 기관들과 더불어서 상담의 대중화에 중요한 영향을 미치고 있다(조남정, 2019).

사설상담소는 내담자가 쉽고 편안하게 접근할 수 있고, 직접대면이나 의사소통, 다양한 문제 상황 등 상담서비스를 경험할 수 있다. 반면 지속적인 경비 지출로 인한 경제적 부담, 내담자가 상담 전문성에 대한 의심, 상담자로서의 정체성, 특수전문분야 개발에 관심 부족, 특정분야에 대한 인식 부족, 전문성 향상에 대한 결여 등은 도전으로 들 수 있다(조남정, 2019).

[그림 2-10] 조은아동가족상담소

출처: 조은아동가족상담소 / 행복언어심리상담연구소.

2) 의의와 과제

앞서 가족상담 민간 전달체계에서 이루어지는 내용에 대해 살펴본 결과를 정리하면, 첫째, 민간 전달체계에 대한 상담 현황에 대한 전체적인 조사나 연구 자료를 찾아보기 힘들 정도로 부족하였다. 대학부설 상담소에서는 상담처치의 효과를 검증하려는 심리·사회적 성과연구가 주로 이루어지고 있다. 그러나 종교기관, 기업, 병원부설 상담소, 사설상담소 체계에 대한 현황이나 연구 동향은 잘 드러나지 않고 정보가 매우 제한적이며 실태조차 파악되지 않은 실정이다.

둘째, 민간영역에서 상담이 전문직으로 우리 사회에 자리 잡고 국민의 심리적 안녕에 기여하기 위해서는 무엇보다도 수준있는 상담자의 확보가 관건이다. 여기에는 상담자로서 자격을 인정하는 상담 자격제도가 그 핵심이라고 할 수 있다(김인규, 2018). 그러나 표준화되지 않은 상담과 관련된 자격이 남발되고 있으며, 이에 대한 체계적이고 표준화된 관리가 필요하다.

셋째, 사설상담소의 경우 가족상담에서 이루어지는 비윤리적인 행위를 제지할 제도적 장치가 미비하다(조남정, 2019). 또한 상담소 설치가 지나치게 쉬운 점과 관리체계가 소홀해 사설상담소에 대한 제도적 장치와 체계적인 관리가 필요하다.

마지막으로 민간 전달체계 내의 상담자에 대한 사회보장제도, 재정적인 보장제도, 정신건강 진단제도 도입 등 제도적 시스템 마련이 필요하다. 민간 전달체계에서는 개별 연구자·임상가 차원의 참여, 즉 연구, 교육, 평가, 자문 부족 등으로 인해 전반적인 가족상담에 대한 기조와 방향성, 책무성을 일관성 있게 끌어가는 데 한계가 있다.

활 동 하 기

1 한국의 가족상담과 관련된 정책과 (가족)상담법에 대해 알아보고 나의 가족(가족관계)에게 어떠한 영향을 미치는지 이야기 나누어 봅시다.

2 내가 사는 곳 주변에 가족상담을 받을 수 있는 공공 또는 민간 상담소를 알아봅시다. 가족문제가 생긴다면 상담을 받고 싶은지, 받는다면 어떤 곳을 선택할 것이지 생각해 보고 그 이유에 대해 이야기를 나누어 봅시다.

CHAPTER

03 가족상담의 실제

1 가족평가 및 사례개념화

1) 가족평가의 의미와 목적

(1) 가족평가의 의미

문제를 호소하는 내담자를 돕기 위해서는 상담과 함께 가족에 대한 평가가 필요하다. 가족의 기능은 관계문제뿐만 아니라 우울증, 중독, PTSD 등 대다수 심리정서 문제와 관련되어 있다. 상담자는 가족문제의 유발과 유지에 기여하는 가족역동을 사정하고 이를 상담적 개입을 위해 참고한다(김유숙 · 전영주 · 김수연, 2005).

가족평가(family evaluation)는 가족의 내부역동과 외부체계, 그리고 이들 간의 상호작용을 파악하기 위해 자료를 수집하고, 분석하고, 종합하는 일련의 과정으로 이를 통해 가족구조와 관계 유형, 가족과 외부체계 간 상호작용 등을 파악할 수 있다. 뿐만 아니라 문제해결에 대한 가족의 강점과 자원, 가족원의 동기 수준 등의 평가도 중요하다.

관계집합체인 가족을 진단하고 평가하는 작업은 쉽지 않다. 그러나 가족상담자는 상담의 전 과정을 통해 다양한 방식의 가족사정을 계속적으로 수행해야 한다. 때로는 가족원 개인의 특성에 대한 평가를 통해 개인적 특질이 부부관계나 가족관계에 미치는 영향을 탐색하기도 하지만, 평가의 초점은 부부나 가족 단위에 있다.

가족평가는 접근방식에 따라 주관적 평가와 객관적 평가로 나누기도 하고, 양적 평가와 질적 평가로 나누기도 한다. 객관적 평가는 가족의 객관적 상황을 보여주는 자료를 바탕으로 한 평가이며, 주관적 평가는 상담자의 직관 및 내담자의 반응과 주관적 의미 등을 근거로 한 평가를 의미한다(조홍식 외, 2017). 상담자의 관찰이나 면접기록 등은 객관적이면서 질적 자료를 확보할 수 있는 평가방식이며, 가족원의 지각을 주로 반영한 주관적 평가도 중요한 자료가 된다. 양적평가는 척도나 체크리스트 등 계량화된 평가방식을 의미하며, 질적 평가는 면접과 관찰 등을 포함한다.

〈표 3-1〉 가족평가의 유형

분류	주관적 평가	객관적 평가
양적 평가	체크리스트, 설문	MMPI, ENRICH
질적 평가	관찰, 면접	가계도, 생태도, 가족화

(2) 가족평가의 목적과 영역

가족상담에서 평가를 하는 목적은 다음과 같다(정문자 외, 2017).

첫째, 가족평가는 가족문제를 이해하기 위해 이루어진다. 가족문제에 대한 정보를 수집하면서 문제의 본질, 문제해결을 위한 가족의 시도 및 활용 가능한 가족 자원과 강점을 이해할 수 있게 된다.

둘째, 가족평가는 상담적 개입을 계획하기 위해 이루어진다. 상담자가 가족의 정보를 조직하고 이를 바탕으로 개입에 어떻게 활용할지 계획을 세우게 되는데 이는 제시된 문제해결의 목표를 달성하기 위한 지도를 제공하게 된다.

셋째, 가족평가는 가족이 필요한 자원과 지원체계 규명을 위해 필요하다. 가족에게 필요한 도구적 지원, 정서적 지원, 소속감의 지원 등이 어떻게 가족의 경험에 반영되고 있는지 평가를 통해 알 수 있다.

가족평가의 핵심 영역에 대해서는 전문가 의견 차이는 있지만, 일반적으로 가족의사소통, 가족구조, 가족스트레스 및 가족생활주기 적응, 가족강점 및 탄력성 등이 주요 평가 영역으로 꼽힌다.

〈표 3-2〉 가족평가 영역

Kirst-Ashman & Hull, Jr. (2002)	Hepworth, Rooney, Larsen (2002)	Sandau-Beckler (2001)
• 가족 커뮤니케이션 • 가족구조 • 가족생활주기에 대한 적응 • 가족갈등의 영역 • 가족관계	• 가족맥락 • 가족강점 • 가족체계의 경계 및 경계유지 • 권력구조 • 의사결정과정 • 가족목적 • 가족의 믿음과 인지 패턴 • 가족역할 • 가족구성원의 의사소통 방식 • 가족생활주기	• 가족강점 • 가족 스트레스와 탄력성 • 가족도전 • 가족의 문제해결 능력과 과거 성공적 경험 • 가족의 변화에 대한 준비성 • 가족역동과 구조

출처: 이원숙 (2016).

2) 가족평가의 방법

(1) 면접

면접은 가족평가의 방법 중 기본적이며 중요한 도구로, 언어를 매개로 내담자를 평가할 수 있는 방법이다. 면접의 대상은 내담자 가족 및 증상을 가진 가족원, 이웃, 교사, 목회자 등 내담자와 관련된 다양한 사람일 수 있다.

면접을 하기 위해서는 경청, 공감, 요약과 질문 등의 기본적 기술을 익혀야 한다. 상담자는 내담자의 말을 주의 깊게 듣고, 공감을 표하면서 질문을 던진다. 때로는 관찰이나 설문 등을 면접과 병행하기도 한다. 상담자의 시선맞춤이나 내담자 쪽으로 기울어진 자세 등 비언어적 공감반응도 면접을 촉진한다.

면접은 개방되고 편안한 분위기에서 이루어져야 하므로, 주변의 방해를 받지 않을 만한 조용한 공간을 선택한다. 필요하다면 내담자의 사전동의를 거쳐 녹음이나 녹화 장비를 준비한다.

(2) 관찰

관찰은 가족의 상호작용을 잘 살펴보고 교류패턴을 평가하는 방법으로 상담의 전 과정에서 이루어진다. 상담자가 가족의 실생활을 관찰하는 것은 어렵기 때문에 상담실 안에서의 가족상호작용을 관찰하게 된다. 이를 위해 가족에게 호소문제에 대한 토론을 요청하거나 특정 과제 또는 게임을 하도록 한 후 가족의 구조나 규칙에 대한 정보를 얻을 수 있다.

상담자는 가족에게 가족화를 함께 그리게 하거나, 가족조각기법을 실시하거나, 구조적가족상담 기법인 실연(enactment)을 요청하기도 한다. 이는 가족의 역동이 일어날 수 있는 상황을 만들어 가족 내 연합, 동맹, 삼각관계, 갈등, 권력과 통제 등의 유형을 관찰할 수 있기 위함이다. 최근에는 일방경이나 녹화를 활용해 가족의 교류과정에 대해 더욱 정확하고 체계적인 관찰과 분석이 이루어지고 있다.

(3) 표준화 검사

가족상담에서 널리 활용되고 있는 심리검사도구로 MMPI, MBTI 등의 성격검사와 문장완성검사(SCT) 등이 있다. 가족상담에서 개인심리검사 결과는 해석이나 진단에 사용되기보다 내담자가 관계에 대해 이해하고 수용할 수 있는 참고자료로 활용되며, 상담의 방향을 잡기 위한 단서로 활용되는 경향이 있다.

한편 커플단위의 관계를 측정하는 표준화된 대표적 검사로 ENRICH(Enriching Relationship Issues, Communication and Happiness) 검사도 잘 알려져 있다. ENRICH의 목표는 커플관계의 강점과 약점을 파악하여 결혼관계 향상과 상담의 방향에 도움을 주는 것이다. 결혼만족도, 성격, 의사소통, 갈등관리, 재정관리, 여가활동, 성, 자녀양육, 가족과 친구, 역할관계, 종교 등 11개 영역에 걸쳐 커플관계 평가가 이루어진다.

(4) 도식적 평가도구

가족상담에서는 가계도, 생태도, 가족연대기, 가족조각, 가족화 등 다양한 도식적 평가도구가 활용되고 있다. 이 중 가장 널리 사용되고 있는 가계도(genogram)와 생태도(ecomap)에 대해 간단히 살펴보겠다.

가계도는 다세대 전수되는 가족역동을 살펴보기 위해 개발된 기법으로 3세대 이상에 걸친 가족원 정보와 가족관계를 도표로 기록하는 작성법이다. 표준화 기호를 사용해 작성한 가계도는 복잡한 가족역동을 한눈에 볼 수 있도록 해주며, 내담자의 주 호소문제가 가족의 정서과정과 연관된 방식을 이해하는 데 도움을 준다. 상담자와 내담자는 가계도 면접과 작성과정에서 체계적 관점에서 가족을 바라볼 수 있게 되며, 과거와 현재를 넘나들며 다세대 맥락에서 가족과정과 가족문제를 볼 수 있다.

생태도는 가족의 생활공간 안에 있는 사람들과 가족 밖의 외부기관 간의 연계를 도식으로 나타내는 방법이다. 생태도를 통해 가족을 둘러싼 생태환경에서 자원의 흐름이 어떻게 이루어지는지 볼 수 있으며, 내담자의 스트레스, 유용 자원, 환경과의 관계 등을 한 눈에 파악하는 데 유용하다. 내담자 가족체계와 모든 환경체계 간의 상호교류에 대해 교류의 성격에 따라 표준화된 기호로 표기한다.

3) 가족평가의 범위

(1) 가족원으로서 개인 평가

가족문제로 상담을 하게 되더라도 가족원 개인이 상담을 요청했을 때 상담자는 개인을 먼저 만나게 되는 경우가 적지 않다. 개인심리치료에서는 한 개인의 행동과 심리내면의 특징을 탐색하고 평가하는 데 초점을 두는 반면, 가족상담자에서는 순환적 · 체계론적 관점에서 개인의 호소문제를 탐색한다. 즉, 개인과 가족체계가 어떻게 상호작용하고, 가족체계가 한 가족구성원에게 어떻게 영향을 주는지를 평가하는 데 관심을 둔다.

① 심리검사의 활용

심리검사를 활용해 개인의 인지와 감정상태를 파악하고, 내담자의 행동을 관찰하며, 면담을 통해 개인의 성장과정과 현재의 대인관계 등을 파악한다. 이를 통해 개인의 심리상태가 어떤 특징을 보이고 있는지, 심리적 · 정신적 장애로 진단할 여지는 없는지, 주 호소문제와 관련한 핵심감정은 무엇인지 등을 평가하여 한 개인을 깊이 이해하는 것이 개인에 대한 평가에서 중요한 과정이다.

② 호소문제 탐색

초기평가에서 내담자의 주 호소문제를 파악하는 것은 중요한 과업이다. 이를 위해 지금-여기(here & now)에서 내담자가 무슨 도움을 원하는지, 어떤 심리적인 어려움을 경험하여 상담실에 왔는지를 분명하게 파악할 필요가 있다. 특히, 내담자가 장기적이고 만성적인 심리적 어려움을 경험하였다면, 어떤 어려움을 경험하였는지, 어떤 문제에 초점을 맞추어 상담을 받고 싶은지 잘 인식하지 못하는 경우가 있다.

호소문제를 탐색하기 위해 기관의 양식을 사용할 수도 있지만, 면접과정에서 상담자의 적절한 질문은 내담자가 문제에 주의를 집중할 수 있도록 돕는다. 또한 내담자가 막연하게 도움을 받고자 하는 욕구에만 빠져 있거나 지나치게 상담자에게만 의존하려는 상태에서, 상담실 내에서 무엇을 다룰지 구체화함으로써 내담자가 상담목표를 상담자와 합의하고 자신의 주체성을 발휘하도록 하는 데 도움을 준다(김유숙 · 전영주 · 김요완, 2017). 호소문제 탐색을 위해 다음과 같은 질문들을 활용할 수 있다.

- 어떤 도움이 필요하여 상담실에 오셨나요?"
- "무슨 문제/주제로 상담을 받고자 하시나요?"
- "무엇이 ○○씨를 힘들게 하나요?"

내담자가 호소문제에 대해 깊이 생각하지 않고 막연한 상태로 상담에 온 경우, 또는 만성적인 문제나 너무 많은 문제로 상담을 받고자 한다면, 상담자는 기간을 한정시켜 질문을 하여 내담자에게 자신의 문제를 구체화하는 데 도움을 줄 수 있다.

- "최근 한 달 동안 힘들었던 게 무엇이었나요?"
- "최근 1주일 동안 어떤 문제로 가장 힘들었나요?"
- "최근 1~2주 동안 어떤 주제가 ○○씨를 힘들게 했나요?"

(2) 부부 평가

가족 내에 있는 여러 하위체계 중에 부부하위체계는 가장 중요한 하위체계이며, 남편과 부인의 개인의 합이 아닌 커플체계로 이해하는 관점이 필요하다. 부부 또는 커플체계는 가족, 개인과 구분되는 고유한 체계로서, 개인의 욕구, 부부간의 욕구 충돌, 원가족에서의 영향, 핵가족 내 다른 하위체계에서의 영향에서 영향을 받는데, 부부 또는 커플체계가 다른 체계와 건강한 경계를 유지하는 동시에 부부체계 내에서 친밀한 상호작용을 갖는 것이 중요하다.

커플관계의 역동을 이해하기 위해 상담자는 커플 간의 의사소통, 원가족 경험 및 성장배경, 성격차이, 성역할, 자녀양육, 경제적 이슈, 종교 등 다양한 영역을 평가한다. 또한 커플관계를 저해하는 대표적 요소인 외도, 폭력, 성역할갈등 등에 대해서도 주목해 살펴본다.

① 친밀감

친밀감(intimacy)은 서로 가깝게 느끼는 감정으로, 사람들은 친밀감을 위해 결혼하고 가족을 이루지만 결혼관계 안에서 친밀감의 욕구를 충족하지 못해 문제가 일어나기도 한다. 결혼만족도나 결혼적응은 친밀감과 높은 연관성이 있다. 두 남녀가

부부 친밀감 척도

1. 전혀 그렇지 않다 2. 대체로 그렇지 않다 3. 중간이다 4. 대체로 그렇다 5. 매우 그렇다

문 항	응답점수
1. 우리 부부는 각자 자기 자신을 사랑한다.	
2. 우리 부부는 각자 혼자서도 잘 즐긴다.	
3. 우리 부부는 함께 있는 것을 좋아하며 즐긴다.	
4. 우리 부부는 적극적으로 자신의 원함을 표현한다.	
5. 우리 부부는 서로의 원함을 만족시켜 주려고 노력한다.	
총점	

- 4점 또는 5점을 응답한 경우 그 문항이 부부의 강점입니다.
- 5~10점: 개선되어야 합니다. / 11~14점: 바람직한 부분도 있지만 향상시킬 부분도 있습니다. / 15~20점: 비교적 바람직하지만 향상시킬 부분도 있습니다. / 21~25점: 매우 바람직합니다.
- 부부친밀감 영역의 강점에 대해 이야기해 보고, 부족한 부분을 향상시킬 수 있는 방법을 생각해 봅시다.

출처: Olson & Olson (2000), 21세기 가족문화연구소 역 (2003).

성숙한 친밀감을 맺기 위해서는 독립성의 성취가 선행되어야 하며, 관계 속에서 충분한 의사소통의 양과 질, 자기노출이 이루어져야 한다.

② 역할

자녀를 둔 부부의 경우, 부모역할은 부부의 중요한 과업 중 하나이다. 부모역할에 대한 신념이 다르거나, 역할분담이 공평하지 않은 경우 부부관계에 파열이 생기기도 한다. 자녀를 돌보는 행동은 성별과 관련된 사회적 행동으로 분석되는데, 예를 들어 돌봄의 제공자 대부분이 여성이라는 점에서 성차가 존재한다.

부모역할 척도

1. 전혀 그렇지 않다 2. 대체로 그렇지 않다 3. 중간이다 4. 대체로 그렇다 5. 매우 그렇다

문 항	응답점수
1. 내 배우자(남편 또는 아내)는 자녀양육에 적극적으로 참여한다.	
2. 우리 부부는 자녀훈육 방식에 대해 만족한다.	
3. 부모역할이 결혼생활에 스트레스를 준다.	
4. 우리 부부는 부부관계보다 자녀에게 더 많은 관심을 둔다.	
5. 우리 부부는 자녀양육 분담에 대해 만족한다.	
총점	

- 4점 또는 5점을 응답한 경우 그 문항이 부부의 강점입니다.
- 3번과 4번 문항을 역점수화 한 후에 (예 1점→5점, 2점→3점 등) 합산합니다.
- 5~10점: 부부가 합심해 부모역할을 수행해야 합니다. / 11~14점: 바람직한 부분도 있지만 노력할 여지가 있습니다. / 15~20점: 대체로 바람직하지만 약간 향상시킬 부분도 있습니다. / 21~25점: 많은 강점을 가지고 있습니다.
- 부부의 부모역할의 강점에 대해 이야기해 보고, 부족한 부분을 향상시킬 수 있는 방법을 생각해 봅시다.

출처: Olson & Olson (2000), 21세기 가족문화연구소 역 (2003).

(3) 가족 평가

가족상담에서 가족을 단위로 평가하는 작업은 매우 중요하다. 가족상담의 초기 발전부터 개별 가족원에 대한 분석보다 가족 전체로서 이해되어야 한다는 관점이 지배적이었다. 이를 위해 가족 상호작용에 대한 관찰과 가족면접을 기본적으로 실행하며, 가계도, 생태도, 가족화, 가족조각 등의 다양한 도식적인 평가도구가 동원되기도 한다. 또한 표준화된 검사나 자기보고식 설문을 활용해 가족의 역동과 상호교류과정을 평가하기도 한다. 가족과정의 대표적 영역인 의사소통, 권력, 갈등 등을 살펴보면 다음과 같다.

① 의사소통

의사소통(communication)은 언어적 또는 비언어적 상징을 이용하여 이루어지는 교류(transaction)이다. 원활한 의사소통은 서로의 상징을 잘 이해하고 의미를 공유할 수 있는 관계라는 것을 뜻한다. 의사소통의 상징과 신호체계에 대한 오해를 예방하기 위해 가족 간에 공유하는 의미를 만드는 과정, 즉 소통에 참여해야 한다. 이러한 과정을 통해 가족은 고유한 가족문화를 형성하게 되고 친밀감을 높이게 된다.

가족의사소통의 구성요소로는 송신자와 수신자, 사회적 상황 등 3요소가 있다. 소통에 참여하는 사람들은 단지 메시지나 정보만 주고받는 것이 아니라, 관계 속에서 영향력을 행사한다. 의사소통은 일정한 규칙 안에서 이루어지는 교류의 특성이 있으므로 피드백을 통해 가족항상성을 유지하게 된다.

가족의사소통은 가족과정의 핵심 개념으로 총체적인 가족관계의 질을 반영하는 기준이다. 가족의 친밀감과 적응, 권력, 갈등은 물론이고 규칙, 신화, 이미지 등 가족의 기능을 평가하는 데 있어서 의사소통은 중요한 대상이 된다.

가족의사소통을 평가하기 위해서는 일반적으로 가족의 의사소통의 양(시간), 명료성, 자기노출, 의사소통 유형, 대화의 금기, 이중구속 또는 위장, 메타의사소통 여부 등에 대한 정보를 수집하여 분석한다. 더 나아가 가족이 의사소통하는 방식은 가족원의 성별과 가족이 속한 문화, 그리고 원가족의 의사소통방식, 가족의 생활주기 등, 여러 가지 요인들에 의해 영향을 받기 때문에 소통의 맥락을 고려하는 것이 중요하다.

가족의사소통 척도

1. 전혀 그렇지 않다 2. 대체로 그렇지 않다 3. 중간이다 4. 대체로 그렇다 5. 매우 그렇다

문 항	응답점수
1. 우리 가족은 부정적 감정과 긍정적인 감정을 함께 나눈다.	
2. 우리 가족은 내 이야기를 잘 들어준다.	
3. 우리 가족은 각자의 생각을 편하게 이야기할 수 있다.	
4. 우리 가족은 가족관계에서 생긴 문제를 쉽게 이야기할 수 있다.	
5. 우리 가족은 나를 잘 이해해준다.	
총점	

- 4점 또는 5점을 응답한 경우 그 문항이 가족의 강점입니다.
- 5~10점: 향상시켜야 합니다. / 11~14점: 바람직한 부분도 있지만 향상시킬 부분도 있습니다. / 15~20점: 비교적 바람직하지만 향상시킬 부분도 있습니다. / 21~25점: 바람직합니다.
- 가족의사소통의 강점에 대해 이야기해 보고, 부족한 부분을 향상시킬 수 있는 방법을 생각해 봅시다.

출처: Olson & Olson (2000), 21세기 가족문화연구소 역 (2003).

② 권력

가족의 사회적 이미지는 냉정한 바깥 세계와 차별화되는 사랑과 유대로 충만한 안전한 온실로 생각되는 경우가 많다. 이런 이유로 가족 안에서 일어나는 권력역동이 주목받지 못하지만 실제로 권력은 부부관계와 부모자녀관계에서 주요한 이슈이

며 여러 가족문제나 증상과 관련이 깊다.

가족과정에서 드러나는 가족의 정치적 측면에 주목하는 것은 가족문제를 다룰 때 매우 중요하다. 의사결정은 권력의 중요한 지표이므로, 가족 권력을 평가하기 위해서 가족 내 중요한 의사결정을 누가 하는지 질문해볼 수 있다.

가족 내 자원 분포는 권력을 식별하는 데 중요한 요소로, 가족 내 불평등은 권력 작용의 결과라 할 수 있다. 상담자는 부부관계나 부모자녀관계에서 권력의 양상이 어떠한지 주목하고, 권력이 학대적 또는 양육적 방식으로 행사되고 있는지 살펴볼 필요가 있다.

역할관계 척도

1. 전혀 그렇지 않다　2. 대체로 그렇지 않다　3. 중간이다　4. 대체로 그렇다　5. 매우 그렇다

문 항	응답점수
1. 우리 가족은 각 구성원의 관심과 적성에 맞게 역할을 분담한다.	
2. 우리 가족은 중요한 의사결정을 함께 한다.	
3. 우리 가족의 부부관계는 평등하다.	
4. 우리 가족의 부모자녀관계는 민주적이다.	
5. 우리 가족은 가사노동을 분담하려고 노력한다.	
총점	

- 4점 또는 5점을 응답한 경우 그 문항이 가족의 강점입니다.
- 5~10점: 개선되어야 합니다. / 11~14점: 바람직한 부분도 있지만 향상시킬 부분도 있습니다. / 15~20점: 비교적 바람직하지만 향상시킬 부분도 있습니다. / 21~25점: 매우 바람직합니다.
- 가족역할관계의 강점에 대해 이야기해 보고, 부족한 부분을 향상시킬 수 있는 방법을 생각해 봅시다.

출처: Olson & Olson (2000), 21세기 가족문화연구소 역 (2003).

③ 갈등

갈등(conflict)은 개인 또는 집단 간의 욕구가 상충되어 대립하는 과정으로, 제한된 자원이나 양립할 수 없는 가치나 목적으로 인해 발생된다. 갈등은 어떤 사건의 결과라기보다 과정이며 인간관계에서 필연적으로 존재한다. 한편 갈등을 억압하거나 회피하는 것은 건설적인 대처방식이 아니다. 상대방을 비난하는 것은 분노와 비난의 악순환에 갇히기 때문에 파괴적이다. 현재의 문제를 다루기보다 과거를 들추어내는 것 또한 갈등해결에 장애가 된다.

가족관계에서도 자원의 희소성과 상호 의존된 조건 때문에 갈등은 불가피한 요인이지만, 갈등해결방식은 가족마다 매우 다양하다. 갈등이 항상 문제가 되는 것은

갈등해결방식 척도

1. 전혀 그렇지 않다 2. 대체로 그렇지 않다 3. 중간이다 4. 대체로 그렇다 5. 매우 그렇다

문 항	응답점수
1. 우리 가족은 적절할 때 화해한다.	
2. 우리 가족은 갈등의 소지가 있는 문제들을 무시한다.	
3. 우리 가족은 사소한 문제를 큰 문제로 만든다.	
4. 우리 가족은 문제를 해결하는 방식이 다르다.	
5. 우리 가족은 문제를 함께 의논하여 해결한다.	
총점	

- 4점 또는 5점을 응답한 경우 그 문항이 가족의 강점입니다.
- 2번, 3번, 4번 문항은 역점수화한 후에(예: 1점→5점, 2점→3점 등) 합산합니다.
- 5~10점: 개선되어야 합니다. / 11~14점: 바람직한 부분도 있지만 향상시킬 부분도 있습니다. / 15~20점: 비교적 바람직하지만 향상시킬 부분도 있습니다. / 21~25점: 매우 바람직합니다.
- 가족갈등해결방식의 강점에 대해 이야기해 보고, 부족한 부분을 향상시킬 수 있는 방법을 생각해 봅시다.

출처: Olson & Olson (2000), 21세기 가족문화연구소 역 (2003).

아니며, 갈등 없는 가족이 건강한 가족이라고 할 수도 없다. 갈등은 자연스러운 가족과정의 일부이며 잘 관리한다면 긍정적 변화의 원동력이 될 수 있다. 갈등의 원천에 대해 가족원 간에 의사소통이 원활하게 이루어지고, 갈등을 일으키는 불평등에 대해 기꺼이 재협상할 준비가 되어 있다면 갈등은 오히려 가족의 응집력을 높이고 성장할 수 있는 계기를 제공하게 된다. 만일 가족이 갈등관리 능력이 부족해 파괴적으로 대처하게 되면 가출, 폭력, 이혼, 자살 등 극단적인 결과를 초래할 수도 있다.

4) 사례개념화

(1) 사례개념화의 의미

사례개념화(case conceptualization)란 초기 상담과정에서 문제해결을 위한 개입방법을 찾기 위해 문제를 둘러싼 여러 요인에 관한 정보를 수집하여 문제의 원인을 파악하는 행위이다. 사례개념화는 평가와 임상적 과정의 중간점에 있다고 할 수 있다. 사례개념화의 궁극적인 목적은 한 개인이나 가족에 대한 진단에 있는 것이 아니라 성공적인 개입을 위한 것이다. 사례개념화라는 용어는 1990년대에 들어서면서 사용하기 시작하였고, 최근에는 사례개념화 역량이 상담자의 능력을 가늠하는 핵심요소의 하나로 인식되고 있다(김유숙 외, 2017).

〈사례개념화〉

상담자들에게 사례개념화는 나침판, 이정표, 등대와 같은 이미지다. 그것은 마치 망망대해에 출항을 앞두고 뱃머리를 어느 쪽으로 향해야 하는지를 결정해야 하는 선장의 심정과 같을 것이다. … 방향을 정하고 출발해야 주어진 시간에 효율적으로 바다를 이해하여 목표를 향해 나아가는 과정을 안내받을 수 있기 때문이다.

출처: 김유숙 외 (2017).

상담자는 내담자를 만나기 이전에 접수면담자료나 의뢰기관의 의뢰서 등을 토대로 내담자의 주된 호소문제를 둘러싼 잠재적 가설을 세우는 것이 바람직하다. 초기 면담과정에서 이러한 가설을 지속적으로 검증해 가면서 무엇이 문제를 초래하는 실마리가 되는 유발요인이며, 그것이 어떻게 유지되고 있는지를 이해하는 것이 필요하다. 이때 상담자의 유연성이 중요한데, 내담자와 직접 만나는 면담과정에서 새로운 정보가 드러나면 자신이 세운 가설을 변경해야 한다. 그리고 내담자의 문제나 어려움뿐만 아니라 회복탄력성, 대처자원 등의 강점과 자원에도 관심을 갖는 것이 바람직하다.

(2) 가족상담 사례개념화

개인상담과 가족상담의 사례개념화는 차이가 있다. 개인상담 중심의 사례개념화는 가족 간의 역동을 중시하는 가족상담의 특수성을 충분히 담아내지 못한다. 가족상담 사례개념화의 특징은 다음과 같다(김유숙 외, 2017).

첫째, 가족상담 사례개념화는 한 명의 개인보다는 가족 전체를 포함하며, 그들 간의 역동을 포함한 전체적인 교류패턴을 파악하는 데 초점을 둔다. 이는 가족이 함께 상담에 참여할 때뿐 아니라, 한 명의 내담자와 면담을 진행할 때도 마찬가지다. 개인의 문제행동을 순환적 인과관계의 관점에서 보며 가족의 역동을 파악하려는 자세를 가지고 순환적 질문을 통해 면담과정에 여러 인물들을 등장시킨다.

〈가족상담 사례개념화에서의 순환적 질문의 활용〉

- 가족 중 ○○가 무엇을 하나요?
- 이런 일이 일어날 때 ○○는 어디에 있나요?
- 그러면 ○○는 무엇을 하나요?
- 이런 일을 누가 처음 알아차리나요?

- ○○는 어떤 반응을 보이나요?
- ○○가 그렇게 하지 않으면 어떤 일이 일어납니까?
- 그 때 누가 무엇을 했나요?
- 문제를 해결하기 위해 ○○는 어떤 노력을 했나요?
- 만약 ○○가 그렇게 했다면(혹은 그렇게 하지 않았다면) 그들은 어떻게 다르게 했을까요?
- 이 일이 이렇게 일어나는 것에 대해서 당신과 동의하는 사람이 누구인가요?

둘째, 개인의 특성, 가족역동, 그리고 사회문화적 체계를 포함한 다양한 관점에서 내담자의 호소문제를 이해해야 한다. 상담자는 개인과 가족에게 무엇이 일어나고 있는지에 대한 다양한 관점으로 파악하는 기술을 갖추어야 한다. 예를 들면, 최근의 배경정보뿐 아니라 가족사, 과거 치료경험, 내담자가 경험했던 다른 증상과 문제 등 역사적 배경에 대한 폭넓은 정보를 얻고자 노력해야 한다.

셋째, 개인심리치료는 문제의 발생과 유지 배경에 대해 선형적 인과관계로 이해하는 경향이 있지만 가족상담은 순환적 인식론을 강조한다. 원인(A)에 의한 결과(B)가 일어난다고 생각하는 직선적 사고모델을 선형적(linear) 인식이라고 하는 반면, 체계적 관점에서는 원인(A)에 의해 결과(B)가 일어나며 그것은 또 다른 결과(C)를 초래하나, 결과(C)가 최초의 원인(A)으로 되돌아온다는 사고모델은 순환적(circular) 인식을 강조한다. 특정 가족의 행동이 다른 가족에게 지속적으로 영향을 미치게 될 때 그 행동이 돌고 돌아서 첫 번째 가족에게 또 다시 영향을 미치는 일종의 연쇄고리가 순환적 패턴을 만든다.

마지막으로 가족상담 사례개념화에는 가족이 호소하는 문제에 대한 배경 평가에만 그치지 않고 문제에 가려져 보이지 않았던 가족의 탄력성, 강점을 파악하고 변화의 토대가 될 수 있도록 한다. 비록 잘 드러나지 않더라도 내담자의 가족 배경에 존재하는 탄력성이나 강점을 찾는 과정을 사례개념화에 포함하는 것이 중요하다.

2 가족상담의 과정[1)]

1) 가족상담 초기

(1) 면접상담 전 전화상담

초기 전화상담의 목적은 호소문제에 대한 개략적인 정보를 얻고, 가족원이 상담에 올 수 있도록 돕는 것이다. 전화상담자는 전화를 건 사람이 문제에 대해 말하는 것을 들은 후 의뢰 경로, 문제와 관련된 가족원 등을 확인하고, 첫 상담에 참석해야 할 사람과 날짜, 시간, 장소 등을 구체적으로 정한다. 대부분의 내담자는 상담실을 방문하기 전 망설이기 때문에 첫 상담 약속일 전에 확인 전화를 함으로써 불참 확률을 줄일 수 있다.

(2) 첫 면담

첫 면담의 목적은 제시된 문제를 듣고, 상담자와 내담자 가족 간의 라포(rapport)를 형성하며, 정보를 수집하는 것이다. 상담자는 먼저 가족에게 본인 소개를 하고, 다음으로 가족에게도 소개를 부탁한다. 상담신청자가 전화통화로 이미 이야기한 내용을 간단히 요약하여 다른 가족원들이 궁금해하지 않도록 배려한다. 상담신청자에게 호소문제를 좀 더 상세히 말해줄 것을 청하는 것도 괜찮다. 상담자는 상담을 신청한 가족원의 관점을 듣고 확인한 후("이런 말씀이시군요."), 다른 가족원들이 가지고 있는 문제에 대한 생각을 묻는다.

1) 가족상담의 실제 파트는 집필진의 가족상담 임상경험을 토대로 'Nichols, M. P. (2010). 김영애 외 역 (2011). 가족치료: 개념과 방법'을 참고하였다.

상담자는 가족에게 상담에 오게 된 소감을 물어봄으로써 가족의 솔직한 표현을 격려한다. 만약 내담자가 "나는 상담에 오고 싶지 않았어요." 또는 "상담에 별 기대 없어요."라는 식으로 말한다면, 상담자는 "솔직하게 이야기해 주셔서 고맙습니다." 라고 응대할 수 있다.

〈가족상담 평가에서 고려할 사항들〉

1. 호소문제 파악하기: 상호작용적 관점에서 문제를 보도록 전환하기
2. 의뢰 경로: 어떻게 의뢰되었는지, 또 이전과 현재 치료받은 경험 여부 확인하기
3. 체계적 맥락 확인하기: 문제를 둘러싼 대인 간 상호작용의 맥락 확인하기
4. 가족생활주기단계: 새로운 생활주기단계에 적응하는 데 어려움 확인하기
5. 가족구조: 경계, 위계, 삼각관계, 가족원의 역할과 지위 등 확인하기
6. 의사소통: 경청하기, 말하는 방식, 대화시간과 빈도, 의사소통 채널 등 확인하기
7. 약물/알코올중독: 음주 빈도와 양, 블랙아웃 빈도, 음주로 인한 가족불만 등 확인하기
8. 가정폭력: 아내구타, 아동학대, 부모폭력 등이 의심되는 경우 신고의 의무 있음
9. 혼외관계: 외도 상대자들이 부부관계에 끼어 있는 경우 부부관계의 해결이 어려움
10. 가족 내 양성평등: 부부간 권력, 성역할, 성차 등의 이슈 탐색하기
11. 문화적 요인: 국적, 인종, 민족, 종교, 지역, 사회계층 등 문화적 민감성 확인하기

출처: Nichols (2010). 김영애 외 역 (2011)에서 발췌 및 수정.

① 상담의 통제

초보 상담자의 우려 중 하나는 가족이 상담실에서 다투거나 심한 긴장상황에 빠져 통제불능상황이 되면 어떻게 하나 하는 것이다. 물론 어떤 내담자들은 문제에 대해 이야기하기 시작하면서 감정이 고조되어 상호 비난을 심하게 주고받는 경우도 있다. 이런 경우를 대비해 상담자는 가족 중 한 사람이 말할 때는 방해하지 말아야 한다는 규칙을 미리 알려준다. 특히 다른 가족원의 말에 감정적으로 반응하는 가족에게 이러한 규칙은 특히 중요하다.

② 정보수집 및 가설 세우기

첫 상담의 대부분은 제시된 호소문제에 대해 탐색하게 된다. 상담자는 가족원이 문제해결을 위해 무엇을 했는지에 대해 질문하고, 가족의 상호작용을 관찰함으로써 가족의 연쇄과정에 대한 가설을 발전시킨다. 어떤 상담자는 정보수집을 위해 표준화된 심리검사나 가계도, 기타 설문지 등을 활용하기도 한다. 그러나 문제에만 집중한다면 상담 분위기가 가라앉을 수 있다. 가족원의 흥미, 업적, 성공의 경험 등을 탐색한다면 상담의 정서적인 에너지를 극적으로 바꿀 수 있다. 내담자는 자신이 경험했던 최악의 순간뿐만 아니라 최고의 순간에도 관심을 가져주는 상담자에게 감동할 수 있으며, 내담자의 강점은 문제해결의 중요한 자원이 될 수 있다.

③ 생활주기 파악 및 계약

가족이 처한 가족생활주기에 대한 정보를 수집하는 것은 가설을 세우는 데 중요하다. 많은 가족들이 가족생활주기의 전환기에 적응하지 못해 상담을 청하기 때문이다. 젊은 상담자들은 내담자가족이 겪는 생활주기를 경험해 본 적이 없을 수 있는데, 이러한 경우 상담자는 성급히 결론짓기보다는 가족이 겪고 있는 어려움에 대해 호기심을 가지고 존중하는 태도로 접근하는 것이 바람직하다. 일반적으로 첫 상담 말미에 가족과 합의하에 상담계약을 맺게 되는데, 약속시간, 상담에 소요되는 시간, 상담에 참여할 가족원, 관찰자 참관 및 녹화 여부, 상담비용 등에 대해 알려준다.

〈첫 회기 점검사항〉

1. 가족원 각각과 접촉하며 문제에 대한 각자의 견해, 상담에 대한 감정을 나눈다.
2. 상담의 구조와 속도를 조절함으로써 리더십을 발휘한다.
3. 온화함과 전문성을 균형 있게 갖춤으로써 가족과의 협력 관계를 발전시킨다.
4. 가족원의 긍정적인 행동과 강점을 칭찬한다.
5. 개인에게 공감해 주고 가족의 행동방식을 존중한다.

6. 구체적인 문제와 시도했던 해결책에 초점을 맞춘다.
7. 문제로 제시된 상호작용에 대한 가설을 발전시킨다.
8. 불참한 가족원, 친구 또는 다른 조력자들이 문제에 관여될 수 있다는 점을 고려한다.
9. 치료를 구조화한다(가족의 목표 인정, 상담자의 계획 구체화, 치료적 계약 협상).
10. 가족이 질문할 수 있도록 한다.

출처: Nichols (2010), 김영애 외 역 (2011)에서 발췌 및 수정.

(3) 초기면담

① 변화를 위한 신뢰형성

10회기 내의 단기상담에서 상담 초기단계는 일반적으로 1회기부터 3회기까지를 의미한다. 초기단계의 상담과업은 무엇이 문제를 유지시키는지에 대한 가설을 세우고, 상담목표를 정립하며, 문제해결을 위한 작업을 시작하는 것이다. 대다수 상담자는 변화를 위해 무엇이 필요한지 알고 있으며, 훌륭한 상담자란 변화를 위해 기꺼이 밀고 나가겠다는 의지와 헌신을 가진 사람이다. 또한 상담자가 내담자와 강한 치료적 동맹을 맺는 것은 중요하다. 치료적 동맹이란 내담자의 견해를 경청하고, 인정하는 공감적 이해를 유지하며, 가족원이 존중받고 있다고 느끼게 하는 것을 의미한다.

② 순환적 사고로의 전환

가족들에 의해 한 사람이 문제의 원인으로 지목되면, 상담자는 다른 가족원이 문제에 어떻게 개입되어 있는지를 질문함으로써 일방적 인과관계에 도전한다. 도전하는 방식은 상담자의 스타일에 달렸지만, 중요한 것은 특정 가족원(예를 들면, 말 안 듣는 아이)을 비난하는 대신 다른 사람(훈육을 효과적으로 하지 못하는 부모)을 비난하는 것이 아니라, 문제를 상호작용적인 것으로 확대하여 공유되고 유지되는 것으로 보는 것이다.

고착된 상호작용에 도전하는 가장 좋은 방법은 가족의 역동을 정체시키는 패턴을 직접 지적하는 것이다. 때로는 상담자가 내담자에게 "당신이 X를 하면 할수록 그는 Y할 것이며, 당신이 Y를 하면 할수록 그녀는 X를 할 것입니다."라고 설명해 주는 것도 유용하다.

③ 경청과 공감

경청은 상대방의 언어적 메시지뿐만 아니라 의도, 기대, 감정 등도 공감하고자 노력하는 듣기 자세이다. 상담자는 내담자와 시선을 맞추고, 내담자 쪽으로 몸을 기울이며, 내담자의 진술의 흐름에 적절하게 따라가는 질문이나 반응을 제공함으로써 경청하고 있음을 내담자에게 확인시켜 줄 수 있다. 가족상담자가 각각의 가족원의 감정과 관점을 지속적으로 경청할 때 내담자는 자신의 생각과 감정을 자유롭게 표현할 수 있고, 자신의 방식으로 문제를 탐색하며 상담의 주체로서 책임감도 가질 수 있다.

〈초기단계 점검사항〉

1. 상담에 오게 된 이유 탐색하기
2. 상담자에게 기대하는 가족의 안건 탐색하기
3. 인사과정에서 동기와 가족역동 탐색하기
4. 가족과정을 정의하기
5. 문제에 대해 체계적(상호작용적) 정의 내리기
6. 개입 계획하기

출처: Reiter (2018), 정혜정 역 (2021)에서 발췌 및 수정.

2) 가족상담 중기

(1) 상담 중기의 고려사항

① 가족원 간의 상호작용 촉진

중기단계에서 상담자는 한 발 뒤로 물러나, 상담에서 덜 적극적인 역할을 하면서 가족원들끼리 더 많이 상호작용할 수 있도록 격려한다. 가족이 서로 건설적으로 교류하는 데 관심을 집중하고, 가족이 상호작용하는 동안 상담자는 뒤로 물러나 그 과정을 관찰한다. 단, 대화가 정체될 때에는 상담자가 개입해 가족이 대화를 지속하도록 도와준다. 녹음이나 녹화를 통해 상담자는 자기 모니터링을 하며, 과도하게 상담에 개입하고 있지 않은지 점검해야 한다.

② 가족의 불안 다루기

상담의 중기단계에서 가족원 간의 상호작용을 늘려가는 것은 필요하나, 때로는 가족원 중 누군가 갈등에 대해 직접적으로 이야기하는 것에 대해 다른 가족원이 불안해할 수 있다. 일단 불안수준이 높아지면 반응적이 되며 경청하는 것이 어려워진다. 이럴 때는 가족원끼리 대화하도록 하는 것보다 각 가족원이 상담자에게만 말하게 함으로써 가족의 불안을 통제할 수 있다. 또는 가족원이 서로에게 덜 방어적으로 말하는 방법을 가르침으로써 불안을 가족 스스로 다루게 할 수도 있다. 가족원이 서로 대화하거나 상담자와 함께 대화하는 것을 번갈아 하게 함으로써 불안 수준은 조절될 수 있다.

③ 자기표현 증진 촉진

상담 중기에 상담자는 지시적인 역할을 가능한 한 자제하면서 가족이 스스로의 자원에 의존할 수 있게 격려해야 한다. 상담자는 다양한 기법을 활용해 가족원이 단지 비난하는 수준을 넘어 자신이 느끼는 것과 원하는 것을 직접적으로 이야기할 수 있도록 돕는다. 비생산적인 상호작용이 상대방 탓이 전부가 아니라 자신도 어떤 역할을 하고 있는지 깨닫고 배울 수 있도록 한다.

(2) 변화를 촉진하는 개입방법

① 공감

상담자와 내담자 간의 공감적인 유대는 상담자로 하여금 내담자의 저항을 받지 않고 변화를 위해 밀고 나갈 수 있게 한다. 공감이란 내담자의 감정과 태도, 신념 등에 대해 정확하게 의미를 포착하고 이해하며, 이해하고 있다는 사실을 내담자에게 전달하는 일종의 소통을 의미한다. 언어적 · 비언어적 방식으로 공감적 소통을 할 수 있는데, 따로 어떤 상담자는 내담자를 제대로 이해하지 못하면서도 “이해합니다.”라고 쉽게 말하거나 공감적인 몸짓을 습관적으로 하기도 한다. 과장된 공감은 진정한 공감이라 할 수 없다. 오히려 상담자가 “제가 그런 경험을 한 적이 없어서 잘 모르겠는데, 당신이 두려워하는 것이 무엇인지 말씀해 주세요.”라고 말하는 편이 나을 수 있다.

② 존중

상담자가 내담자의 배경과 상관없이 존중하는 것은 중요하다. 존중이란 내담자가 화나는 것이 두려워 선심을 쓰거나 내담자의 의견을 무조건 따르는 것이 아니라. 내담자를 존중한다는 것은 내담자에게 정직한 것, 진실을 다루는 내담자의 능력을 존중하는 것, 생각을 말할 상담자의 권리를 존중하는 것과 같이 내담자의 권리를 존중하는 것을 뜻한다. 사람을 존중한다는 것 역시 변화할 수 있는 그의 능력을 신뢰한다는 의미이다.

내담자의 자율성을 존중하고 삶의 중요한 결정을 스스로 내릴 수 있는 권리를 존중하는 것도 중요하다. 상담자가 가족문제를 해결해야 한다는 책임감을 갖지 않아야 한다. 내담자가 아닌 사람이 내담자의 문제를 풀 수 있다는 환상을 버릴 때 상담자는 내담자가 회기에서 새롭고 유익한 것을 발견할 수 있도록 돕는 작업에 집중할 수 있다. 상담자의 침착함은 내담자의 불안을 가라앉히고, 가족들이 전체 맥락에서 문제를 볼 수 있도록 돕는다.

③ 관계질문

가족상담자는 순환적으로 사고하며, 문제를 개인의 심리적인 문제가 아닌 사람들 간의 문제로 본다. 따라서 가족상담자의 질문은 한 사람이 다른 사람에게 어떤 영향을 미치는가에 초점을 둔다. 관계질문은 2인 이상의 사람들 사이에 무엇이 일어나고 있는가에 초점을 두기 때문에 상호작용질문이라고도 한다. 예컨대 "아내가 잔소리를 과하게 한다고 하셨는데, ○○씨는 그에 어떻게 대응합니까?", "○○씨가 술을 마시면 아들은 어떻게 반응합니까?" 등과 같은 질문은 가족원 간에 영향을 미치는 방식에 대해 탐색할 수 있게 돕는다.

한편 밀란 모델의 순환질문은 관계의 지각 차이, 정도의 차이, 현재와 과거의 차이 등의 질문 범주를 갖는다. 또한 삼자질문(triadic question)은 한 명의 가족원(A)에게 다른 두 가족원(B와 C)의 관계에 대해 질문하는 것이다.

〈순환질문〉

- 아버지가 폭력을 휘두르면 누가 가장 불안해합니까? 당신입니까? 어머니입니까?
- 당신이 음식을 거부할 때 관심을 보이는 사람은 누구입니까?
- 화가 난 어머니를 진정시키려고 노력하는 사람은 누구입니까?

④ 재구성

재구성이란 동일한 상황에 대해 다르게 해석하거나 다른 의미를 부여하는 방법으로, 가족상담에서 매우 중요한 기법이다. 이는 내담자의 관점을 존중하면서도 문제상황을 이해하는 대안적인 관점을 제공함으로써 가족원들이 관계 맺는 방식을 좀 더 유연하게 만들 수 있다. 예를 들어 학교에 가기를 거부하는 청소년의 행동에 대해 상담자는 "우울한 어머니를 옆에서 지켜드리기 위해 학교에 가지 않는군요."라고 재구성할 수 있다. 재구성은 가족을 만나는 초기면접에서부터 활용할 수 있는데, 재구성을 통해 문제상황에 대한 내담자의 관점과 상담자의 관점을 이어줄 수 있다.

〈중기단계 점검사항〉

1. 집중하기, 저항 극복을 위해 창의적 방법 사용하기, 공감하기 등을 활용한다.
2. 상담자가 가족 상호작용에 지나치게 개입하지 않는다.
3. 가족문제에 있어서 각 개인의 책임과 상호이해를 향상시킨다.
4. 관계 개선을 위한 노력은 현재의 불평에 긍정적 영향을 미친다는 것을 분명히 한다.
5. 하위집단을 만날 때 전체 가족에 대한 모습을 염두에 둔다.
6. 특정 가족원과의 관계를 회피하지 않는다.
7. 중기단계에서 특별히 고려할 사항은 다음과 같다.
   - 대화 주제 선택에서 상담자가 지나치게 적극적인 역할을 맡고 있지는 않은가.
   - 가족과 상담자가 갈등보다 더 중요한 사회적 관계 발달에 신경을 썼는가.
   - 상담자가 내담자 가족 내의 결여된 기능 또는 특정 역할을 대신하지는 않았는가.

출처: Nichols (2010), 김영애 외 역 (2011)에서 발췌 및 수정.

3) 가족상담 종결기

(1) 종결의 신호

단기상담을 선호하는 상담자는 제시된 문제가 해결되는 대로 상담을 마치는 반면, 정신분석 치료자의 상담은 내담자의 내면 탐색을 위해 수년 이상 걸릴 수도 있다. 가족이 상담목표를 달성했다고 느끼는 것은 상담자가 문제(증상)가 감소하는 시점에 이르렀다고 느끼는 것과 관련이 있다. 종결 시기를 알려주는 신호 중 하나는 가족이 갈등을 회피하는 것이 아님에도 불구하고, 상담실에서 사소한 이야기밖에 딱히 할 말이 없는 경우와 꼭 해야 할 작업이 없는 경우이다. 종결을 준비하기 위해 상담의 간격을 늘리며 작별을 준비하는 것이 적절하다.

(2) 종결의 절차

① 회고와 작별

종결단계에서 가족은 상담자와의 관계를 회고하고 작별인사를 하는 데 초점을 둔다. 종결단계에서는 상담과정을 통해 가족이 함께 성취한 것을 되짚어보는 것이 좋다. 대부분의 가족상담은 교육적인 기능을 갖고 있으므로, 가족이 서로 잘 지내는 방법에 대해 배운 것을 종결에서 확인한다.

② 문제 재발에 대한 대비

내담자에게 미래에 좋아진 상태가 다시 나빠질 수도 있다는 것을 예상하게 하고, 그럴 때 난관을 어떻게 다룰 것인지에 대해 토의하게 하는 것이 도움이 된다. "상황이 악화된다는 것을 어떻게 알 수 있으며, 무엇을 하겠습니까?"라는 질문을 할 수 있다. 또한 가족에게 현재의 안정과 조화가 영원히 유지될 수 없다는 사실을 상기시키고, 문제 재발의 신호에 과잉반응하는 것이 악순환을 초래할 수 있음을 알려주는 것이 도움이 된다.

③ 추후 상담

상담이 종결된 다음 몇 주 후에 가족이 어떻게 지내고 있는지 확인해 보는 것이 바람직하다. 전화나 이메일, 혹은 짧은 상담으로 가족의 상태를 파악할 수 있다. 가족은 이러한 상담자의 관심에 감사할 것이고, 상담자는 사례가 제대로 종결되었음을 확인할 수 있다.

〈종결단계 점검사항〉

1. 제시된 문제가 개선되었는가?
2. 가족이 목표를 달성한 것에 만족하는가?
3. 가족이 자신들에 대해 더 알고 싶어하며 가족관계 개선에 관심을 갖는가?
4. 가족은 자신들이 효과 없는 방법을 썼다는 사실을 이해하고, 앞으로 비슷한 문제에 당면할 때 어떻게 피해야 할지 알고 있는가?
5. 사소한 문제의 재발은 가족의 역동에서 해결책이 부족하다는 것을 보여주는 것인가, 혹은 단순히 가족이 상담자의 도움 없이 기능하도록 재조정해야 하는 것인가?
6. 가족원이 가족의 맥락 안팎에서 관계를 발전시키고 개선해 왔는가?

출처: Nichols (2010), 김영애 외 역 (2011)에서 발췌 및 수정.

3 가족상담자의 이슈

1) 상담자의 자기성찰

모든 상담 및 심리치료에서 그러하듯이 가족상담에서도 가장 중요한 도구는 상담자 자신이다. 상담자가 어떤 사람이고, 어떤 역량을 갖추고 있는가는 상담의 과정과 효과에 중요한 요인인데, 상담자의 역량 지표 중 하나가 자기성찰이라고 할 수 있다.

우리는 자신을 잘 안다고 생각하는 경향이 있지만, 사실은 자신이 누구인지 잘 알지 못하는 부분들이 있다. 상담자는 상담을 통해 내담자 스스로 자신에 대해 자각할 수 있도록 돕는 역할을 해야 하는데, 선행적으로 상담자 스스로 본인을 잘 아는 것이 필수적이다. 자기성찰은 '상담자가 내적인 대화에서 자신의 한계와 조건을 발견하고 인식하며 행동할 수 있도록 하는 능력과 태도'라고 할 수 있다(Reiter, 2021). 특히 상담자가 윤리적이며 가치에 민감한 임상실천을 하는데 자기성찰의 깊이는 매우 중요한 영향을 미친다. 즉, 자기성찰은 상담자가 내담자에게 더 나은 상담서비스를 제공할 수 있도록 한다.

상담자의 자기성찰을 촉진하는 방법 중 하나가 상담자 본인의 원가족 탐색을 하는 것이다. 원가족의 정서과정과 불안 등을 탐색하기 위해 다세대가족상담모델의 기법인 가계도를 작성하는 것도 유용하다. 가계도는 표준화된 기호를 사용해 최소 3세대 이상의 가족도식을 작성, 분석하여 가족의 정서과정과 불안 등을 중심으로 증상을 탐색하는 기법이다. 상담자가 원가족 작업을 하는 이유는 원가족에서 해결되지 않은 이슈가 있는 상담자는 내담자 가족을 돕는 데 장애가 될 수 있기 때문이다.

"우리(상담자)는 내담자들을 그들의 깊이에서 만나기 위해 우리 자신의 '깊이'로 들어간다."

출처: Mearns & Cooper (2005). p.137, Reiter, M. D. (2021)에서 재인용.

2) 역전이

역전이는 정신분석학에서 소개한 개념으로 '상담자가 원가족에서의 과거 경험을 내담자에게 전이하여 나타나는 내적 반응'을 의미한다. 최근에는 상담자가 내담자에게 하는 특정반응을 뜻할 때 사용된다. 예컨대 상담자가 내담자에게 사적 매력을 느끼거나, 내담자를 불편하게 느끼거나, 내담자와 관계를 잘 맺지 못하는 등의 방식으로 역전이가 나타날 수 있는데, 이는 상담자의 과거 미해결된 갈등과 관련이 있을 수 있다.

상담자들은 역전이를 예방하기 위해 여러 방식으로 노력한다. 상담 중 본인의 내적 반응이 어떤 방식으로 나타나는지 알기 위해 동료상담자들에게 자문을 받거나 슈퍼바이저로부터 지도감독(슈퍼비전)을 받기도 한다. 상담회기를 녹음하거나 녹화한 자료를 분석하며 스스로 모니터하는 방식의 '자기 슈퍼비전'도 본인의 역동과 상담패턴을 이해하고 역전이를 예방하는 데 도움이 될 수 있다.

3) 소진과 자기돌봄

상담자는 끊임없는 문제를 가진 사람들을 만나게 된다. 타인의 삶과 복지 증진에 기여하는 사명감과 가치도 크지만 스트레스 또한 많은 직업군이다. 상담자의 '소진'은 일종의 정서적 고갈로 심신이 지쳐 제대로 일을 하기 어려운 상태를 의미한다. 지속적인 스트레스에 노출되었으나 그것을 제대로 다루지 않았을 때 소진이 발생하게 된다.

상담자의 소진이 발생하는 원인 중 하나는 상담자가 내담자를 돌보는 과정에서 이들의 고통을 내면화하고 에너지를 쏟는 반면 본인은 타인으로부터 충분한 돌봄을 받지 못한다는 점이다. 소진을 경험하는 상담자는 공감능력과 내담자를 격려할 수 있는 역량이 줄어들기 때문에 상담에 부정적 영향을 미칠 수 있다(Reiter, 2022).

소진을 예방하는 최선책은 상담자의 자기돌봄을 게을리하지 않는 것이다. 즉, 상담실 밖에서 자신을 돌볼 수 있는 다양한 활동을 할 수 있어야 한다. 자기돌봄의 활동에는 충분한 휴식, 운동, 명상, 가족이나 친구와의 사교활동, 일과 개인생활의 경계 구분 등을 포함한다.

활 동 하 기

1 본인 또는 주변 가족을 선택해 가족의사소통, 역할, 갈등 등을 평가하는 설문(각 5문항)을 작성해 보고 채점 후 결과에 대해 토론해 봅시다.

2 팀을 이루어 한 명이 내담자를 맡아 (가상의) 문제 상황을 제시하고, 나머지 구성원들은 관계질문이나 순환질문을 3개씩 만들어 질문해 봅시다. 실습 후 질문이 어떻게 문제해결에 도움이 되었는지 토론해 봅시다.

3 가족상담자가 되기 위해(또는 더 나은 가족상담자가 되기 위해) 어떤 노력을 기울여야 하는지 생각해 보고 자기돌봄을 위해 어떤 활동이 본인에게 필요한지 이야기를 나누어 봅시다.

PART 02

정서 모델

II부는 가족관계의 어려움을 겪고 있는 가족원의 느낌과 반응, 즉 정서적 상호작용을 중요시하는 정서 모델을 다룬다. 4장 대상관계 가족상담에서는 가족원의 무의식적인 욕구뿐만 아니라 원가족과의 관계 경험에서 획득한 주요 정서와 대인관계방식에 미치는 영향을 살펴본다. 5장 다세대 가족상담에서는 여러 세대를 거쳐 내려온 가족원의 정서적 반응과정을 검토하고, 이전 세대와는 다른 건강한 가족관계를 맺는 방법을 다룬다. 6장 경험적 가족상담에서는 가족이 과거에 해결하지 못했던 어려움으로 인한 역기능적 대처방식과 빙산탐색을 통해 과거의 상처를 치유하고 성장하는 방법을 살펴본다. 각 장에서는 가족상담이론에 따른 주요 개념, 상담목표와 상담과정, 상담기법을 소개하고 사례 연구를 통해 실제 상담현장에 적용하는 과정을 보여준다.

CHAPTER 04

대상관계 가족상담

1 개요

어린 시절 경제적으로 힘들게 살았던 사람이 부자가 된 뒤에도 자신과 가족에게 지나치게 절약과 저축을 강요하는 경우가 있다. 현재는 경제적 여유가 있지만 심리적으로는 여전히 '가난한 아이의 마음'이 자리 잡고 있기 때문이다. 자녀 입장에서는 부모의 이러한 소비습관을 과도한 통제로 받아들이고 그 결과 가족관계에서 어려움을 겪기도 한다. 대상관계이론은 인간의 성격은 어린 시절 경험을 통해 형성되며 현재 가족을 포함한 대인관계에 영향을 미친다고 주장한다.

1960년대와 1970년대 가족상담자는 체계이론의 영향으로 가족 상호작용을 강조하였으나, 1980년대에 들어 가족원의 심리내면에 숨겨진 부분에 대한 탐색이 내담자 가족을 돕는 데 더 필요하다는 인식을 하게 되었다(Nichols, 2010, 김영애 외 역, 2011). 대상관계 가족상담이론은 프로이트(Freud)의 정신분석이론에서 출발하여 개인의 성격 형성과 영향에 대해 다룬 대상관계이론과 가족 간의 상호작용을 다룬 체계론적 가족상담이론을 통합하여 생겨난 모델이다(Scharff & Scharff, 1995, 오규훈 외 역, 2008).

대상관계 가족상담은 사람은 태어나면서부터 다른 사람과 관계를 맺으려는 욕구를 가지고 태어나며, 어린 시절 부모님을 포함한 주요 타인과의 상호작용 경험을 통해 형성된 심리구조가 현재의 인간관계에서 미치는 영향을 분석하는 가족체계이론이다(한재희 외, 2013; Scharff & Scharff, 1991, 이재훈 역, 2006).

대상관계이론은 한 이론가에 의해 만들어진 것이 아니라 여러 이론가들이 발전시킨 것이다. 대상관계학자들은 공통적으로 주요 양육자와의 관계 경험이 성격 형성에 영향을 미친다고 주장하였으며, 크게 영국학파와 미국학파로 구분된다. 영국학파의 초기 이론가는 멜라니 클라인(Melanie Klein), 로널드 페어베언(Ronald Fairbairn), 도널드 위니컷(Donald Winnicott), 마이클 발린트(Michael Balint), 존 볼비(John Bowlby) 등이 있으며, 미국학파의 이론가는 마가렛 말러(Margaret Mahler), 오토 컨버그(Otto Kernberg), 하인즈 코헛(Heinz Kohut) 등이 있다(김진숙, 2001; 현대정신분석연구소, 2016).

주요 영국학파인 클라인에 의하면, 유아는 대상과의 실제 관계 경험뿐만 아니라 자신의 무의식적인 환상을 타인과 투사적 동일시를 하면서 복잡한 대상관계 경험을 구성한다. 두 가지 마음자리인 편집-분열적 자리와 우울적 자리를 적절하게 이동하면서 한 대상과의 경험을 통합해 나가는 과정을 거친다(현대정신분석연구소, 2016; Hamilton, 1996, 김진숙 외 역, 2008).

페어베언은 자기의 잠재력을 가지고 태어난 유아는 출생 이후 경험한 대상관계 경험의 좋고 나쁨에 따라 자아가 분열된다고 주장하였다. 그리고 사람이 현실적 대상관계를 하지 않고 마음속 대상에 집착하거나 충돌이 일어날 때 정신병리를 갖게 된다고 하였다(Cashdan, 1988, 이영희 외 역, 2005).

위니컷은 유아의 자기발달에 영향을 미치는 모성적 돌봄을 강조하였다. 유아의 몸과 마음에 대한 충분한 돌봄과 공격성과 중간대상에 대한 수용을 제공해 주는 '충분히 좋은 어머니'로부터 '안아주기 환경'을 경험하는 것이 중요하다고 하였다(한재희 외, 2013).

미국학파인 말러는 생후 3년 동안의 유아의 성장을 관찰하며 특히 생후 6개월 이후 부모로부터 몸이 분리되면서 마음이 개별화하는 과정을 발견하였다. 부모에 대한 독립욕구와 의존욕구의 갈등인 재접근단계와 부모와 잠시 떨어져 있어도 견딜 수 있는 대상항상성 개념도 주장하였다(최영민, 2013).

마지막으로 컨버그는 자기표상(self representation), 대상표상(object representation), 그리고 정서(emotion)로 연결된 하나의 대상관계 단위를 개념화하였으며, 이러한 방식을 통해 자신과 타인을 보는 독특한 시각이 내재화된다고 하였다(Frankland, 2014, 김진숙 역, 2019).

2 주요 개념

여기에서는 한 개인의 어린 시절 경험과 현재 대인관계와의 관련성을 이해하기 위해 주요 대상관계이론가들이 각각 제시한 개념을 중심으로 살펴보고자 한다.

1) 대상

대상관계이론에서는 한 사람에게 주요한 의미를 제공하는 아버지와 어머니 같은 실제 외적 대상과 그 대상과의 경험으로 인해 형성된 심리내면의 내적 대상, 두 가지 모두를 대상(object)이라고 말한다(Scharff & Scharff, 1995, 오규훈 외 역, 2008).

2) 자기

자기(self)는 한 사람의 인생 전체를 통해 다른 사람과의 관계 안에서 형성되고 성장하는 총체적 인격을 말한다. 자기는 영유아 시기부터 주요한 대상과의 경험을 통해 점진적으로 조직화된다(Scharff & Scharff, 1995, 오규훈 외 역, 2008).

3) 표상

표상(representation)은 유아가 주요 대상과의 관계 경험을 내면화하며 주관적으로 받아들이는 정신적 이미지로 실제 대인관계와 다를 수 있다. 예를 들면, 배가 고플 때 다가오는 어머니의 젖가슴은 좋음으로 경험하고, 자신을 거칠게 안아주는 어머니의 팔은 나쁨으로 경험하는 등 한 대상에 대해 부분적, 주관적으로 경험한다(임종렬, 2005).

4) 대상관계의 단위[1)]

대상관계(object relationship)의 단위는 대상에 대한 경험인 대상표상(object representation)과 자기에 대한 경험인 자기표상(self representation), 그리고 이것들을 연결짓는 정서상태로 구성된다. 즉, 사람의 성격은 자기표상과 대상표상, 그리고 정서로 연결된 여러 쌍들로 이루어져 있다(Stadter, 1996, 이재훈 외 역, 2006).

1) 컨버그(Kernberg)는 대상관계 단위를 자기표상과 대상표상 그리고 정서로 정의하였다.

〈사례를 통한 대상관계이론의 주요 개념 탐색 및 대인관계 영향 살펴보기〉

20대 중반의 남자 대학생이 수업 시간의 발표 불안과 친구 문제를 호소하며 상담실에 내방하였다. 어린 시절부터 모범생으로 자란 이 남학생은 발표 과제를 함께 하는 조원들이 과제 준비를 하지 않아 불만이 있지만, 혼자 책임을 지는 것을 힘들어한다. 무엇보다 다른 사람 앞에서 평가받는 것을 매우 힘들어 하며 발표 불안을 호소하였다.

내담자의 아버지는 무섭고 엄격한 성격으로, 자신은 가난한 집에서 자라 중학교만 졸업하였지만 힘든 공장생활을 하며 자녀들을 대학까지 공부시킨 것에 자부심이 강하다. 그러나 아버지는 장남인 내담자를 비롯해 자녀들의 행동에 만족하는 법이 없다. 내담자가 좋은 성적을 받아도 칭찬하지 않고 아버지 자신이 희생한 결과라고 말한다.

이러한 아버지와의 관계 경험이 내담자의 대상관계에 어떤 영향을 미쳤을지 살펴보면 다음과 같다.

1. 어떤 대상관계가 내재화되었을까? (대상표상, 자기표상, 정서)

내담자를 엄격하게 양육하던 아버지의 모습을 통해 비난하고 심판하고 실망하는 모습(대상표상)을 내재화하였고, 자신에 대해서는 어떤 일을 하더라도 제대로 완벽하게 잘하지 못하는 미숙한 모습(자기표상)으로 내재화하였을 것이다. 그리고 이러한 경험을 통해 실망감, 억울함, 부족감, 화남과 같은 고통스러운 정서가 내재화되었을 것이다.

2. 내담자의 대인관계에 어떤 영향을 미쳤을까?

1) 아버지 이미지(대상표상)와 유사한 사람을 만나는 경우

아버지 이미지(대상표상)을 외부세계에 투사하여 예전에 익숙했던 정서(부족감, 실망감)를 다시 느낄 가능성이 높다. 여러 환경에서 자신의 아버지와 유사한 엄격한 대상표상을 만나면 무의식적으로 그 대상도 어릴 때 아버지처럼 자신을 비난하거나 평가할 것 같은 두려움을 느끼는 것이다. 즉, 내담자의 발표 불안은 발표상황에서 교수나 친구들이 자신의 아버지처럼 자신을 비난하고 실망할 것 같은 불안이 원인일 수 있다.

2) 자기 이미지(자기표상)와 유사한 사람을 만나는 경우

위와는 반대로, 자기 이미지(자기표상)와 닮은 사람을 만나면 그 사람을 어린 시절의 미숙했던 자신으로 느끼고 자신도 모르게 그 사람을 아버지처럼 평가하고 비난하는 모습을 취할 수 있다. 즉, 발표 준비를 하는 친구들을 미숙하고 부족한 자기표상으로 느끼기에 혼자 과제를 다 책임지려고 하는 것이다.

3) 친구나 커플을 선택할 때, 자기표상/대상표상과 유사한 사람을 선택하는 경우

과거에 자신을 힘들게 했던 대상을 닮지 않으려고 노력하거나 만나지 않으려고 하지만, 무의식적으로 과거에 경험했던 유사한 사람들을 선택하기도 한다. 예를 들면, 발표수업의 팀원을 선택함에 있어 자기표상과 유사한 내성적이고 소극적인 친구를 선택한다든지, 아버지와 유사한 대상표

상인 엄격하고 깐깐한 교수의 수업을 굳이 수강하면서 혼자 힘들어하는 경우가 여기에 속한다. 이것은 과거의 실패 경험을 만회하고자 유사한 경험을 현재에 반복하는 경향이 있음을 의미하는 프로이트의 반복강박(repetition compulsion)과 유사한 개념이다.
실제로 내담자의 조별 친구들이 발표수업을 잘 준비하지 않을 수도 있고 담당교수가 엄격한 사람일 수도 있다. 그러나 여기서 중요한 것은 어릴 때 어떤 상황을 경험한 사람은 그러한 경험을 하지 않은 다른 사람들보다 과거에 경험했던 방식과 정서로 경험하고 왜곡할 가능성이 더 높다는 것이다.

출처: Stadter (1996), 이재훈 외 역 (2006); 김도애 (2009)에서 발췌 및 수정.

5) 분열[2]

유아는 태어난 지 몇 시간이 지나면서부터 세상을 좋음과 나쁨으로 구분할 수 있는 원시적인 감각지능을 지닌다. 이때는 어머니를 전체 대상으로 지각하는 것이 아니라 자신을 돌봐주는 젖가슴, 손, 머리카락과 같은 부분 대상을 '좋음과 나쁨'으로 따로 떼어놓는데 이를 분열(splitting)이라고 한다(Cashdan, 1988, 이영희 외 역, 2005; 최규련, 2012).

이때 유아가 분열을 사용하는 이유는 자신을 잘 돌보아 주지 않는 주요 대상으로부터 버림받았다는 불안과 고통에 대처하기 위해서이다. 이후 내면화 과정을 통해 통합되지 못하면, 대상과 자기의 좋음과 나쁨을 여전히 분리하여 지나치게 이상화하거나 평가절하를 하게 된다(한재희 외, 2013).

- 한 번 실수에도 자신을 지나치게 비하하고 우울에 빠진다.
- 어떤 사람(대상)을 좋다고 생각하면 주변의 다른 사람들이 그 사람의 단점을 말해도 듣지 않고 좋은 점만 본다(예: 지인에게 사기를 당하거나 사이비종교에 빠지는 경우).

2) 페어베언은 대상관계에서 주요한 방어기제로 분열(splitting)을 제시하였다.

6) 투사적 동일시[3)]

투사적 동일시(projective identification)는 자신의 힘든 감정이나 상황을 마음속에서 분열시켜 다른 사람에게 무의식적으로 투사하고 그것을 통해 다른 사람의 행동이나 감정을 조정하거나 소유하려고 하는 것이다(최영민, 2013; Nichols, 2010, 김영애 외 역, 2011).

〈부모로부터 학대받은 경험이 있는 아이가 상담자를 괴롭히는 경우〉

- 아이(내담자)가 이렇게 행동하는 것은 상담자를 미워하는 것이 아니라 자신이 부모로부터 느꼈던 당혹함, 무력감, 좌절감, 분노를 상담자가 똑같이 느끼도록 투사한 것이다. 또한 상담자도 부모처럼 자신을 함부로 대할지도 모른다는 두려움 때문에 통제하려고 하는 것이다.

7) 편집-분열적 자리와 우울적 자리

클라인은 유아의 공격성은 선천적이며 무의식적 환상을 통해 어떻게 대상관계하는가에 따라 마음자리가 발달한다고 개념화하였다. 즉, 대상과의 관계경험이 나쁘면 자기를 나쁜 자기, 대상과의 관계경험이 좋으면 자기를 좋은 자기라고 인식한다(Scharff & Scharff, 1995, 오규훈 외 역, 2008; Stadter, 1996, 이재훈 외 역, 2006). 유아가 대상을 통해 자기의 마음자리를 갖는 과정은 다음과 같다.

첫 번째, 생애 초기 유아의 마음자리는 편집-분열적 자리(paranoid-schizoid position)라고 한다. 이 마음자리에서는 '전부 아니면 전무, 흑백논리, 이상화와 평가절하, 타인 비난'과 같은 부분 대상관계방식을 취한다. 편집-분열적 자리를 극복하

3) 클라인과 옥덴 등은 대인관계에서 일어날 수 있는 투사적 동일시를 개념화하였다.

기 위해서는 주요 대상으로부터 적절한 돌봄을 받으면 공감의 기초가 되는 우울적 자리로 이동이 가능하다.

두 번째, 생후 6개월이 지나면서 유아는 자신을 돌봐주는 대상을 좋음과 나쁨이 혼합된 존재로 인식하며 양가감정을 가지고 관계를 유지할 수 있게 된다. 이 마음자리가 우울적 자리(depressive-position)이다. 우울적 자리를 극복하기 위해서는 주요 대상이 회복될 것이라는 희망과 감사의 마음이 많으면 가능하다.

클라인에 의하면, 인간의 마음은 한번 형성되면 평생 계속적으로 이 두 개의 마음자리를 옮겨가며 살아간다고 한다. 두 자리는 모두 정상적으로 그리고 병리적으로도 작동할 수 있으며, 상황과 대상에 맞게 적절하고 유연하게 나타나는 것이 바람직하다.

〈표 4-1〉 클라인의 마음자리

구분	편집-분열적 마음자리	우울적 마음자리
특성	• 멸절불안, 타인에 대한 공감 결여, 시공간의 연결성을 인식하지 못함, 현재만 중요함 • 경계를 가지고 외부와 관계 가능	• 타인을 해칠까봐에 대한 공격성 불안, 삶의 경험으로부터 동떨어짐, 과거를 중요하게 생각함 • 공감능력, 관심, 상실과 현실을 수용
사례	• 자신의 사업 실패를 모두 아내의 탓이라고 하며 폭언과 폭력을 하는 남편, 실제는 자신의 무능함을 자책하는 자기 공격성이 강하여 이를 아내 탓으로 돌리며 자신을 보호하려고 함	• 모든 것을 남 탓을 하는 남편과 이혼을 생각하면서 우울증이 심해진 아내. 이혼에 대한 두려움 때문에 남편의 폭력을 외면하고 자신의 탓으로 돌리면서 우울해짐. 그 결과 무기력하여 이혼을 하지 못함

8) 흥분시키는 대상관계와 거절하는 대상관계

페어베언에 의하면, 자기는 이미 완성된 형태로 태어나는 것이 아니라 출생 후 대상관계 경험에서 자기를 표현하고 형성해 나갈 수 있는 잠재력만 가지고 있다고 보왔다. 그런데 유아는 대상관계 경험이 고통스럽고 부정적이라 할지라도 이를 통제하기 위해서 나쁜 대상을 내재화한다.

내재화된 나쁜 대상의 두 가지 측면들은 유아를 애타게 흥분시키는 대상과 다른 하나는 고통스럽게 거절하는 대상이다. 유아는 두 측면을 동시에 다룰 수 없기 때문에 두 내적 대상을 분열시키는데 이때 본래의 자아도 분리되어 두 내적 대상과 동일시하게 된다. 페어베언은 흥분시키는 대상(libidinal object)과 관계를 맺는 자아를 리비도적 자아(libidinal ego)라고 불렀으며, 거절하는 대상(anti-libidinal object)과 연합하는 자아를 반리비도적 자아(anti-libidinal ego)라고 명명하였다. 자기와 좋은 대상경험을 제공하는 부분은 이상적 대상(ideal ego)으로 본래 자아의 나머지 부분인 중심자아(central ego)와 관계한다(최영민, 2013; Scharff, & Scharff, 1995, 오규훈 외 역, 2008).

〈흥분시키는 대상관계〉

- 대상이 과도하게 보호함으로써 흥분시키는 대상관계방식이 내재화됨. 대상의 주도하에 욕구가 충족되는 경우이므로 결국에는 거절하는 대상관계로 변함.
- 실생활에서는 만난 지 얼마 되지 않은 사람에게 쉽게 자신의 비밀을 털어 놓거나 성관계를 하는 관계방식으로 나타남. 그러나 결국 상대방에게 거절이나 배신을 당하기도 함.

〈거절하는 대상관계〉

- 유아의 욕구를 적절히 충족시켜주지 못하는 대상과의 경험에서 거절하는 대상관계방식이 내재화됨. 거절하는 대상관계는 자신보호를 위해 미리 희망적 관계를 거부하기도 함.
- 자신에 대해 이야기를 털어 놓고 난 후에 그 대상이 자신을 미워하거나 거부할 것이라는 불안이 느껴져 갑자기 먼저 거리를 두거나, 미리 관계 단절을 하기도 함.

9) 충분히 좋은 어머니(대상)

위니컷은 인간은 주요 양육자의 돌봄을 통해 타고난 잠재력이 유아 자신의 참자기가 되며, 공격성은 선천적이며 일반적인 생명력과 활동성의 표현으로 생각하였다. 위니컷은 유아의 심리성장과 정서발달에 절대적으로 필요한 것이 '충분히 좋은 어머니(good enough mother)[4]'의 역할이라고 강조하였다.

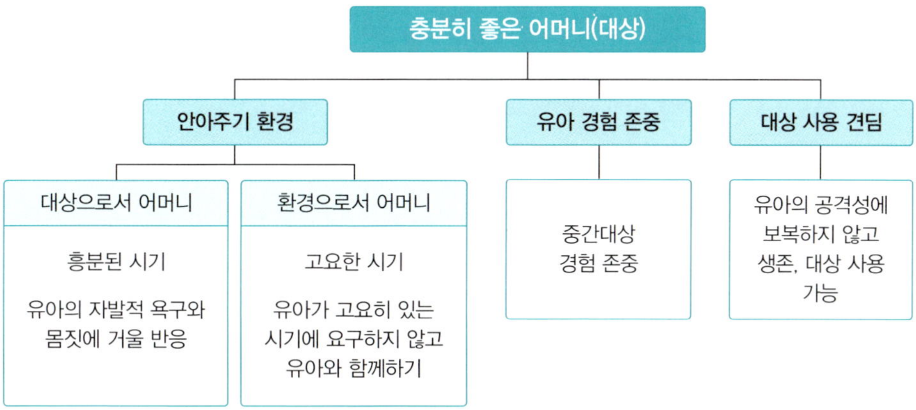

[그림 4-1] 충분히 좋은 어머니

출처: 최영민 (2013)에서 발췌 및 수정.

위니컷의 '충분히 좋은 어머니'는 유아가 관계에서 반복적으로 전능감을 경험하도록 적절히 반응해 주고 자발적으로 욕구를 충족할 수 있도록 버티어 주는 대상을 의미한다. 유아의 장난감이나 담요와 같은 중간대상(transitional object)과의 경험을 존중해 주고, 유아의 공격성을 보복하지 않고 버티고 견뎌줌으로써 대상 사용의 경험을 도와주는 것도 의미한다(최영민, 2013).

4) 위니컷이 말한 '충분히 좋은 어머니'라는 개념은 21세기에 맞게 '어머니'라는 단순한 성별 개념이 아니라 '주요 양육자 또는 부모'로 확장해서 생각할 필요가 있다.

〈중간대상〉

- 중간대상은 '나 아닌' 특정 대상을 최초로 소유하는 것으로, 자신의 손가락이나 주먹 빨기, 곰 인형이나 담요 등 자신의 주변 가까운 곳에 존재하는 특정 대상에 관심 두는 것
- 유아가 중간대상을 사용한다는 것은 사랑의 결핍을 의미하는 것이 아니라 유아가 대상을 창조할 수 있는 능력을 가졌다는 것을 의미함
- 중간대상의 권리는 아동에게 있으므로 세탁, 수리, 버리기 등을 할 때는 반드시 아동에게 허락을 받아야 함

10) 분리와 개별화

말러와 동료들은 유아(38명)와 그 어머니(22명)를 대상으로 약 10년간의 관찰연구를 통해 만 3세까지 유아의 성장과정단계와 하위단계에 따른 어머니와의 유대관계 중요성을 연구하였다. 이 과정을 분리개별화(separation-individuation) 과정이라 부르며 크게 세 개의 발달단계로 구분한다. 첫 번째는 정상적 자폐단계, 두 번째는 공생단계, 세 번째는 분리개별화와 그 하위단계이다(Hamilton, 1990, 김진숙 외 역, 2007; 장진아, 2014).

정상적 자폐단계(0~2개월)에서의 유아는 어머니라는 외부대상을 거의 인식하지 못하며 반사적 반응을 통해 자기만의 세상에서 살아간다. 공생단계(2~6개월)에서 유아는 어머니의 존재를 희미하게 인식하고, 애착형성과 공감의 기초가 되는 시기이다.

마지막 분리개별화 단계(6~36개월)는 4개의 하위단계로 나뉜다. 첫 번째 하위단계인 분화단계(6~10개월)는 유아가 자신과 어머니를 분리된 존재로 인식하며 낯선 사람에 대해 불안감을 느끼기 시작하는 단계이다. 두 번째 하위단계는 연습단계(10~16개월)로 유아가 걸음마를 통해 자신이 무엇인가를 할 수 있다는 자신감으로 가득 차 있으며 세상과 사랑에 빠지는 단계이다. 세 번째 하위단계인 재접근단

계(16~24개월)는 어머니로부터 분화(독립) 욕구를 가짐과 동시에 어머니와의 분리에 따른 불안감과 무력감을 느끼며 갈등을 경험하는 시기이다. 마지막 네 번째 하위단계는 어머니가 자기 옆에 없다 할지라도 그 사랑을 확신하고 안정감을 느끼는 정서적 대상항상성 획득단계(24~36개월)이다. 이러한 과정을 통해 유아는 어머니가 만족도 주지만 좌절도 주는 총체적 대상임을 통합하게 된다.

〈표 4-2〉 말러의 분리개별화 발달단계

단계	정상적 자폐단계	공생단계	분리개별화와 하위단계			
			1단계	2단계	3단계	4단계
시기	0~2개월	2~6개월	6~10개월	10~16개월	16~24개월	24~36개월
주요 특성	• 심리적 껍질 속(자기만의 세상) • 반사반응 우세 • 출생 이전 수준으로 보호 필요	• 대상을 희미하게 인식 • 정서적 반응 감지 • 애착관계 형성	• 대상을 분리된 존재로 인식 • 낯선이 불안시작(낯가리) • 중간대상 나타남(인형, 수건 등)	• 보행을 통해 세상에 대한 탐색 수준이 높아짐 • 까꿍놀이와 같은 자기주도적 놀이 시작	• 심리적 갈등 시기(독립과 불화 간 갈등) • 분리불안 최고에 달함 • 양가감정 느끼고 표현 • 짜증과 울음 증가함	• 어머니가 옆에 없어도 잠시 기다릴 수 있음 • 자신의 기분을 일정하게 유지할 수 있음

3 상담목표와 상담과정

1) 상담목표

대상관계 가족상담은 가족의 호소문제와 갈등의 원인을 어린 시절 또는 현재의

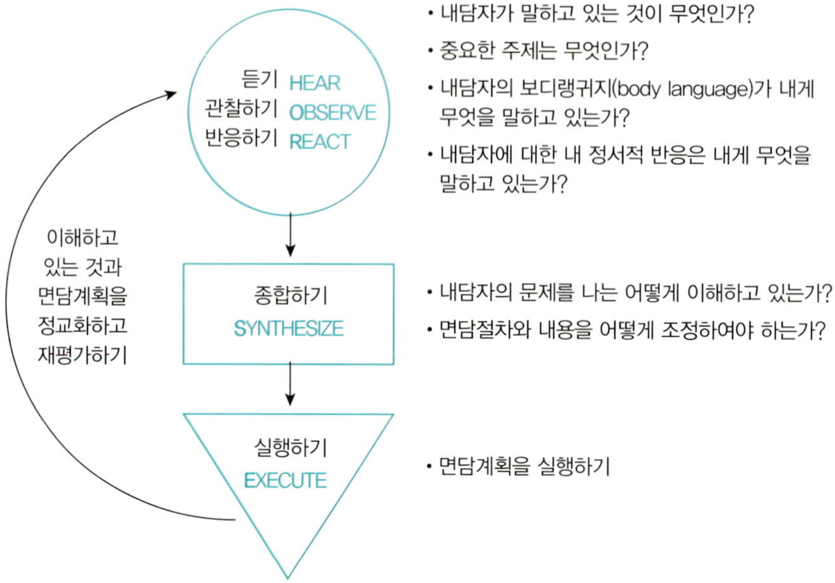

[그림 4-2] 'H. O. R. S. E 면담 접근법'

출처: Frankland (2014), 김진숙 역 (2019).

주요 양육자와의 관계에 초점을 두고 그 대상관계에서 내재화된 대인관계 패턴을 분석함으로써 현재 가족의 관계 양상을 이해하고자 한다. 상담목표 설정을 위해 알란 플랭크랜드(Allan Frankland)는 면담 초기에 내담자의 호소문제를 들으면서 핵심 주제를 탐색하는 데 필요한 'H. O. R. S. E 면담 접근법'[5]을 제안하였다(Frankland, 2014, 김진숙 역, 2019).

첫 번째 단계인 듣기(hear)와 두 번째 단계인 관찰하기(observe)는 내담자의 호소문제를 언어적 표현뿐만 아니라 비언어적 표현인 몸짓까지 주의 깊게 관찰하고 이해하는 것을 말한다. 세 번째 단계인 반응하기(react)는 내담자의 행동, 태도, 말로 인해 상담자에게 느껴지는 감정적 반응을 전이인지 역전이인지 주의 깊게 살펴보는 것이다. 네 번째는 종합하기(synthesize)로 내담자의 호소문제를 이해할 수 있는 가

5) 다섯 개의 핵심 단계의 첫 글자를 모으면 'H. O. R. S. E'가 된다.

설을 세우고 면담(상담)계획을 세우는 사례개념화를 말한다. 마지막은 이를 토대로 상담을 실행하는 단계이다.

2) 상담과정

대상관계 가족상담의 과정은 가족원이 수용하지 못하고 억압했던 경험과 그에 따른 정서를 탐색하고 인식하는 작업을 의미한다. 이러한 과정에서 내담자로 하여금 부모와의 관계에서 발생한 분열, 투사, 투사적 동일시와 같은 심리적 기제를 인식하고 통합을 시도하도록 지지한다. 대상관계 가족상담자는 상담자와 내담자의 관계를 중요시하고 내담자의 과거 경험이 상담자와 내담자 관계에 어떤 영향을 미치는지를 탐색하기 위해 전이와 역전이에 주목한다. 상담자가 가족의 통합을 위해 참고해야 할 구체적인 내용들은 다음과 같다(한재희 외, 2013).

〈상담자가 가족의 통합을 위해 참고해야 할 구체적인 내용〉

1. 호소문제와 그 배경에 대해 탐색하기
2. 호소문제를 처리하는 가족의 문제해결능력 탐색하기
3. 호소문제를 해결하기 위한 지금까지의 가족 노력 탐색하기
4. 가족역동과 그와 관련된 가족원의 역할 탐색하기
5. 호소문제의 내력 탐색하기
6. 가족관계에 영향을 미치고 있는 투사적 동일시 과정 구체적으로 탐색하기
7. 가족원의 무의식적인 욕구 탐색하기
8. 가족원의 무의식적 욕구를 충족하는 방법과 가족관계 양상 탐색하기
9. 가족원의 분리와 개별화를 방해하는 요소 탐색하기
10. 가족원의 서로 다름을 수용하고 협상하는 기술의 정도 탐색하기
11. 문제해결을 위한 가족 개인의 의사소통능력 정도 탐색하기
12. 가족원의 정서적 지지능력 정도 탐색하기

13. 가족원의 부정적 감정표현이 가능하도록 지지적 환경 만들기
14. 가족원의 내면적 역동과 가족관계의 문제에 초점 두기
15. 개인의 성장발달과 가족의 성장발달에 초점 맞추기

출처: 한재희 외 (2013).

4 상담기법

1) 경청과 분석적 중립 유지하기

대상관계 상담에서는 가족의 변화나 호소문제를 성급하게 해결하려는 압박감을 느끼지 않도록 주의해야 한다. 또한 가족상담자는 가족이 제공하는 정보의 의미를 선입견이나 편견 없이 받아들이고 내담자 가족의 장점과 단점 모두를 탐색하는 분석적 중립 태도가 필요하다(Nichols, 2010, 김영애 외 역, 2011).

2) 버텨주기

대상관계 가족상담에서 가장 중요하게 생각하는 상담자의 태도는 버텨주기이다. 즉, 상담자는 경청과 중립적 태도도 중요하지만 내담자의 경험에 대한 깊은 공감과 수용적 태도, 내담자의 갈등과 불안을 담아내는 태도를 보여줌으로써 내담자도 주변의 다른 사람과의 관계를 이해하고 수용하는 태도를 갖도록 버텨주는 것이 필요하다(김진숙, 2001).

3) 해석하기

(1) 전이해석

프로이트(1895)는 처음에는 전이(transference)를 내담자가 과거 주요 대상에게 경험했던 감정을 상담자에게 왜곡되게 연결시키는 방식이라고 정의하고 상담에서 전이를 부정적으로 해석해야 된다고 주장하였다. 그러나 이후에는 전이를 정신분석에서 필요한 과정이며 초기 주요 양육자와의 관계와 연결하여 해석할 필요가 있다고 긍정적으로 수정하였다.

〈상담자와 내담자의 개인 간 전이〉

- 상담자가 상담시간에 늦게 나타나자, 내담자가 상담이 효과가 없다고 말하면서 불만 표현
  - 어린 시절 부모가 약속을 잘 지키지 않은 경험이 있는 내담자가 상담자의 지각으로 인해 자신이 어릴 때처럼 무시당했다고 느낀 것이다. 그러나 이것을 직접 표현하지 못하고 상담 효과가 없는 것 같다고 불만을 표현하거나 상담에 저항적 태도를 보이는 것이다. 이러한 태도는 어릴 때 부모에게 하던 방식을 상담자에게 유사하게 전이시킨 행동이다.

한편, 가족상담에서의 전이는 더욱 복잡할 수 있다. 가족원들은 이미 각자의 전이를 가지고 있기 때문에 한 상담자에게 가족이 보내는 전이는 복잡할 수 있다(Scharff & Scharff, 1991, 이재훈 역, 2006). 왜냐하면 상담실에서 보이는 가족들의 반응은 가족 간의 상호작용에서 나타나기도 하지만, 가족원 각자의 심리내면에 있는 자기표상 또는 대상표상들이 재현되는 것으로도 볼 수 있기 때문이다.

〈상담자와 내담자 가족 간의 전이〉

- 상담실에서 아버지는 딴짓하는 아들을 비난하고 어머니는 눈치보고 말없이 앉아 있음

- 가족들이 이러한 태도에 대해 상담자는 아들의 잘못을 지적하는 아버지와 딴짓을 하는 아들, 그리고 아무 말도 하지 않고 있는 어머니에 대해 불편함을 느낀다.
- 우선 아버지는 어릴 때 마음에 들지 않는 친구가 있다면 먼저 시비를 걸어서 친구들을 화나게 하거나 폭력을 당한 경험이 있다. 그래서 가족관계에서도 먼저 아내나 아들을 비난하거나 자극하여 그들로 하여금 화를 내고 잘못된 행동을 하도록 투사하는 경향이 있다. 또한 상담자에게도 불편한 감정을 느끼게 하여 상담자가 스스로 상담을 중단하거나 빠른 종결을 하도록 유도한 것으로 해석할 수 있다.
- 아들의 경우는 싸움을 자극하고 비난하는 아버지와의 대상관계방식을 내사하여 학교에서 친구들을 자극하거나 먼저 싸움을 거는 등, 결국에는 자신이 피해자(왕따)의 위치에 서도록 행동을 반복하고 있다고 해석할 수 있다.
- 어머니의 경우는 남편이 투사한 자기표상처럼 소극적이고 회피적인 피해자의 모습을 내사한 것으로, 이처럼 남편의 투사를 받아들이는 이유는 원가족에서 그러한 모습에 익숙해져 있기 때문으로 해석할 수 있다.

출처: Scharff & Scharff (1991), 이재훈 역 (2006).

(2) 역전이 해석

초기 정신분석기법에서는 역전이(counter transference)를 내담자의 자극에 의해 상담자가 억압했던 해결하지 못한 갈등이 나타나는 것으로, 상담자는 반드시 이것을 멀리해야 한다고 부정적으로 보았다. 그러나 클라인학파인 하인리히 라치카(Heinlich Lachika)는 자신의 논문 〈역전이의 의미와 사용〉(1957)에서 '역전이는 가족상담에서 가장 유용한 도구'라고 주장하였으며, 역전이는 상담자의 문제에서 발생하는 것이 아니라 내담자의 투사를 받아들이는 상담자의 투사적 동일시 과정이라고 하였다. 이것을 '유발된 역전이(induced countertransference)'라고 부른다. 그럼에도 상담자는 자신의 미해결문제로 상담에서 역전이가 일어나지 않도록 자기치유 작업을 먼저 할 필요가 있다(Scharff & Scharff, 1991, 이재훈 역, 2006).

- 내담자가 폭력적인 남편으로부터 위협을 느꼈다고 말할 때, 상담자가 내담자의 남편에 대해 분노를 느끼거나 내담자의 안전에 대해 불안을 느끼는 경우
  - 상담자가 원가족이나 현재 가족에서 가정폭력과 관련된 경험이 있어 자신의 분노나 불안을 느끼는 경우, 또는 내담자의 자기와 동일시하여 유발된 역전이가 일어나서 공감을 하는 경우로 해석할 수 있다.
- 내담자가 상담자에게 상담에 대한 절차나 비용 등에 대해서 힘듦을 호소하거나 상담자의 해석이 자신을 공격하는 것 같다고 불평하여, 상담자가 공격성이나 좌절감을 느끼는 경우
  - 상담자 자신의 경험 중에서 돈이나 절차와 관련된 미해결문제가 남아 있어 공격성이나 좌절감을 느끼는 경우, 또는 내담자가 불만스러워 화를 내고 싶은 대상을 상담자가 동일시하여 유발된 역전이가 일어난 것으로 해석할 수 있다.

(3) 자기(self)와 사람 삼각형 해석

대상관계 상담에서는 과거의 관계 경험이나 상담실 밖의 경험인 '그때-거기'의 경험이 상담자와 내담자의 현재 관계 경험이나 상담실 안에서의 '지금-여기' 관계에서 일어나는 경험과 어떤 관련성이 있는지를 다룬다. 왜냐하면 내담자의 대상관계 경험은 상담실의 지금-여기에서 재연될 가능성이 많으므로, 과거의 힘들고 어려웠던 대상관계 경험을 상담관계에서 상담사와 좋은 대상관계 경험을 하면서 다루는 것이 보다 안전하고 성공할 가능성이 높기 때문이다(김진숙, 2001). 마이클 스타터(Michael Stadter)는 내담자가 자기 자신과 상담자, 그리고 다른 사람을 대하는 방식을 자기(self)와 사람 삼각형 도식으로 제시하였다.

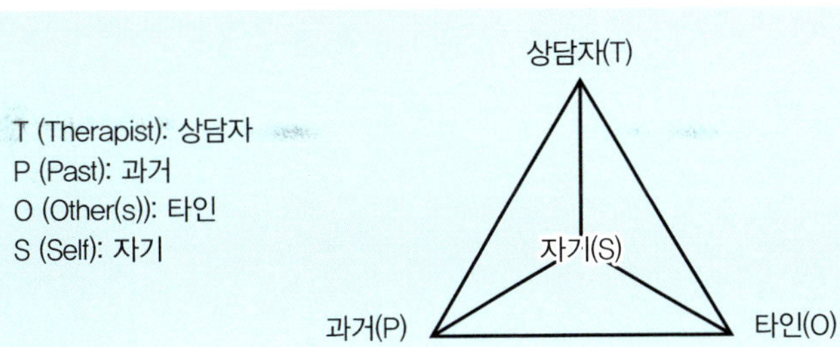

다음은 앞에서 다루었던 발표불안이 있는 남자대학생의 사례를 자기와 사람 삼각형 도식을 활용하여 해석한 것이다. 앞의 사례를 간단히 요약하면 다음과 같다.

> "20대 중반의 남학생은 수업시간 발표불안과 친구문제로 상담실을 찾아왔다. 그는 평가받는 것에 대한 두려움으로 인한 발표불안과 과제 약속을 잘 지키지 않는 친구들에 대한 실망감으로 혼자서 책임을 지려고 하는 부담감을 호소하였다. 자수성가한 아버지는 아들이 자신보다 더 잘되기를 바라는 마음이라고 하며, 칭찬보다 비난을 더 많이 하였으며 자신의 뜻대로 되지 않는 아들에 대해 실망감을 많이 느꼈다. 한편 내담자는 상담 효과에 대해 회의적이었다."

- T-S 해석 : 상담을 해도 효과가 없을 거라 느끼고 있네요(T : 상담자). 이것은 종종 어릴 때 자신이 아버지의 기대와는 달리 성공하지 못할까봐 느끼는 것이기도 합니다(S : 자기).
- P-S 해석 : 발표 준비나 과제 준비를 열심히 했음에도 스스로를 인정하지 않는 것 같네요(S: 자기). 지금 자신을 대하는 방식은 당신 아버지가 당신을 대하던 방식처럼 보입니다(P : 과거).
- O-S 해석 : 자신이 어떤 일을 하든지 더 열심히 해야 한다고 느끼는군요(S : 자기). 이것은 과제활동에서 다른 친구들도 노력을 하지만 만족하지 못하고 자신이 책임을 다 맡으려고 하는 것과 비슷하네요(O : 타인).

출처: Stadter (1996), 이재훈 외 역 (2006); 김도애 (2009)에서 발췌 및 수정.

4) 과거의 경험을 새롭게 통찰하기

내담자는 자신을 힘들게 했던 과거의 대상관계방식을 무의식적으로 현재의 사람들이나 상담자와 재연하려고 한다. 그러므로 상담자는 이러한 것을 미리 인식하고 통찰하여 내담자가 과거의 경험을 되풀이하고자 할 때, 과거의 중요한 사람과는 다른 태도로 반응하는 것이 중요하다. 이러한 것을 교정적 정서 경험이라 한다(장진아, 2014).

5) 종결하기

주요한 대상과의 분리불안을 중요하게 다루는 대상관계상담에서는 상담종결 경험을 매우 중요하게 생각한다. 그러므로 종결을 미리 예고하고 서로 협의하는 것이 좋다. 필요하다면 내담자에게 다시 상담을 받을 수 있다는 믿음을 주는 것도 중요하므로 추후 회기를 계획하는 것도 필요하다(Stadter, 1996, 이재훈 외 역, 2006).

5 사례 연구

1) 개요[6)]

1남 3녀를 둔 내담자(여, 48세, 주부)는 피로감과 무기력증, 우울감으로 상담실을 찾았다. 주요 호소문제는 우울증과 막내아들(중2)의 게임몰입이다. 아들이 사춘기라서 그런지 엄마 말은 전혀 듣지 않고 야단을 치면 방에서 나오지도 않고 얼굴도 보지 않으려 한다. 이럴 때 남편이 도와주면 좋겠는데, 남편은 자기 일이 바쁘다는 이유로 집안일에는 관심이 없다. 더구나 약 1년 전 남편이 자주 다니던 술집의 여자와 외도를 하여 이혼 위기를 겪었고, 아이들이 다 자라서 공부를 마치고 나면 이혼을 하고 내 인생을 살아야지 하며 견디고 있다.

내담자는 원가족에서 1남 2녀 중 둘째로, 딸로서는 장녀로 태어났다. 고향에서 조합장 등 유지로 활동하던 아버지와 훈장 딸로 성장한 어머니 밑에서 장녀로 자라면서 모범생으로 성장하였다. 대학에 진학하고 싶었으나 1살 위인 오빠가 재수를

6) 이 사례는 재구성한 가상 사례이다.

하는 탓에 대학 진학을 포기하고 아버지의 소개로 농협에 근무하다가 친척 어른의 소개로 남편을 만나 결혼하였다.

신혼 때부터 시어머니와 시누이, 시동생과 함께 생활하였는데 시집살이가 너무 심했다. 시아버지가 일찍 돌아가시고 시장에서 식당을 하며 자녀를 키운 시어머니의 유세가 심해서 많이 힘들었다. 현재 시누이들은 결혼하여 분가를 하였지만 막내인 시동생은 40살이 되도록 특정한 직업도 없이 지내다가 최근에 베트남 아가씨와 결혼하였다. 그러나 시어머니의 뜻에 따라 매우 가까운 곳에 집을 얻어 생활하고 있어 지금도 내담자는 식사부터 생활 전반을 거의 해주고 있는 중이다. 한평생 착하게 열심히 살아온 것 같은데 자녀들도 제대로 키우지 못한 것 같고 남편의 사랑도 받지 못한 것 같아 너무 억울하고 힘들다고 호소하고 있다.

남편(52세)은 2남 2녀 중 장남으로 장사(식당업)를 하시던 부모님의 바람대로 대학을 마치고 공무원이 되었다. 평상시에는 거의 말이 없으나 술을 마시면 말을 하는 편이다. 직장에서도 매우 성실하다는 평을 받고 있으며, 외부의 사람들은 매우 좋은 사람이라고 평가를 한다. 그러나 자신의 현재 가족들에게는 무심한 편이다. 성격은 좋지만 경제적으로 무능력했던 아버지가 고등학교 1학년 때 돌아가시고 나서 식당을 하면서 자신과 동생들을 키우신 어머니에 대한 미안함이 많다. 결혼의 조건으로 어머니를 모시고 사는 것을 아내에게 제안할 정도로 시어머니를 비롯한 시댁 식구들의 일에는 적극적으로 임한다.

2) 가계도

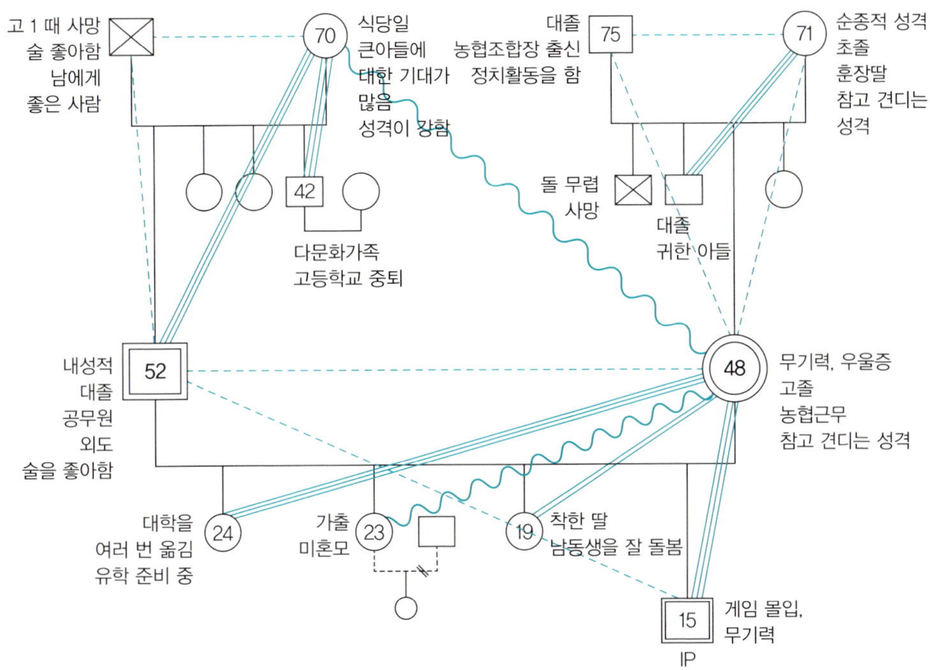

3) 대상관계 가족상담의 적용

(1) 상담목표 및 가설설정

대상관계 가족상담의 목표는 어린 시절 주요한 양육자와의 관계경험 방식이 현재 가족에게 미치는 영향력과 부정적 정서를 표현하도록 하여, 실제 생활에서 현실적이고 수용적인 대인관계를 할 수 있도록 돕는 것이다. 이를 위해서는 가족원의 어릴 때 경험에서 습득한 부정적 정서를 표현하도록 돕고 이러한 감정정화과정을 통해 있는 그대로의 각자의 모습을 인정하도록 할 필요가 있다. 또한 사람의 심리발달과정의 이해를 통해 사춘기 자녀의 심리를 이해하고 이를 통해 부모와 자녀가 서로 분리개별화 하도록 지지해야 한다. 대상관계 가족상담이론을 바탕으로 다음과 같은 가설을 세울 수 있다.

① 아내의 대상관계 방식이 부부생활에 미치는 영향

친정어머니는 훈장님인 아버지의 뜻에 따라 한자공부를 많이 한 것에 대한 자부심이 강했으나, 초등학교만 졸업했다고 무시하며 바깥일에 더 관심이 많은 친정아버지에게 순종적으로 묵묵히 뒤에서 도와주는 것으로 자신의 역할을 하였다.

아내는 어린 시절 경험을 통해 '딸인 자신은 가만히 있으면 아무도 존재를 인정해 주지 않는 쓸모없는 존재'라는 자기표상을 가지게 되었으며, 스스로 자신의 존재의 의미와 중요성을 믿지 못하게 되었을 것이다. 그리고 아내는 친정어머니와의 관계 경험을 통해 '자신을 드러내기보다는 보조적 역할을 하는 존재'라는 대상 표상의 이미지를 갖게 되었을 것이다.

그리고 아내는 자신의 어머니가 아버지의 무시와 외도를 견디는 방식을 내사하여 부모로부터 사랑받지 못하여 생긴 슬픔과 원망감, 좌절감을 직접 표현하기보다는 묵묵히 견디는 방식으로 성장하였으며, 결혼이라는 새로운 대상관계에서 자신의 존재를 인정받기 위해 무척 노력하며 살아왔을 것이다.

남편과 시부모가 어린 시절 부모님처럼 자신의 노력에 대해 인정해 주지 않고 더 많은 것을 요구하여 힘들었지만 자녀를 통해 보상을 받으며 견뎌내려고 했을 것이다. 그러나 아들마저 자신의 뜻과 달리 공부보다는 게임에 빠지자, 실제보다 훨씬 더 큰 슬픔, 분노, 원망감과 좌절감을 느끼게 되어 신체화 증상을 통해 자신의 아픔을 표현하고 있는 것으로 보인다.

〈표 4-3〉 아내의 대상관계 방식 형성 과정

구분	자기표상 (아내의 인식에 비친 자기)	대상표상 (아내의 인식에 비친 어머니)
이미지	누구도 딸로서의 자신의 존재를 인정해 주지 않아 슬퍼함	자신도 여자이면서 딸을 아들을 위한 보조적 역할로 판단하고 거부함
정서	슬픔, 분노, 원망감, 좌절감	
대처방식	착한 큰딸 역할을 함. 혼자 견딤	남편의 무시를 참음. 감정표현 안 함

② 남편의 대상관계방식이 부부생활에 미치는 영향

남편의 아버지는 어머니와 함께 식당일을 하였으나 술과 친구를 좋아하였으며 힘든 일이 있을 때에는 그 친구들과 어울리는 것으로 회피하였다. 그래서 외부 사람들로부터 성격이 좋은 호인이라는 평가를 받았으나 집안에서는 무관심하고 무능력한 아버지라는 평가를 받았다. 남편은 아버지의 사망 이후 자녀들을 키우기 위해 고생하시는 어머니로부터 아버지 대신 애정과 기대를 동시에 받으며 자라났다.

이러한 경험을 통해 남편은 "타인의 기대에 보답해야 한다는 부담감과 그를 통해서만 인정을 받을 수 있는 존재"라는 자기표상과 "가족보다는 타인을 통해서만 인정받는 존재"라는 대상표상을 가지게 되었을 것이다. 이처럼 내재화된 관계방식은 아내가 시댁과의 관계 어려움을 호소하면 할수록 남편으로 하여금 어린 시절부터 가지고 있던 어머니와 동생을 외부 세력으로부터 보호해야 한다는 부담감을 자극하여 본가 식구들에게 더욱 친밀한 태도를 갖도록 하였을 것이다. 이것은 아내로 하여금 더 큰 소외감을 느끼게 하여 자녀에게, 특히 아들에게 더욱 밀착된 관계를 갖도록 하였으며, 이러한 과정에서 가족원에 속하지 못한다는 외로움을 느낀 남편은 외부에서 위로를 받고자 외도를 하게 되었을 것으로 생각된다.

〈표 4-4〉 남편의 대상관계방식 형성과정

구분	자기표상 (남편의 인식에 비춰진 자기)	대상표상 (남편의 인식에 비춰진 아버지)
이미지	어머니의 기대에 따라 성공해서 보답해야 한다는 부담감이 많음	사람좋다는 평가는 받지만 실제는 무능하고 가족에게 외면당함
정서	부담감, 외로움, 죄책감, 분노	
대처방식	타인의 기대에 부응하려고 노력함	타인에게 인정받으려고 노력함

요약하면, 부부의 각 대상관계 패턴은 서로에 대해 흥분시키고 동시에 거절하는 대상관계방식을 갖게 하였을 것이다. 아내는 연애 시절에 어머니의 말을 잘 따르고 자기 가족에 대해 관심을 갖고 있는 남편을 보면서, 결혼 이후에는 자신을 존중해 주고 관심을 줄 것이라고 기대가 높았을 것이다. 반면에 남편은 자신은 어린 시절 가장의 무게를 느끼며 혼자서 결정하고 책임을 지고 살았는데 어릴 적부터 가족을 도와주는 관계방식에 익숙한 아내를 보면서 자신의 삶에 중요한 역할을 감당해 줄 수 있을 것이라는 기대감을 가졌을 것이다.

결혼생활을 통해 부부는 자신에게 익숙한 방식을 고집하면서 서로를 탓하는 편집-분열적 자리를 갖게 되고 처음에는 관계개선을 위해 노력을 해보기도 하지만 점차 무관심하게 되었을 것이다. 그리고 아내는 자신의 어머니처럼 부정적 감정을 참으면서 자녀양육에 과도하게 집중하는 것으로, 남편은 자신의 아버지처럼 외부의 대상에게 관심을 돌리는 방식으로 각자의 힘듦을 대처하고자 했을 것이다.

③ 부모의 대상관계방식이 아들에게 미치는 영향

IP(아들)의 어머니는 자기 존재 그대로 인정받지 못한 자기표상과 타인에게 보조적 역할을 하는 대상표상을 가지고 있고, 아버지는 타인의 기대에 보답해야만 하는 자기표상과 외부에서만 인정을 받는 대상표상을 가지고 있다. 즉, IP(아들)의 부모들은 타인에게 좋게 보이려고 하는 행동은 무조건 좋고, 다른 사람에게 화나 짜증을 내는 것은 무조건 나쁜 행동이라고 판단하여 주변 사람에게 무조건 잘 보이려고 노력하며 생활하였을 것이다.

IP(아들)는 어릴 때에는 부모의 기대처럼 공부도 열심히 하고 말 잘 듣는 착한 아들로 성장하였을 것이다. 그러나 자신의 노력에도 불구하고 있는 그대로의 자신을 인정하기보다 지나친 기대를 하는 어머니의 지속적인 태도와 비난, 아버지의 무관심하지만 은근한 강요로 인해 결국 더욱 무기력해지고, 공부보다는 친구나 컴퓨터에 몰두하는 모습하게 되었을 것이다. 그 결과 IP(아들)의 무기력한 태도는 부모를 더욱 자극하고, 그래서 부모는 더 큰 걱정과 비난을 통해 아들의 무기력을 또 자극하는 등 악순환이 되풀이되었을 것이다.

④ 분리와 개별화 관점에서 살펴본 IP(아들)에 대한 이해

중학교 2학년인 아들(IP)의 나이는 독립과 친밀함이 충돌하는 제2 분리 개별화 시기로 부모로부터 독립하고 싶지만 독립하면 버림받을까 두렵고 다시 친밀해지려면 부모의 뜻대로 살아야 할 것 같아 두려운, 양가감정의 소용돌이 속에 있는 시기이다. 한편 친정어머니로부터 아들을 통한 존재감 인정을 물려받은 아내(IP의 어머니)는 아들이 사춘기가 되어 독립하려 하는 것을 인정하고 받아들이기가 무척 힘들었을 것이다. 아들 또한 이 복잡한 감정을 소화하고 독립을 향해 나아가기에는 너무 힘이 들어 자기만의 방에서 컴퓨터를 하거나 외부에서 친구와 어울리는 것으로 자신의 불안에 대처하고 있는 것으로 보인다.

(2) 상담개입

상담 초반에는 부부의 어린 시절 경험이 현재 부부관계나 자녀양육에 미치는 영향력을 다루는 과정에서, 부부의 마음자리가 편집-분열적 자리에 있으면 서로 상대방의 탓이라고 비난할 가능성이 높다. 그러므로 개인상담이나 부부상담을 통해 부부 각자의 어린 시절 경험의 아픔에 대해 공감하고 경청하는 것을 먼저 진행하는 것이 필요하다. 이러한 작업은 부부 각자가 서로 아픔이 있음을 공감하는 우울적 자리로 이동하는 데 도움이 된다.

상담 중반에는 부모의 어린 시절 경험이 자녀양육에 미치는 영향력과 사춘기 자녀에 대한 부모교육 회기를 가지는 것이 필요하다. 이것은 IP(아들)의 문제행동이 가족 간 서로 영향을 주고받은 결과임을 부모가 통찰하게 되면서 아들에게 보다 수용적이고 공감적인 부모역할을 할 가능성이 높아지기 때문이다. 또한 아들에 대한 '충분히 좋은 부모'의 역할에 대해 교육하여, 사춘기 자녀의 공격성을 불안해하거나 거부하는 것이 아니라 온전히 마음은 수용해 주고 행동에 대해서는 부드럽지만 단호한 한계 설정으로 다시 되돌려주는 대화법을 훈련시키는 것이 도움이 될 것이다.

그리고 상담 후반에는 아들의 개인상담을 실시하여 아들이 부정적 정서를 억압하거나 분열시키지 않고 적절하게 표현할 수 있도록 도울 필요가 있다. 이 과정은 아들에게는 자신의 긍정적인 모습뿐만 아니라 부정적인 모습을 수용하고 현실적인 대처방법을 찾는 데 도움을 줄 것이다. 또한 가족상담을 통해 가족 간에 직접 자신의 마음을 표현하고 서로 지지하며 좋은 대상이 되어줄 수 있는 가족놀이치료 활동을 제공하는 것도 도움이 될 것이다.

활 동 하 기

1 영화 〈실버 라이닝 플레이북(silver linings playbook)〉에서는 분노조절문제가 있는 남자주인공이 아내의 외도를 목격한 뒤 극심한 분노를 표출하고 이로 인해 이혼과 정신과 치료를 받는 과정을 보여주고 있습니다. 이 영화에서 남자주인공은 자신이 건강을 찾게 되면 아내가 돌아오고 그러면 자신의 문제가 해결된다고 보고 있으며, 남자주인공의 아버지는 가족보다는 풋볼게임에 빠져 있습니다. 이 영화를 시청한 후 그러한 아버지와 남자주인공의 주요 감정을 살펴보고, 남자주인공이 아버지와의 관계에서 경험한 대인관계방식에 대해 분석해 봅시다.

2 감정일기를 활용한 대상관계 패턴 탐색과 수정하기

1) 현재 자신이 대인관계에서 느끼는 힘든 점과 이와 관련된 자신의 감정, 생각을 떠올려 봅시다. 또한 이때 상대방의 감정, 생각 등도 추측해 봅시다.

2) 과거의 경험 중에서 위의 현재 상황과 유사했던 상황이 있는지 떠올려 봅시다. 그리고 그때 자신의 감정이나 생각을 떠올려 봅시다. 또한 상대방의 그때 감정이나 행동을 추측해 봅시다.

3) 과거와 현재의 상황에서 자신의 대처행동의 공통점과 차이점을 생각해 봅시다.

4) 비슷한 경우: 만약 과거로 돌아간다면 어떤 다른 대처행동을 할지 생각해 봅시다.

5) 다른 경우: 어떻게 과거와 현재에 다른 대처행동을 할 수 있었는지 생각해 봅시다.

6) 이 활동을 하고 난 뒤 현재와 과거의 자신에 대한 느낌이 어떤지 살펴봅시다.

CHAPTER 05 다세대 가족상담

1 개요

사람들은 개인이나 가족문제를 '조상 탓'으로 돌리거나 '조상의 죄'를 운운할 때가 있다. 이는 비과학적인 주장으로 보이지만, 암암리에 현재의 문제가 오랜 시간을 거슬러 윗세대의 문제와 연관되어 있다는 일반적인 믿음을 시사한다.

미국의 정신과 의사인 보웬(Murray Bowen)은 개인의 증상을 다세대가족의 맥락에서 보고 가족 정서과정에 대한 가족체계이론을 구축하였다. 보웬은 가족의 정서과정이 핵가족을 넘어 여러 세대를 통해 지속되며, 이전 세대에서 제대로 해결되지 않은 문제는 다음 세대로 넘어가서 문제를 일으킨다고 보았다.

보웬의 가족에 대한 관점은 자연체계이론(Natural System Theory)에 기반을 두고 있는데, 인간과 인간의 가족은 다른 생명체와 마찬가지로 '자연의 법칙에 따라' 동기화된 것으로 가정하였다. 그가 주목한 자연의 법칙은 당기는 힘(연합성)과 미는 힘(개별성) 간의 균형이었다.

가족은 일종의 정서적 단위(emotional unit)로 가족원은 가족이라는 '정서적 장

(emotional field)' 안에서 반응하는 정서적 자극의 복합체라고 보았다. 그러나 우리 자신이 속한 정서적 장을 감지하는 것은 쉽지 않다. 따라서 가족으로부터 한 걸음 뒤로 물러나 가족의 정서적 과정을 이해하는 것이 필요하다.

보웬은 정신질환(mental illness)이라는 용어 대신 정서질환(emotional illness)이라는 용어를 사용했다. 그는 가족 내 정서과정이 강할수록 가족원은 서로 의존성이 높고 정서적 반응성도 높아진다고 보았다. 특정 가족을 기능적 가족과 역기능적 가족으로 나누는 것은 의미가 없으며, 모든 가족은 덜 심각한 문제에서 매우 심각한 임상문제까지 일련의 연속선상 위에 존재할 뿐이라고 보았다.

정신의학 전문가였던 보웬은 조현병(정신분열증)에 관심을 갖고, 조현병 환자의 모자관계에서 강렬한 불안애착과 불안격리의 정서적 긴장이 주기적으로 반복되는 현상에 집중하였다. 이러한 병리적 애착을 '모자공생(mother-child symbiosis)'이라고 했는데, 어머니와 성인 조현병 자녀가 서로에 대한 정서적 개입이 지나치게 심한 나머지 별개의 두 사람이 아닌 하나의 존재 또는 하나의 자아로 간주될 정도의 강한 심리적 융합상태를 가짐을 의미한다(Bowen, 1978). 인간을 포함한 포유류는 출생 직후 엄마와 완전한 융합상태이자 공생상태로 삶을 시작하나 독립된 성인으로 자라면서 어머니에게서 떨어져 나가는 것이 자연스러운 성장과정이다. 그러나 조현병 환자의 경우에는 자녀에 대한 어머니의 개입의 정도가 매우 강렬하며, 이 정서적 강도는 자녀가 성인이 될 때까지 계속 이어진다. 이후 미국립정신보건연구소(National Institute of Mental Health: NIMH)에서 일하게 된 보웬은 초기에 주목하였던 어머니와 성인자녀 간의 강렬한 관계는 사실 전체 가족원 모두가 관여된 과정으로, 아버지와 형제 등 모든 가족원이 문제를 키우고 유지하는 데 역할을 하는 것으로 보고, 삼각관계, 핵가족 정서체계 등의 개념을 발전시켰다. 1959년 미국립정신보건연구소(NIMH)에서 조지타운대학교 의과대학으로 직장을 옮긴 보웬은 이후 31년간 포괄적인 다세대가족상담이론을 세우는 데 힘을 쏟았다. 그의 가족체계이론은 가장 체계적이고 영향력 있는 가족상담이론으로 1978년 출간된 그의 저서 『임상현장에서의 가족치료(Family Therapy in Clinical Practice)』(1978)는 가족상담의 역사에 큰 업적으로 남았다(정문자 외, 2017).

2 주요 개념

보웬 가족상담이론은 8가지 핵심개념을 포함하며, 이 개념들은 '불안'과 관련되어 있다. 보웬은 인간의 삶에는 늘 만성불안(chronic anxiety)이 존재한다고 가정한다. [그림 5-1]은 2인 관계(네모와 동그라미)의 융합과 만성불안의 정도를 보여준다. 관계 A는 강한 연합성을 보이는 미분화상태다. 관계 A에서는 두 사람 간의 정서적 상호의존이 너무 높아 매우 높은 수준의 만성불안을 만들어낼 수 있다. 관계 B와 관계 C는 점진적인 분화상태를 보여 주며, 관계 D는 이론적 수준에서의 완전한 분화로 만성불안을 발생시키지 않는다.

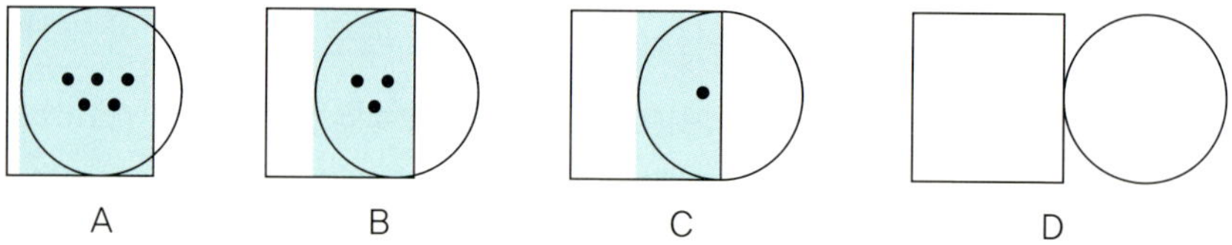

[그림 5-1] 분화와 만성불안

주: • 만성불안의 정도
출처: Kerr & Bowen (2005), p. 101.

1) 자아분화

자아분화(differentiation of self)는 보웬이론의 핵심 개념으로, 자기 자신으로 기능(function as a self)하는 과정 또는 원가족의 정서적 혼돈에서 자유로워지는 과정, 또는 연결성과 개별성 간의 균형 등을 의미한다. 또한 정신내적으로는 사고와 감정을 분리할 수 있는 능력, 대인관계적으로는 자신과 타인 사이의 분화를 의미한다. 개인의 기능수준이나 인간적인 성숙도와 직결되는 개념이기도 한데, 분화 수준이 높은 사람은 자율적이고 독립적일 뿐만 아니라 타인과 잘 연결되어 있다. 분화의 정도가 높을수록 타인과의 정서적 융합이 적으며, 자아감이 확실하고 분명한 신념을 갖는다.

모든 상호작용에 입각한 관계의 성격은 정적인 관계라기보다 역동적인 평형상태에 가깝다. 이러한 관계균형을 유지하기 위해 관계 안에서 서로 조절하면서 체계의 역동적 특성을 만들어낸다. 보웬은 미분화 가족 자아군(undifferentiated family ego mass)이라는 개념을 제시했는데, 이는 온 가족이 감정적으로 한 덩어리가 되어 정서적으로 함께 고착되어 있는 상태를 의미한다. 융합이라고 할 정도로 지나치게 가까운 상태는 상대에 대한 정서적 반응성을 높이고, 관계를 불편하게 만듦으로써 결과적으로 상호 거부를 초래한다. 자신과 다른 관점을 가진 사람을 비난하거나 관계체계에서 등을 돌려 정서적 연결을 끊는 행위, 스트레스 상황에서 기능이 현저히 저하되는 상태 등은 모두 분화능력이 떨어지기 때문이다.

개인의 분화 수준은 기본분화(basic differentiation)와 기능분화(functional differentiation)로 분류된다. 기본분화는 원가족의 분화 수준, 즉 다세대 정서과정에 의해 결정되는 분화 수준이다. 기본분화 수준은 개인의 노력과는 무관하며 원가족과의 정서적 분리 수준에 의해 결정된다. 반면 기능분화는 현재에 맺고 있는 관계과정에 의존하는 기능으로, 개인이 원가족에게서 물려받은 기본분화 수준보다 높거나 낮게 기능할 수 있다. 예를 들어 기본분화 수준이 동일하게 50인 남성과 여성이 만나 결혼했을 때, 이들의 기본분화 수준은 같을지라도 결혼관계과정에서 기능분화가 '교환'될 수 있다. 즉, 남편의 기능분화 수준은 40으로 저하되고 아내는 60으로 증진될 수 있는데, 이러한 교환과정은 관계의 불안을 경감시키려는 의도와 관련이 있다. 이러한 경우 부부체계의 기본분화의 평균수준은 여전히 50으로 동일하나, 관계 속의 개인의 기능분화 수준에는 차이가 발생된다.

〈만성두통을 앓는 청년과 낮은 분화 수준〉

의대에 가기 위해 삼수 중인 영수(가명)는 심각한 만성두통으로 상담실을 찾아왔다. 할아버지와 아버지는 모두 의사이며, 장남인 영수가 의대에 진학하여 의사가 되는 것을 당연하게 생각하고 있다. 그러나 영수는 어릴 때부터 요리하는 것을 좋아하여 요리사가 되고 싶었지만 어른들의 반대로 포기하고 의대 진학을 위해 공부 중이다. 영수의 만성두통의 원인은 집안 어른들의 요구에서 자유로워질 수 없어 부모의 원대로 의사가 되고자 하는 생각과 그에 반하여 자신의 장래희망을 포기하는 것에 대한 감정(억울함과 원망감)의 불일치에 의한 신체화 증상으로 보였다. 부모는 자녀를 독립된 존재로 인정하지 않고 자신들이 원하는 직업을 갖도록 강요하고, 성인이 된 자녀는 자신의 원함을 요구하면 부모로부터 버림받을까봐 두려운 정서를 느끼고 이것이 신체적인 두통으로 나타나고 있는 것이다. 즉, 영수는 자기 자신으로 기능하는 데 어려움을 가지고, 부모의 인정에 의존해 기능하는 융합된 모습을 보이고 있으며, 부모 또한 자신들의 기대와 욕구를 장남에게 투사하는 미분화된 양상을 보이고 있다.

2) 삼각관계

삼각관계(triangles)는 보웬 이론의 또 다른 핵심개념으로, 가족 내 불안과 긴장을 해소하기 위해 만들어지는 삼인체계의 정서적 역동을 의미한다(Kerr & Bowen, 1988, 전영주 외 역, 2005). 안정된 개인이나 이인관계(dyad)는 삼각관계가 필요 없지만, 이인관계가 불안정해지면 불안이 증가하면서 긴장을 해소하는 방법으로 삼각관계가 만들어진다. 불안정한 이인관계에서 제삼자의 개입은 삼각관계를 통해 두 사람 사이에 확산되어 있는 불안을 감소시켜 주기 때문이다. [그림 5-2]에서 왼쪽의 첫 번째

이인관계는 안정된 관계를 보여 주며, 두 번째 그림은 긴장된 이인이 불안을 덜기 위해 관계에서 불편함을 더 많이 느끼는 A가 제삼자인 C를 관계에 끌어들이는 과정이다. 세 번째 그림은 삼각관계의 결과로 이인관계의 갈등이 B와 C간의 관계로 이동한 것을 볼 수 있으며, 그 결과 A와 B의 관계는 편안해진다.

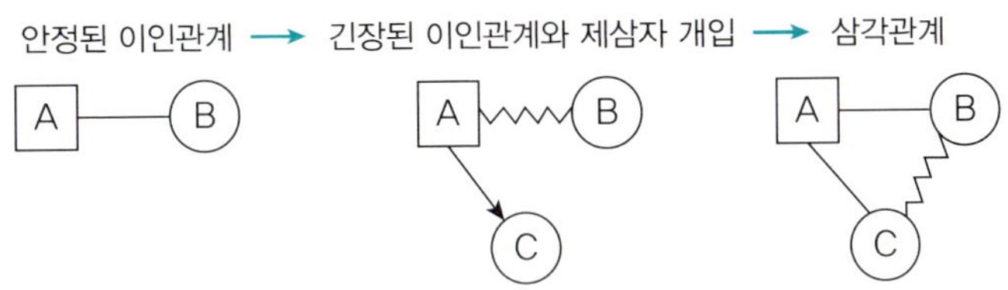

[그림 5-2] 삼각관계로의 이동과정

출처: Kerr & Bowen (2005), p. 171.

일반적으로 가족의 융합 정도가 높을수록, 즉 가족원의 분화의 정도가 낮을수록 삼각관계를 만들려는 노력은 더욱 강렬하다. 반면 가족원의 분화 수준이 높을수록 삼각관계를 만들지 않고도 긴장을 다루고 불안을 관리할 수 있다. 예컨대 형제가 싸울 때 어머니가 화를 내지 않고 어느 편도 들지 않으면서 양쪽 자녀 모두에게 공정한 태도로 이야기를 나눌 수 있다면, 형제의 고조된 감정은 차차 가라앉을 것이다. 가족 내 삼각관계의 가능성은 가족원의 미분화에 의해 높아지는 것이며, 문제를 풀기 위해 삼각관계에 의존하는 것은 특정 가족원의 미분화를 지속시킨다. 긴장 감소를 위해 삼각관계를 이루었음에도 불구하고, 관계 속의 불안이 계속 증가하면 또 다른 아웃사이더를 개입시켜 여러 개의 삼각관계로 확장되게 된다. 상호 맞물린 삼각관계는 가족을 벗어나 직장과 사회 등으로 확산될 수 있다.

삼각관계는 사람뿐만 아니라 사물이나 쟁점 등이 개입되어 형성될 수 있다. 2인관계에 개입되는 요인으로 자녀, 반려동물, TV, 인터넷, 사업 등 다양하다. 예컨대 한 가족원이 제3 요인에 몰두할수록 다른 가족원은 거기에서 소원해진다 (McGoldrick et al., 1999, 이영분 외 역, 2005).

〈남편, 아내, 애완견의 삼각관계〉

50대 중반의 중년여성 A는 자신이 키우는 애완견 때문에 남편과 갈등 중이다. 젊은 시절, A는 사업을 하는 남편 덕에 경제적으로는 어려움이 없었지만 자녀양육과 가정생활에 거의 관심을 주지 않아서 혼자서 자녀들을 키우느라 고생이 많았다. 지금은 자녀들이 대학 졸업 후 대도시에서 직장생활을 하여 매우 편안한 생활을 하고 있다. 그런데 자녀들의 빈자리를 채우려고 키우고 있는 애완견이 남편이 퇴근하면 남편의 발뒤꿈치를 물거나 거칠게 짖어대 남편은 반려견과 자신 중에서 누구와 함께 살 것인지 선택하라고 요구 중이다. 상담을 통해 알게 된 사실은, 젊은 시절부터 자신과 가족에게 소원했던 남편에 대한 원망감을 하루 종일 함께 있는 애완견을 통해 해소하고 있으며, 특히 자신이 "남편의 발뒤꿈치도 보기 싫다"라는 말을 자주 했음을 알게 되었다. 자녀보다 심리적으로 더 가까운 사이가 된 애완견과 아내, 그리고 남편이 삼각관계를 형성하고, 그 결과 아내는 남편과 더욱 소원한 관계가 된 것이다.

3) 핵가족 정서체계

핵가족 정서체계(nuclear family emotional system)는 다세대적 개념으로, 개인이 원가족으로부터 학습된 방식으로 타인과 관계를 맺게 되고, 자신과 유사한 분화 수준의 배우자 선택을 통해 다세대에 걸쳐 가족정서과정을 반복하는 방식을 의미한다. 핵가족의 정서적 분위기는 부모의 분화 수준에 의해 결정된다. 부모가 원가족으로부터 성취한 분화 수준에 따라 핵가족 내 정서 분위기가 결정되고 이는 다시 가족원(자녀)의 기능에 영향을 미친다. 예를 들어 분화 수준이 각각 50인 남녀가 결혼하였다면, 자녀의 분화 수준은 부모의 평균 분화 수준인 50보다 다소 낮거나 높을 수는 있지만 극단적으로 높거나 낮은 수준(예컨대 20 이하 또는 80 이상)이 되기는 어렵다. 왜냐하면 핵가족 정서체계는 세대를 통해 아주 천천히 변화되기 때문이다(Kerr & Bowen, 1988, 전영주 외 역, 2005).

사람들이 무의식적으로 자신과 비슷한 수준의 분화에 있는 상대를 배우자로 선택하는 이유는 상대방이 자신의 원가족 경험과 유사한 경험을 가졌기 때문이다. 연애에서 결혼에 이르는 과정은 두 사람이 이성적으로 자신들의 관계를 심사숙고하기보다 거의 무의식적 수준에서 자동적으로 이루어진다(Kerr & Bowen, 1988, 전영주 외 역, 2005). 각 배우자는 자신의 원가족에서 겪은 경험을 서로에게 전이함으로써 깊이 사랑에 빠진 느낌을 가지며 상대가 아주 잘 맞는 사람이라는 인상을 받게 된다. 그러나 분화 수준이 낮은 남녀가 결혼할 경우 배우자에 대한 감정적 의존욕구가 크고 상대가 이를 만족시켜 주지 못할 때 불만과 두려움이 고조된다. 이렇게 미분화된 가족원끼리 싸우거나 혹은 관계가 멀어지면 가족의 불안 수준이 높아지면서 배우자나 자녀에게 신체적 · 정서적 · 사회적 문제가 증상으로 나타난다. 반면 부부의 분화 수준이 높을수록 정서적 융합은 적으며 부부관계 내에서 신뢰와 성실, 상호존중 등의 요인에 의해 분화가 더욱 강화된다.

스트레스가 없는 상황에서 핵가족 정서체계는 크게 두드러지지 않는다. 그러나 핵가족 융합이 심한 경우 가족의 내부 또는 외부 스트레스 상황은 가족의 불안을 급격히 상승시켜 서로에 대한 정서적 반응을 격렬하게 만들고 임상적 역기능을 발생시킨다. 일반적으로 핵가족 융합의 결과로서 세 가지 유형의 증상이 드러날 수 있다(Bowen, 1978).

[그림 5-3]을 보면 비록 핵가족과 남편의 원가족, 아내의 원가족에서 일어난 융합의 결과는 각각 다른 유형이지만, 세대 간 미분화의 전수가 이루어지고 있음을 볼 수 있다. 남편의 원가족(A) 불안의 핵심은 배우자의 역기능이다. 어머니의 과소기능(화살표 아래쪽 방향)과 아버지의 과대기능(화살표 위쪽 방향)이 이를 보여준다. 반면 아내의 원가족(B) 불안의 주요 방식은 부부갈등이다. 남편과 아내의 핵가족(C)이 불안을 다루는 방식은 자녀의 역기능(손상)으로 나타난다. 따라서 남편의 원가족, 아내의 원가족 그리고 핵가족을 살펴볼 때 비록 동일한 증상이 발생하지 않는다고 할지라도 배우자의 역기능, 부부갈등, 자녀의 역기능이라는 세 가지 가족정서과정이 두 세대에 걸쳐 나타나고 있는 것이다.

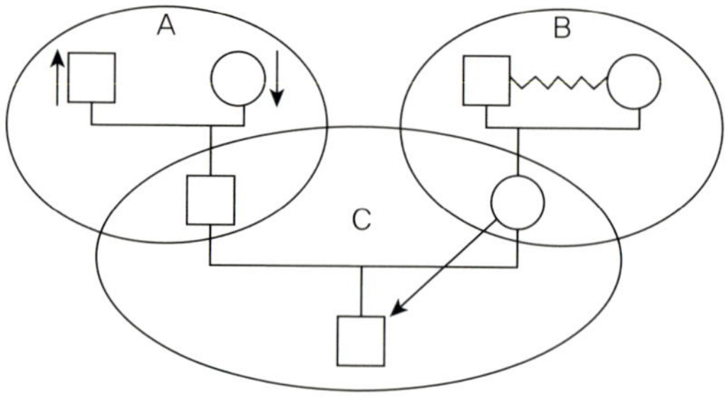

[그림 5-3] 확대가족의 정서기능 양상

출처: Kerr & Bowen (2005), p. 377.

〈핵가족 정서체계의 양상〉

① **배우자의 역기능**

가족의 불안이 한쪽 배우자에게 집중되어 흡수될 수 있는데, 그럴 때 그 배우자에게 우울증이나 두통 등의 만성적인 신체적 또는 정서적 역기능이 초래되기도 한다. 일반적으로 한쪽 배우자가 결혼생활 내내 잦은 신체적, 정서적 증상을 일으키는 경향이 있으며, 증상이 없는 배우자는 후에 심각한 증상을 나타내는 경우가 많다. 이는 부부가 불안을 해소하기 위해 서로 억지로 관계에 적응하려 하기 때문이다. 표면적으로는 부부 중 한쪽은 과소기능, 다른 한쪽은 과잉기능을 하고 있어 부부의 분화 수준이 다르게 평가될 수 있으나, 부부의 관계과정을 추적해 보면 남편과 아내는 유사한 분화 수준을 갖는 경향이 있다.

② **만성적인 결혼갈등**

부부간의 정서적 거리와 과잉애착이 반복적으로 일어나는 역기능 유형이다. 이런 유형의 부부관계는 만성적인 긴장과 파괴적인 다툼, 서로에 대한 부정적인 태도의 특징을 갖지만, 가끔은 열정적인 친밀감으로 갈등이 정리되기도 하는 '롤러코스터'와 같은 관계를 지속한다. 부부갈등은 중독적 성격을 가지며 신랄하지만 때로 친숙하기도 하다. 부부 모두 다투기를 원치 않지만 그 대안을 알지 못한다. 흔히 돈문제, 자녀문제, 성문제가 갈등의 원인이이라고 여기지만, 실제로는 가족원에게 내재된 감정적인 미성숙이 문제이다. 이렇게 갈등이 많은 결혼의 특징은 각 배우자가 상대가 견딜 수 있는 것보다 더 많은 의존을 하려 하거나, 상대가 너무 많은 지배성을 가지고 있다고 느낄 때 발생한다.

③ **자녀의 역기능**

자녀의 역기능은 가족 불안이 특정 자녀에게 손상된 기능으로 흡수되어 발생하는 유형이다. 자녀에게 나타날 수 있는 심리적, 사회적 역기능으로 가출 및 비행, 학습문제, 왕따, 정서장애 등 매우 다양한 증상이 있을 수 있다. 자녀의 역기능이 발생하면 부모의 주의가 문제를 가진 자녀에게 쏠리면서 부모들은 자신들의 미분화를 무시하거나 부인한다. 가족 내 불안이 높을수록, 자녀의 분화 수준이 낮을수록 자녀에게 나타나는 임상적 역기능의 위험성은 크다. 투사가 집중적으로 이루어진 특정 자녀의 분화가 낮을수록 그 자녀의 기능은 가장 손상받기 쉽다. 종종 자녀의 역기능은 아이가 성장하는 동안 나타날 수도 있지만 자녀가 집을 떠난 후 생길 수도 있다.

4) 가족투사과정

보웬은 미성숙한 부모가 가족체계나 부부체계를 안정시키기 위해 무의식적으로 취약한 자녀를 자신들의 불안을 투사할 대상으로 선택한다고 보았다. 이런 현상을 '가족투사과정(family projection process)'이라고 한다. 일반적으로 어머니, 아버지, 자녀의 삼각관계 안에서 투사과정이 작동한다. 예를 들어 어머니의 불안에 자녀가 반응하고, 자녀의 문제에 어머니는 과잉지각하며, 아버지는 수동적으로 아내의 불안에 대처하며 투사과정이 진행된다. 가족의 융합이 클수록 투사과정에 많이 의존하게 되고, 자녀의 정서적 손상도 커진다. 투사가 심하면 두 명 이상의 자녀가 투사 대상이 되기도 한다. 가족투사과정의 강도는 부모의 미숙함과 가족이 겪는 스트레스와 불안의 정도에 의해 결정된다.

동일한 가족 내에서도 부모는 각 자녀에 대해 같은 방식으로 대하지 않는다. 같은 가족 안에서도 첫째 자녀와 막내 자녀가 느끼는 가족의 환경은 매우 다를 수 있다. 분화의 측면에서 볼 때, 부모는 자녀에게 동일한 수준의 분화를 전수하지 않는다. 어떤 자녀는 부모보다 높은 분화 수준을 성취하나 어떤 자녀는 낮은 수준을 갖는다. 부모의 미숙함에 많이 노출되는 자녀일수록 다른 자녀보다 융합의 정도가 높고 가족 내 정서적 스트레스에 더 취약하며, 결과적으로 다른 형제에 비해 이성보다 감정에 의해 지배되는 삶을 살기 쉽다.

부모가 자녀의 기능에 과잉반응하며 집중할수록 오히려 자녀의 분화 수준을 낮추게 된다. 마찬가지로 불안을 전수하지 않으려는 부모의 시도는 오히려 불안을 전달하는 매개가 될 수 있다. 부모가 자녀에게 '분화'를 가르치는 것은 자녀의 분화촉진에 도움이 되지 않는 반면, 부모 스스로의 분화 수준을 높이는 데 주력하는 것은 자녀의 분화 촉진에 도움이 된다.

〈허약 체질 아들과 가족투사〉

8살 민호(가명)는 초등학교에 입학하였지만 학교에 가는 날보다 병원에 입원하는 날이 더 많은 아이이다. 남들은 쉽게 이겨내는 감기도 병원에 입원을 해야만 낫고 조금만 낯선 음식을 먹어도 알레르기 증상을 나타내어 학교급식도 제한하고 있다. 이러한 아들을 키우기 위해 어머니는 직장일도 그만두고 열심히 양육했지만 아들은 점점 더 허약하고 예민해지는 것 같아 걱정이 많다.
어머니의 가족력을 살펴보니 어릴 때 아버지가 병으로 일찍 사망하여 어머니와 둘이서 힘들게 살아왔으며, 고등학교를 졸업하고 다닌 첫 직장에서 10살 연상의 몸이 약한 남편을 만나 돌봐주고 싶은 마음 때문에 어머니의 반대에도 불구하고 동거와 혼전임신을 통해 결혼을 하게 되었음을 알게 되었다. 즉 민호 어머니는 아들이 자신의 아버지처럼 몸이 약해서 일찍 죽게 될까봐 또는 남편처럼 허약하여 사회적 위치를 잘 잡지 못할까봐 불안한 마음을 갖게 되었고 자신의 모든 노력을 통해 아들을 보호하려 한 것이다. 그러나 이러한 과정은 오히려 어머니가 자신의 불안을 아들에게 투사하는 과정이 되어, 아들은 점점 더 가벼운 병도 이겨내지 못하는 무기력하고 연약한 아이로 성장하고 있는 것이었다.

5) 정서적 단절

정서적 단절(emotional cut-off)은 주로 투사과정에 많이 개입된 자녀가 원가족과 단절하는 현상으로, 원가족을 접촉함으로써 생기는 불안을 줄이기 위해 부모의 집에서 먼 지역으로 이주하거나 부모와 말을 하지 않는 등 부모와의 접촉을 끊는 행위이다. 자녀는 이런 행동을 통해 가족과의 끈으로부터 해방되었다고 느끼지만, 사실은 부모와의 미해결된 융합에 대한 과장된 독립성의 표현이다.

정서적 단절은 정서적 의존성과 불안이 높은 가족에서 빈번하게 발생한다. 높은 융합과 불안은 강한 가족결속력을 요구하나 이것이 견딜 수 없는 수준에 도달하면 단절이 발생한다. 이렇게 되면 가족원은 매우 피상적이고 간결한 대화를 유지하며 잠시 방문하거나 짧은 전화통화 정도만 하는데, 이것도 단절의 표현일 수 있다. 잘 만나지 않던 가족이 만나는 추석이나 설과 같은 명절에 가족 간의 다툼으로 인한 사건이 많은 것도 분화 수준이 낮은 가족들이 한 자리에 모임으로서 불안수준이 급격하게 높아지기 때문이다.

정서적 단절 역시 세대 전수 패턴일 가능성이 있다. 조부모와 부모 세대에 정서적 단절이 있었다면, 부모와 자녀 세대에서도 단절 가능성이 높다. 정서적 단절을 피할 수 있는 방법은 원가족과 접촉하고 분화를 촉진함으로써 원가족과의 미해결된 애착을 해소하는 것이다.

〈고향에 가기 싫은 직장인과 정서적 단절〉

30대 초반의 직장인 남수(가명) 씨는 명절이 다가오면 고민이 많아진다. 다른 사람처럼 고향을 방문할 것인지 아니면 직장이 있는 대도시에 혼자 남아 있을지 고민하는 것이다. 이렇게 고민을 하게 된 이유 중 하나는 명절이 되어 고향을 방문할 때마다 마음 편하게 돌아온 적이 없었기 때문이다. 고향에 가면 처음에는 모두들 반갑게 맞아주고 분위기가 좋았다가도 시간이 지나면 술 마신 아버지의 큰 소리와 어머니의 울음과 하소연을 듣고, 그리고 자신이 아버지를 말리다가 오히려 싸움이 되어 마음이 상한 채 집을 떠나오는 경험을 자주 하기 때문이다.

남수 씨의 부모님은 오래 전부터 아버지의 음주문제로 인해 갈등을 겪고 있었으며, 이러한 과정에서 남수 씨는 부모님 중 약자로 생각되는 어머니를 보호하기 위해 삼각관계를 맺고 어머니와 융합하였다. 공부 잘하고 모범생인 남수 씨는 부모님 불화를 잠재워 주는 보상이 되기도 했지만 남수 씨에게는 이러한 가정환경이 너무 힘들었고 대도시에 있는 대학을 가면서 부모님과 정서적 단절을 하게 되었다.

6) 다세대 전수과정

보웬은 조현병을 비롯한 다양한 개인과 핵가족의 적응력 손상은 다세대 전수과정(multigenerational transmission process)의 결과로 발생한다고 보았다. 예컨대 분화 수준이 낮은 두 사람이 결혼했고, 이들의 자녀 중 투사의 결과로서 부부보다 더 낮은 분화 수준의 자녀를 갖게 되는 과정이 여러 세대 반복된다면 각 세대에서 점진적으로 불안과 융합에 취약한 개인이 양산된다. 특정 세대에서 이러한 전수과정이 느려지거나 유지될 수 있으나, 짧게는 3~4세대, 또는 8~9세대에 걸쳐 만성알코올 중독이나 조울증, 강박증, 조현병 등의 역기능을 유발하는 수준에 이르게 된다.

이러한 맥락에서 개인의 '질병'은 개별 '환자'의 경계를 넘어 개인을 둘러싼 관계과정의 증상으로 간주된다. 예컨대 정신분열증은 가족의 정서체계 혼란을 의미한다. 조현병을 가진 사람의 형제, 고모, 삼촌, 사촌 그리고 조부모는 비록 조현병이 아니라 하더라도 적응력이 매우 손상된 상태일 가능성이 높다. 한 가족 안에서 특정 임상증상이 빈번하게 발생하는 것은 단순히 유전적 요인 때문만이 아니라 취약성을 결정짓는 정서과정 때문이다. 종종 증상은 한두 세대를 건너뛸 수 있다. 예컨대 할아버지가 60대에 처음 조울증이 발생하였는데 아들을 건너뛰어 손자가 20대에 조울증이 생길 수도 있다. 이는 증상이 한 세대 이상을 건너뛸 수 있지만 다세대 전수과정은 이어진다는 것을 의미한다(Kerr & Bowen, 1988, 전영주 외 역, 2005). 한 세대의 기본분화 수준은 이전 세대의 기본분화 수준과 크게 다르지 않다.

다세대 전수과정에서 증상의 '유형'과 '정도'는 많은 정서적 변인에 의해 영향을 받는다. 예를 들어 한 세대에서 발생하는 심각한 외부 스트레스나 불안은 분화 수준과 상호작용하여 역기능 발생을 촉진한다. 외부 스트레스가 없다면 분화 수준이 낮아도 특별한 역기능 발생 없이 비교적 평탄하게 관계를 유지할 수 있다. 그러나 최근에는 건강한 정서체계의 다세대 전수과정의 사례에도 관심을 기울일 필요성이 제시되고 있다.

다세대 전수과정을 파악하기 위해서는 확대가족에 대한 자료를 수집해야 하며, 이 과정 자체가 분화를 촉진하는 수단이 된다. 정보 수집은 어느 정도 주관적일 수밖에 없으나, 정보를 수집하는 과정에서 각 배우자의 직계 원가족에 널리 확산된 기본 정서기능의 양식을 알게 해준다(Kerr & Bowen, 1988, 전영주 외 역, 2005).

〈음주와 가정폭력의 다세대 전수〉

대학 졸업 후 취업을 준비 중인 철수(가명)의 어머니는 아들과 남편의 갈등 때문에 고민이 많다. 학교 다닐 때에는 모범생이었던 철수는 자신이 가장 싫어했던 술도 마시고 아버지와 말싸움을 넘어서 몸싸움을 하기도 한다. 철수의 아버지는 평소에는 유순한 편이나 술을 마시면 폭력적으로 변해 어머니와 철수에게 폭언을 하거나 폭력적인 행동을 자주 하였다. 그래서 어릴 때부터 철수는 자신이 성공하여 어머니를 잘 모시겠다는 마음을 다짐하였으나, 생각처럼 취업이 잘되지 않아 몹시 스트레스를 받고 있다.

철수의 어머니는 가부장적이고 폭력적인 아버지 아래에서 딸이라는 이유로 차별받고 남동생을 돌보는 것으로 존재감을 인정받으며 위축된 아이로 성장하였다. 반면 철수의 아버지는 평소에는 조용하나 술을 마시면 폭력적으로 변하는 아버지 밑에서 성장하며 어머니를 돌보기 위해 노력한 아들이었다. 결혼을 통해 철수의 부모님은 서로 각자에게 원가족에서 갖지 못한 애정과 보살핌을 무의식적으로 요구하였지만, 아버지는 아내가 자신의 어머니(철수의 친할머니)를 돌봐주기를 더 요구하였다. 이러한 과정에서 고부갈등을 경험한 어머니는 아들인 철수에 몰두하는 것으로 남편과 삼각관계를 형성하게 되었고 소외감을 느낀 아버지는 본인의 아버지처럼 술을 마시는 것으로 아내와 삼각관계를 형성하였다.

이 과정은 어머니의 원가족에 있었던 아들(남동생)에 대한 선호를 재현하는 것이며, 아버지의 원가족에서 있었던 음주문제를 재현하는 다세대 전수를 확인할 수 있다. 또한 어릴 때 어머니로부터 들었던 아버지에 대한 원망감을 듣고 자란 철수는 취업 스트레스가 극심하자 자신도 아버지, 할아버지처럼 술을 마시는 것으로 불안을 해결하려는 방식을 선택하고 폭력적인 행동을 하게 된 것이다.

7) 형제자매 위치

이 개념은 보웬이 토먼(Toman)의 출생순위와 성격관계에 대한 연구를 바탕으로 핵가족 정서과정에서의 형제자매 위치(sibling position)의 영향을 개념화한 것이다(Kerr & Bowen, 1988, 전영주 외 역, 2005에서 재인용). 보웬은 출생순위 또는 형제자매 위치가 가족의 정서체계 안에서 특정한 역할과 기능을 한다고 보고, 배우자의 상호작용 역시 그들의 원가족에서의 형제 위치와 관련이 있다고 보았다. 예컨대 막내와 결혼한 장남이나 장녀는 결혼관계에서 좀 더 책임감 있고 의사결정의 권한을 갖는 경향이 있으나, 장남과 장녀의 결혼은 둘 다 책임감 있는 자리에 익숙한 나머지 갈등을 겪을 수 있다.

형제자매 위치는 반드시 출생순위와 일치하지는 않을 수 있다. 막내 역할을 하는 장녀도 있고, 장남의 역할을 하는 차남도 있는 법이다. 즉, 미래의 행동을 형성하는 것은 실제 출생순위보다 가족 내의 기능적 위치에 의존하는 경향이 있다.

〈특수한 형제자매 위치와 역할〉

쌍둥이들은 실제로 나이 차이가 없음에도 불구하고 어떤 부분에서는 일반적인 형제 역할을 서로 가진다. 한 사람은 맏이가 되고 다른 한 사람은 막내 역할을 하는 것이다. 그러나 쌍둥이 외에 또 다른 형제가 있을 경우, 쌍둥이는 한 사람처럼 하나의 역할을 하기도 한다. 즉 동생이 있다면 그들 모두 맏이처럼 행동하고, 반대로 그들보다 손위 형제가 있다면 그들은 모두 막내처럼 굴며 행동하기도 한다.

형제자매의 나이가 6살 이상 차이가 나는 경우, 두 형제자매들은 각자 외동아와 같은 역할을 할 가능성이 많다. 이것은 맏이의 성격이 거의 형성되고 난 후 동생이 생긴 경우로, 자신이 맏이보다는 외동아라는 인식이 더 강하게 자리잡게 되었기 때문이다.

자녀 중에 한 명의 외모나 재능 등이 부모나 특정 친척과 유사한 경우, 가족들은 그 자녀에 대해 특별한 관심이나 반감을 가지게 되기도 한다. 예를 들어, 어머니는 자신이 싫어하는 아버지의 외모와 행동을 닮은 자녀에 대해 양가감정을 가지거나 혹은 딸이 자신이 좋아하는 누이나 예전의 여자친구와 닮았다는 이유로 아버지가 딸을 응석받이로 키울 수도 있다.

출처: Torman (1993), 김도애 외 역 (2009).

8) 사회적 정서과정

보웬은 개인과 가족에 대한 정서과정 개념을 사회적 정서과정(societal emotional process)으로 확장하였다. 그에 따르면 사회도 가족과 마찬가지로 연합성과 개별성의 반대적 힘의 균형에 영향을 받는데, 전쟁이나 환경오염, 감염병 등과 같은 스트레스 상황에 처할수록 사회의 불안수준은 높아지고 그 결과로 결속에 대한 압력이 강해지면서 분화 수준은 감소된다. 분화 수준이 감소된 역기능적 삼각관계가 계속적으로 서로 맞물려 사회 전체로 확장된다.

보웬이론은 진화론에 영향을 받았는데 인간이 포유류를 비롯한 다른 척추동물과 차별화되는 점은 응집성이나 이타주의, 협동과 같은 사회적 기능이라고 하였다. 특정 사회집단이나 가족의 분화 수준이 높을수록 그들은 좀 더 협동적이고 다른 사람의 복지를 고려한다. 또한 스트레스가 있을 때나 없을 때나 타인과의 접촉을 유지한다. 반면 집단의 분화 수준이 낮을수록 스트레스 상황에서 구성원들의 이기심과 공격성, 회피성이 매우 높아진다.

현재 젊은 세대는 위 세대로부터 누적된 수직적 스트레스를 전수받음과 동시에, 당대에서 직면한 취업환경의 불안과 환경오염 등의 수평적 스트레스를 경험하고 있다. 이러한 스트레스의 상호작용을 통해 증가된 만성불안은 어린 세대에서는 학교폭력이나 왕따 등의 현상, 청년 세대에는 혼인과 출산 기피, 중년 세대에서는 자녀에 대한 비정상적인 교육열, 심각한 음주문화 등의 사회적 역기능 발생에 일조했다고 볼 수 있다.

〈일간베스트 저장소(일베)와 사회적 정서과정〉

일베 이용자들이 사이버 공간에서 보이는 감정은 냉소이며 그 배후에는 분노가 있었다. 일베 이용자(특히 청년세대)들은 유동적인 노동시장과 살인적인 취업경쟁으로 인해 느끼는 한국 사회에 대한 불안과 좌절감, 나아가 공포를 사이버 공간에서 상대적으로 약한 대상인 여성과 호남인 등을 대상으로 표출하고 있는 것이다. 이것은 사회경제적 불안과 아버지 세대처럼 중산층으로 살지 못할 것이라는 분노, 그러한 사회에 대한 냉소의 표현이다.

출처: 김학준 (2014).

3 상담목표와 상담과정

1) 상담목표

다세대가족상담 모델의 핵심은 여러 세대를 통해 반복되고 있는 가족과정과 구조를 파악하게 하여 원가족으로부터 자아분화를 높이고 가족체계를 변화시키는 것이다. 여기서 가족과정이란 정서적 충동에 속박된 반응성을 의미하며, 구조는 맞물린 가족 내 삼각관계를 의미한다. 다세대 정서체계에 퍼져 있는 만성불안 유형에서 벗어나기 위해서는 가족원의 불안을 경감시키고 자아분화를 촉진하여 삼각관계에서 벗어나도록 해야 하며 그것이 보웬 상담의 목표다. 그 밖의 다른 것은 없다. 그렇게 함으로써 개인의 자주성과 성장의 문이 열리고 비로소 미분화의 세대 간 전수를 막을 수 있다(Titelman, 1998).

보웬 모델의 관점은 다세대를 아우르는 광범위한 시각을 요구하지만 실제 상담의 개입 단위는 한두 명에 불과하다. 보웬 모델에서 상담자는 증상이 무엇인지에는 별로 관심이 없다. 제시된 임상적 문제가 무엇이든 상관없이 개인 또는 부부를 대상으로 하여, 불안감소와 자아분화 촉진, 탈삼각화를 상담목표로 한다.

2) 상담과정

보웬의 다세대상담은 차분한 분위기에서 내담자가 가족관계의 역사를 직면하고 현재 문제와의 관련성을 깨닫도록 돕는 데 중점을 둔다. 운동장에서 직접 경기를 할 때보다 관람석에서 경기의 흐름을 더 잘 파악할 수 있는 것처럼, 가족의 불안 유형과 정서과정의 흐름 역시 한 걸음 떨어져 감정을 통제하고 바라봄으로써 가족체계가 어떻게 작용하는지 잘 이해할 수 있기 때문이다.

보웬 모델은 내담자에 의해 제시된 임상적 문제가 무엇이든 간에, 가족의 분화 수준을 높이기 위한 궁극적인 목표를 달성하기 위해서는 아래와 같은 일반적인 상담과정을 거친다. 상담과정의 첫 번째 단계인 가족평가는 가계도를 중심으로 개인력, 핵가족력, 확대가족력의 순서로 진행된다. 상담의 단위는 주로 개인이거나 부부가 된다(Kerr & Bowen, 1988, 전영주 외 역, 2005).

상담의 과정은 다음과 같다. 첫째, 가계도를 통해 정확한 가족정서체계(개인력, 핵가족력, 확대가족력)를 평가하여 현재의 문제를 다세대 체계의 맥락에서 분석한다. 둘째, 주요 가족원과 관련된 불안과 정서적 반응성의 수준을 경감시킴으로써 가족 내 불안수준을 낮춘다. 셋째, 맞물린 삼각관계 중에서 가장 핵심적인 삼각관계 변수를 정의하여 탈삼각화 작업을 한다.

(1) 가족 평가

보웬의 다세대가족상담 모델은 역사적 관점을 취하므로, 개인력과 핵가족력, 확대가족력의 평가에 집중한다. 가족의 문제가 여러 세대에 걸쳐 전달되어 현재의 증상을 일으킨다고 가정하므로, 개입에 앞서 문제를 일으킨 다세대 정서과정의 기본 유형을 찾는 것이 무엇보다 중요하다. 평가 인터뷰는 신체적, 정서적, 사회적 증상에 초점을 두어 제시된 문제력과 증상이 그 사람의 관계에 미치는 영향에서 시작된다. 초기면접은 1회 이상의 회기를 통해 현재의 증상과 관련된 가족의 역기능을 측정하며, 평가는 개인력, 핵가족력, 확대가족력의 순서로 이루어진다(Kerr & Bowen, 1988, 전영주 외 역, 2005).

면담의 시작은 증상을 가진 개인이나 관계에 초점을 맞춘다. 언제 증상이 발병했는지, 재발했는지 등의 날짜를 확인한다. 증상의 발발은 가족의 정서적 기능이나 스트레스 사건과 시간적 관련성이 있기 쉽다. 그러한 관련성을 파악한다면 문제를 완화시킬 수 있는 단서를 얻을 수 있다. 한편 문제를 바라보는 관점은 가족원마다 다를 수 있다. 따라서 문제에 대한 가족원의 인식이 각각 어떠한가에 대한 평가도 놓치지 않도록 해야 한다.

핵가족의 평가는 남편과 아내가 처음 만났을 때부터 시작한다. 연애시절 전후로 이들의 경력, 증상, 연애동기와 결혼동기, 구혼, 신혼 생활환경, 결혼기간 동안의 별거나 이혼고려 등 심각한 문제가 있었는지 등에 대해 탐색한다. 첫 아이를 언제 가졌는지, 이사를 했는지, 배우자의 직업력은 어떠했는지, 상담이나 심리치료를 받은 적이 있는지 등도 조사한다.

확대가족의 평가는 모계와 부계를 모두 살펴보면서 현재의 핵가족의 위치를 알아보는 데 목적이 있다. 확대가족의 조사에서는 각 친척의 출생일, 사망일, 사망원인, 교육배경, 건강력, 장수, 직업력, 결혼력, 출산력, 이사 등 다양한 정보를 포함한다. 평가 인터뷰에서 관심 있게 살펴보는 내용은 다음을 참고한다.

(2) 개인 대상의 상담

보웬은 한 명의 가족원이 성공적으로 분화한다면 그것은 전체 가족체계로 확산되어 가족체계의 분화 수준을 높일 수 있다고 보았다. 개인을 대상으로 할 때 상담의 목표는 확대가족 내의 신경증적 유형을 해결하는 데 초점을 둔다. 개인이 가족원을 만날 때 감정적으로 반응하기보다 한 개인으로서 볼 수 있도록, 그리고 삼각관계 안에서의 자신의 모습을 관찰할 수 있도록 돕는다. 궁극적으로 분화된 개인은 가족원 모두와 개인 대 개인으로서 성숙한 관계를 맺을 수 있다.

개인이 부모에게 얼마나 융합되어 있는가에 따라 방어기제나 신체적 거리를 통해 정서적 거리를 유지하려고 노력하게 된다. 부모와의 불안이 낮다면 단지 대화를 회피함으로써 불안을 피할 수 있지만, 세대 간 불안수준이 높으면 집을 벗어나는 것으로 불안을 처리하게 된다. 앞서 이야기한 것처럼 정서적 단절은 종종 융합을 의미하기도 한다. 분화 수준이 높아지면 개인은 가족과 갈등을 일으키는 대신 진지하고 친밀한 관계를 유지할 수 있는 개방적 관계체계를 갖게 된다. 보웬 상담은 개인의 분화 수준을 높이기 위해 확대가족과의 접촉을 늘리며 친밀감을 증진시키고 삼각관계에서 벗어나도록 한다.

확대가족 안에서 자아분화를 높이기 위해서는 두 가지 선행조건이 있다. 첫째, 가족체계가 어떻게 기능하는지 이해하는 것이고, 둘째, 변화를 위한 강한 동기다. 변화의 과정은 본인 가족의 역사를 깨달아 가면서 나타난다. 예컨대 가계도 작성을 위한 정보수집과정에서 개인은 분화를 이루어 나갈 수 있다. 확대가족의 구성원과 일대일 관계를 맺으며 심화시켜 나가는 과정에서 가족 내 정서적 힘에 대해 배우게 된다.

분화를 위해서 본인의 의지가 가장 중요하지만 전문적인 코치의 도움도 필요하다. 상담자는 중립적이고 객관적인 조언을 통해 개인이 가족의 정서적 반응성에 심리적 거리를 두고 대응할 수 있도록 계획을 세운다. 가족 내에 문제가 발생했을 때 그 문제행동은 가족과정의 한 부분이며 자신도 그 과정에 책임이 있는 법이다. 그러므로 가족의 문제가 발생하면 자신의 행동부터 살펴볼 수 있어야 한다.

(3) 커플 대상의 상담

상담에서 핵가족의 핵심단위인 부부를 상담의 대상으로 하는 경우가 많다. 그런

데 상담실에 오는 부부는 종종 감정적으로 격앙되어 있고 정서적 반응성이 지나치게 높아 서로의 말에 대한 경청이 어렵다. 이럴 때 상담자는 질문을 통해 부부 간의 상호작용의 양을 조절해야 한다. 부부끼리 이야기하게 두면 비생산적인 논쟁에 빠져 문제가 해결되기는커녕 서로에 대한 끝없는 비난만 계속되기 때문이다. 이런 경우에는 부부가 서로 이야기하는 것보다 상담자가 적극적으로 개입하여 부부 각각에게 조용히 질문하면서 자신의 생각을 말하도록 유도한다. 부부가 상대가 아닌 상담자에게 각자의 말을 하게 될 때, 부부는 서로 이야기할 때보다 훨씬 차분하고 수월하게 상대의 말을 들을 수 있게 된다.

이런 과정을 통해 부부가 상대를 비난하지 않고 부부문제에서의 자신의 역할에 대해 깨닫고 책임을 느껴 변화에 대한 동기가 생긴다. 갈등관계에 있는 부부를 성공적으로 상담하기 위해서는 각 배우자가 자신 안에서 일어나는 불안과 감정반응이 자신과 배우자에게 어떤 영향을 미치는지 잘 알게 하며, 자기방어를 위해 상대를 비난하거나 거부하는 것을 합리화한다는 사실을 깨닫게 해야 한다.

부부를 대상으로 상담을 진행하게 되면 필연적으로 상담자와 내담자 부부간에 삼각관계가 형성된다. 상담자는 당연히 삼각관계에 대한 지식을 갖고 있어야 하며, 부부와 삼각관계를 맺으면서 정서적으로 중립적 위치를 지키기 위해 노력해야 한다. 삼각관계의 정서역동에 말려들지 않으려면 가능한 한 차분한 목소리로 말하고 감정보다 사실을 이야기하도록 한다. 만일 부부의 정서적 격앙이 좀처럼 가라앉지 않는다면 부부를 따로 만나 개별상담회기를 갖는 것이 도움이 된다. 상담자와의 삼각관계를 통해 부부의 불안이 경감되면 탈삼각화와 분화의 과정이 진행되게 된다. 드디어 여러 세대 동안 반복되어 온 가족정서체계에 심오한 변화를 일으키게 되는 것이다.

3) 상담자 역할

보웬은 그의 이론을 자신의 원가족에 적용해 보았으며 본인의 자아분화를 높임으로써 보웬 자신과 그 가족이 이론의 타당성을 증명하기 위한 실험의 첫 대상이 되었다. 이러한 보웬의 실험은 상담자의 자질에 대한 중요한 준거가 되었다. 상담에서는 상담자 자신이 가장 중요한 치료적 도구이므로 상담자는 반드시 내담자보다 더 높은 자아분화 수준을 유지해야 하며, 이를 위해 상담자 훈련과정에서의 원가족 탐색이 필수적이다.

보웬 모델은 상담자의 객관적 태도를 중시하였으며 상담자를 '코치(coach)' 또는 '컨설턴트(consultant)'에 비유했다. 이는 상담자가 냉담하거나 무관심한 태도는 보이는 것과 다르다. 코치는 가족원을 조용히 보조하는 능동적인 전문가로서 가족원의 말을 경청하고 그들의 정서적 반응성을 통제하는 역할을 한다.

상담목표인 가족원의 분화와 불안의 감소를 성취하기 위해서 상담자는 중립성을 유지해야 한다. 이를 위해 상담자는 가족정서체계에 융합되거나 갈등적 삼각관계에 개입되지 않도록 주의해야 하며 차분하고 객관적인 태도를 지키기 위해 노력한다. 또한 '나의 입장(I-position)'을 시범 보이고 표현하는 모델이 됨으로써 내담자도 자기입장을 취할 수 있도록 돕는다. 상담자가 주체성 있는 자기 입장을 가질수록 가족도 자신의 입장을 분명히 하게 된다.

〈상담자의 중립성〉

보웬상담에서 상담자의 중립성은 매우 중요한 요인이다. 상담자가 부부 중 한쪽 편을 들지 않으면서도 양쪽과 접촉을 유지한다면 각 배우자의 분화 수준은 점차 높아질 수 있다. 이인관계가 안정화되면 상담자는 외부자(outsider)로 회귀되며 탈삼각화가 이루어진다. 그러나 상담자가 배우자 중 한쪽과의 정서적 접촉을 하지 않는다면 이인구조로 전락되어 또 다른 삼자의 개입으로 삼각관계를 이루게 된다. 만일 상담자가 부부와 더불어 삼각관계를 만들더라도 상담자가 과잉기능하거나 정서적으로 반응하여 삼각관계의 정서과정에 사로잡히지만 않는다면, 삼각관계 내에서 불안하지 않은 존재로 남아 있음으로써 다른 두 사람의 관계에 변화를 가져올 수 있다.

출처: Goldenberg & Goldenberg (2001), 김득성 외 역 (2002).

4 상담기법

보웬 학파는 기법보다 가족체계가 어떻게 작동하는지 개념을 이해하는 것을 훨씬 중요하게 여긴다. 보웬 모델을 선호하는 상담자들은 가계도나 과정질문 등을 통해 가족과정을 파악하는 데 관심을 두는 반면, 특정기법을 사용하는 데 크게 치중하지 않는다. 보웬 상담기법은 주로 질문이나 과제를 사용하는데, 내담자의 정서나 행동의 변화에 초점을 두기보다는 내담자의 인지적 자각을 촉진하고 삼각관계를 벗어나도록 유도하는 것이 많다.

1) 가계도

보웬은 다세대적 정서체계가 현재의 핵가족과 개인의 기능에 중요한 영향을 미친다고 보았으므로 상담적 기법으로 최소한 3세대에 걸쳐 문제를 폭넓게 진단하는 가족도식(family diagram)을 사용하였다. 이 가족도식은 후에 가계도(genogram)로 발전되는데, 가계도는 가족의 세대를 통해 저변에 흐르는 정서과정의 역동을 검토할 수 있게 돕고 가족과 함께 탐색할 수 있는 여러 가설을 세울 수 있는 유용한 도구이다. 예컨대 원가족과의 융합문제, 미분화문제, 핵가족 정서체계, 정서적 단절, 삼각관계 등의 보웬 개념이 가계도를 통해 드러난다.

맥골드릭(Monica McGoldrick)과 그의 동료들은 표준화된 가계도 작성법을 구축하였는데, 가족문제뿐만 아니라 가족의 강점 중심의 가계도, 혈연관계의 친족뿐만 아니라 의미 있는 타인을 포함한 가계도, 놀이적 요소를 가미해 그림이나 장난감 등의 소품을 이용한 놀이가계도(play genogram)를 활용하였다. 또한 프래임(Frame)은 영성적 가계도를 통해 가족의 종교와 영성이 다세대가족관계에 미치는 영향 및 문제에 대한 영성적 이해를 도울 수 있도록 하였다(이부덕, 2007에서 재인용). 이를 통해 가족 내의 종교 예식이나 영성적 경험, 가치체계에 대한 이해의 폭이 넓어지고 문제를 해결할 수 있는 자원을 구할 수 있다(정문자 외, 2017).

2) 치료적 삼각관계

보웬 가족상담의 기본 기법 중 하나는 두 성인과 상담자로 이루어진 삼각관계 안에서 작업하는 것이다. 두 사람의 긴장을 감소시키기 위해 내담자가 상담자를 자동적으로 삼각화 과정에 끌어들이려 할 때 상담자가 정서적으로 말려들지 않는다면 치료적 삼각관계(therapeutic triangle) 안에서 가족체계는 다시 평정을 찾아 문제를 해결할 방법을 찾게 된다. IP가 증상을 가진 아동일 때도 보웬은 아동을 상담대상으로 삼는 대신 부모의 결혼관계에 문제가 있다는 가정을 부모가 수용하기를 요구한다. 부부 중 한쪽(주로 더 성숙하고 분화된)과 일정 기간 동안 개인상담을 통해 정서적으로 엉킨 유형을 깨뜨릴 수 있도록 돕기도 한다.

3) 코칭

상담자는 내담자가 직접 본인의 가족문제를 해결해 나가도록 조언한다. 코칭(coaching)을 통해 상담자가 내담자의 삼각관계에 휘말리지 않으면서도 가족 스스로 가족의 정서과정을 이해하고 개인의 역할을 이해할 수 있도록 돕는 방법이다. 코칭의 목적은 자기 이해와 가족원에게 건강한 애착을 가질 수 있도록 돕는 것이다. 사적 지인과 달리 전문적인 코치는 중립적이고 객관적인 조언을 통해 개인의 분화를 돕게 된다. 개인이 분명하게 정의된 자기 입장을 가지고 분화된 방향으로 체계에 영향을 미치게 되면, 코치 횟수를 점차 줄여나간다. 보웬 상담자는 개인 또는 부부 내담자가 자신의 원가족으로 돌아가 부모와 조부모, 친척 등을 직접 만나 그들과 잘 지내는 방법을 배우도록 한다.

4) 과정질문

과정질문(process question)은 내담자의 감정을 가라앉히고 정서적 반응에 의해 유발된 불안을 낮추며 사고를 촉진하는 질문기법이다. 이 질문은 내담자의 감정이나 정서에 초점을 두기보다 인지에 초점을 두며, 내담자가 어떤 방식으로 관계 유형에 관여되어 있는지를 묻는다. 예를 들어 게임중독 아들을 둔 어머니에게 다음과 같은 일련의 질문을 통해 모자관계를 탐색하도록 한다. 이와 같은 질문과정을 통해 상담자는 내담자로 하여금 모자 과정에서 일어나는 일에 대해 자각하게 하고 상황을 개선하려면 본인이 어떤 역할을 해야 하는지에 대해 통찰을 격려한다.

상담자 : 아드님이 게임을 하면 어머니께서는 어떤 생각을 하세요? (인지에 초점)

내담자 : 화가 나죠.

상담자 : 아드님이 게임을 하는 데 어머니가 한 역할은 무엇인지 아십니까?

내담자 : 모르겠는데요.

상담자 : 아드님이 어머니에게 속마음을 이야기할 수 있었습니까?

내담자 : …….

5) '나의 입장' 기법

'나의 입장(I-position)' 기법은 상대방의 행동을 비난하거나 지적하기보다 자신의 감정에 초점을 맞추어 표현하도록 하는 방법이다. 예컨대 "당신은 왜 늘 늦게 들어와."라는 말보다 "당신이 늦게 들어오면 내가 외롭고 걱정이 돼요."라는 표현이 보다 적절할 것이다. 이 기법은 정서적 충동에 의한 반응을 막는 방법으로, 상담자도 내담자에게 '나의 입장'을 취하도록 돕는다.

5 사례 연구[1)]

1) 개요

1남 3녀를 둔 내담자(여, 48세, 주부)는 피로감과 무기력증, 우울감으로 상담실을 찾았다. 주요 호소문제는 우울증과 막내아들(중2)의 게임몰입이다. 아들이 사춘기라서 그런지 엄마 말은 전혀 듣지 않고 야단을 치면 방에서 나오지도 않고 얼굴도

1) 4, 5, 6장은 가상의 공통사례를 통해 사례 연구를 제시한다.

보지 않으려 한다. 이럴 때 남편이 도와주면 좋겠는데, 남편은 자기 일이 바쁘다는 이유로 집안일에는 관심이 없다. 더구나 약 1년 전 남편이 자주 다니던 술집의 여자와 외도를 하여 이혼 위기를 겪었고, 아이들이 다 자라서 공부를 마치고 나면 이혼을 하고 내 인생을 살아야지 하고 견디고 있다.

내담자는 원가족에서 1남 2녀 중 둘째로, 딸로서는 장녀로 태어났다. 고향에서 조합장 등 유지로 활동하던 아버지와 훈장 딸로 성장한 어머니 밑에서 장녀로 자라면서 모범생으로 성장하였다. 대학에 진학하고 싶었으나 1살 위인 오빠가 재수를 하는 탓에 대학 진학을 포기하고 아버지의 소개로 농협에 근무하다가 친척 어른의 소개로 남편을 만나 결혼하였다.

신혼 때부터 시어머니와 시누이, 시동생과 함께 생활하였는데 시집살이가 너무 심했다. 시아버지가 일찍 돌아가시고 시장에서 식당을 하며 자녀를 키운 시어머니의 유세가 심해서 많이 힘들었다. 현재 시누이들은 결혼하여 분가를 하였지만 막내인 시동생은 마흔 살이 되도록 특정한 직업도 없이 지내다가 최근에 베트남 아가씨와 결혼하였다. 그러나 시어머니의 뜻에 따라 매우 가까운 곳에 집을 얻어 생활하고 있어 지금도 내담자는 식사부터 생활 전반을 거의 해주고 있는 중이다. 한평생 착하게 열심히 살아온 것 같은데 자녀들도 제대로 키우지 못한 것 같고 남편의 사랑도 받지 못한 것 같아 너무 억울하고 힘들다고 호소하고 있다.

남편(52세)은 2남 2녀 중 장남으로 자영업(식당)를 하시던 부모님의 바람대로 대학을 마치고 공무원이 되었다. 평상시에는 거의 말이 없으나 술을 마시면 말이 많아지는 편이다. 직장에서도 매우 성실하다는 평을 받고 있으며, 외부 사람들은 매우 좋은 사람이라고 평가한다. 그러나 자신의 현재 가족들에게는 무심한 편이다. 성격은 좋지만 경제적으로 무능력했던 아버지가 고등학교 1학년 때 돌아가신 후 식당을 운영하며 자신과 동생들을 키우신 어머니에 대한 미안함이 많다. 결혼의 조건으로 어머니를 모시고 사는 것을 아내에게 제안할 정도로 시어머니를 비롯한 시댁 식구들의 일에는 적극적으로 임한다.

2) 가계도

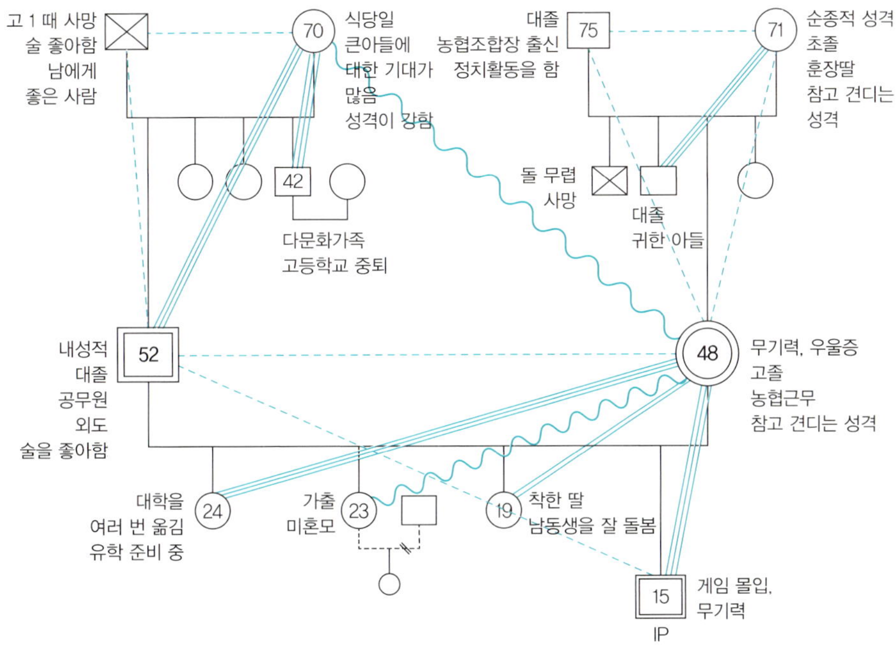

3) 보웬 가족상담의 적용

(1) 상담목표 및 가설설정

다세대가족상담의 목표는 내담자 가족의 불안을 낮추고 자아분화 수준을 높이는 것이다. 이를 위해서는 가족 내 여러 가지 삼각관계를 확인하고 벗어나도록 도와야 한다. 이 내담자 가족에게서 찾아볼 수 있는 가장 중요한 삼각관계는 IP와 어머니, 아버지의 삼각관계로, IP 부모님의 관계를 건강하게 하여 부부간 갈등으로 인한 불안을 IP에게 투사하지 않도록 하는 것이 중요하다. 또한 IP의 부모님의 원가족에서 발생한 삼각관계와 IP의 핵가족 내에서 발견되는 여러 가지 다른 삼각관계 또한 탐색하여 가족원 모두의 자아분화 수준을 높이도록 해야 한다. 보웬 이론을 바탕으로 다음과 같은 가설이 가능하다.

① 내담자 가족의 자아분화 수준

IP의 부모님은 모두 원가족과 정서적으로 분리되는 데 어려움을 겪으면서 자아분화 수준이 낮다. 예를 들면, 어머니는 친정오빠에 대한 편애의 속상함이나 대학진학에 대한 기대를 표현하지 못했고, 아버지 역시 사춘기 이후, 홀로 계신 어머니와 동생들을 돌보는 데 익숙해져 자신보다는 남을 위해 살아가야 한다는 압박감을 지니고 성장하여 자아분화 수준이 낮은 편이다. 이러한 부모님 아래서 성장한 아들(IP)은 어릴 때에는 어머니를 비롯한 가족의 바람대로 온순하고 순응하는 아이로 성장했지만, 사춘기에 접어들며 자신의 뜻대로 성장하지 못하는 것에 대한 원망감과 정체성 혼란을 느끼며 컴퓨터 게임에 몰입하고 가족에게 짜증을 내며 반항하는 등 정서적으로 반응하고 있다. 이것은 아들 역시 자아분화 수준이 낮음을 보여준다.

② 내담자 가족의 삼각관계

내담자 가족에서 나타나는 삼각관계는 어머니를 중심으로, 아들과 융합하여 아버지와 형성한 삼각관계, 큰딸과 융합하여 시댁 가족과 형성한 삼각관계가 나타나고 있다. 어머니는 자신의 친정처럼 시댁에서도 자신의 존재감을 인정받지 못하자 자신의 맏며느리 자리를 인정받게 해 준 막내아들과 자신처럼 장녀인 큰딸과 융합한 상태이다. 이러한 과정에서 아들은 어머니의 지나친 관심에 대한 반작용으로 컴퓨터게임과 융합하여 삼각관계를 형성하고 있다. 반면에 원가족과 매우 강하게 융합되었던 아버지는 어머니의 자녀에 대한 융합으로 인해 처음에는 홀가분함을 느꼈지만 점차로 소원함을 느끼게 되고, 외부에서 다른 대상(반려동물, 외도, 음주)과 융합하여 삼각관계를 형성하고 있다.

③ 내담자 가족의 핵가족 정서체계

IP의 아버지는 홀로 동생을 키우며 고생을 하는 어머니(IP의 할머니)를 위해 자신이 희생하고 돌봐야 한다는 마음을 어릴 때부터 가지고 있어 심리적 · 경제적으로 원가족과의 분화가 힘든 것으로 보인다. IP의 어머니 역시 '딸은 살림 밑천'이라는 어른들의 말대로 노력했지만 실망과 원망감을 가지게 되었고 이를 남편과 자녀들을 통해 보상받고자 하는 등 정서적으로 낮은 분화 수준을 나타내고 있다. IP 역시 부모의 요구에 대한 순응과 독립에 대한 갈등을 겪고 있으며, 이를 건강하게 표현하고 해결하기보다는 컴퓨터 게임으로 회피하고 있다.

④ 내담자 가족의 가족투사과정

IP의 어머니는 원가족에서 받았던 차별에 대한 억울함과 원망감을 큰딸을 통해 보상받고자 과도한 지원과 애정을 주며 양육한 것으로 보인다. 그 결과 큰딸은 좋은 대학, 좋은 직장이라는 성공을 통해 어머니에게 보답하고자 한다. 그러나 정서적으로 어머니와 매우 밀착하였기에 독립하는 것에 대한 불안이 매우 강하여, 잦은 대학 변경을 통해 무의식적으로 실패를 반복하며 어머니와 융합의 관계를 유지하고 있다. 한편 어머니에게 있어 아들(IP)은 자신을 맏며느리라는 존재로 인정받게 한 고마운 존재이면서 동시에 자신의 오빠처럼 노력하지 않고도 지원과 애정을 갖는 얄미운 존재이다. 이러한 양가적 감정을 투사받은 아들은 실패도 성공도 할 수 없어 차라리 아무것도 하지 않고 가만히 있는 전략을 택해 컴퓨터 게임에 빠지게 된 것이다.

⑤ 내담자 가족의 다세대 전수

IP의 할아버지는 외부에서는 좋은 사람이라는 평가를 받았지만 가족에게는 충실하지 못한 사람이었다. IP의 아버지 역시 가족과 소통하기보다는 외부에서 지지를 찾거나 술에 의존하여 자신의 불안을 해결하고 있다. 이것은 가족 간에 발생하는 불안을 외부의 다른 것에 의존하거나 몰두함으로써 해결하고자 하는 방식으로, 컴퓨터 게임에 빠져 있는 IP의 관계방식이기도 하다. 즉, 이 가족의 남자들은 외부의 대상과 결합하여 자신의 불안을 회피하려는 다세대 전수가 있음을 알 수 있다.

⑥ 내담자 가족의 형제 순위

IP는 가족 내 막내이면서 장남이다. 부모님의 기대와 관심을 받는 자리로 본래 막내의 특성인 책임에 자유롭고 활발한 성격을 가지기보다는 맏이들에게 요구되는 의젓하고 책임감 있는 역할이 기대된 것으로 보인다. 이러한 역할에 대한 욕구는 부모님과 정서적으로 융합하게 하였고 청소년기의 독립 욕구와 상충하면서 현재의 심리적 갈등을 갖게 된 것이다.

⑦ 내담자 가족의 정서적 단절

IP의 어머니는 친정에서 받지 못한 사랑과 지지를 남편과 시댁에서 받고자 결혼 초기에는 친정과 정서적 단절을 하고 오직 시댁 가족을 위해 노력한 것으로 보인다. 이러한 정서적 단절은 남편에게 더욱 의존하게 만들고, 그 의존이 실패하자 자녀들과 더욱 융합하게 만들었다. 한편 IP의 둘째 누나는 가족 내에서 느끼는 상대적 소외감을 외부에서 얻고자 가족과 단절하고 가출과 혼전 임신을 하여 빠른 독립을 한 것 같으나, 정서적으로는 결코 분화하지 못하여 불행한 결혼생활을 핑계로 다시 가족의 품으로 돌아온 것이다.

(2) 상담개입

다세대 모델의 과정에서 볼 때 IP의 문제행동은 단지 가족정서과정에서 부수적으로 나타나는 증상이므로, (원)가족 내 갈등과 심리적 융합을 해결하는 것이 우선이다. 상담자는 내담자 가족의 불안을 낮추고 자아분화 수준을 높이기 위해 가족 내 존재하는 여러 삼각관계를 확인하고 탈삼각화 작업을 시작한다. 본 가족에서 찾아볼 수 있는 가장 중요한 삼각관계는 IP와 어머니, 아버지 간에 이루어진 삼각화로, IP의 부모의 부부갈등에서 발생하는 불안이 IP에게 투사되지 않도록 부부대상 또는 아버지나 어머니 개인 대상의 상담이 필요하다. 또한 IP의 부모님의 원가족에서 발생한 삼각관계와 IP의 핵가족 내에서 발견되는 여러 가지 다른 삼각관계 또한 탐색하여, 가족원 모두의 자아분화 수준을 높이도록 해야 한다.

이러한 작업을 하기 위해서는 개인과 핵가족, 확대가족에 대한 내력을 꼼꼼히 조사하고, 가계도 작업을 통해 가족원들이 대세대의 맥락에서 증상을 볼 수 있도록 촉진해준다. 가족들이 서로의 생각이나 감정을 이해할 수 있도록 상담자는 중립적 입장에서 과정질문 등의 기법을 사용할 수 있다. 가족원들의 감정적 반응성이 높아지지 않도록, 감정보다 이성적인 사고를 할 수 있도록 돕는 질문을 하며 가족 내 정서 관리를 도와준다. 특히 상담의 효과를 위해 IP의 아버지가 상담에 참여하도록 독려하여 부부간 갈등 및 원가족의 미해결된 문제를 먼저 해결할 수 있도록 하는 도움이 필요하다.

활 동 하 기

1 영화 '스토리 오브 어스(The story of us)'를 시청하고, 만성갈등에 빠져 있는 부부의 역동과 가족의 역동에 대해 생각해 봅시다. 부부갈등의 원인은 무엇이며, 부부상담의 경험을 통해 부부가 깨닫게 되는 문제해결방법에 대해 토론해 봅시다.

2 보웬(Bowen)은 개인의 기능 수준을 평가하기 위해 심리도구로서가 아닌 이론적인 의미에서 자아분화척도를 제안했습니다(Bowen, 1978). 아래 척도를 살펴보고 각자 자신의 자아분화 수준에 대해 생각해 봅시다. 현재의 분화 수준을 이룬 본인 가족의 정서적 배경에 대해 생각해 보고, 자아분화 수준을 높이기 위한 방법에 대해 논의해 봅시다.

이론적 자아분화 범위

100

75~100: 명확한 가치와 신념을 가지며, 목표지향적이다. 융통성이 있고 안정적이며 자율적이다. 갈등과 스트레스에 대해 인내심이 있으며 강한 자아감을 갖는다.

75

50~75: 분명한 신념을 가지고 있음에도 타인의 선택에 의해 의식하는 경향이 있다. 의사결정을 내려야 할 때 의미 있는 타인(부모)의 인정을 받을 수 있는지 의식하는 편이나, 스트레스 상황에서도 기능을 잘 잃지 않으며 역기능적이 되어도 금방 회복이 된다.

50

25~50: 안정에 대한 기본적 욕구가 있으며 갈등을 회피한다. 타인을 기쁘게 하려고 노력하며 의존적이고 자율적 능력이 부족하다. 독립적으로 결정에 이르거나 문제를 해결하는 능력이 별로 없다.

25

0~25: 척도의 가장 낮은 수준으로 감정과 사고의 융합이 너무 심해 삶이 온통 감정에 의해 지배된다. 이들은 타인의 인정을 받기 위해 개별성을 희생하며, 스트레스 상황에서 쉽게 역기능적이 된다.

0

출처: Bowen (1978).

CHAPTER

06 경험적 가족상담

1 개요

퇴근 시간을 묻는 아내의 연락을 지나친 간섭으로 받아들이며 즉시 답을 해주지 않는 남편과 그러한 남편의 태도에 서운함을 표현하는 아내가 있다. 남편의 경우 부모님이 엄격하고 지시적이었기에 스스로 선택하고 결정하고 싶은 마음이 많았다. 아내가 자신의 부모님처럼 '통제'한다고 느끼며 수용받지 못한 마음을 회피하는 방식으로 표현하고 있다. 반면에 아내는 어린시절 부모님이 많이 바빠 함께하는 시간이 거의 없었다. 퇴근 후 남편과 함께 대화와 식사를 하며 친밀감을 나누고 싶은 소망이 있다. 이러한 소망이 좌절되어 비난하는 의사소통을 하게 된 것이다.

이처럼 경험적 가족상담에서는 가족원이 자신의 정서와 욕구를 가족원끼리 직접 표현하지 못하고 여러 대처방식을 사용하는 것에서 가족문제가 생긴다고 바라본다. 이러한 대처방식은 과거 원가족경험에서 배웠을 가능성이 크다. 그러므로 가족의 문제를 해결하기 위해서는 과거의 방식이 아닌 현재 '지금-여기'에서 느끼는 자신의 정서와 욕구를 잘 탐색하여 자신과 타인 그리고 상황에 맞는 일치적 의사소통을 해야 한다고 주장한다.

> "행복한 결혼생활을 하기 위한 비밀은 진실되게 사는 것이다. 결혼생활의 거짓말이란 의식하거나 의도하고 있는 것이라기보다 자신이 원하는 것을 말하지 않고, 알고 싶은 것을 묻지 않고, 관계를 있는 그대로 보지 않는 결과물이다."

출처: Smith, R. (2006), 이순주 역 (2006).

경험적 가족상담은 정신분석이론과 행동주의에 대한 반동으로 1960년대 인본주의 심리학에서 비롯되었으며 기법은 게슈탈트, 참만남 집단, 심리극 등의 영향을 받았다. 그러므로 인간관은 과거의 경험에 의해 결정되는 존재가 아니라 성장과 변화가 가능한 긍정적 존재로 본다.

경험적 가족상담의 대표적 인물은 칼 휘태커(Carl Whitaker)와 버지니아 사티어(Virginia Satir)이다. 두 사람은 공통적으로 상담자와 가족원 간에 일어나는 지금-여기에서의 상황과 경험을 중요시하였으며 이러한 경험을 통해 성장한다고 주장하였다. 그러나 방법적인 면에서 휘태커는 개인적 만남을 강조하며 가족상담자는 자신을 활용하여 가족과 인간 대 인간으로서의 참만남을 강조하였다. 한편 사티어는 가족의 성장을 위해서는 치료를 통해 체험하는 것이 중요하다고 생각하며 성장모델을 개발하였다(전영주 외, 2016).

정신과 의사인 휘태커는 정신분열 환자의 망상을 치료하려면 약물뿐만 아니라 환자의 생각을 경청하고 이해하는 법을 배워야 한다고 주장했다. 이를 위해 환자의 비언어적이고 상징적인 체계를 탐구할 필요가 있다고 주장하며 자신의 상담방법을 상징적 경험주의라고 정의하였다. 그는 자신의 이론을 정립하지도 않고 후계자를 두지도 않았다(Nichols, 2014, 김영애 역, 2015). 그러므로 6장 경험적 가족상담에서는 현재까지도 성장 및 발전하고 있는 사티어의 경험적 가족상담이론을 중심으로 살펴보고자 한다.

사티어는 정신과 의사가 아닌 사회복지사이며 가족상담 학파 중에서 유일한 여성이다. 대학 졸업 후 공립학교 교사로 재직하면서 학생들의 문제가 대부분 가족에서 비롯된다는 것을 깨닫고 시카고 대학원에서 사회복지학을 공부하였다. 1951년 대학원 졸업 후 상담을 시작하였으며, 1955년 일리노이 주립정신병원에서 일하면서 내담자의 가족도 상담해야 한다는 생각에 확신을 가지게 되었다. 이러한 가족상담 경험을 바탕으로 1959년에는 팔로알토의 MRI(Mental Research Institute)로 옮겨 의사소통연구와 상담자 훈련에 집중하였다. 사티어는 의사소통 가족상담학파의 선구자였으며 이후에는 통합적이고 경험적인 치료방법을 개발 및 적용하였기에 경험주의 학파로 분류되고 있다(김영애, 2020).

사티어 경험적 가족상담은 연대순에 따라 4단계로 변화하였다. 첫째는 1964년 처음 발간한 저서 [공동가족치료]를 시작으로 의사소통에 중점을 두는 모델이었다. 둘째는 1970년대와 1980년 초반의 인간은 선한 존재로 존엄성을 회복하기 위해서는 생명에너지를 회복해야 한다는 인간 인성 모델이었다. 셋째는 1980년에 후반부터 지금까지 강력한 영향을 미치는 성장 모델이다. 이 모델에서는 가족을 하나의 체계이자 개인들의 집합으로 보고 개인의 변화를 통해 가족의 변화가 가능하다고 보았다. 이를 위해 문제의 증상 해결이 아니라 자존감의 향상, 개인의 내적 성장과 인간관계의 변화를 상담목표로 한다. 넷째는 2000년대부터 지금까지 이어져 오고 있는 변형 체계 치료 모델이다. 사티어의 신념은 인간은 계속적으로 성장, 변화할 수 있는 능력을 가진 존재로 가족 단위의 관계 증진이 필요하다고 보았다. 변형 체계 치료 모델에서는 개인의 심리내적 체계, 상호작용 체계, 원가족 역동체계의 세 영역에 통합적으로 개입한다(이화자 · 최연실, 2010; 최진태 · 황경애, 2011).

이 장에서는 인간은 지속적으로 변화하고 성장할 수 있는 존재로 한 개인의 변화를 통해 가족의 변화가 가능하며 그 결과 가족의 역기능적인 문제도 적절히 해결할 수 있다고 가정하는 사티어 경험적 가족상담에 대해 살펴보기로 한다.

2 주요 개념

사티어 경험적 가족상담은 개인의 변화를 통해 가족과 사회의 변화와 성장까지 고려하는 통합적 상담모델이다. 사티어는 오랜 임상경험을 통해 가족이 역기능적일 때, 낮은 자존감, 애매모호하고 간접적인 대처방식과 의사소통 유형 그리고 경직된 가족규칙이 나타남을 발견하였다.

사티어 경험적 가족상담자는 가족원의 자아존중감을 평가하고 재구성하려고 한다. 가족원의 행동을 지배하는 가족규칙에 개입하여 자아존중감과 일치적 의사소통이 향상되도록 돕고자 한다. 사티어 경험적 가족상담의 상담목표가 되는 자존감, 대처방식과 의사소통, 가족규칙을 중심으로 주요 개념을 살펴보면 다음과 같다.

1) 자아존중감

자아존중감(self-esteem)은 한 개인의 자신에 대한 가치평가이며 그 평가에 따라 자신을 경험하는 감정적 측면이다. 자아존중감은 자기, 타인, 그리고 상황이라는 세 가지 요소로 구성되어 있다. 자기는 자신에 대한 존중, 사랑, 신뢰 등을 바탕으로 갖게 되는 자신에 대한 가치와 자신의 고유성을 의미한다. 타인은 다른 사람과의 관계에서 느끼는 유사성과 차이점 그리고 상호작용에 대한 것이다. 상황이란 주어진 환경과 조건을 의미하며 주로 부모나 원가족 삼인군에서의 상황을 의미한다. 사티어는 이 세 요소들이 서로 보완되고 기능적으로 일치되도록 돕고자 하였다(이영분 외, 2008).

[그림 6-1] 자아존중감의 3대 요소

출처: 정문자 (2007).

자아존중감이 높은 사람은 자신의 실수나 단점에 대해서도 수용적인 태도를 보이고 자신에게 주어진 상황을 잘 통제할 수 있다고 생각하고 노력한다. 자아존중감이 낮은 사람은 자신의 결점이 남에게 드러날까 불안해하며 타인의 평가에 민감하게 반응한다. 자아존중감은 자기 자신에 대한 평가와 타인에 대한 평가의 일치가 높을수록 증가한다.

사티어 경험적 가족상담에서는 가족의 여러 가지 문제가 개인의 낮은 자아존중감과 관련이 있으며 특히 양육자와의 관계 경험에서 영향을 받는다고 보고 있다. 개인의 낮은 자아존중감을 회복시키기 위해 가족원들이 자신의 가치를 인정하고 장점과 자원을 발견하고 문제해결에 활용할 수 있도록 돕고자 한다.

2) 대처방식과 의사소통 유형

인간은 태어나면서부터 가족원들과의 상호작용을 통해 자신을 보호하고 생존하기 위한 대처방식을 습득한다. 생후 3세 이전에 기본적인 대처방식이 형성되며 이후 개인이 경험하는 삶의 과정에 따라 유지되거나 변화된다. 개인의 어린 시절 환경이 긍정적이고 적절했다면 유연하고 효율적인 대처방식을 형성하고, 부정적이고 적절하지 못한 환경이었다면 경직되고 비효율적인 대처방식을 형성할 가능성이 높다.

대처방식은 인간관계방식이며 인간관계의 기본 방식은 의사소통이다. 의사소통은 언어적 방식과 비언어적 방식을 통해 메시지를 전달한다. 사티어는 적절한 의사소통을 일치적 의사소통이라고 하였고 부적절한 의사소통을 비일치적 의사소통이라고 하였다.

일치적 의사소통은 자신의 감정과 생각을 표현할 때 언어적 표현과 비언어적 표현을 일치시키고, 자아존중감의 3요소인 자기와 타인, 상황에 맞는 적절한 표현을 의미한다. 또한 말하기와 듣기와 같은 대화방식에서 부정적인 방법을 사용하지 않는 것을 의미한다.

비일치적 의사소통은 상황에 유연하게 대처하지 못하고 과거에 습득한 대처방식으로 반사적으로 반응하는 것이다. 즉, 언어적 표현과 비언어적 표현도 비일치하여 자신의 감정을 억압하거나 과도하게 표현한다. 그리고 모든 문제를 타인이나 상황의 탓으로 돌리기도 한다.

사티어는 대처방식을 회유형, 비난형, 초이성형, 부적절형[1](산만형, 회피형, 철회형)의 4가지 의사소통 유형으로 분류하였다. 사람들은 비일치적 대처방식을 한 가지만 주로 사용하기도 하지만 대상이나 상황에 따라 여러 가지 방식을 혼합하여 사용하기도 한다. 4가지 비일치적 의사소통 유형과 일치적 의사소통 유형의 특징을 설명하면 다음과 같다(김영애, 2020; 이영분, 2008; 이화자 · 최연실, 2010).

1) 기존의 사티어 의사소통 유형은 비난형, 회유형, 초이성형, 산만형으로 분류되어 있으나, 김영애(2020)는 산만형으로 명명한 것에 대해 해석의 오류이며 모든 측면에서 부적절한 것을 의미하므로 부적절형으로 번역하겠다고 정정하였다. 저자도 그 분류에 따라 산만형을 부적절형으로 기술하였다.

(1) 회유형

회유형(placating)은 자신의 감정이나 생각을 무시하고 타인의 비위나 상황에 맞추려고 한다. 이들은 좌절 내성이 약하며 어떤 일이 잘못되면 자신의 책임이라고 스스로를 비난한다. 자신이 어려움을 겪을 때 타인에게 도움을 잘 요청하지 못한다.

회유형의 자원은 타인을 돌보고 배려하며 공감적 태도를 가지고 있다는 것이다. 회유형과의 상담에서는 먼저 자신의 억압된 감정을 탐색하고 그 감정 부분에 머물면서 접촉하는 경험을 하도록 하는 것이 효과적이다.

〈표 6-1〉 회유형의 특징

행동	언어	전반적 정서
의존적인, 지나치게 상냥한, 사과하는 듯한, 변명하는	모두 내 잘못이다. 네가 없으면 나는 아무것도 아니다.	불안, 억울, 슬픔, 억압된 분노, 수치심
자기 개념	**신체화 증상**	**심리적 자원**
낮은 자존감, 자신감 부족, 타인과 상황에 초점	소화기관의 관련된 증상, 편두통과 두통, 피부질병 등	배려, 돌봄, 민감성, 공감

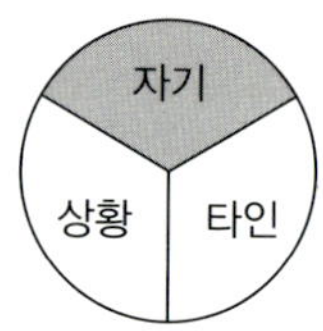

음영처리: 무시된 요소임

(2) 비난형

비난형(blaming)은 자기중심적이고 타인의 감정이나 생각을 무시하고 비난한다. 겉으로는 남을 강하게 비난하고 공격하는 듯한 모습을 보이나, 내면적으로는 소외감과 외로움을 느끼며 자신을 실패자로 느낀다.

비난형의 자원은 자기주장성과 지도력, 에너지이다. 비난형과의 상담에서는 내담자의 기대 부분을 먼저 탐색하는 것이 효과적이다. 그리고 내담자의 억압된 감정을 탐색하고 그 감정에 머물면서 접촉하는 경험을 하도록 돕는 것이 필요하다.

〈표 6-2〉 비난형의 특징

행동	언어	전반적 정서
남탓하기, 화난 표정, 명령하기, 비난하기	모두 너 잘못이다. 내가 제일 중요해	분노, 불신, 외로움, 통제력 상실에 대한 공포
자기 개념	**신체화 증상**	**심리적 자원**
낮은 자존감, 자신과 비일치, 실패에 대한 두려움,	근육의 긴장, 고혈압, 빈번한 사고, 뇌졸중	자기주장, 지도력, 에너지

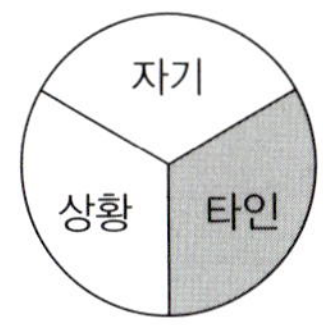

음영처리: 무시된 요소임

(3) 초이성형

초이성형(super reasonable)은 감정을 무시하고 상황에만 초점을 두기 때문에 자기와 타인을 무시한다. 자신이 논리적이고 합리적이라고 주장하는 경우가 많지만 실제로는 내면에 상처받기를 두려워하며 감정을 억압하여 숨기고 있다.

초이성형의 자원은 지적이고 논리적이며 문제해결 능력이다. 초이성형과의 상담은 억압되어 있는 감정과 생각을 통합하는 것이 필요한데, 먼저 초이성형에게 익숙한 사고하는 부분, 즉 지각 부분에서 접촉을 시도하는 것이 효과적이다.

〈표 6-3〉 초이성형의 특징

행동	언어	전반적 정서
냉담한, 경직된, 지루한, 우월한 척	인간은 지적이어야 한다. 너는 너무 예민하고 감정적이다.	감정을 거의 드러내지 않음, 내적으로 외롭고 공허함
자기 개념	**신체화 증상**	**심리적 자원**
낮은 자존감, 자신감 부족, 감정 표현을 잘 못함	암, 요통, 심장질환, 체액이 마르는 증상	지적, 세밀함, 논리적, 문제해결 능력

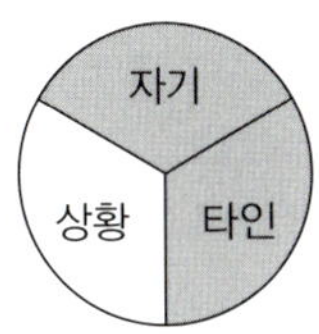

음영처리: 무시된 요소임

(4) 부적절형(산만형, 회피형, 철회형)

부적절형(irrelevant)은 자신 및 타인, 그리고 불편한 상황에서 벗어나 관계를 하지 않으려고 현실도피를 한다. 산만형은 겉으로는 자발적으로 타인을 기쁘게 해주려고 농담하거나 우스꽝스러운 행동을 한다. 회피형은 지금 벌어지고 있는 상황을 회피하려고 게임을 하거나 쇼핑에 빠지기도 한다. 철회형은 힘든 상황에서 자신의 마음을 철회시킨다는 점에서는 초이성형과 비슷해 보이나 정서적으로도 불안해 보인다는 점에서 다르다.

부적절형의 자원은 유머, 자발적 행동, 창의성이 있다. 부적절형과의 상담에서는 심리적 접촉을 하는 것이 어렵기 때문에 먼저 상황을 다루고 내면으로 들어가는 작업을 하는 것이 효과적이다.

〈표 6-4〉 부적절형의 특징

행동	언어	전반적 정서
지나치게 활동적인, 부적절한, 피상적인, 둔감한	농담하는, 주제에 벗어난, 그냥 내버려 둬.	쉽게 상처받음, 혼란스러움, 진짜 감정을 드러내지 않음
자기 개념	**신체화 증상**	**심리적 자원**
낮은 자존감, 자신과의 교감에서 벗어남, 아무 상관도 하지 않거나 아무 소속감 없음	신경계통 이상, 위장장애, 사고 많이 냄, 조절 어려움	유머, 자발적 행동, 창의력, 유연성

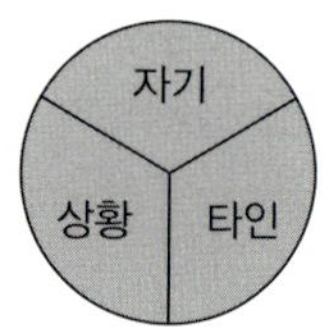

음영처리: 무시된 요소임

(5) 일치형

일치형(congruent)은 자기의 내면과 타인과의 상호작용, 그리고 상황과 모든 일치를 말한다. 이것은 대처방식이라기보다는 전인성을 가진 충만한 인간이 되고자 하는 선택이다. 즉, 자기 자신을 바탕으로 상황에 맞게 지각하고 다른 사람과 상호작용을 하는 것이다.

일치형의 자원은 높은 자아존중감, 관계성, 접촉이다. 일치적 의사소통을 위해서는 성장과정 중에서의 부정적 경험들을 상담을 비롯한 다양한 경험을 통해 변화를 체험하고 본래의 생명력을 회복해야 한다.

〈표 6-5〉 일치형의 특징

행동	언어	전반적 정서
창조적, 생동적, 개성 있는, 유능한	말의 내용과 태도, 감정이 일치	정서표현이 자유로움, 정서표현이 말과 일치
자기 개념	**신체화 증상**	**심리적 자원**
높은 자존감, 개성이 뚜렷함, 자신과 타인을 신뢰함		관계성, 접촉, 변화에 대한 수용력

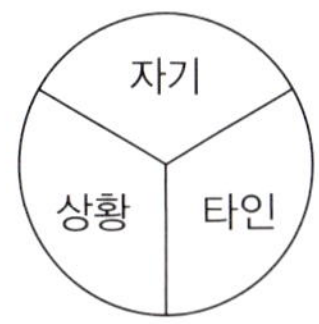

음영처리된 부분이 없음
모든 요소가 존중됨

3) 가족규칙

가족규칙은 정보를 처리할 때 다루는 기준으로 가족체계를 유지하고 조절하는 기능을 갖는다. 가족상담에서 말하는 가족규칙은 가족체계와 가족원에 부정적 영향을 미친다고 보는 개념이다. 가족규칙은 귀가시간, 가사분담과 같은 명시적인 규칙과 가족 모두 알고는 있으나 드러나지 않는 암묵적인 규칙이 있다. 예를 들어, 아버지의 알코올 문제, 형제자매의 장애, 가족의 자살과 같이 남에게 말하지 않는 가족비밀은 암묵적 규칙에 속한다(김영애, 2020).

가족규칙은 원가족 경험을 통해 습득되어 내재화된 것으로 가족원의 개별성의 형성과 상호작용에 영향을 미친다. 역기능적인 가족체계일수록 부모의 불안이 높고, 변화를 두려워하기 때문에 '부모의 말씀이 법이다'와 같은 규칙을 내세워 엄격한 규칙을 그대로 적용하려고 한다. 이러한 강력한 가족규칙은 가족원들의 감정, 생각과 태도의 표현이 비일치적이 되게 한다(정문자 외, 2013).

사티어는 가족규칙을 옳고 그름으로 판단할 것이 아니라 각자의 가족에게 맞는 방식으로 유연하고 융통성이 있게 적용할 필요가 있다고 주장하였다. 예를 들면, 자녀가 어릴 적에는 귀가시간과 같은 가족규칙을 엄수하는 것이 안전할 수 있으나, 자녀가 성장함에 따라 상황에 맞게 조정할 필요가 있다.

사티어 경험적 가족상담에서는 개인의 자존감을 낮추는 가족규칙을 찾아내어 어떤 영향을 미치는지 찾아내고 수정한다. 원가족경험 탐색을 통해 어린 시절 부과된 가족규칙의 긍정적 의도를 수용하여 현재를 살아가는데 적용 가능한 유연하고 융통성 있는 지침으로 변화하도록 돕는다. 가족규칙을 지침으로 바꾸는 원리를 살펴보면 다음과 같다(정문자 외, 2013).

〈가족규칙을 지침으로 변화시키기〉

[규칙] : 가족에게 속상한 이야기를 말해서 걱정하게 하면 안 된다.

[지침]

1단계: 강제를 선택으로 바꾼다. (해야만 한다, 또는 하면 안 된다를 할 수 있다로 변경)
예) 가족에게 속상한 이야기를 **말할 수 있다**.

2단계: 빈도 부사를 사용하여 선택의 폭을 넓힌다. (가끔, 자주 등을 추가하여 사용)
예) 가족에게 **가끔** 속상한 이야기를 **말할 수 있다**.

3단계: 조건을 추가하여 가능성의 폭을 넓힌다. (~~ 할 때, ~~ 같은 경우를 추가로 사용)
예) 내가 혼자 견디기 **힘들 때**는 **가끔** 가족에게 속상한 이야기를 **말할 수 있다**.

3 상담목표와 상담과정

1) 상담목표

사티어 경험적 가족상담은 구체적 상담목표와 메타목표가 있다. 구체적 상담목표는 상담이 종결되고 나면 이루어지는 상담결과 목표이다. 메타목표는 모든 내담자와 내담자 가족에게 보편적으로 적용되는 목표로 구체적 상담목표가 종결되면 이루어지는 목표이다. 그러므로 사티어 경험적 가족상담의 목표는 내담자 가족이 호소하는 증상 감소를 목표로 두면서 동시에 인간의 감수성과 성장잠재력의 향상도 추구한다.

(1) 개입목표

상담에 참여하는 가족원의 문제나 증상은 다양하지만 가족원이 가지고 있는 본질적인 문제는 낮은 자아존중감과 엄격한 가족규칙에 의해 역기능적인 생존방식인 비일치적 의사소통을 하는 것이다. 그러므로 사티어 경험적 가족상담에서는 가족원의 자아존중감, 의사소통 유형, 가족규칙 등을 상세히 평가하고 감정과 생각, 욕구를 잘 표현하도록 돕는다. 또한 자신과 타인 그리고 상황에 적절한 일치적 의사소통을 할 수 있도록 하여 자아존중감을 높이는 것이 구체적 상담목표이다.

(2) 메타목표

사티어 경험적 가족상담에서는 구체적 상담이 종결된 이후에 궁극적인 삶의 목표를 이루는 방향으로 나아간다는 의미로 보편적 목표, 즉 4개의 메타목표가 있다

(김영애, 2020; Banmen, 2004; 최승애, 2016).

① 내담자의 자존감이 증진되도록 한다. 내담자가 자기 자신을 인정하고 수용하며 사랑하는 자신에 대한 긍정적 관계 경험을 하도록 돕는다.
② 내담자가 좀 더 나은 선택을 할 수 있게 한다. 내담자가 자신의 삶의 방식을 선택할 권리가 있으며 다양한 선택지가 있다는 사실을 지각하도록 돕는다.
③ 내담자의 삶에 실존적 책임감이 있는 사람이 되도록 한다. 감정, 기대, 사고, 열망은 자신의 것이므로 스스로 선택하고 책임지도록 돕는다.
④ 내담자가 일치적인 상태가 되도록 한다. 자기와 연결되어 외부자극에도 흔들리지 않는 상태를 말하며 동시에 자기와 타인 그리고 상황을 수용하고 주도적인 삶을 살도록 돕는다.

2) 상담과정

사티어는 내담자의 호소문제 해결을 넘어서 자기와 만나는 일치성을 경험하는 과정이 상담이라고 보았다. 일치성에는 3단계의 과정이 있다. 첫 단계인 일차적 수준은 자신의 감정, 기대, 지각, 열망을 지각하고 수용하는 단계이다. 두 번째 단계는 일차적 수준에서 자각한 감정, 기대, 지각, 열망이 자기(중심-나)와 만나서 통합하는 이차적 수준을 말한다. 세 번째 단계는 개체적 자기와 영성적 자기가 만나 자기를 확장하고 변화하는 수준을 의미한다. 그러나 일치성을 이루는 과정은 단시간에 이루어지는 것이 아니고 상담자와 인간적 만남을 토대로 지속적인 변화과정을 통해 획득할 수 있다(김영애, 2020). 일반적으로 진행되는 상담과정은 다음과 같다.

(1) 상담자의 준비하기

내담자와 만나 상담을 한다는 것은 내담자의 삶에 들어가는 의미 있는 경험이다. 그러므로 상담자는 상담 전에 자신의 심리적, 신체적 상태가 일치되도록 노력해야 한다.

(2) 내담자 접촉 및 라포 형성하기

내담자와 접촉이 잘 되면 치료효과가 높아질 뿐 아니라 내담자 입장에서는 시간이나 비용측면에서 절약을 할 수 있다.

(3) 내담자의 호소문제 및 상담 동기 확인하기

내담자의 언어적, 비언어적 행동을 관찰하면서 내담자에 대한 정보를 수집한다.

(4) 평가 및 사례 개념화하기

심리검사 또는 면담을 통해 빙산, 생존방식, 현재 가족 및 원가족, 개인 및 가족발달주기, 사회적 환경을 탐색하고 진단한다.

(5) 내담자와 합의한 상담목표 세우기

상담목표는 구체적이고 긍정적인 방식으로 정한다. 세부 상담목표의 순서는 내담자가 원하는 가장 시급한 것부터 설정하는 것이 좋다.

(6) 경험적 변화 작업하기

내담자의 부정적 경험에 접근하여 자신과 상황을 새롭게 볼 수 있게 하고 일치적으로 되도록 한다. 이를 위해 빙산과 원가족, 대처방식인 의사소통 유형에 대해 작업한다.

(7) 변화 뿌리내리기

빙산의 전 영역에 변화가 자리 잡도록 하는 것이다. 치료과정에서 제시된 과제를 수행하고 다음 회기에서 점검하고 각인하는 작업을 통해 이루어진다.

(8) 생애설계 및 상담종결하기

합의한 구체적 상담목표가 달성되었다면, 마지막 한 회기 정도는 내담자의 발달주기에 따른 삶의 궁극적 목표를 다루고 이를 달성하기 위한 현실적 방법을 논의할 수 있다.

3) 상담자의 역할

사티어 경험적 가족상담은 상담자 자신의 삶을 돌보고 일치성을 이루는 것을 강조한다. 사티어 상담모델에서 말하는 상담자에게 강조하는 역할은 다음과 같다(김영애, 2020; Banmen, 2002; 정문자 외, 2013; 황경애, 2010).

첫째, 상담자는 자기를 돌보고 자원을 강화하고자 노력해야 한다. 이러한 경험은 내담자와의 상호작용에서 일어나는 여러 변화를 느끼고 반응하는 데 도움을 줄 수 있다.

둘째, 상담자는 내담자의 복지를 우선으로 생각하며 윤리규정을 지켜야 한다. 이를 통해 내담자를 있는 그대로 수용하고 존중하며 적절하게 도울 수 있다.

셋째, 상담자는 일치적 의사소통의 롤 모델이 되어야 한다. 내담자의 비언어적 반응을 잘 관찰하여 언어로 해석해 주고 일치적 의사소통을 할 수 있도록 돕는다.

넷째, 상담자는 자신을 치료적 도구로 삼는다. 상담자는 공감을 기반으로 내담자를 있는 그대로 수용하고 필요하다면 치료과정을 융통성 있게 조절할 수 있다.

4 상담기법

사티어 경험적 가족상담은 3~4가지 주요 영역에서 치료적 개입이 이루어진다. 내담자의 현재 호소문제와 관련이 있는 개인 내면을 다루기 위해 빙산탐색을 하고, (원)가족관계에서 부정적으로 경험한 정서와 관계경험은 가족지도나 생활연대기, 가족조각 등을 이용하여 다룬다(김영애, 2019; 2020; 이영분 외, 2008; 정문자 외, 2013; 최승애, 2016; 최진태 · 황경애, 2011).

1) 빙산 탐색

인간은 자기(self)로부터 흐르는 에너지와 일치할 때 중심을 잃지 않고 균형을 이루면서 살아갈 수 있다. 사티어는 인간의 심리내면을 빙산체계로 비유하고 빙산의 영역이 서로 균형과 조화를 이룬 상태를 일치적 상태라고 하였다. 그러므로 상담자는 내담자의 자기를 강화시키기 위해 빙산의 부분들을 균형 있고 조화롭게 경험적으로 변화시켜 자아존중감을 높여 주어야 한다. 빙산의 각 부분을 탐색하는 과정을 질문과 함께 정리하면 다음과 같다.

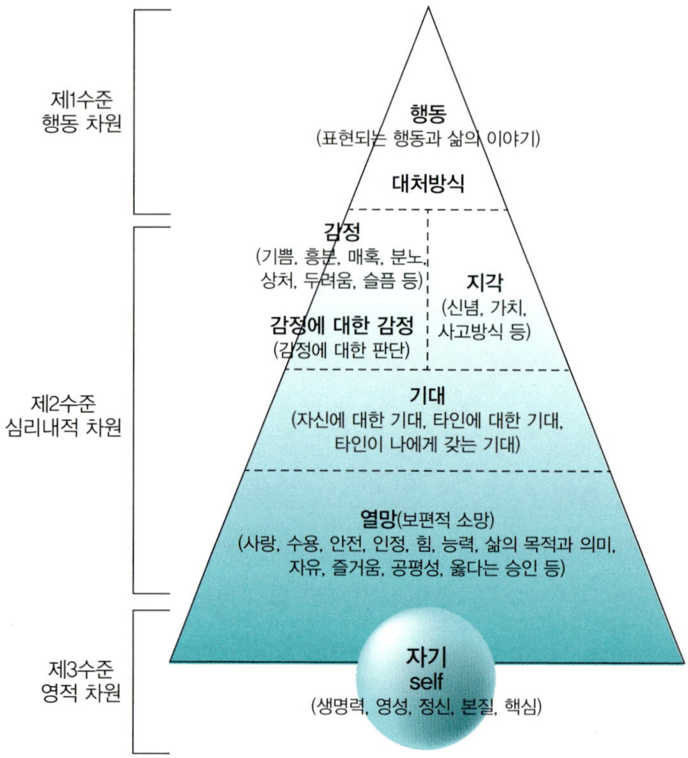

[그림 6-2] 인간에 대한 통합적 이해: 빙산 탐색

출처: 김영애 (2011), 전영주 외 (2016)에서 재인용.

(1) 행동과 대처방식에 대한 탐색

내담자가 갈등이나 위기상황을 말하는 과정에서 신체적 표현과 언어적 표현이 일치되는지 또는 상반된 메시지를 이중적으로 표현하는지를 중심으로 살펴본다.

- 가족원들은 그 상황에 어떻게 행동했습니까?
- 힘든 이야기를 웃으면서 말하고 있습니다. 지금 자기 몸에서 어떤 것이 느껴집니까?
- 목표를 이루기 위해서는 어떤 행동을 해야 할까요?

(2) 감정에 대한 탐색

감정은 상황에 대해 직접 느끼는 일차감정과 그 일차감정에 대해 느끼는 이차감정이 있다. 이차감정은 자신에 대한 판단의 결과로 생기는 '자기'와 관련된 감정일 경우가 많다. 상담에서는 두 수준의 감정을 모두 다룰 필요가 있다.

- 그 일이 일어났을 때 마음이 어떠했습니까?
- 지금 말씀하신 것 외에 어떤 다른 감정이 있나요?
- 지금 그 감정을 느끼는 자신을 바라보면서 어떤 감정이 느껴지나요?

(3) 지각에 대한 탐색

지각은 사건이나 상황과 같은 자극을 받아들이고 해석하고 의미를 부여하는 과정이다. 상담에서는 감정을 탐색하면서 주관적 해석, 관점, 가치, 신념, 사고방식과 같은 지각을 다룰 필요가 있다. 감정과 지각은 협조적이어서 둘 중 하나만 변화해도 함께 달라질 수 있다.

- 그 일이 일어났을 때, 그 상황에 대해 어떤 생각을 하였습니까?
- 어떤 신념이 당신을 힘들게 합니까?
- 당신은 그 사람을 어떤 사람이라고 생각하나요?

(4) 기대에 대한 탐색

기대는 인간의 보편적 소망인 열망을 충족하는 데 바탕이 된다. 기대에는 자신에 대한 기대, 타인에 대한 기대, 타인이 나에 대해 갖는 기대가 있다. 비합리적 기대가 높은 사람은 좌절을 경험하는 경우가 많으므로 현실적 대처방식을 선택하도록 도울 필요가 있다.

- 그것이 현실에서 어떻게 되기를 바랍니까?
- 당신은 자신이 어떻게 달라지기를 기대합니까?
- 당신의 기대는 현실적으로 가능합니까?

(5) 열망에 대한 탐색

모든 사람은 사랑, 소속, 수용, 안전, 인정, 자유, 즐거움과 같은 삶의 목적과 의미가 되는 보편적이고 근원적인 열망을 가지고 있다. 열망은 지식이 아닌 경험을 통해서 가질 수 있다. 열망이 충족되면 높은 자아존중감을 가지고 내적 생명력이 충만한 삶을 살 수 있다.

- 당신의 내면을 바라보면 어떤 이미지나 감정이 떠오르나요?
- 당신이 진정으로 원하는 것은 무엇인가요?
- 자신을 용서하고 나면 어떤 열망이 충족될 것 같습니까?

(6) 자기에 대한 탐색

인간은 본래 신성한 존재이며 자기는 본질이자 생명력이며 정신이고 영성이다.

자기와 만날 수 있을 때 타인과도 그 수준으로 만날 수 있고 연결될 수 있다. 상담에서는 자신을 있는 그대로 받아들이고 자신을 돌보기 위해 무엇을 할 수 있는지 등에 대해 다룬다.

- 지금 현재 자신을 있는 그대로 받아들입니까?
- 내면 깊은 곳에서 자신을 느낄 수 있습니까?
- 당신은 자신의 감정이나 생각의 주인입니까?

2) 가족지도 및 생활연대기

가족지도(family of map) 및 생활연대기는 가족체계 역동, 가족원 간의 상호작용과 관계패턴 등을 체계적이고 구체적으로 파악할 수 있는 기법이다. 사티어는 상담의 대상을 내담자(client) 또는 IP(identified patient)라고 하지 않고 스타(Star: ☆)라고 하였다. 현재 가족이 나타내는 역기능적인 패턴은 원가족과의 경험을 통해 반복된다고 보기에 3세대 혹은 4세대를 포함하는 현재 및 원가족지도를 그린다(김영애, 2020; 정문자 외, 2013; 최승애, 2016).

(1) 사실적 가족지도 작성하기

① 일반적으로 부부와 자녀 및 원가족까지 포함하여 3세대에 걸쳐 작성한다.

② 여성은 원(○), 남성은 네모(□)로 그리고 그 안에 나이를 적는다. 사망한 가족원의 경우는 도형에 × 표시를 하고(예: ⊗) 그 옆에 사망한 연도와 함께 사망원인을 적는다.

③ 각 가족원의 도형 옆에 출생지, 직업, 교육배경, 종교 등을 적는다.

④ 부모의 결혼날짜, 별거, 또는 이혼날짜를 적는다.

⑤ 스타의 형제자매를 출생 순으로 세로로 그리고 각 가족원의 정보를 적는다.

⑥ 스타를 표시하기 위해 스타 주변이나 도형 안에 별(☆)을 그린다.

(2) 주관적 가족지도 작성하기

① 스트레스 상황에서 보이는 각 가족원의 주된 대처방식(의사소통)을 적는다 (예: 회유형).

② 각 가족원의 성격적 특성을 긍정적 특성과 부정적 특성을 각각 3개씩 적는다 (+/-).

③ 가족원 간의 정서적 관계선을 그린다.

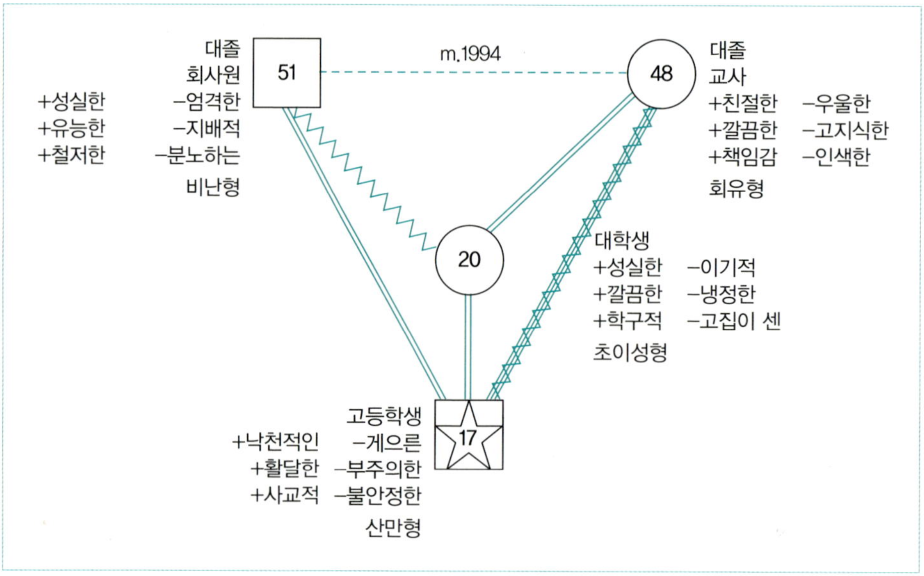

[그림 6-3] 가족지도 그리기

출처: 전영주 외 (2016).

(3) 가족지도와 삼인군[2)] 작업하기

① 삼인군 작성과 과거 경험 탐색하기

- 그 상황에서 부모는 어떻게 반응했는가?
- 그때 스타(내담자)는 어떤 감정을 느꼈는가?
- 현재 부모와의 관계는 어떠한가? 등

② 부모와의 유사점과 차이점을 탐색하기

- 그 경험이 현재 부모와 스타(내담자)와의 관계에 어떤 영향을 미쳤는가?
- 부정적(-) 내용을 긍정적(+)으로 변화시킨다.
- 부모로부터 물려받은 자원을 찾아내고 스타(내담자)의 것으로 통합한다.

③ 원가족 경험에서 변화하기

- 부모의 원가족지도를 탐색한다.
- 부모의 빙산을 탐색한다.
- 스타(내담자)의 현재 삶과 연결하여 수용, 변화, 뿌리내리기를 할 수 있게 돕는다.

(4) 생활연대기 작업하기

사티어는 가족지도를 작성한 다음 생활연대기(life chronology)를 작성하였다. 생활연대기는 내담자에게 영향을 끼친 주요 생활사건을 연대별로 나열한 것이다. 이것을 통해 내담자 자신에게 미친 구체적 영향력을 인식하고 재구성하는 경험을 통해 성장의 기회를 제공한다.

2) 삼인군: 사티어는 부모가 자녀의 사랑을 갈구하는 과정에서 문제가 발생한다고 보고 자녀의 문제는 부모와의 자녀관계, 즉 삼인군의 맥락에서 이해해야 한다고 강조하였다(김영애, 2020).

① 생애 초기부터 지금까지 기억에 남는 주요 생활사건을 연대별로 그려본다.
② 그 기억이 가족과 나에게 미친 영향력을 긍정적(+) 또는 부정적(-)으로 표현한다.
③ 그 영향이 내담자와 가족의 삶에 무엇을 달라지게 했는지 확인한다.
④ 그 사건에 대해 감사할 수 있는 것이 있는지 확인한다.
⑤ 그 경험이 긍정적이면 자기에 통합하게 한다.
⑥ 해결되지 못한 사건은 빙산탐색작업을 통해 변화과정을 시도한다.
⑦ 그 사건의 시점으로 돌아가 재경험을 통해 변화를 시도한다.

3) 가족조각

가족조각(family sculpture)은 가족원 중 한 명이 자신에게 의미 있는 한 시점에서의 가족관계, 다른 가족원에 대한 느낌과 감정을 동작과 공간을 사용하여 표현하는 비언어적 기법이다. 이를 통해 가족 전체의 구조, 각 가족원의 가족 안에서의 위치, 그 위치에 따른 각 가족원의 빙산 내면, 가족을 바라보는 내담자의 관점 등을 탐색할 수 있다. 그리고 내담자가 원하는 가족의 모습으로 가족조각을 변화시키면서 어떤 변화를 시도해야 하는지 탐색하도록 돕는다.

가족조각을 하는 방법은 가족원 중 한 사람을 스타로 선택하여 가족조각을 한 후 가족 모두가 차례로 돌아가면서 해볼 수 있다. 또한 인형이나 이미지카드를 사용하여 가족조각을 실행할 수도 있다. 가족원에 대한 집단상담에서는 가족원을 대신할 역할자를 선택하여 진행할 수 있는데 이때 내담자가 직접 선택하도록 한다. 가족조각의 진행과정은 다음과 같다.

(1) 1단계: 준비단계

상담자는 스타(내담자)를 선택한다. 스타는 다루고 싶은 어느 시점을 선택하고 그 상황적 장면을 말한다. 스타는 가족원을 배치시키거나 집단참여자 중에서 가족을 대신할 역할자를 선택한다.

(2) 2단계: 조각완성단계

조각이 끝난 후 가족원이나 역할자에게 1분 정도 그 자세를 유지하면서 내면에서 느껴지는 감정을 말로 표현하도록 한다. 또한 가족조각을 하는 동안의 느낌을 물어보는 등 감정적 차원에서 많은 피드백을 주고받도록 도와준다.

(3) 3단계: 성숙 및 변화단계

상담자는 빙산탐색 기법을 활용하여 감정, 지각, 기대, 열망, 자기 가치에 대해서 질문한다.

- 조각 장면에 이름을 붙인다면 무엇이라 하겠습니까?
- 스타가 가족을 이렇게 인식하고 있다는 것을 다른 가족원들은 알고 있었습니까?
- 가족원을 이렇게 조각한 것에 대해 동의합니까? 불편함이 있다면 무엇입니까?
- 가족원에게 하고 싶은 말이 있나요? 가족원들에게 기대하는 것이 있나요?

(4) 4단계: 종결단계

스타(내담자)가 원하는 가족의 모습으로 새롭게 가족조각을 하게 한다. 가족의 변화에 대한 통찰을 얻기 위해 이러한 변화를 위해 스타와 가족원이 무엇을 어떻게 해야 할지에 대해 질문한다.

(a) 갈등상황의 한 시점을 가족조각으로 표현

(b) 스타가 원하는 가족을 가족조각으로 표현

[그림 6-4] 가족조각의 예

출처: 전영주 외 (2016).

5 사례 연구

1) 개요[3)]

1남 3녀를 둔 스타(내담자, 여, 48세, 주부)는 피로감과 무기력증, 우울감으로 상담실을 찾았다. 주요 호소문제는 우울증과 막내아들(중 2)의 게임몰입이다. 아들이 사춘기라서 그런지 엄마 말은 전혀 듣지 않고 야단을 치면 방에서 나오지도 않고 얼

3) 이 사례는 재구성한 가상 사례이다.

굴도 보지 않으려 한다. 이럴 때 남편이 도와주면 좋겠는데, 남편은 자기 일이 바쁘다는 이유로 집안일에는 관심이 없다. 더구나 약 1년 전 남편이 자주 다니던 술집의 여자와 외도를 하여 이혼 위기를 겪었고, 아이들이 다 자라서 공부를 마치고 나면 이혼을 하고 내 인생을 살아야지 하고 견디고 있다.

내담자는 원가족에서 1남 2녀 중 둘째로, 딸로서는 장녀로 태어났다. 고향에서 조합장 등 유지로 활동하던 아버지와 훈장 딸로 성장한 어머니 밑에서 장녀로 자라면서 모범생으로 성장하였다. 대학에 진학하고 싶었으나 1살 위인 오빠가 재수를 하는 탓에 대학 진학을 포기하고 아버지의 소개로 농협에 근무하다가 친척 어른의 소개로 남편을 만나 결혼하였다.

신혼 때부터 시어머니와 시누이, 시동생과 함께 생활하였는데 시집살이가 너무 심했다. 시아버지가 일찍 돌아가시고 시장에서 식당을 하며 자녀를 키운 시어머니의 유세가 심해서 많이 힘들었다. 현재 시누이들은 결혼하여 분가를 하였지만 막내인 시동생은 40살이 되도록 특정한 직업도 없이 지내다가 최근에 베트남 아가씨와 결혼하였다. 그러나 시어머니의 뜻에 따라 매우 가까운 곳에 집을 얻어 생활하고 있어 지금도 내담자는 식사부터 생활 전반을 거의 해주고 있는 중이다. 한평생 착하게 열심히 살아온 것 같은데 자녀들도 제대로 키우지 못한 것 같고 남편의 사랑도 받지 못한 것 같아 너무 억울하고 힘들다고 호소하고 있다.

남편(52세)은 2남 2녀 중 장남으로 장사(식당업)를 하시던 부모님의 바람대로 대학을 마치고 공무원이 되었다. 평상시에는 거의 말이 없으나 술을 마시면 말을 하는 편이다. 직장에서도 매우 성실하다는 평을 받고 있으며, 외부의 사람들은 매우 좋은 사람이라고 평가를 한다. 그러나 자신의 현재 가족들에게는 무심한 편이다. 성격은 좋지만 경제적으로 무능력했던 아버지가 고1 때 돌아가시고 나서 식당을 하면서 자신과 동생들을 키우신 어머니에 대한 미안함이 많다. 결혼의 조건으로 어머니를 모시고 사는 것을 아내에게 제안할 정도로 시어머니를 비롯한 시댁 식구들의 일에는 적극적으로 임한다.

2) 원가족 지도

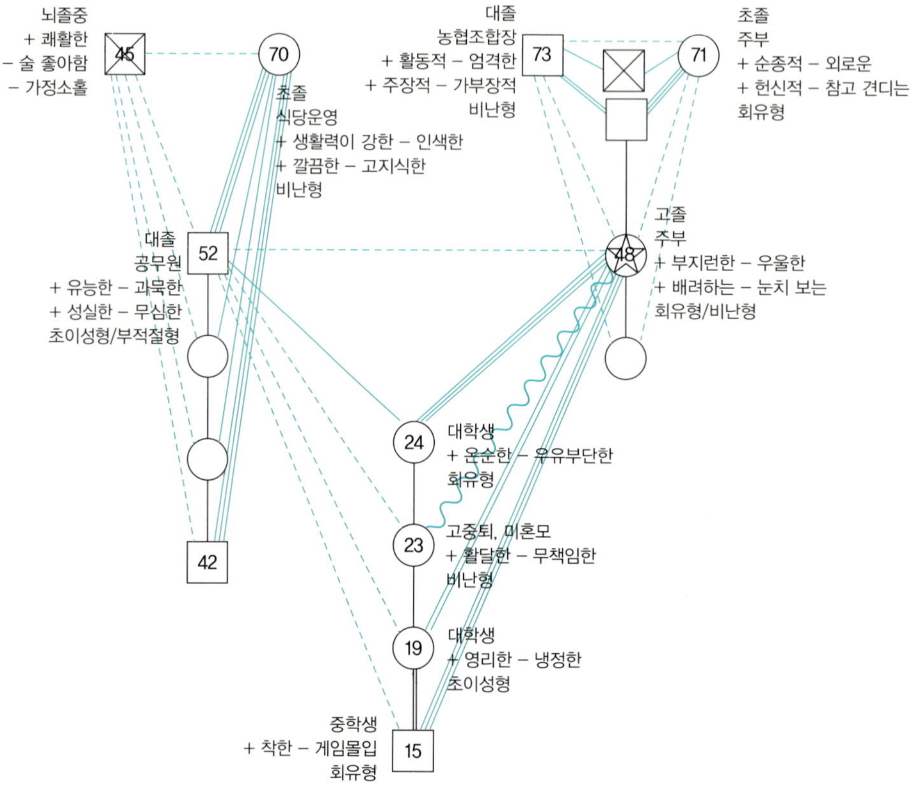

3) 사티어 가족상담의 적용

(1) 상담목표 및 가설 설정

사티어 경험적 가족상담은 가족원의 변화에 의해 가족 전체가 변화된다는 체계 이론을 바탕으로 한다. 상담자는 개인의 빙산탐색과 가족지도, 생활연대기, 가족조각 등의 기법을 활용하여 개인 내면의 변화와 성장과 동시에 가족체계에 접근한다.

가족원 개인의 내면에 있는 부정적 정서와 욕구를 표현하고 이를 지금-여기에서 작업하면서 이해받고 수용되는 경험을 통해 자존감을 향상시키고 일치적 의사소통을 돕는 것을 상담목표로 둔다. 사티어의 경험적 가족상담의 주요 개념을 활용하여 사례[4]에 대한 가설을 세우면 다음과 같다.

① 내담자 가족의 자아존중감

스타(☆: 내담자)는 원가족에서 가부장적인 아버지의 영향으로 자신의 감정이나 기대를 억압하고 성장하여 자아존중감이 낮다. 결혼 생활에서도 남편의 사랑과 시댁의 인정을 받고자 노력을 했으나 수용받지 못하는 경험이 지속되었지만 부정적 정서를 억압하였다. 스타는 낮은 자존감으로 인해 자신의 감정, 지각, 기대 등을 억압하고 비일치적 의사소통으로 신체화 증상을 나타내고 있다.

스타의 남편은 아버지의 무능함으로 인해 어머니로부터 남편 대신 집안의 중심 역할을 하기를 강요당하며 성장하였다. 남편은 자신의 삶을 주체적으로 살지 못하고 어머니의 뜻에 따라 직장생활과 가족생활을 하는 등 자아존중감이 낮은 편이다. 힘든 일이 있을 때는 직면하여 대처하기보다는 억압하거나 회피하는 방식에 익숙하다.

한편 스타의 아들은 자녀를 통해 보상받으려는 부모의 기대로 인해 사춘기의 심리적 독립의 욕구가 좌절되고 학업에 대한 부담감으로 인해 자아존중감은 더욱 낮아졌을 것이다. 그러므로 아들은 공부에 집중하거나 가족과 일치적으로 소통하기보다는 게임에 몰두함으로써 자신의 힘듦에 대처하고 있다.

② 빙산기법으로 살펴본 부부의 내면과 대처방식

자아존중감이 낮은 부부는 원가족에서 부모로부터 공감을 받거나 돌봄을 받은 경험이 적기 때문에 자신의 내면을 경험하거나 타인과 의사소통하는 것이 힘들어졌

4) 이 사례에서 상담 신청 및 가족 어려움을 주로 호소한 아내(48, 주부)를 스타로 가정하고 진행하였다.

을 것이다. 빙산기법을 활용하여 부부의 개인 내면과 대처방식인 의사소통 유형을 살펴보면 다음과 같다.

〈표 6-6〉 부부의 의사소통 유형

빙산	아내(스타 ☆)	남편
상황	• 자기 일에 바쁘고 외도한 남편 • 요구적이고 이기적인 시댁 식구 • 대화를 거부하고 게임만 하는 아들	• 시댁에 대해 불만을 이야기하는 아내 • 자신에게 의지하고 기대는 본가 식구들 • 대화를 거부하고 게임만 아들
신체적 경험	무기력, 피로감, 열감, 신체화 증상	무기력, 두통, 피곤함, 외로움
행동	• 남편의 애정을 얻기 위해 애쓰며, 자신의 감정을 숨기고 참다가 표출하기 • 자녀들을 과보호하고 교육에 집착하기	• 아내는 무시하고 외도하기 • 어머니와 동생들의 돌봄을 아내를 통해 해결하기
대처방식	회유형, 비난형	초이성형, 부적절형
감정	실망, 외로움, 억울함, 분노	답답함, 공허함, 좌절감, 외로움
감정에 대한 감정	우울, 무기력	분노, 좌절감
지각	• 나는 남편에게 사랑을 못 받는다. • 나는 자녀도 제대로 못 키운다. • 행복하지 않고 바보같이 산 것 같다.	• 아내는 나에게 관심이 없다. • 나는 집에서 이방인이다. • 부모와 형제는 끝까지 책임져야 한다.
기대	• 남편이 나를 사랑해 주기를 기대한다. • 우리 가족 중심으로 살기를 바란다. • 자녀들이 잘 자라서 나의 희생을 보답해 주었으면 좋겠다.	• 아내에게 지지받고 싶다. • 아내가 자녀양육과 시댁 식구 돌봄을 불평 없이 혼자 잘 해주기를 바란다. • 나는 힘든 일에서 벗어나고 싶다.
열망	• 사랑과 존중을 받고 싶다. • 나의 존재감을 느끼고 싶다.	• 인정과 사랑을 받고 싶다.
자기	• 자신에 대한 가치와 존중은 없고 상황적 어려움에 매몰되어 작아진 상태	• 자신의 존재감을 못 느끼고 상황을 회피하고 싶을 정도로 위축된 상태

③ 내담자 가족의 가족규칙

스타 부부는 원가족에서 성장하면서 공통적으로 '자기의 감정을 표현하지 않고 참아야 한다', '부모에게 순종해야 한다', '가족을 위해 자신을 양보해야 한다'라는 규칙을 내면화하였을 것이다. 내면화된 규칙은 전통적인 성역할, 비일치적 의사소통, 행동과 감정표현의 제한에 영향을 주며 자아존중감을 낮아지게 하여 정서적으로 소원하게 지내게 되었을 것이다.

(2) 상담개입

상담 초반에는 스타인 아내 및 남편의 개인상담과 부부상담을 통해 가족의 현재 문제, 부부 및 가족원의 의사소통 유형 등을 탐색할 수 있다. 상담 중반에는 부부의 각자의 원가족 지도, 빙산탐색을 활용하여 원가족 경험이 부부관계 그리고 부모자녀관계에 미치는 여러 측면을 이해할 수 있도록 돕는다.

상담 중후반에는 부부관계에 걸림돌이 되는 부부상호 간의 대처방식, 기대, 열망을 탐색하고 이러한 자신의 모습을 인정하고 노력할 점에 대해 협의하는 작업을 할 수 있다. 또한 이러한 협의과정에서 일치적 의사소통방법을 연습하고 실천하는 경험을 강화한다.

상담 후반에는 아들을 포함한 가족상담에서 가족이 서로의 입장을 객관적으로 더 많이 이해하고 자신의 감정, 기대, 열망 등을 일치적 의사소통으로 표현하는 방법을 연습하여 관계를 개선할 수 있도록 돕는다.

활 동 하 기

1 넷플릭스 오리지널 영화 〈완벽한 가족이 되는 법: Guide, 2021〉은 대학입시를 앞둔 딸과 아버지, 새어머니, 어머니와의 관계에 대한 가족영화입니다. 이 영화를 시청하고 부모의 의사소통 유형을 탐색하고 자녀의 자아존중감에 어떤 영향을 주는지에 대해 토론해 봅시다.

2 사티어의 가족지도 [그림 6-3]을 참고하여 현재 자신의 가족지도를 그려 봅시다.

1) 부모님, 자신, 형제자매의 성격적 장점 및 단점을 각각 세 가지씩 적어 보세요.

2) 부모님, 자신, 형제자매의 대처방식인 의사소통 유형을 적어 보세요.

3) 가족원의 성격적 장단점과 의사소통 유형이 가족관계에 미치는 영향에 대해 살펴보세요.

PART 03

행동 교류 모델

Ⅲ부는 가족원들의 상호작용 속에서 행동 교류를 살피고 치료자가 적극적으로 개입하여 가족을 돕는 이론들을 다룬다. 7장에서는 체계적인 관점에서 가족원의 상호작용 패턴을 가족구조로 설명하며, 가족의 재구조화를 목적으로 하는 구조적 가족상담에 대해 살펴본다. 8장에서는 가족의 파괴적이고 역기능적인 상호작용에 주목하여 반복적이며 부정적인 가족행동의 악순환을 끊어버리는 것에 초점을 둔 전략적 가족상담에 대해 다룬다. 그리고 9장에서는 가족의 증상이나 문제해결을 위해 인지적 개입과 행동적 개입을 적절하게 통합하여 사용하는 인지행동 가족상담에 대해 살펴볼 것이다. 더불어 각 가족상담이론에 따른 주요 개념과 상담목표, 상담과정 및 기법들을 소개하고 사례를 통해 실제 상담현장에 적용하는 과정을 제시하고자 한다.

07 CHAPTER

구조적 가족상담

1 개요

구조적 가족상담은 살바도르 미누친(Salvador Minuchin)이 그의 동료들과 공동으로 저술한 『빈민가의 가족(Working with Families of the Poor)』을 통해서 처음 소개되었다. 그는 뉴욕에서 비행청소년을 교정하는 정신과 의사로 활동하면서 비행청소년들이 일으키는 문제가 그 개인만이 아닌 가족의 역기능적인 상호작용과 관련이 있음을 가정하면서 구조적 가족상담 모델을 발전시켰다(정문자 외, 2012).

상담과정에서 미누친은 당시 대부분 중산층 가족들에게 적용되고 있었던 대화를 사용한 지적인 가족상담의 방법으로는 한계가 있다는 것을 깨닫게 된다. 저소득층 가족의 대부분이 복합적인 문제를 지니고 있는데 그러한 어려움을 극복하기 위한 대안도 부족하고, 이들에겐 고치기 힘든 굳어진 습관들이 있음을 발견한 것이다. 그리하여 미누친은 상담자가 좀 더 적극적으로 개입하고 구체적이면서도 행동적인 접근을 해야만 가족의 변화를 이끌어낼 수 있음을 치료적인 경험을 통해 알게 되면서 구조적 가족상담 이론을 개발하였다.

가족은 서로가 영향을 미치는 집단으로 가족원 간의 복잡한 상호작용은 때때로 예측하기 어려운 방향으로 문제를 야기한다. 구조적 가족상담은 이러한 가족 상호작용 속에서 조직적이고 반복적이면서도 지속적인 가족행동의 패턴을 찾아 그 의미를 제공한다. 가족원의 행동양식이 예측 가능한 일정한 구조를 가지고 있다고 보았고 이러한 가족들 간의 상호작용 패턴을 가족구조로 설명한다. 가족의 문제는 역기능적 가족구조에 의해 유지되며 가족구조가 변하게 되면 가족을 이루는 구성원의 행동이나 심리과정이 변화한다고 보았다(신혜종, 2013).

가족은 여러 가지 생활 기능 속에서 스스로를 조직한다. 가족원 중 누구는 일을 하여 수입을 창출하고, 누군가는 그 범위에서 가정경제를 관리하게 된다. 자녀들을 양육하고 훈육하며, 집안을 청소하고 집을 수리하는 등 가족원들은 각자의 역할을 발달시키고, 서로의 관계를 패턴화하는 것이다. 가족원들이 맡게 되는 역할은 융통성을 가지고 상황에 따라 변하게 된다. 모든 관계는 삶의 다양한 요구들에 잘 대처하기 위해 다양한 구조들을 갖고 있는데, 모든 가족은 각기 자신들만의 독특한 구조를 발달시킨다. 가족원들은 각자의 기질과 서로에 대한 다양한 감정들 그리고 자신들만의 가족적, 문화적 그리고 종교적 틀에 의해서 영향을 받게 되고 각 가족이 수용할 수 있는 범위 내에서 그러한 양식들을 선택한다(Aponte, 1994, 엄예선 역, 1995).

구조적 가족상담은 가족구조의 변화에 초점을 두는 것을 주요한 상담의 목적으로 하고, 상담자는 가족의 재구조화를 위해 적극적인 자세를 가지고 개입하는 것이 특징이다. 내담자의 증상이나 호소하는 문제들은 이러한 목적을 달성하는 과정에서 자연스럽게 사라진다고 본다. 구조적 가족상담자는 가족의 구성원으로 가족에 합류하고 가족을 있는 그대로의 모습으로 존중하면서 재구조화하기 위한 상담적인 개입을 시도한다.

2 주요 개념

1) 가족구조

미누친은 가족구조(family structure)를 가족원의 상호작용방식을 조직하는 기능적인 요구 또는 일관성 있고 반복적이며, 체계화되어 있고 예측할 수 있는 가족의 행동양식이라고 설명한다. 이는 가족이 기능적인 의미에서 구조를 이루고 있다는 것을 생각하게 해준다. 그래서 가족의 상호작용 유형을 관찰하면, 가족이 유지되기 위해서 어떻게 조직되고 구조되었는지를 파악할 수 있다. 가족구조가 가족원의 행동을 일일이 통제하거나 결정하게 하는 것은 아니다. 하지만 일정하게 지속적으로 반복되는 행동양식들은 예측 가능하여 가족원은 특정한 행동을 서로 간에 기대하게 되면서 자신들만의 상호작용 유형을 만들어내게 된다(Minuchin, 1974, 이명홍 역, 1988; 신혜종, 2013). 예를 들어 형을 무시하는 동생의 태도를 부모가 용납하면서 형에게 동생을 이해해야 한다고 교육한다고 하자, 동생은 점점 더 형을 무시하게 되고 형이 이를 제압하려할 때 동생은 부모 뒤로 숨게 되는 상호작용이 만들어지게 될 것이다. 결국 이러한 구조 속에서 형제가 성장하게 되면 형의 의견은 동생에 의해 무시되는 것이 다반사일 것이고, 부모는 원치 않겠지만 형제의 우애가 깨질 수도 있다.

가족은 가족원의 행동을 조절하는 반복적인 상호교류 유형을 통해 움직이는데 이 유형을 파악하는 것이 중요하다. 이러한 유형은 가족원이 어떻게, 언제, 그리고 누구와 관계를 맺는가를 말해 준다. 그러므로 유형과 구조의 개념은 가족원이 항상 의식적으로 깨닫고 있을 수는 없지만 가족원 간의 상호교류를 일관성 있게 특징짓고 정의하는 암묵적인 규칙의 집합을 의미한다. 가족구조를 쉽게 설명하는 것은 어렵다. 그렇기 때문에 가족구조를 알아보기 위해서는 구조를 설명하는 이론적인 체계와 가족들의 실제 행동을 살펴보면서 그들 사이의 상호작용을 관찰할 필요가 있다. 현재 드러난 사실만으로 가족구조에 대해 단정지을 수 없으며, 시간을 두고 가족원들 간의 실제적인 상호작용을 관찰할 때 구조를 분명하게 알 수 있다. 특히 가족 상호작용은 특정상황에 영향을 받을 수 있으므로, 반복적인 행동양식을 통해서 정확하게 가족구조를 파악할 수 있다(신혜종, 2013; Nichols & Schwartz, 2001, 김영애 외 역, 2002).

반복적이면서 일관적이고 조직화되어 예측하기 쉬운 가족의 행동양식들은 기능적인 의미에서 나름의 구조를 가지고 있다. 이러한 구조가 가족을 진단하고 상담하는 것에 적절하고 필요한 지침을 제공해 줄 수 있다고 미누친은 주장한다. 가족구조를 설명하는 경계, 연합, 하위체계 등은 추상적인 개념이긴 하지만, 가족의 상호작용을 이해하고 적절한 개입을 가능하게 한다. 비교적 단기간에 가족의 문제점을 파악하여 가족이 가지고 있는 역기능적인 가족구조를 변화시키고, 그 변화를 통하여 가족원들의 변화를 유도할 수 있다는 점에서 구조적 가족상담은 많은 임상가들이 선호하는 가족상담 모델의 하나로 영향력을 발휘하고 있다.

2) 하위체계

미누친은 가족을 다수의 하위체계(subsystem)를 가진 하나의 체계로 개념화했다. 체계로서 가족을 보면 가족 안에는 다양한 하위체계가 있다. 가족원 각 개인도 하위체계이고, 부부나 형제자매, 부모, 모녀, 부자 등 이인관계도 하위체계이다. 세대나 성별, 흥미나 기호에 따라 하위체계는 형성될 수 있다. 모든 가족원은 여러 개의 하위체계에 속하여 많은 역할과 기능을 하게 된다. 부부, 부모, 부모자녀, 형제자매 등의 하위체계가 제 기능을 잘 수행할 수 있어야 건강한 가족이라고 할 수 있다. 또한 가족은 유기체와 같아서 각 구성원이 성숙하고 유연한 적응력으로 하위체계에서 잘 적응할 때 건강하게 유지되며, 개인은 자신이 속한 다양한 하위체계에서 안정적으로 행동하게 된다(Minuchin, Nichols & Lee, 2007, 오진미 외 역, 2007; 신혜종, 2013).

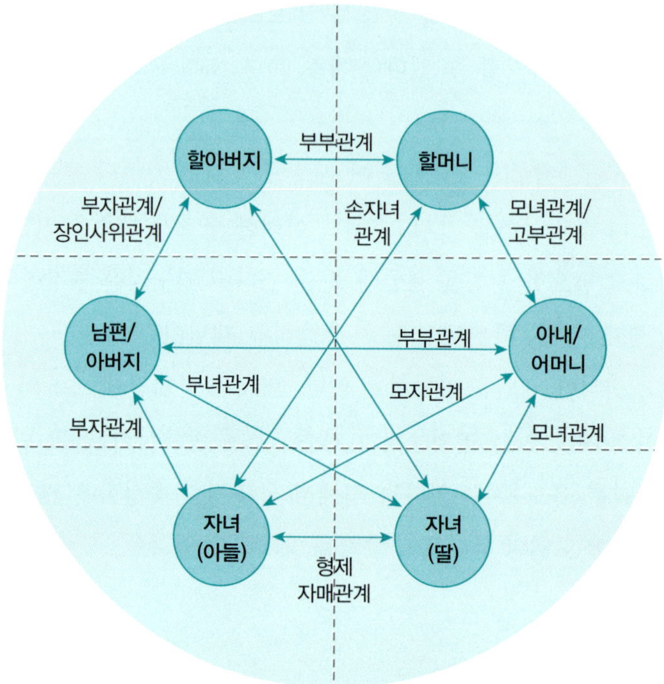

[그림 7-1] 가족 내 다양한 관계 및 하위체계

출처: 정현숙 (2020)에서 재인용.

(1) 부부 하위체계

두 사람의 결혼으로 형성되는 것이 부부 하위체계이다. 서로 존중하고 지원하는 자세로 협상과 타협을 통해 나름의 규칙과 역할을 정하는 것이 필요하다. 남편과 아내로서의 역할, 그리고 나아가 부모로서의 역할 등에서 독립적이면서도 적절하게 기능할 수 있을 때 부부 하위체계는 건강하게 상호작용할 수 있다. 건강하고 기능적인 부부 하위체계는 가족 내의 위계질서를 세우는 데 기초가 된다. 성, 사랑, 친밀감 등이 잘 기능하여 협상과 조정을 통해서 건강한 부부 하위체계를 유지할 수 있다(신혜종, 2013).

〈시어머니의 지나친 간섭으로 흔들리는 부부 하위체계〉

남편은 결혼 9개월 만에 어머니의 반대로 이혼을 하고 현재의 아내와 재혼하였는데, 아내는 초혼으로 시집와서 11세, 9세, 6세의 세 딸을 키우고 있다. 결혼 후 부부는 시부모님, 출가한 막내시누이와 같은 아파트에 살고 있는데, 아내는 시댁으로부터 사사건건 간섭을 받아왔다고 한다. 또한 시부모님이 시누이의 아이들과 자신의 아이들을 차별하거나 무시하는 것처럼 느껴질 때가 많았고 그럴 때마다 아내는 예민해지고 남편과 다투는 일이 잦아졌다.

➡ 시어머니의 지나친 간섭과 남편의 우유부단한 태도로 인해 부부 하위체계가 흔들리고 부부 갈등이 빈번히 유발되고 있다.

(2) 부모 하위체계

결혼으로 새로 형성된 가족 단위는 부부 중심의 부부 하위체계만 존재하지만, 자녀가 출생하게 되면 가족구조는 변하게 되고 부모와 자녀가 상호작용하며 부모 하위체계를 형성하게 된다. 핵가족 안에서 부모와 부부의 하위체계는 동일한 사람이지만 역할과 임무는 다르다. 부모 하위체계는 자녀양육에 관한 기능을 수행하게 되는데, 부부는 서로의 관계를 해치지 않고 자녀들이 연령 및 발달 단계에 따라 건강하고 독립적으로 잘 성장하여 사회화할 수 있도록 도와야 한다. 건강하게 기능하는 가족은 부부 하위체계와 부모 하위체계가 기능적으로 분리되어 존재하면서 부모 하위체계보다 부부 하위체계가 더 상위에 존재해야 한다(신혜종, 2013).

〈부부 갈등으로 인해 역기능적이 된 부모 하위체계〉

남편이 아내 몰래 주식투자를 하다가 실패하여 경제적인 손실을 크게 입고 집이 경매로 넘어가게 되면서 부부갈등은 이혼이야기가 오갈 정도로 심각해졌다. 하루가 멀다 하고 부부싸움이 벌어지고 초등학생과 유치원 자녀들은 부모의 눈치를 보면서 무서워한다. 부부갈등은 시간이 갈수록 더 심해졌고 예민해진 아내는 남편과 자녀에게 신경질적인 태도로 부쩍 소리를 지르거나 윽박지르는 일이 잦아지면서 자녀들은 불안함을 느끼고 혼란스러워 하고 있다.

➡ 경직되고 역기능적인 부부 하위체계는 부모 하위체계를 약화시키고 부정적인 영향을 끼친다. 상호비난하고 무시하는 부모의 모습을 통해 자녀들은 불안과 긴장을 경험하게 되고 당연히 부모 하위체계 또한 역기능적일 수밖에 없다.

(3) 부모자녀 하위체계

부모자녀 하위체계는 부모와 자녀 두 세대로 이루어지며, 부자, 부녀, 모자, 모녀 관계로 구성된다. 이 체계의 중요한 기능은 부모자녀 간의 위계와 부모의 권위가 잘 확립되어서 가족원 모두가 행복하고 건강하게 발전하는 것이다. 부모는 적절하고 타당한 권위와 통제를 통해 자녀를 훈육하고 성장발달을 도와야 한다. 권위와 통제가 적절하게 사용되지 못할 경우 부모자녀 간 갈등이 생기거나 역기능적인 관계를 형성하기도 한다. 부모자녀의 각각의 체계는 분화된 권위를 사용하는 것이 바람직하며 이를 통해 가족원 모두가 건강하게 기능할 수 있다(정문자 외, 2012).

(4) 형제자매 하위체계

동일한 세대의 형제자매로 구성되는 이 하위체계에서는 성별이나 가족 내에서의 역할 등에 따라 자연스러운 위계를 가지게 된다. 일상생활 속에서 경험하게 되는 다양한 갈등 속에서 양보와 타협, 협동과 경쟁을 배우면서 서로를 지지하고 분화하고 희생하는 법 등을 배우게 된다. 형제자매 관계에서 상호작용하며 배우고 획득하게 되는 학습이나 위치는 이후 성인의 삶에서도 매우 중요하다. 이 체계가 기능적이기 위해서는 부모의 영향력에서 자유로운 자신들만의 세계와 즐거움을 개발하고 확립할 수 있어야 한다. 또한 사생활 보호 및 시행착오를 겪는 것에 대한 자유가 주어져야 한다(정문자 외, 2012).

부모의 역할은 형제자매가 서로 간에 친밀감과 유대감을 높이고 형제자매 사이에서 일어나는 갈등이나 문제를 스스로가 자율적으로 해결할 수 있도록 기회를 주는 것이어야 한다. 또한 형제자매 중 그 어느 쪽도 억울함을 느끼지 않도록 공평하게 대하여야 할 것이다.

〈형제자매 간의 갈등 사례〉

군복무 후 복학한 대학생 내담자 S군은 1남 1녀의 장남으로 연년생인 여동생이 있다. 언제부터인지 알 수 없으나 가족과 단절되어 필요한 말 이상은 전혀 하지 않고 집에서도 자기 방에만 머무르고 있다. 부모님께 필요한 용돈을 달라는 소리도 안 해서 제때에 납부해야 할 비용이나 등록금 등의 납기일을 어기는 경우가 많다고 하였다. 그러한 아들의 모습이 걱정되어 부모님은 상담을 신청하였는데, 5~6회기 개인 상담이 진행될 동안에도 S군은 가족에게 별다른 감정이 없다고 하였다. 이후 상담이 계속 진행되면서 상담자와 어느 정도 라포가 형성되자 S군은 중학교 때 가족 외식 중 아버지에게 용돈을 달라고 하는 자신을 보면서 동생이 심하게 면박을 주고 무시했던 일이 있었음을 이야기하였다. 그 이후로 매번 부모님보다도 더 심하게 잔소리를 해대는 여동생에게 심한 스트레스를 받고 있었다. 그럴 때마다 부모님은 매사에 똑부러지고 자신의 일을 척척 알아서 하는 여동생의 편을 들었다고 한다. 항상 여동생의 말이 다 맞았고 부모님이 늘 동생처럼 좀 야무지게 뭐든 해보라는 소리를 많이 하셨던 것이 S군에게는 깊은 상처가 되고 있었다. 그 이후 자연스럽게 가족들과는 거리를 두게 되고 정서적으로 멀어지면서 가족과 소통할 필요를 느끼지 못하였음을 알 수 있었다.

➡ 이 사례에서는 형제자매 체계 간의 위계가 바뀌어 동생은 오히려 오빠보다 권위를 가지고 오빠의 일에 누나와 같은 위치에서 오빠에게 지시하는 것을 볼 수 있다. 그런 역기능적인 형제자매 체계에 부모님이 여동생의 편을 들고 힘을 실어주게 되면서 오빠는 더더욱 소외감을 느끼고 스스로 관계를 거부하는 패턴으로 나아가게 되었고 형제자매 체계는 경직되어 있다.

(5) 기타 하위체계

가족 내에는 이 외에도 다양한 하위체계가 존재한다. 고부간에 형성되는 고부체계뿐만 아니라, 자녀의 육아를 도와주며 처가가 가족 내에서 영향력을 행사하게 되면서 장모와 사위 간의 장서체계나 장인과 사위의 옹서체계 갈등도 새로운 가족의 이슈로 떠오르고 있다. 특히 한 자녀 가족이 등장하면서 형제자매 하위체계가 없는 가족이 등장하고 있고 체계 간의 권위와 질서, 영향력에 따라 가족원은 다양한 역할을 수행하면서 협력과 갈등을 겪기도 한다. 유기체로 연결된 가족원이 각 하위체계 내에서 잘 적응하며 기능할 때 가족은 건강하게 유지될 것이다.

〈장서 갈등 사례〉

부모님의 이혼으로 조부모님 슬하에서 외롭게 성장한 남편은 결혼 후 딸만 둘인 처가댁에서 아들 역할을 하며 장인, 장모님을 부모님이라 생각하며 모시려고 처가와 가까운 곳에 신혼집을 장만했다. 맞벌이를 하면서 아내가 임신을 하게 되었고 비교적 근무시간이 탄력적이고 육아휴직을 사용하는 것에도 부담이 적어 합의 하에 남편이 육아 휴직을 1년 하고 육아를 담당하기로 합의하였다. 그러나 가사와 육아를 거의 남편에게 맡기는 아내와 수시로 집에 머물면서 잔소리를 하는 장인 장모님 때문에 남편은 마음이 계속 불편해졌고 아내와 이야기를 해보아도 오히려 도와주시는 데 감사하지 않고 불만이냐는 핀잔에 남편은 너무 답답해졌다. 더구나 아내는 남편의 조부모님을 찾아뵙는 것을 부담스러워 하며 자신의 부모님과는 다르다고 선을 긋게 되면서 남편은 키워주신 조부모님에 대한 죄송함과 점점 가사와 육아를 자신의 몫으로 너무 당연하게 행동하는 아내에 대해 불만을 표하면서 갈등이 잦아지고 있었다. 부부 갈등이 생길 때마다 아내는 친정 부모님에게 하소연하고 장인 장모님은 남편을 불러 야단을 치면서 관계가 더 악화되고 있었고 남편은 심각하게 이혼을 고려하고 있었다.

➡ 결혼 후 부부체계는 자녀 출생과 더불어 부모체계로서 기능하게 된다. 부부가 잘 합의하고 협력하여 부모역할을 감당하여야 하나 이 사례에서는 친정 부모님의 도움을 받게 되면서 부모체계의 역할에 균형이 깨지게 되었고 부부체계의 갈등으로 이어지고 있다. 부부는 결혼을 한 후에는 원가족과 분화되어 건강한 부부 및 부모 하위체계로서 기능해야 하지만 아내는 친정 부모님과 융합되어진 모습으로 부모역할을 회피하고 있다. 장인 장모 또한 출가한 자녀를 독립적인 시각으로 바라보지 않고 사사건건 개입하면서 장서체계 간 갈등이 발생하고 이는 다시 부부체계의 갈등으로 이어지고 있다.

3) 경계

경계(boundary)는 가족원들 간 신체적 및 심리적 거리를 다루고 친밀감, 거리감, 위계 그리고 가족역할의 규준을 정의하는 규칙이다(Gehart, 2014, 이동훈 외 역, 2021). 개인과 다른 하위체계를 둘러싸는 눈에 보이지 않는 선으로 체계의 안과 밖을 구분한다. 규칙을 통해 다른 가족원들과 접촉하는 양과 성격을 결정하며, 개인-개인, 하위체계-하위체계 간의 상호작용에서 누가, 어느 정도, 어떻게 관여하는지를 정하게 된다(김혜숙 외, 2012).

경계는 체계 간의 차이점을 보호하는 기능을 한다. 개인이나 하위체계 간의 경계가 명확하여 가족원이 방해받지 않고 자신들의 기능을 잘 수행할 수 있을 때 가족이 건강하게 기능하고 있음을 알 수 있다(Minuchin 1974, 이명홍 역, 1988). 경계를 정한다는 것은 가족들로 하여금 가족 내에서의 자신의 역할과 위치를 규정하는 것을 의미하는데, 가족원 간의 분명한 위치와 역할은 불필요한 가족들 사이의 갈등을 감소시킨다. 너무 딱딱하거나 불분명한 경계는 가족원 간의 역기능을 초래한다. 가족의 경계는 경직된(rigid), 명확한(clear), 모호한(diffuse) 경계라는 세 가지 범주로 설명할 수 있다(김용태, 2000).

명확한 경계가 자율적인 가족 경계의 형태로 가장 바람직하다. 가족이 부딪히게 되는 여러 가지 발달 상황이나 스트레스 상황들을 고려하여서 가족 경계는 융통성 있게 조절될 수 있어야 한다. 가족원 개인의 발달적인 욕구 충족을 지원하면서 또한 외부환경과도 끊임없이 상호작용하는 체계가 가족이다. 가족을 둘러싼 내외적 상황에 적절히 적응하기 위해서는 경계를 적절하게 조율하는 것이 필요하다.

(1) 경직된 경계

가족원들의 상호작용에서 '나는 나이고 너는 너'라는 태도로 서로에게 개입하지 않고 지나치게 독립적인 태도를 취하는 경우가 경직된 경계(rigid boundary)이다. 이러한 가족의 형태를 유리된 가족(disengaged family)이라고 부른다. 지나치게 엄격하고 외부의 하위체계들과의 접촉을 거의 하지 않기 때문에 개인의 정체성의 구분이 모호하고 유리된 관계로 서로 뿔뿔이 흩어져 고립된다. 가족원들이 자율적으로 기능하고 독립적으로 보이지만, 충성심이나 소속감과 유대감이 부족하며 도움이 필요할 때조차도 서로에게 도움을 구하는 것을 어려워한다. 가족의 의사소통이나 상호교류가 거의 없고 따뜻한 사랑과 돌봄을 받지 못하므로, 서로에게 거리감을 많이 느끼게 된다. 가족의 심한 스트레스 상황이나 서로의 지지와 격려가 필요한 경우에도 문제해결 능력이 적절하게 제공되지 못한다.

〈경직된 부부관계〉

내담자 부부는 친구 모임에서 알게 되어 석 달 정도 교제를 한 후 결혼을 한 4년차 부부로 4세 딸아이를 키우고 있다. 활발하고 사교적인 아내는 과묵하고 진지해 보이는 남편에게 호감을 가졌고, 남편은 자신과는 다르게 붙임성이 있고 유쾌한 아내에게 호감을 가져 결혼을 하게 되었다. 그러나 결혼 생활이 시작되자 남편은 아내가 지나치게 간섭을 한다고 생각했고, 아내는 의사소통이 되지 않는 남편으로 인해 너무도 답답함을 느끼며 서로에 대한 불만을 쌓아가게 된다. 결혼 후 1~2년 동안은 아내가 지속적으로 대화를 시도하고 남편과 소통하고자 하였으나 남편은 아내의 불만을 이해하지 못했다. 오히려 아내의 잔소리를 피곤하게 여겨 입을 더 닫게 되면서 아내 또한 이제는 남편과의 소통을 포기하고 정말로 필요한 한 두 마디 외에는 일절 대화를 하지 않고 지내고 있다. 부부관계도 거의 없으며 부부가 함께 있게 되면, 아내는 4세의 자녀와 방으로 들어가 버리고 남편은 거실에서 TV를 보면서 대화를 거의 하지 않고 있다.

➡ 서로의 역할을 구분하여 아내는 육아와 가사를 담당하고, 남편은 직장을 다니며 가정 경제를 책임지는 것으로 독립적인 기능을 하는 부부체계이다. 그러나 서로 간의 의사소통이나 지지, 유대감 등은 결여되어 부부 사이가 경직되고 거리감을 느끼고 있다. 정서적인 소외감을 부부 모두 느끼고 있지만 먼저 다가가 도움을 청하지 않고 있어 부부 사이의 거리감은 더 멀어지고 있다. 시댁이나 친정에 문제가 생기면 아내는 남편의 도움을 얻지 못하고 극심한 스트레스 상황이 되어 우울감을 호소하고 있다.

(2) 명확한 경계

가족원 각각의 역할과 위치가 잘 정해져 있어 서로가 서로의 영역을 침해하지 않고 독립적인 영역을 인정하면서도 필요한 경우에는 서로 돕고 지지하면서 협동하는 가족을 기능적이라고 볼 수 있다. 이렇듯 가족원 각각이 '나'라는 정체감과 '우리'라는 소속감을 동시에 가지면서 상호작용하는 가족은 명확한 경계(clear boundary)를 가지고 있다고 볼 수 있다. 명확한 경계는 확고하면서도 융통성을 가지고 있다. 가족원은 서로를 지원하고 보살펴주면서 동시에 어느 정도의 자율성도 허용한다. 즉 개인의 자주적이고 독립적인 영역을 보장하면서도 서로의 도움이 필요한 경우에는 소속감을 가지고 협동하고 지지하며 돕는다(신혜종, 2013).

〈명확한 경계를 가진 가족의 예들〉

- '식사시간에는 휴대폰을 보지 않는다.'라는 규칙은 외부의 방해로부터 우리 가족을 보호하는 경계를 확고하게 해준다.
- 일주일은 각자 자유롭게 생활하지만 주말은 꼭 함께 저녁을 먹으면서 서로의 생활을 나누며 서로의 생각을 나누기로 한 가족규칙은 가족원들의 자율성을 보장하면서 서로 함께하는 시간을 통한 유대감과 소속감을 갖게 한다.
- 저녁식사는 7시 30분에 가족이 함께 한다는 규칙을 정하였으나, 아들 회사의 중요한 회의가 있어 늦어질 경우 융통성 있게 허용하고 시간을 유연하게 적용할 수 있다.
- 자녀양육에 부부가 힘을 합하며 부모로서의 역할에 충실하면서도 부부만의 시간을 따로 만들어 함께 영화를 보거나 외식을 하면서 대화를 나누는 것을 통해 부부의 역할에도 충실한 것이 명확한 경계를 가졌다고 볼 수 있다.

(3) 모호한 경계

가족이라면 모든 것을 함께 하고 같은 목표와 방향으로 가야 한다고 굳게 믿으면서 가족 내의 결속과 단결을 강조하는 가족은 밀착되고 모호한 경계(diffuse boundary)를 가졌다고 볼 수 있다. 개인의 생각과 의견보다는 가족이 모든 것의 우선이 되어야 하고 가족의 가치가 가장 중요한 관심이 된다. 이렇듯 모호한 경계를 가진 가족은 구성원들이 지나치게 융합되어 있으며 감정적으로 밀착되어 있어서, 필요 이상으로 서로에게 개입하고 관여한다. '나의 일이 너의 일이고 우리 모두 함께' 해야 하므로 이러한 가족구조에서는 한 가족원의 행동이 즉각적으로 다른 가족원에게 영향을 미치게 된다. 가족원들 사이의 경계는 모호해지고 거리감이 없으며 서로에 대한 강한 소속감 때문에 개인의 독립성과 자율성은 방해를 받게 된다(송성자, 2004).

또한 최대한 가족의 일체감을 강조하면서 개인시간이나 영역은 허용되지 않는 밀착된 가족(enmeshed family) 형태를 보인다. 모든 가족원이 같이 생각하고 느껴야 한다고 하여 서로의 독립성과 개별성을 인정하지 않는다. 이러한 가정의 부모들은 사랑이 많고 사려 깊어서 자녀들과 함께 많은 시간을 보내고 자녀들을 위해 많은 것들을 해준다. 하지만 부모들과 밀착된 자녀들은 의존적이 될 수밖에 없다. 그들은 혼자 있는 것에 불편함을 느끼며 가족 외부의 사람들과 관계를 맺는 것에 어려움을 겪을 가능성이 높다.

〈모호한 경계를 가진 가족의 예〉

- 시집을 간 큰 딸이 싸우고 친정에 와서 하소연한다. 부부는 사위를 불러 다짜고짜 왜 자기 딸 마음고생을 시키는지 잔소리를 퍼붓고 앞으로도 계속 이렇게 행동하면 곤란하다는 경고를 준다.
- 미국으로 시집 간 친구가 들어와 오랜만에 주말 여고모임이 잡혔다. 거의 10년 만에 만나는 친구들이 있어서 설레고 기대에 부풀어 있는데, 금요일 저녁 시어머니가 김장을 한다고 아침 일찍 오라신다. 늘 이런 식으로 일방적인 시어머니의 태도에 맘이 상하고 답답하다. 말대꾸라도 하는 날이면 불호령이 떨어지고 몇 달간 눈치를 보아야 하기에 결국 친구에게 양해를 구했지만 너무도 속상하다.
- 형제가 싸우면 부모가 항상 끼어들어 해결해 주려고 하여, 자녀들은 스스로 싸우는 법과 문제를 해결하는 법을 배우지 못한다.

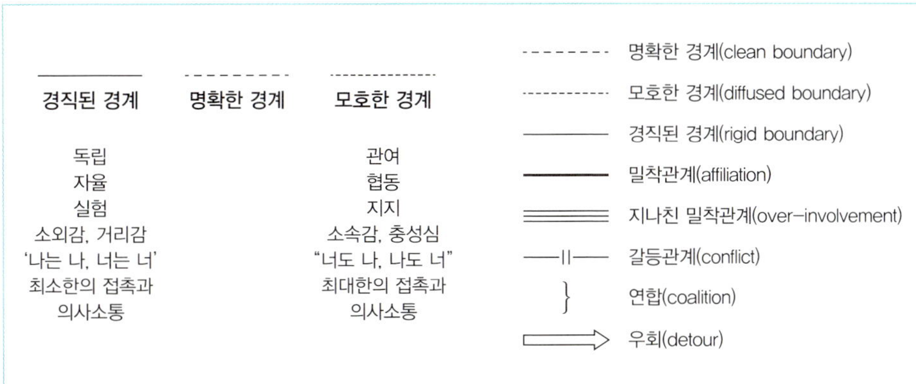

[그림 7-2] 경계의 종류와 범주

출처: 정문자 외 (2012).

4) 위계

가족의 위계(hierarchy)는 하위체계 간의 경계와 기능을 기반으로 발생되는 권력과 관련되어 있다. 가족이 적절히 기능하기 위해서는 효율적인 위계가 확립되어 각 구성원이 적합한 위치에 있어야 한다. 부모와 자녀가 분화된 구조를 가져야 하며 부모 하위체계는 자녀의 성장과 발달을 책임져야 한다. 따라서 부모 하위체계는 자녀 하위체계보다 위계의 위쪽에 존재하면서 권위와 영향력을 가지고 있어야 한다(신혜종, 2013). 보편적인 위계가 위반되어 가족이 상호작용하게 되면 역기능이 발생할 수 있는데, 이러한 역기능은 가족원이 서로 연결되는 방법을 의미하는 제휴(alignment)라는 개념으로 설명 가능하다. 제휴는 가족원 간의 정서적 혹은 심리적인 연결에 관한 것으로, 다른 가족원의 활동에 대해 협력하거나 대립하는 관계를 가지는 것을 말하며 연합과 동맹이 있다.

(1) 연합

연합(coalition)은 가족원 두 사람이 제3의 가족원에게 대항하기 위해 서로 협력하는 것으로 안정된 연합(stable coalition)과 우회연합(detouring coalition), 그리고 삼각관계(triangulation)가 있다.

안정된 연합은 가족원 중 두 사람이 서로 밀착된 관계를 지속적으로 형성하여 다른 한 사람을 배타적으로 밀어내는 현상으로, 두 사람이 정서적으로 깊이 연합하여 제3자인 다른 가족원에 대한 통제와 지배를 하는 것이다. 이러한 안정연합이 세대를 넘어 형성하게 된다면 가족의 위계가 무너지면서 역기능적이 된다. 예를 들어, 가부장적이고 강압적인 남편과의 갈등으로 남편에게 대항하고자 아내가 자녀에게 남편의 흉을 보고, 자녀 또한 자연스럽게 아버지를 적대시하게 되는 상황을 들 수 있다. 자녀와의 밀착을 통해 아내는 정서적인 안정감을 가지게 되고 가족 내의 정보와 이야기들을 자녀와만 공유한다. 결국 남편을 심리적으로 불편하게 하면서 은연중에 지배하고 통제하게 되는 것이다(김용태, 2000). 아내가 자녀와의 안정된 연합을 형성하여 남편을 통제하고 지배하는 시도를 지속할 경우 부모체계의 권위와 기능은 약화될 수밖에 없다.

우회연합은 가족원 간의 갈등을 피하기 위한 수단으로 가족원 중 다른 사람을 끌어들여 정서적으로 연합하려는 시도로서, 특히 가족의 위계를 위태롭게 한다. 위의 경우에서처럼 부부의 갈등이 심한 경우 아내가 남편과의 갈등을 직접 해결하려 하기보다는 갈등을 피하려는 방법으로 자녀와 정서적으로 밀착된 관계를 형성하면서 정서적인 연합을 통해 부부 간의 갈등을 우회적으로 해결하려고 시도하는 것이다. 아내는 남편과의 갈등으로 인한 자신의 슬픈 감정을 위로받고자 자녀에게 아버지의 흉을 보거나 자신의 슬픈 감정을 토로한다. 만일 아내가 자녀와의 정서적 밀착을 통해 자신의 슬픔과 외로움이 달래진다면 남편과의 갈등이 생길 때마다 자녀와의 정서적 밀착을 시도하게 된다. 이 상황이 아내가 자녀와 우회연합을 형성하게 되지만 안정된 연합과 다른 점은 자녀가 어머니와 함께 아버지를 적대시하지는 않는다. 그러나 이러한 경우에도 우회연합의 대상으로 지목되는 자녀는 정서적 · 행동적인 문제를 일으킬 수 있고, 부모자녀 간의 경계가 파괴되어 결국 가족의 위계가 무너질 수 있다.

가족연합의 또 다른 형태인 삼각관계는 서로 갈등 속에 있는 두 가족원이 가족원 중 동일한 제3자를 통해서 상대방을 제압하려고 맺는 연합관계를 말한다. 부부갈등이 심하지만 서로 해결하지 못할 경우에 남편과 아내는 각자가 제3자인 자녀에 대해 관심을 집중함으로 이러한 갈등관계를 해소하려고 한다. 집중된 관심은 자녀를 자기의 편으로 끌어들이는 시도를 통해 자연스럽게 상대방을 배제하려 시도하게 된다. 그 사이에서 자녀는 과도한 부모의 관심으로 인해 심한 스트레스를 받게 되고 혼란에 빠지게 된다. 결국 자녀는 서로 양립할 수 없는 부모의 의견을 동시에 수용해야 한다. 양쪽 부모 모두에게 정서적이고 심리적인 연결을 해야 한다는 부담감과 압박감을 느끼면서 자녀는 부부 사이의 희생양이 된다(김용태, 2000).

(2) 동맹

동맹(alliance)은 이해를 같이 하는 가족원 두 사람이 공동의 목적이나 이익을 위해서 제휴하는 것으로 제3자와 관계가 반드시 적대적이진 않다. 대표적인 예로 형제들이 서로 합세하여서 부모님에게 용돈 인상을 요구하거나 귀가 시간을 늦춰달라는 요구를 하는 것, 혹은 부부가 연합하여 규칙을 정하고 자녀를 통제하는 경우 등을 들 수 있다. 그러나 세대를 넘어 동맹이 형성되는 경우에는 부모의 권위가 실추되면서 하위체계도 약화되어 가족의 위계가 무너질 수도 있다(김혜숙 외, 2012). 예를 들어 가부장적인 남편에 대항하여 아내가 아들과 동맹을 맺고 자신들의 요구를 관철시키려고 협력하는 경우 아버지의 권위가 무너져 아들에 대한 적절한 지도가 어려워진다. 또는 남편은 큰 딸과, 아내는 작은 딸과 동맹을 맺게 되면 가족은 둘로 나뉘어져 부모체계의 권위나 기능에 문제가 발생하는 것은 물론 형제자매 체계에서도 소원하고 경직된 관계가 되기 쉽다.

3 상담목표와 상담과정

1) 상담목표

구조적 가족상담자는 가족의 역기능적인 구조에 의해서 문제나 증상이 지속적으로 유지된다고 본다. 따라서 구조적 가족상담의 목표는 가족의 구조를 변화시켜서 가족 내의 문제해결을 돕는 것이다. 상담자는 가족원들이 구조를 변화시키는 것을 돕기 위해 가족체계에 같이 참여하여 경계를 바꾼다. 또한 하위체계를 재조정하기 위하여 가족원들의 경험과 행동을 바꾸게 된다. 문제해결은 가족원들의 역할이며 가족의 기능이 변화하도록 돕는 것은 상담자의 역할이다.

일반적으로 가장 중요한 목표는 '효과적인 위계질서 세우기'로 가족 안에서 자녀와 부모가 연합하지 않도록 하며, 부모의 건강한 권위를 세울 수 있도록 각 하위체계 간의 적절한 위계질서를 유지하도록 구조를 바로잡는 일이다. 경직되거나 모호한 경계를 바로잡아 명확한 경계로 바꾸기 위해 가족이 가지고 있는 규칙을 재조정하고 강화하거나 유연하게 만들어 가족원들의 기능 수준이 향상되도록 한다. 또한 부모가 연합하여 일관된 모습으로 서로 지원하고 적응하는 모습을 보일 때, 자녀들은 더 이상 부모와 연합하지 않고 동년배의 형제자매 체계로 건강하게 기능할 수 있게 된다(Nichols & Schwartz, 2001, 김영애 외, 2011).

2) 상담과정

구조적 가족상담의 과정은 크게 세 단계로 이루어지는데, 첫째는 상담자가 가족에 적응하면서 기존의 가족과 자연스럽게 관계를 맺으면서 합류하는 단계이다. 두 번째는 가족원들의 역기능적인 행동을 탐색하여 가족의 구조를 파악하고 확인하는 단계이며, 마지막으로는 그러한 가족을 재구조화시키는 단계이다(최규련, 2008).

(1) 제1단계: 가족과 합류하기

가족의 재구조화 작업을 순조롭게 진행하려면 상담자와 가족의 상호이해와 적응을 통한 신뢰로운 관계를 형성하는 것이 필요하다. 상담자는 가족의 조직 및 가족원들의 상호작용 유형들을 있는 그대로 수용하면서, 그들만의 방식을 존중하고 강점을 경험하면서 가족체계와 관계를 맺는 것이 필요한데 이것이 합류(joining)이다(김혜숙 외, 2012). 합류는 가족에 대해 인간적인 관여를 하는 것으로 라포와 비슷한 개념이다. 다만 라포는 치료적 관계의 상태를 의미한다고 본다면 합류는 치료적 관계 형성을 위한 상담자의 행동을 표현하는 의미를 지닌다. 미누친은 합류가 기법이라기보다는 상담자의 태도로 보았는데, 상담자가 가족을 어떻게 이해하고 있는지 그리고 가족들을 위해 함께 작업하고 있다는 것을 알리는 것이다(김유숙, 2014).

상담 초기에 가족은 불안해하면서 서로 비난하거나 약간의 죄책감을 가지고 비협조적일 수 있다. 가족 안에 고착된 행동과 어려움을 가지고 있을 경우 변화에 어려움을 겪을 수도 있다. 효과적인 상담을 위해서는 상담자가 가족에게 영향력을 발휘할 수 있어야 하는데, 가족상담자가 그 가족과 구성원들을 이해하고 수용한다는 것을 직접 경험하도록 보여줄 수 있어야 한다. 상담자는 따뜻하고 수용적인 방식으로 말하고 가족에게 말할 기회를 동등하게 주어야 하며, 서로의 강점을 부각해 주고 긍정적 행동을 강화해 준다. 또 모든 사람들이 다루고 싶어 하는 사안을 골고루 다루어 주면서 가족원 간의 긍정적인 상호작용 분위기를 이끌어내는 방법 등을 사용하여 성공적인 합류를 이끌어낸다(정문자 외, 2012).

(2) 제2단계: 가족의 구조 확인

합류 후 상담자는 가족의 상호작용과 가족구조를 사정하고 평가하기 위해서 가족원의 성별이나 연령, 직업, 가족주기에 따른 발달단계, 스트레스 상황들과 제시하는 문제 등에 대한 질문을 통해 가족에 대한 특성을 탐색한다. 상담실에서 가족들이 앉는 위치, 물리적 거리, 가족들 간의 상호작용 모습 등을 관찰하는 것은 가족 내 하위체계의 기능이나 경계, 그리고 가족원들의 제휴나 위계 등에 대한 단서를 얻을 수 있어 중요하다(최규련, 2008).

구조적 가족상담에서는 상담자가 임의로 가족구조에 대해 미리 가정하지는 않는다. 상담 장면에서 가족이 보여주는 상호작용을 관찰하고 실연(enactment)하게 하여 가족의 구조와 유형을 파악하는 것을 강조한다. 실연은 상담자가 가족에게 상담 장면에서 자신들의 상호작용을 실제로 행동해 보이도록 요청하는 것이다. 상담자는 실연기법을 통해 가족원 중 한 사람과 먼저 대화를 시도하고 다른 사람들을 끌어들여 평소 가족이 행동하는 모습을 실제로 해보도록 한다. 상담자는 실연을 관찰하는 과정에서 가족이 서로 다른 방식으로 상호교류를 시도하도록 제시하기도 하고, 상담 중 가족의 재구조화 작업을 진행하기도 한다(정문자 외, 2012).

(3) 제3단계: 가족의 재구조화

가족의 재구조화란 가족의 역기능 구조를 변화시키는 것을 말하는데 가족의 경계 조정, 하위체계의 기능 강화, 위계의 확립 등이 포함된다. 가족의 증상은 개인의 문제가 아니라 역기능적인 가족의 체제를 반영하고 있다고 보고 상담자는 가족들이 문제를 정의하는 방식에 대해 도전해야 한다. 또한 가족이 마주하고 있는 현실은 가족원들이 공유하고 있는 믿음에 근거하고 있기에 가족들의 그러한 믿음에 도전함으로써 가족을 재구조화한다. 그리고 그러한 문제들이 경계에 대한 믿음과 어떠한 관련이 있는지 이해시키고 가족의 경계를 다른 방식으로 설정하게 하면서 가족을 재구조화할 수 있다(김용태, 2000).

3) 상담자의 역할

구조적 가족상담자는 가족의 재구조화라는 상담목표를 위해서 가족에게 합류한다. 가족을 수용하고 존중하며 가족원들의 상호작용에 적응해 나가면서 가족 고유의 상호교류 및 패턴을 관찰한다. 그러한 관찰을 토대로 가족원과 가족의 고유한 환경을 고려하여 가족에게 이상적인 구조가 무엇인지를 명확히 파악하려 한다. 가족의 위계질서를 바로 잡고 가족의 구조를 강화하기 위하여 상담자 자신을 활용하고 가족원들의 위치와 역할을 세움으로써 가족원 개개인의 경험을 변화시킨다. 가족을 지원하고 상담과정에서 새로운 방법들을 시도할 수 있도록 도우며 그러한 시도와 성공을 인정하고 칭찬한다. 가족을 존중하지만 지도자의 역할을 통해 적극적이며 확고한 방법으로 개입해 나가면서 가족원들이 상호 간에 어떻게 상호작용하고 행동해야 하는지도 가르치면서 가족의 재구조화를 돕는다(정문자 외, 2012; 신혜종, 2013).

4 상담기법

구조적 가족상담의 상담기법은 가족에 대한 개입단계에 따라서 합류를 위한 기법, 가족의 구조를 사정하기 위한 기법, 그리고 가족을 재구조화하기 위한 기법으로 구분할 수 있다.

1) 합류를 위한 기법

상담자와 마주한 가족들은 초기에는 상담에 대한 불안을 느끼며 가족상담에 저항하면서 상담자에게 협조하기를 꺼릴 수 있다. 그때 상담자는 효과적인 상담으로 이끌기 위해 강력한 도전과 직면을 할 수 있어야 하는데, 그러기 위해서 상담자는 가족과 가족원을 이해하고 수용한다는 것을 보여주면서 가족체계에 효과적으로 합류하며 영향력을 발휘해야 한다. 가족에게 효과적으로 합류하기 위해서는 가족원들의 사랑, 갈등, 아픔 등을 함께 느끼면서 가족의 조직과 유형을 수용할 수 있어야 한다. 이러한 합류는 상담의 초기과정을 단축시키고 상담의 효과를 극대화하는데 합류의 기술에는 유지, 추적, 모방 등이 있다(신혜종, 2013).

(1) 유지

가족의 구조를 분석하면서 의도적으로 상담자가 현재 가족의 전체 구조를 지지해주는 것이 유지(maintenance)인데, 가족의 체계에 대한 적극적인 승인과 지지를 포함한다. 또한 가족원 개개인의 장점이나 가능성을 인정해 주면서 특정 가족원의 위치도 지지해 준다. 예를 들면 부모님에게 억지로 상담에 끌려 와서 입을 다물고 있는 청소년에게 억지로 말을 시키기보다는 '지금은 말을 하고 싶지 않구나. 말하고 싶을 때 말을 하면 된다.'라고 하면서 자녀의 입장을 존중해 주는 것이다.

유지는 또한 가족을 재구조화할 수도 있다. 상담자가 가족 내 특정 하위체계를 있는 그대로 지지하면서 존중할 때 다른 가족들은 적응을 위해 재구조화하여야 할 것이기 때문이다. 시어머니와 남편이 모호한 경계로 융합되어 있을 때, 상담자가 상대적으로 약한 부부체계를 지지하게 되면 남편과 시어머니의 하위체계는 재구조화할 필요성을 느낄 수밖에 없다(정문자 외, 2012).

(2) 추적

가족의 의사소통 및 상호작용하는 행동양식을 따라가면서 그것이 계속되도록 격려하며 가족의 구조와 체계의 기능을 탐색하는 것을 추적(tracking)이라 한다. 가족들의 이야기를 명확하게 이해하기 위해서 질문을 하고 가족이 말하는 내용을 추적해서 핵심을 파악하는 작업으로 가족의 구조에 적응하는 또 다른 기법이다. 상담자는 가족의 이야기에 도전하지도 반박하지도 않으면서 가족의 이야기를 명확하게 하기 위한 질문이나 찬성하는 의견을 표현한다. 가족이 말한 내용을 토대로 가족문제의 핵심을 이끌어 내는 작업들을 위해 추적기법을 사용한다. 지지적인 언급, 이야기를 명료화하기 위한 질문, 인정하고 격려하기 등이 포함된다. "네, 그렇군요.", "아이의 그런 행동을 보실 때마다 어머니는 어떻게 하세요?", "부부싸움 후 화해는 주로 누가 시도하나요?" 등의 추적질문들을 통해 가족 하위체계의 기능을 파악할 수 있다(최규련, 2008).

(3) 모방

상담자가 가족의 의사소통방식이나 내용을 흉내내거나 따라하고 공통된 경험을 함께 이야기하면서 가족에 합류하는 방법이 모방(mimesis)이다. 이 모방을 통해 상담자는 가족원과의 친밀감이나 동질감을 형성할 수 있다. 가족들이 사용하는 단어나 어조, 상호작용하는 행동 유형 등을 모방한다. 이러한 과정에서 상담자는 가족과 자연스럽게 친밀해지고 필요한 경우에 지시적인 자세를 취할 수 있는 영향력도 확보하게 된다(신혜종, 2013). 예를 들어, 부부가 함께 상담을 받는데 아내는 남편이 얘기를 할 때마다 자신도 모르게 콧방귀를 뀌며 비웃는 태도를 취한다고 하자. 분명 남편은 아내의 그런 태도에 기분이 상해 보이는데도 갈등을 피하려는 듯 모른 척 넘어간다. 그때 상담자는 아내가 이야기를 할 때마다 그러한 모습을 모방하며 아내의 기분을 묻는 과정을 통해 남편과의 대화에서 아내가 스스로의 행동을 일깨우도록 도울 수 있을 것이다.

2) 가족구조 사정을 위한 기법

(1) 실연

실연(enactment)이란 상담자가 상담에서 가족들이 그들만의 상호작용을 그대로 재연하도록 만드는 것이다. 실연을 통해 상담자는 가족의 역기능적인 가족구조를 한 눈에 파악할 수 있다. 가족들 또한 자신들의 역기능적인 상호작용을 확인하게 되면서 개인에게 맞춰져 있던 문제의 초점을 가족체계로 넓혀 인식할 수 있게 된다. 실연화의 과정을 통해 가족에 대한 실제적인 정보를 얻게 된 상담자는 적절한 개입과 지지를 통해 가족원들이 새로운 상호작용과 새로운 가족 위계를 상담 장면에서 안전하게 실험할 수 있도록 도울 수 있다(김혜숙 외, 2012). 상담자는 가족이 외식을 하게 될 때 누가 결정권을 갖는지, 가사 분담은 어떻게 결정하는지 등의 질문을 던지게 된다. 그리고 가족들이 의견을 수렴하는 과정을 상담에서 직접 실연해 보도록 한 뒤, 그 과정에서 탐색되는 가족의 상호작용을 통해 가족의 구조를 사정하게 된다.

(2) 가족지도

하위체계의 기능과 경계, 그리고 위계 등을 간단하게 그림으로 나타낸 것이 가족지도(family map)이다. 가족구조를 가족지도의 기호를 활용하여 나타내게 되면 현재의 가족구조를 보다 쉽게 이해할 수 있다. 구조의 변화과정을 평가하거나 상담의 목표를 정하는 것에 가족지도를 사용할 수 있다. 예를 들어, 경제적 어려움과 남편의 외도로 부부갈등이 심각해진 상황에서 부부 모두 자녀와 삼각관계를 형성하며 경직된 경계를 가지고 있는 부부가 상담을 통해 부부관계가 개선되고 부부체계 및 부모자녀체계가 모두 명료해지는 경우를 [그림 7-3]의 가족지도로 나타낼 수 있다.

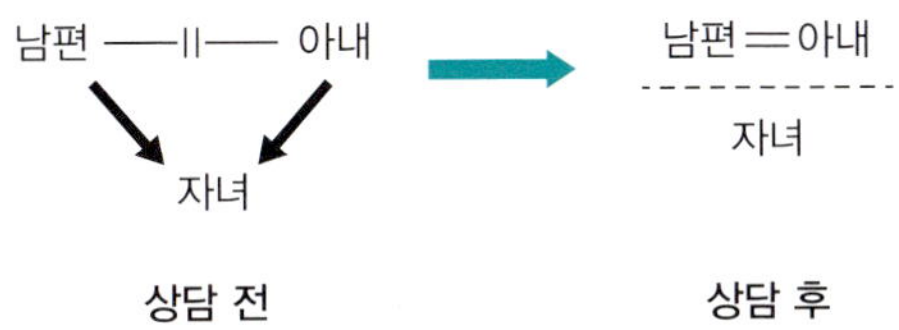

[그림 7-3] 상담 후 변화된 가족지도

3) 가족 재구조화를 위한 기법

가족의 역기능적인 구조를 변화시키기 위해 상담자는 긴장을 고조시키는 방법, 가족의 문제를 재정의하는 방법, 가족원 간의 경계를 설정하는 방법, 가족의 자원과 강점을 찾아내어 사용하는 방법, 그리고 과제를 주는 방법 등의 기법을 사용하게 된다.

(1) 긴장고조기법

상담자는 가족의 재구조화를 돕기 위해 가족체계의 여러 부분에서 스트레스를 의도적으로 증가시키는 긴장고조기법을 사용한다. 반복적인 가족의 역기능적인 행동을 깨닫고 가족원들이 동맹이나 연합 등의 역기능적인 가족구조의 익숙한 평형상태에서 벗어나도록 돕는 것이다. 이러한 기법에는 상담자가 가족들의 역기능적인 의사소통이나 익숙하게 사용하는 행동양식을 중단시키거나 방해하는 방법, 역기능적인 가족의 상호작용이 무엇인지 집중적으로 부각시키는 방법, 그리고 가족 내의 숨겨진 갈등들을 자극하고 표면화시키는 방법, 가족원들의 차이점을 부각시키는 방법들이 있다.

(2) 재정의기법

가족이 문제로 지적하는 증상을 가족의 역기능적인 구조와 연관시켜서 긍정적인 의도를 부각시키는 기법이다. 증상을 재정의한다는 것은 증상이 역기능적인 가족구조와 연관이 있거나 표현하고 있음을 재정의해서 말해주는 것이다. 증상을 재정의하게 되면 가족은 새로운 각도에서 증상을 보게 되고 이 증상이 가족의 역기능적 구조를 보여주고 있음을 이해하게 된다. 증상을 부정적으로만 보던 가족은 가족구조의 역기능과 증상을 연결시켜 새로운 시각으로 보게 되고 결국 가족구조의 변화에 협력하게 되는 것이다. 예를 들어, 엄마에게 지나친 집착을 보이는 아이의 과잉행동은 아버지와 갈등관계에 있는 어머니의 외로움을 달래주려는 행동이라고 재정의할 수 있을 것이다(최규련, 2008).

(3) 경계설정기법

가족 내 지나치게 경직되거나 모호한 경계선을 가진 하위체계는 역기능적인 가족역동을 발생시키고 지속적으로 유지시킨다. 가족을 건강하게 재구조화하기 위해서 가족원 간의 경계설정방식을 다르게 하는 것이 필요하다. 구조적 가족상담자는 가족 내 하위체계 간의 거리가 적절하게 유지되도록 경계를 재조정하는 데 개입한다. 밀착된 경계를 가지고 있는 가족원에게는 경계를 분명히 하도록 도와 개인의 자율성과 독립심을 키워주어야 한다. 유리된 가족에게는 가까이 접근하도록 도와 접촉을 증가시키는 것이 필요하다. 상담자는 가족의 경계방식을 바꾸기 위해 상담에서 부부끼리, 자녀끼리 자리를 배치하여 앉게 하기, 부모의 영향력과 권위를 강화하기, 가족원들의 세대 간 연합을 깨기, 취약한 하위체계를 파악하여 일시적으로 동맹 맺기 등의 기법을 사용하게 된다(김혜숙 외, 2012).

(4) 강점인식기법

상담자는 가족이 가지고 있는 강점이나 자원을 찾아내어 충분히 활용할 수 있어야 하는데, 강점인식은 상담자가 가족들의 긍정적인 자원과 강점을 찾아내어 활용하는 기법이다. 가족의 역기능을 탐색하여 변화시키려는 노력과 더불어 가족들의 긍정적인 자원을 충분히 발견해 주고 이를 가족들에게 인식시켜 준다. 가족들이 새로운 현실을 보게 하고, 가족원 간의 상호작용을 새롭게 할 수 있도록 돕는 역할을 하게 하는 기법이다(김용태, 2000).

〈부모상담에서 자녀의 문제를 강점으로 인식하도록 돕는 예〉

- 중학교 입학 후 성적은 계속 떨어지는데도 친구들과 어울리기만 하는 아들이 사회성이 좋고 활달하며 인기도 많음을 주목하게 함
- 동생들의 행동에 일일이 지적하면서 군기를 잡는 큰 딸의 모습에서 책임감이 강하고 리더십이 있음을 인정해 주고 격려하도록 함
- 지나치게 낯을 가리면서 일일이 부모님의 의견을 묻는 막내딸이 매사에 조심성이 많고 준비성이 철저하여 실수가 없는 부분을 주목하도록 도움

(5) 과제주기기법

상담자는 가족의 재구조화가 진행되는 과정에서 미흡한 부분을 지적하고 활성화시키기 위해 과제주기기법을 사용한다. 과제를 수행하는 과정을 통해 상담자는 가족의 재구조화를 도울 수 있을 뿐만 아니라 가족의 구조를 주의 깊게 관찰할 수 있

는 새로운 기회를 가질 수 있게 된다. 과제주기는 상담 장면 중에도 가능하고 상담 후 집에서 하도록 부여할 수도 있다. 상담자에 의한 일방적인 과제부여보다는 내담자에게 도움이 되는 것으로 내담자가 실천 가능한 것을 찾아 부과하여야 한다(정문자 외, 2012).

〈경직된 경계를 가진 부부에게 부여하는 과제〉

말이 없는 남편과 육아 스트레스로 지쳐 있는 아내는 결혼 5년차 부부로 경직된 경계를 가지고 있었다. 부부상담을 통해 서로에게 바라는 것을 묻자 남편은 아내가 야근을 하고 돌아오면 수고했다고 이야기해 주며 맞아주길 원했고, 아내는 남편이 오늘 하루도 수고했다고 하며 안아주는 것을 원했다. 상담 이후 집에 돌아가 일주일에 세 번 남편은 아내에게 잠자리에 들기 전 안아주면서 수고했다고 이야기해 주도록 과제를 부여하고, 아내에겐 그 주에 2번 있는 남편의 야근 때 남편이 귀가하면 수고했다고 말하며 간단한 간식을 챙겨주는 것을 과제로 주어 부부간 경계가 좀 더 밀착될 수 있도록 돕는다.

5 사례 연구[1)]

1) 개요

내담자는 40대 부부이다. 남편은 가부장적이고 억압적이면서 다혈질인 아버지와 잔소리가 심하고 간섭이 많은 어머니, 결벽증상이 있는 예민한 누나, 그리고 어머니와 결탁하여 가족의 주도권을 쥐고 있는 예민하면서도 똑부러진 여동생 사이에서 장남으로 성장하였다. 남편은 조용하고 차분한 성격으로 이성적이며, 별다른 사고

1) 본 사례는 재구성한 가상사례임

없이 성실하고 책임감 있게 성장하였다고 한다. 아버지에게 많은 억압을 겪고 있고 두려움까지도 느끼고 있어 원가족에 대해 부정적이지만 장남의 도리를 다해야 한다는 의무감을 가지고 있었다.

남편은 결혼 9개월 만에 어머니의 반대로 이혼을 하고 현재의 아내와 재혼했는데, 아내는 초혼으로 시집와서 11세, 9세, 6세의 세 딸을 키우고 있다. 결혼 후 부부는 시부모님, 출가한 막내시누이와 같은 아파트에 살고 있었는데, 아내는 늘 시댁으로부터 사사건건 간섭을 받아왔다고 한다. 또한 시부모님이 시누이네 아이들과 자신의 아이들을 차별하면서 무시한다고 생각하며 시댁의 처사에 분노를 느끼고 있었다.

조용하고 차분한 남편은 시댁과 아내와의 갈등 속에서 힘들어하면서 아내의 비위를 맞추며, 집안일과 육아에 많은 도움을 주고 있었다. 하지만 아내는 남편이 시댁에 뚜렷한 입장을 보이지 않고 끌려가는 모습으로 모든 갈등이 유발되고 있다고 생각하고 있었다.

남편은 거칠고 가부장적인 아버지와 소심하지만 잔소리가 너무도 심한 어머니, 정신질환을 앓고 있는 예민한 누나, 가족의 대소사를 쥐락펴락하며 어머니와 연합하여 주도권을 행사하는 여동생 사이에서 소외당하고 있었다. 외아들이었지만 남편은 원가족 안에서 눈치를 보면서 외로운 어린 시절을 경험했다. 반면 아내는 자유롭고 화목한 가정에서 지지와 사랑을 받으며 2남 2녀의 장녀로 집안의 주도권을 쥐고 있었다. 이러한 상반된 원가족 배경 속에서 성장한 남편과 아내는 서로를 이해하고 수용하기가 어려웠다.

다혈질이며 활달하고 자유로운 기질의 아내는 남편의 소심함과 우유부단함을 견디기 힘들어하고 그러한 분노를 아이들과 남편에게 쏟아내면서 폭력과 폭언, 욕설을 일삼고 있었다. 결국 견디다 못한 남편이 더 이상은 이러한 모습으로 가정을 유지할 수 없다는 생각에 상담을 신청한 사례이다.

2) 가계도

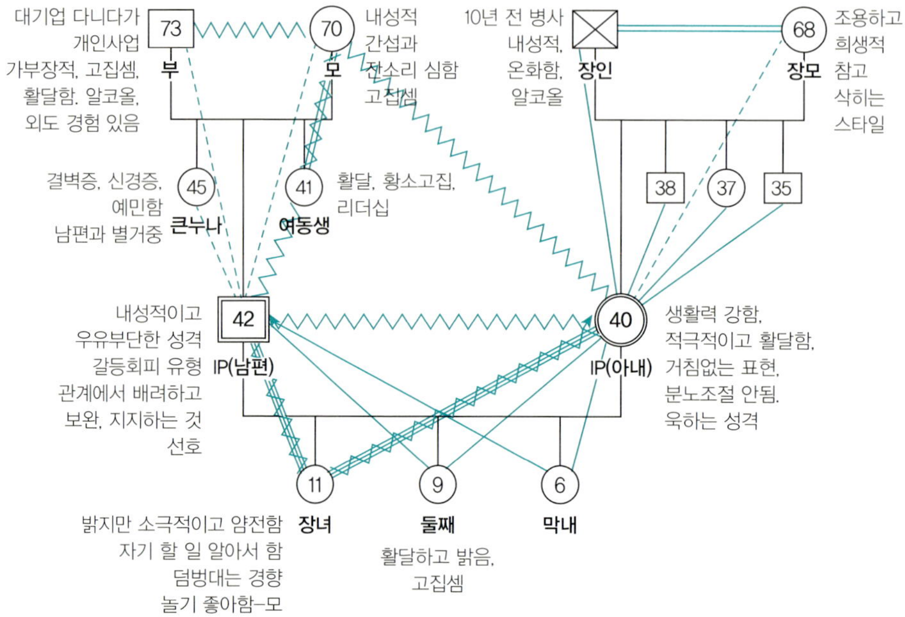

3) 구조적 가족상담의 적용

(1) 상담목표 및 가설설정

구조적 가족상담에서의 상담목표는 가족의 구조를 재구조화하는 것이다. 가족의 변화를 위해서 상담자는 적절한 개입을 통해 가족과 상호작용하게 된다. 가족은 상담자를 수용하면서 적절하게 반응해야 하는 스트레스를 안게 되고 가족들이 가지고 있었던 기존의 자연스런 규칙들이 흔들리는 경험을 하게 된다. 결국 이러한 상담과정에서 가족의 구조는 자연스럽게 변화하게 되는 것이다.

현재 이 가족은 부부 하위체계는 물론 부모자녀 하위체계까지 경직되어 있고 때로는 산만하게 서로의 영역을 거침없이 침범하면서 부부 갈등이 고조되고 있었다. 지나친 시어머니의 간섭으로 부모자녀 하위체계가 역기능적이었고 그로 인해 부부 하위체계까지 경직되고 있었다. 가설을 세우기 위해 이 가족이 가지고 있는 경계를 살펴보는 것이 중요한데, 남편은 어머니와 모호한 경계를 가지고 있고, 아내와는 지나치게 경직된 경계를 가지고 있다. 그런 남편에게 맞서는 아내는 큰 딸과 연합하여 남편을 정서적으로 통제하고 지배하고 있다. 결국 부부는 큰 딸과 삼각관계를 이루며 각자 자녀에 대해 관심을 집중함으로써 자기의 편으로 끌어들이는 시도를 하고 있는데, 그 사이에서 자녀는 심각한 스트레스를 받고 있다.

(2) 상담개입

상담자는 상담 초기에 부부 각자의 호소문제를 충분히 공감하고 경청하며 들으면서 부부 각자의 입장과 방식을 존중하고 진술하는 내용에 대한 추적질문들을 사용하면서 자연스럽게 가족과 합류하는 것이 필요하다. 원가족의 영향을 파악하고 경직되고 갈등적인 부부경계 및 아내와 자녀의 연합 등을 탐색하며 가족체계의 경계와 상호작용을 파악해야 한다. 이 가족을 재구조화하기 위해 남편이 원가족의 영향력에서 벗어날 수 있도록 돕는 것이 중요하다.

효과적인 위계질서를 세우기 위해 가족 안에서 부모자녀가 연합하지 않도록 돕고, 부모가 건강한 권위를 세울 수 있도록 각 하위체계 간의 적절한 위계질서를 유지하도록 구조를 바로잡는 것이 필요하다. 아들로서의 역할이 부모에게 무조건적으로 복종하는 것이 아님을 설명하고 원가족과의 분명한 경계를 가질 수 있도록 도와야 할 것이다.

상담과정에서 아내는 남편을 비난하고 판단하지 않도록, 남편은 아내를 회피하지 않고 자신의 의견을 이야기할 수 있도록 촉진하여 부부경계가 명확해지도록 개입할 필요가 있다. 가족의 재구조화를 위해 부부가 긍정적인 의사소통을 통해 적절한 가족규칙을 정하도록 도우면서 부부 간의 신뢰를 회복하도록 해야 한다. 그 과정에서 적절한 과제를 제시하며 부부가 친밀함을 갖게 하여 삼각관계에 있는 자녀가 부부 사이에서 희생양이 되지 않도록 돕는 것이 중요하다.

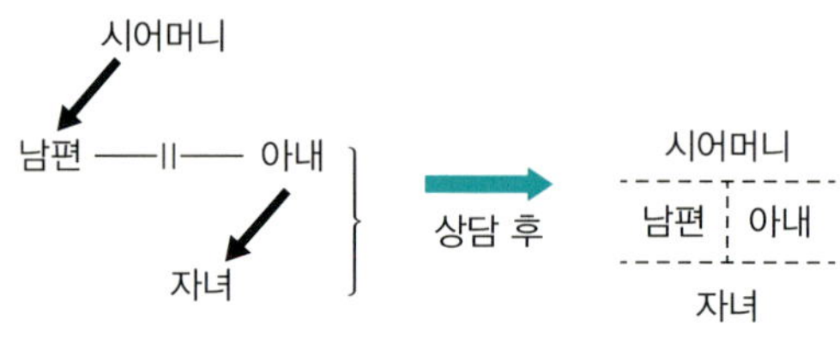

[그림 7-4] 가족상담 후 변화된 가족지도

활동하기

1 영화 〈고령화 가족(2013, 감독 송해성)〉은 건달 출신인 첫째 아들 한모와 유명 대학을 졸업하고 영화감독이 되었지만 흥행 실패와 아내의 외도로 자살시도까지 한 둘째 인모, 이혼을 두 번하고 다시 친정집에 들어와 사는 셋째 미연과 딸이 어머니와 함께 아웅다웅하며 살면서 결국 가족애를 찾아가는 영화입니다. 이 영화를 보고 이 가족의 구조, 가족 내의 하위체계, 그리고 가족원의 경계에 대해 이야기를 나눠봅시다.

2 각자 자신의 가족 상호작용을 떠올려보면서 다음의 질문에 답해봅시다.

① 가족이 함께 여행을 가거나 외식을 하게 될 때 누구의 의견이 가장 많이 반영되나요?

② 가족 간 갈등이 생길 때 누가 먼저 화해를 시도하나요?

③ 가족이 자동차를 타고 외출합니다. 운전석 옆자리는 누가 앉나요?

④ 가족원들 간의 친밀한 정도를 경계로 나타내 봅시다.

CHAPTER 08

전략적 가족상담

1 개요

전략적 가족상담은 만성적으로 지속되는 가족문제에 대해 전략적으로 접근하여 역기능적 상호작용을 끊어버리는 데 초점을 둔 단기상담 모델이다. 이 모델의 이론적 토대는 일반체계이론(General Systems Theory: GST)과 사이버네틱스(Cybernetics)에서 유래한 의사소통이론과 상호작용주의이론이다.

전략적 가족상담은 미국 캘리포니아 팔로알토(Palo Alto)에 위치한 연구소인 MRI(Mental Research Institute)에서 수행된 가족의사소통연구 프로젝트에서 시작되었다. 연구를 시작할 당시에는 단순히 가족 상호작용을 관찰하는 인류학 연구였다. 그러나 연구과정에서 문제해결 시도가 오히려 문제를 악화시키는 가족의 연쇄과정을 식별해 내게 되었고 가족 상호과정을 교정하는 개입작업까지 하게 되었다. MRI 연구팀은 혁신적 최면기법을 사용했던 정신의학자 밀턴 에릭슨(Milton Erikson)의 영향을 받아 가족 스스로 반복적인 역기능적 패턴 및 증상을 포기할 수 있도록 유도하는 역설적 기법을 활용하게 된다. 상담자는 가족의 악순환적 연쇄과정 행동에 직접적으로 개입하여 간결하지만 강력한 기법을 통해 단기간에 가족의 변화를 유도한다.

MRI는 이후 가족상담의 메카로서 초창기의 연구와 훈련을 주도하게 되며, 캘리포니아에서 시작된 전략적 접근은 이후 미국 동부 워싱턴(Washington D.C.)과 이탈리아 밀란(Milan)으로 거점을 확대해 나갔다([그림 8-1] 참고). 미국 서부에서는 돈 잭슨(Don Jackson)과 폴 와츠라빅(Paul Watzlawick) 등이 이끈 MRI 상호작용 모델, 동부에서는 제이 헤일리(Jay Haley)의 전략적 구조주의 모델, 이탈리아에서는 마라셀비니 파라졸리(Mara Selvini-Palazzoli)가 이끄는 밀란의 체계적 모델 등 세 가지 학파가 대표적인 전략적 가족상담 모델로 자리 잡았다. 이들 모두는 그레고리 베이슨(Gregory Bateson)의 순환적 인식론에 영향을 받아 가족의 상호작용에 상담의 초점을 둔다는 점은 공통적이나 핵심개념과 개입방식에서는 다소 차이가 있다(정문자 외, 2012).

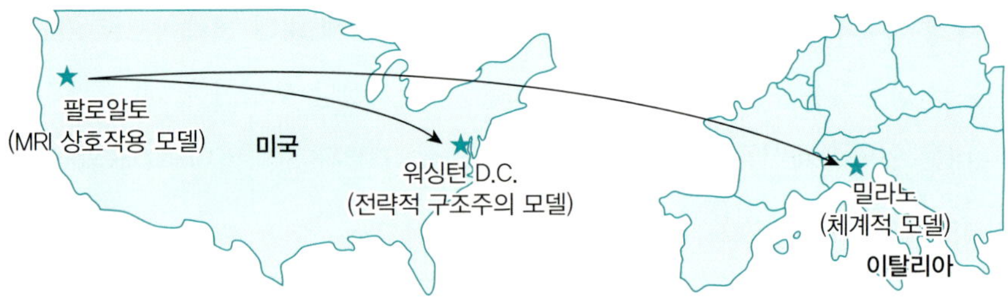

[그림 8-1] 전략적 가족상담의 세 거점

출처: 정문자 외 (2012), p. 257.

2 주요 개념

1) MRI 상호작용 모델

MRI 연구팀은 가족의 파괴적이고 만성적인 역기능적 상호작용에 주목하면서, 의사소통의 '내용'이 문제가 아니라 의사소통 '과정'이 문제라는 것을 발견하였다. 순환적 인식론에 근거한 이러한 발견은 가족상담 분야의 초점을 개인의 심리내적 역동에서 문제를 유지시키는 상호작용으로 전환시키는 데 기여했다(Jackson & Watzlawick, 1963). MRI 가족연구팀은 그들의 의사소통 연구와 에릭슨(Milton Erikson)의 역설적 접근을 접목하여 가족과정의 악순환적 연쇄고리를 끊어버릴 수 있는 단기 전략적 접근 모델을 개발하였다.

전략적 개입은 반복적이며 부정적인 가족행동의 악순환을 끊어버리는 데 초점을 두었으며 10회 미만의 단기상담 모델로 자리를 잡았다. MRI의 접근은 세 단계로 나눌 수 있는데, 첫째, 같은 해결방법에 고착되어 문제를 유지시키는 정적 피드백 고리를 확인한다. 둘째, 이러한 역기능적 상호작용을 유지하는 가족규칙을 파악한다. 셋째, 가족규칙을 변화시킬 수 있는 전략을 찾는다(Nichols & Schwartz, 2010, 김영애 외 역, 2011). MRI 상호작용 모델의 핵심 개념은 다음과 같다.

(1) 의사소통

의사소통은 MRI 상호작용 모델의 핵심개념으로 오늘날까지 가족상담 분야의 토대가 되고 있는 개념이다. 가족 의사소통은 가족역동 및 가족과정을 보여주는 척도로, MRI가 밝혀낸 중요한 의사소통 원리는 다음과 같다.

① 모든 행동은 어느 수준에서 의사소통이다.
② 모든 의사소통은 내용과 지시의 측면을 갖는다.
③ 의사소통이 이루어지는 관계는 대칭적이거나 보완적 관계다.
④ 상위의사소통은 의사소통에 대한 의사소통이다.

(2) 가족항상성

항상성이란 생물체가 몸을 일정한 상태로 균형을 유지하려는 작용 또는 성질을 의미한다. 이것을 가족체계에 적용하면, 가족 역시 끊임없이 변화하는 가족 내외의 환경에 적응하면서 일관성을 유지하고자 하는 기능을 갖는다고 볼 수 있다(류경남 · 최수정, 2006). 체계는 입력(input)과 출력(output)과정에서 변화 대신 기본적인 성격을 유지하기 위해서 피드백 고리를 통한 자기규제가 이루어진다.

가족은 안정을 유지하고자 하는 기능뿐만 아니라 변화하고자 하는 기능을 동시에 갖고 있는 체계이다(Jackson, 1965). 그런데 병리적인 가족일수록 변화보다 안정성을 위해 가족의 엄격한 연쇄과정을 유지하며, 기존 방식에 완고하게 집착한 나머지 변화를 성장의 기회라기보다 가족에 대한 위협으로 지각한다. 문제가 심각한 가족일수록 기존 체제의 안정(status quo)을 위해 더 많은 에너지를 쏟는다(Fisch, 1965). 전략주의자들은 증상이란 대인관계에서 어떤 이득을 취함으로써 유지되는 것이므로, 만일 증상이 관계에서 불이익을 가져다주면 사라질 것이라고 보았다.

(3) 이중구속

이중구속(double-bind) 개념은 권력을 가진 송신자가 의사전달을 할 때 의사소통의 수준이 일치되지 않는 모순된 메시지를 보냄으로써 수신자가 둘 이상의 상반된 메시지를 받고 어느 것에 반응해야 할지 몰라 결국 정서적 혼란에 빠지게 되는 역기능적 의사소통방식을 의미한다. 일반적으로 '언어적' 메시지와 '비언어적' 메시지가 상반되는 경우가 많은데, 예컨대 부모자녀관계에서의 지속적인 이중구속 상황은 자녀를 갈등과 불안에 빠지게 하며 궁극적으로 사회적 판별능력을 마비시켜 정신분열과 같은 역기능을 일으킨다고 보았다.

이중구속의 개념이 소개된 초기에는 이중구속 상황이 자녀의 정신분열증을 유발하는 요인으로 알려졌지만 오늘날에는 더 이상 그렇게 생각하지 않는다. 많은 가족이 때때로 이중구속 의사소통을 사용하는 것으로 알려졌으며, 역기능적 상황이 지속되거나 심하지 않는 한 이중구속의 개념을 덜 사용하는 경향이 있다.

(4) 피드백 고리

사이버네틱스의 개념인 피드백 고리(feedback loop)는 MRI 연구팀의 의사소통 연구에서 도출된 중요한 개념 중 하나이다. MRI 팀은 피드백 개념을 도입하여 자극과 반응의 반복적인 의사소통 형태를 분석하였는데, 가족은 피드백을 통해 서로 정보를 교환하면서 서로의 행동을 통제하거나 확장한다. 부적 피드백은 체계의 일탈을 최소화하며 가족이 현재 상태를 유지하도록 하는 체계 환원적 단서이며, 정적 피드백은 체계의 변화를 유도해 다른 수준으로 재조정하는 체계 일탈적 단서다.

가족 내의 피드백 고리는 가족규칙을 유지 또는 조정하는 기제가 된다. 많은 역기능적 가족은 문제를 해결하기 위해 새로운 시도(정적 피드백)를 하지만 문제가 악화되는 것을 보고 당황하여 기존의 의사소통방식(부적 피드백)으로 돌아간다. 이는 문제를 더욱 악화시키며 결과적으로 부정적 순환을 가져온다.

(5) 가족규칙

가족규칙은 시간에 걸쳐 가족행동을 제한하는 관계상의 합의로서, 대부분의 규칙은 '… 해야만 한다' 혹은 '… 하지 말아야 한다'는 유형을 갖고 있다. 가족규칙은 우리의 행동에 영향을 미치지만 우리는 규칙의 존재나 기능을 거의 의식하지 못한다. 가족규칙의 종류로 의식적이고 명백한 '명시적 규칙(explicit rules)'이 있는 반면 무의식적이며 암암리에 이루어지는 '암묵적 규칙(implicit rules)'도 존재한다.

전략적 가족상담은 가족의 변화를 가족원의 행동이 바뀌는 일차적 변화(first order change)와 가족체계의 규칙이 바뀌는 이차적 변화(second order change)로 나눈다. 일차적 변화는 표면적 행동의 변화에 그치지만 내재된 규칙은 동일한 상태이며, 진정한 변화는 가족규칙이 변화됨으로써 가족의 행동뿐만 아니라 신념이 바뀌는 수준이 되어야 한다.

가족규칙에는 상위규칙(meta-rule)이 존재하는데, 상위규칙은 많은 일반적 규칙 위에 작용하는 '규칙을 총괄하는 규칙'이다. 이는 가족원이 가족규칙을 어떻게 유지하고 변화시킬 것인가에 대한 규칙을 의미한다. 역기능적 가족일수록 자신들의 가족규칙을 어떻게 변화시킬 것인지에 대한 상위규칙을 갖고 있지 않다. 경직되고 현상유지의 경향이 강한 가족일수록 가족규칙을 언급하거나 변경할 수 없다는 강력한 상위규칙을 갖는다(김유숙 외, 2003).

2) 전략적 구조주의 모델

MRI 연구원이었던 헤일리(Jay Haley)는 특별히 의사소통이론과 역할이론에 관심을 갖고 송신자와 수신자가 교환하는 메시지에 내재되어 있는 권력투쟁과 통제에 주목하였다. 헤일리는 권력과 통제에 대한 자신의 입장, 그리고 최면 정신의학자인 에릭슨(Erikson)의 임상적 방식(저항을 처리하는 방법, 지시와 은유적 언어 사용, 역설적 개입 등)을 통합해 독특한 전략적 상담 모델을 발전시켰다. 그는 증상행동이 다른 가족원에 대한 부적응적 통제전략이라고 보았고, 이중구속의 개념을 치료적으로 활용할 수 있다고 생각하였다(Haley, 1964).

1967년 MRI를 떠난 헤일리는 필라델피아로 이주하였고 그곳에서 아동지도센터(Philadelphia Child Guidance Clinic)의 책임자이며 구조적 가족상담 모델을 개발한 미누친(Minuchin)과 교류하면서 구조적 관점의 영향을 받게 되었다. 헤일리의 전략 모델은 증상을 유지시키는 가족의 위계와 조직의 문제에 특별한 관심을 두었기 때문에 전략적 구조주의 모델로 분류한다. 그의 전략적 구조주의 모델은 가족의 구조적 질서에 관심을 갖고 있었으며 가족원이 갖는 통제와 힘의 균형으로 가족의 위계질서가 지켜질 때 기능적이라고 보았다. 그는 증상이 가족항상성을 유지하기 위해 존재한다고 보았으며, 동시에 내담자(IP)가 증상을 통해 가족원을 통제한다고 믿었다. 역기능적 가족일수록 위계구조가 혼란하여 세대 간 권력의 순서가 거꾸로 놓여 있거나 세대 간 연합의 특징이 있으며, 이러한 가족은 가족체계의 항상성에 고집스럽게 집착하며, 상황 변화에 융통성이 없어 변화에 적절하게 대처하기 어렵다. 전략적 구조주의 모델의 핵심 개념은 다음과 같다.

(1) 권력과 통제

헤일리의 관심은 가족 내 권력(power)과 통제(control)에 있었다. 그는 가족원이 자신의 위치에 맞는 권력과 통제를 가질 때 위계질서가 유지되며 힘의 균형이 깨지면 위계질서에 문제가 발생한다고 보았다. 따라서 증상을 해결하기 위해서 상담자는 관계 이면의 권력과 통제 관계를 파악해야 하며 권력투쟁에 관한 가족관계를 파악함으로써 명확한 상담목표설정과 구체적인 개입방식을 계획할 수 있다. 증상은 가족의 항상성을 유지하기 위한 기제이며 증상의 이면에는 관계를 통제하기 위한 IP의 전략이 있다고 보았다. 예를 들어 아이의 분노발작 증상은 자신을 통제하려는 불안한 어머니를 통제하는 전략으로 볼 수 있다. 이는 증상을 통해 아이가 엄마와의 관계에서 권력과 통제를 얻고 있다고 볼 수 있다.

(2) 위계

헤일리는 기능이 잘 되는 가족일수록 가족 내 위계질서가 제대로 서 있다고 보았다. 부모는 부모로서, 자녀는 자녀로서의 위치가 제대로 지켜져야 하며, 윗세대가 더 많은 권력과 통제를 가지고 규칙을 집행할 수 있어야 한다. 또한 가족은 세대 간 구조와 경계를 분명히 갖고 서로 침범하지 말아야 한다. 명확한 경계를 통해 가족원은 각각의 위치(position)를 구조적으로 유지해야 하며 이러한 구조적 질서가 잘 유지되는 가족일수록 기능적으로 볼 수 있다.

헤일리가 통제와 권력의 관점에서 위계에 접근하였다면, 그의 동료인 매데인즈(Madanes)는 모든 인간의 딜레마를 사랑과 폭력 간의 투쟁 때문에 발생한다고 보고 보호와 관심이라는 측면에서 위계에 접근하였다. 가족의 구조가 제대로 유지되기 위해서는 권력의 측면과 돌봄의 측면이 균형을 이루어야 한다.

(3) 역설적 지시

역설적 개입의 핵심은 상담자의 '증상처방'을 통해 내담자가 자신의 통제 밖에 있다고 포기했던 문제행동을 내담자의 통제 안으로 끌어들인다. 가족은 상담자에게 도움을 청하지만 막상 상담자가 도움을 주려고 하면 저항한다. 왜냐하면 상담자가 가족의 안정성을 위협한다고 지각하기 때문이다. 이 결과 상담자와 내담자 가족 간에는 미묘한 권력투쟁이 일어난다. 이러한 가족저항을 다루기 위해 상담자는 잘 고안된 치료적 이중구속의 상황을 만들어 내담자가 역설적 개입에 저항하는 과정에서 증상행동을 포기하도록 만들어야 한다. 역설적 개입은 내담자가 역기능적 행동을 포기하도록 하기 때문에 상담자가 이끄는 게임으로 비유되기도 한다. 상담 초기부터 역설적 개입을 사용하는 것보다는 다른 상담적 방법이 효과가 없을 때 역설적 개입을 활용하는 것이 좋다.

3) 밀란 모델

이탈리아 밀란에서는 MRI에서 사이버네틱스에 관해 훈련받고 온 네 명의 이탈리아 정신분석가인 치료자들(Mara Selvini-Palazzoli, Boscolo, Cecchin, Prata)이 1971년 '밀란 가족연구센터'를 설립하고 가족규칙과 항상성에 대한 체계적 모델을 발전시켰다. 초기 밀란 모델에서는 역기능적 가족의 '가족게임'을 멈추기 위해 상담자가 MRI 접근과 유사한 역설적 개입을 활용하였다. 그러나 후기 밀란 모델은 역설적이고 지시적인 접근에서 멀어졌고, 협동적이며 중립적인 형태로 전환되었다.

후기 밀란 모델은 이차 사이버네틱스의 핵심인 '정보'에 초점을 두었고 가족의 상호작용 유형 변화보다 가족의 신념체계를 변화시키는 데 더 관심을 가졌다. 밀란 체계론자들은 역기능적 가족이 '인식론적 오류'에 빠져 있는 것으로 보았다, 그리고 가족이 고착되어 있는 그릇된 신념체계에 개입함으로써 가족체계에 새로운 정보를 유입시켜 역기능적 가족관계 유형을 변화시키고자 하였다. 상담자는 중립적 위치에서 가족게임의 규칙을 파악하고, 순환질문을 통해 가족이 스스로 인식론을 검토하여 새로운 신념체계를 도입함으로써 소모적인 가족게임을 멈추도록 유도하였다. 가설설정-순환질문-중립성의 개념은 밀란 모델이 미국의 전략적 모델과 차별화되어 베이슨의 순환적 인식론을 개념적, 방법론적으로 가장 순수하게 적용함을 보여 주는 것이다.

밀란 모델에서는 남녀 공동상담을 실시하며 상담팀이 상담 장면을 관찰한다. 상담은 평균한 달에 한 번 이루어지며 10회 이내로 제한된다. 회기 간의 간격이 긴 이유는 내담자 가족이 역설적 처방의 효과에 반응할 충분한 시간이 필요하기 때문이다. 대신 한 회기의 시간이 상대적으로 길었는데, 네 명의 상담자가 한 팀이 되어 한 회기를 다섯 단계로 나누어 진행하는 '장시간 단기치료(long brief therapy)'는 밀란 모델의 독특한 치료방식이다. 밀란 모델의 핵심 개념은 다음과 같다.

(1) 가족게임

가족 안에서 비밀리에 진행되는 가족의 상호작용은 오랫동안 발전된 일련의 의사소통 규칙과 관계규칙을 갖는다. 밀란 모델에서는 이러한 규칙을 유지하기 위한 복잡한 가족 상호작용을 '가족게임(family game)'이라고 명명하였다. 조현병(정신분열증)을 비롯한 역기능적 가족에서는 가족원 모두 게임의 규칙에 합의하지 않으면서 서로 힘을 얻기 위해 끝없는 게임을 한다. 승자도 패자도 없는 이 게임은 순환적인 연쇄과정을 이루기 때문에 원인과 결과를 정확히 구분할 수 없다(류경남 · 최수정, 2006).

(2) 가설설정

가설설정(hypothesizing)은 상담의 전 과정을 통해 상담자(또는 상담팀)가 지속적으로 가족기능에 관해 추측하고 가정하는 행위를 말한다. 가족을 만나기 전부터 가족의 문제가 어떻게, 왜 발생했는지, 어떻게 유지되고 있는지 가설을 세워본다. 가설이 맞거나 틀리는 것과 관계없이 '가설설정' 작업을 통해 체계적 면접과 정보의 조직화를 촉진할 수 있다.

(3) 순환질문

순환질문(circular questioning)은 순환적 인식론을 토대로 하는 가족상담의 핵심 질문방식으로 상담과정에서 각 가족원이 돌아가면서 가족 상호작용이나 가족관계에 대해 이야기하도록 유도하는 대화기법이다. 가족원들에게 가족관계의 지각에 대해 묻거나 정도의 차이에 대해 질문할 수 있다. 또는 한 가족원에게 다른 두 가족원들 간의 관계에 대해 질문할 수도 있다.

순환적 질문을 통해 내담자 가족은 개별 가족원의 반응을 경청하면서 가족을 새롭게 인식하는 경험을 하게 한다. 밀란 모델의 독특한 기법으로 내담자가 자신을 관계적 맥락에서 바라보게 하는 질문기법이다.

(4) 중립성

중립성(neutrality)은 각 가족원이 문제에 대해 인식하는 것을 도전 없이 수용하는 상담자의 자세를 의미하는데, 이는 상담자가 편견을 갖지 않고 내담자에 대해 알고자 하는 순수한 호기심을 필요로 한다. 상담자의 중립성은 가족체계에 대한 여러 가설에 대해 개방적인 태도를 가질 수 있도록 해 준다.

〈밀란 모델의 의의〉

밀란 모델에서의 상담자 역할은 MRI 학파나 워싱턴 학파의 전략적 상담자들의 지시적인 역할과는 차별화된다. 밀란 관점에서 상담자는 가족체계와 별개로 작동하는 객관적 존재가 아니라, 내담자 가족과 합류된 전체 체계의 일부로 작동한다고 보았다. 따라서 상담자의 객관성은 있을 수 없으며, 상담과정 역시 상담자와 가족원이 서로 영향을 미치면서 가족이 스스로 본인들의 인식론을 재검토하는 과정으로 보았다. 따라서 밀란 모델의 상담자는 중립적인 위치에서 가족이 스스로 신념체계를 검토하며 해결책을 찾아가도록 조력하는 역할을 한다. 2차 사이버네틱스 개념이 함축된 밀란 모델의 시도는 가족상담 분야에서 포스트모더니즘의 도래를 촉진하였으며, 구성주의 접근을 발전시키는 데 중요한 역할을 하였다.

3 상담목표와 상담과정

1) 상담목표

전략적 모델의 일차적 상담목표는 제시된 문제(증상)를 해결하는 것이다. 그러나 단지 증상행동의 제거뿐만 아니라 행동을 규제하는 가족체계의 변화인 이차적 변화도 상담목표에 포함된다. 상담목표의 설정은 매우 구체적으로 이루어진다. 상담자는 '언제', '어디서', '얼마나 자주' 등의 개방형 질문을 통해 내담자가 객관적이며 행동적인 언어로 문제를 분명히 규명하고 기대하는 구체적인 변화목표를 설정하도록 유도한다(양승은, 1995). 목표가 분명할수록 개입도 구체적이고 상담효과도 크다. 궁극적인 목표달성을 위해 중간 목표를 설정하여 단계적으로 접근한다.

전략주의 모델은 가족의 발달단계별 과업과 전환기에서의 위기에 관심을 갖는다. 헤일리의 경우 상담목표 안에 가족생활주기에 따른 단계 이행기의 과업달성과 성장을 포함시키기도 한다. 가족의 문제가 가족생활주기의 한 단계에서 다음 단계로 넘어가는 이행기에 발생하기 쉽다고 보았는데, 잘못된 문제해결방식 때문에 고착되어 있는 가족이 문제를 잘 극복하여 성장하도록 도움으로써 다음 발달단계로 나아갈 수 있도록 하는 것도 상담목표의 일부가 된다.

2) 상담과정

전략적 상담과정은 구조화된 방식으로 진행된다. 상담과정은 일반적으로 다음 세 단계로 진행된다. 첫째, 현재의 문제를 정의한다. 둘째, 가설을 설정하고 구체적인 문제(증상)를 제거하기 위한 목표를 설정한다. 셋째, 목표달성을 위해 상담개입을 단계적으로 계획한다(Nichols & Schwartz, 2010, 김영애 외 역, 2011).

(1) 문제 정의하기

초기 면접은 전체 상담과정의 계획을 세우기 위한 중요한 단계이므로 첫 면담에는 가능한 모든 가족원이 참석하도록 한다. 초기 면접에서 상담자는 내담자에게 문제(증상)에 대해 구체적이고 행동적인 용어로 정의해 줄 것을 요구한다. 일단 문제와 목표가 구체적으로 정해지면 지금까지 문제에 대해 내담자가 시도했던 해결책에 대해 질문하는데, 이는 문제를 유지시키는 내담자 가족의 연쇄과정을 파악하고 문제를 해결할 수 있는 가족의 새로운 행동을 찾아내기 위함이다. 헤일리의 초기 면접은 매우 구조화되어 있는데, 전형적으로 친화단계, 문제규명단계, 상호작용단계, 목표설정단계 등 네 단계를 따른다(양승은, 1995).

〈전략적 가족상담의 초기 면접〉

① 친화단계

상담실에 들어온 가족은 원하는 대로 자리를 잡는다. 상담자는 자신을 먼저 소개한 후에 가족 개개인에게 소개를 요청한다. 만일 모두의 소개가 끝나기 전에 가족원 중 한 명이 먼저 문제에 대해 이야기하기 시작하면 상담자는 그의 말을 제지하고 나머지 가족원들이 소개를 마치도록 한다. 초기단계에서는 상담에 참여한 모든 가족원이 협동적이고 편안한 분위기를 느낄 수 있도록 상담자는 각각 상담에 대한 의견을 말할 수 있도록 격려하며 가족의 상호작용을 관찰한다. 특히 부모가 자녀를 어떻게 다루는지, 세대 간 위계관계에 주목한다. 또한 가족 중 누가 상담자와 거리를 두거나 반대로 밀착하려 하는지 주목한다.

② 문제규명단계

가족이 왜 가족상담실에 왔는지에 대해 질문한다. '도움을 청하시는 이유는 무엇입니까?' '여러분은 각각 어떤 변화를 원하나요?'와 같은 질문을 통해 문제에 대한 정보를 얻는다. 그러나 이와 같은 질문을 IP에게 가장 먼저 할 경우 IP는 문제의 책임감과 가족상담에 대한 위협감을 느낄 수 있으므로 바람직하지 않다. 헤일리는 주로 아버지에게 가장 먼저 질문했는데 이는 아버지의 참여를 높이고자 하는 전략적 이유 때문이었다. 종종 문제와 가장 관련이 적은 가족원이나 가족을 상담에 데려올 만한 영향력이 있는 가족원에게 먼저 질문하기도 한다. 이 단계는 각 가족원의 문제에 대한 관점을 보는 시기이므로, 가족원의 의견에 대한 어떤 해석이나 충고, 비평을 하지 않는다. 질문의 초점은 가족이 어떻게 느끼는가에 대한 정서적 측면이 아닌 사실과 의견에 대한 정보 수집에 둔다.

③ 상호작용단계

가족원이 서로 문제에 대한 다양한 관점을 교환하는 단계이다. 가족이 중심이 되어 이야기를 나누는 동안, 상담자는 가족 상호작용에서 드러나는 가족의 의사소통방식과 연합, 삼각관계, 권력위계 등을 관찰하는 한편 가족이 대화를 계속하도록 촉진한다. 중요한 점은 상담자가 의사소통의 내용보다 의사소통의 과정에 집중하며 들어야 한다는 점이다. 이 단계에서 상담자는 제시된 문제를 상담실에서 재현해 보도록 요구할 수 있다. 예를 들어 부부싸움이 문제라면 상담실에서 재현하도록 할 수 있다. 이러한 과정을 통해 증상을 유지하는 가족의 연쇄과정과 가족구조가 분명하게 드러나게 되고, 앞으로 진행될 상담의 개입 단서를 잡을 수 있다.

④ 목표설정단계

가족이 해결하기를 바라는 문제(증상)에 대하여 상담자와 가족이 명확하게 정한다. 변화하기 원하는 부분에 대해 구체적이고 행동적인 언어로 말하도록 유도한다. 문제를 변화시키기 위한 첫 과제나 지시와 함께 초기 면접을 마친다.

출처: Nichols & Schwartz (2010), 김영애 외 역 (2011).

(2) 가설설정과 목표설정하기

전략주의 모델의 사정은 가족원 개개인이 문제를 어떻게 보는지를 파악하여 문제를 정의하는 데서 시작된다. 상담자는 가족의 구조적 정렬, 즉 가족위계가 어떻게 가족의 문제와 관련되는지 알기 위해 회기 중 가족의 상호작용을 면밀히 관찰한다.

진단은 IP의 증상이 가족 항상성을 유지하는 기제로 유지된다는 가정하에 내려진다. 전략주의자들은 증상이란 내담자가 타인과 의사소통하는 방식이며 자발적인 것이라고 본다. 즉, 가족은 가족의 평형상태를 유지하기 위해 종종 IP의 증상을 필요로 하며, IP 또한 타인에 대한 통제방식으로 증상을 이용한다. 따라서 증상이 어떠한 것이든(우울증, 알코올의존, 공포증, 분노발작 등) 그것은 가족항상성을 위한 적응적 측면을 갖는다.

가족원의 세대 간 연합이나 동맹, 거리감 등에 대한 질문을 바탕으로 수립된 예비 가설은 초반 회기의 확인 작업을 통해 잘못된 가설임이 밝혀지면 수정된다. 진단의 목표는 문제에 대한 체계적인 관점을 얻는 것이며 사정결과는 구체적인 상담계획을 설정하는 자료가 되므로 매우 중요하다.

(3) 개입하기

전략적 모델은 잘 계획된 작은 개입이 엄청난 상담적 연쇄효과(domino effect)를 가져올 수 있다고 가정한다. 전략주의자는 정밀한 관찰과 면접을 통해 가족 상호작용의 반복적 연쇄과정을 파악한 후 역기능적 연쇄과정을 수정할 수 있는 작지만 의미 있는 개입을 계획한다. 상담과정에서 내담자의 저항을 최소화하기 위해 직면이나 설명은 되도록 하지 않으며 우회적·역설적 개입을 통해 과제를 주거나 지시를 하여 변화를 유도한다.

전략적 접근은 문제별 독특한 요구에 따라 개별적 사례 맞춤형 전략을 세울 것을 강조한다. 각 과제는 사례별로 주의 깊게 계획된 것으로 가족 스스로 자신의 문제를 다루면서 가족체계의 변화를 일으키도록 고안되며, 상담과정에서 내담자 스스로 '할 수 있다'는 생각을 갖고 상담에 대한 동기와 성취감을 느낄 수 있는 작은 것으로 정한다. 이를 위해 상담자가 내담자에게 생각나는 문제를 모두 적어 보라고 하고 빨리 해결해야 할 것과 천천히 해결해도 되는 것을 스스로 정하도록 할 수 있다.

내담자에게 문제 증상을 계속 수행하라고 지시하는 역설적 개입은 내담자로 하여금 변화하지 않을 수 없는 모순적 상황에 처하도록 함으로써 변화를 끌어내는 상담적 기법이다. 역설적 개입은 상담상황에서 내담자의 저항을 처리하는 효과적인 방법으로, 지시와 은유적 언어의 사용, 역설적 개입, 시련기법 등 다양한 방식으로 내담자를 치료적 이중구속 상황에 처하게 한다. 치료적 이중구속에 속박된 내담자는 문제증상을 포기하거나 증상에 대한 자발적 통제력을 인정해야만 하는 모순적 상황에 빠지게 되며, 결국 어떤 쪽을 택하든 변하지 않을 수 없게 된다.

단, 상담상황에서 내담자 가족에게 15분 이상의 논쟁을 허락하지 않도록 주의한다. 가족의 상호작용을 관찰하는 것이 필요하다고 해도 과도한 언쟁은 상담상황을 통제하기 어렵게 만들므로 만일 부부가 언쟁을 벌이더라도 15분 이내로 제한한다. 한편 전략적 상담자는 종종 '관찰팀'과 함께 작업을 한다. 관찰팀은 일방경 뒤에서 가족 상호작용과 상담 장면을 보며 상담실과 관찰실에 설치된 인터폰을 통해 상담자에게 직접 지도감독이나 지시를 준다.

3) 상담자 역할

(1) 전략적 기술

전략적 모델에서 상담자는 전략가의 역할을 맡는다. 전략주의 상담자는 다른 상담 모델에 비해 변화에 대한 직접적인 책임을 진다. 전략적 상담자는 내담자의 문제해결을 위해 합리적인 전략을 세울 수 있는 기술을 갖추어야 한다. 상담과정에서 상담자는 각각의 내담자 가족에게 맞는 구체적인 상담계획을 가지고 매우 지시적으로 접근하며, 내담자 가족에게 상담자의 지시를 잘 따라줄 것을 요구한다. 상담자는 직접적 지시를 내리거나 역설을 통해 간접적으로 우회하기도 한다. 상담자가 내담자에 대해 권위를 갖고 있다면 직접적인 지시를 사용할 수 있지만, 내담자가 상담자의 지시를 잘 따라줄 것인지에 대해 확신이 없다면 간접적 접근법이 나을 수 있다.

(2) 활동성과 책임성

전략적 모델의 상담자는 활동적이며 강한 책임감을 가져야 하며 변화를 만들어 내고자 하는 강한 의지를 가져야 한다. 만일 문제해결이 원만히 진행되지 않을 때 전략적 상담자는 내담자보다 상담자 자신에 대한 비난과 책임에 직면하게 된다.

상담자는 재명명을 통해 가족원이 서로의 행동에서 긍정적인 측면을 볼 수 있도록 돕는 역할을 한다. 예를 들어 '우울하다'라는 표현 대신 '차분한다'는 표현으로 바꿀 수 있다. 남편의 잔소리는 아내의 살림살이에 대한 불평이 아니라, 아내와 가까워지기를 원하는 마음을 제대로 표현하지 못한 것으로 재명명할 수 있다. 가족이 역기능적이라고 규정한 행동을 긍정적인 것으로 재명명하는 것은 치료적 변화를 용이하게 한다.

(3) 통제 유지

전략주의 상담자들은 상담과정을 상담자와 내담자 간의 권력다툼으로 보고 이 권력투쟁의 결과가 상담결과에 영향을 미친다고 본다. 상담자는 상담상황에 대한 통제를 잃지 말아야 하며 내담자에게 권위를 가져야 한다. 이를 위해서 상담자는 때로 목적을 위해 특정 가족원과 연합하기도 하지만 가족분쟁에 개입되기 전에 재빨리 벗어나기도 한다. 또한 상담자를 통제하려는 내담자의 시도에 대해서는 공개적으로 언급하기도 한다. 그러나 주의할 점은 상담자의 권위가 권위주의적인 것과 차별화되는 편안하고 융통성 있는 권위여야 한다.

(4) 팀의 활용

전략적 모델의 상담자들은 적극적으로 팀 접근법을 활용하였다. 상담자가 상담하는 동안 동료나 지도감독자는 일방경 뒤에서 상담과정을 관찰하다가, 관찰실과 상담실을 연결하는 인터폰을 통해 가설이나 전략적 개입을 상담자에게 실시간 전달한다. 밀란 모델의 상담자들은 남녀 상담자가 공동 회기로 진행하기도 하였다.

4 상담기법

1) 역설적 개입

전략적 상담자들은 개별 사례와 문제에 맞는 맞춤형 개입을 강조하였는데, 전략적 상담의 핵심적 기법은 '역설적 개입(paradoxical intervention)'이라고 할 수 있다. 역설적 개입은 '변화하라'는 메시지와 '변화하지 말라'는 메시지, 즉 두 가지 모순된 메시지를 동시에 전달하는 '치료적 이중구속'의 상황을 만드는 것이다. 변화시켜야 하는 증상에 대하여 변화시키지 말라는 지시를 함으로써 내담자는 일종의 이중구속 상황에 빠지게 되는데 만일 상담자가 변화하지 말라고 지시한 것을 충실히 따른다면 내담자는 이미 증상을 통제할 수 있게 되는 것이고, 만일 상담자의 지시를 따르지 않는다면 증상을 포기하게 되는 것이다.

다른 치료모델의 상담자들은 내담자의 증상과 반대되는 행동을 하도록 격려하는데 반해, 전략적 상담자는 가족원의 행동을 유심히 관찰한 후에 오히려 증상 그대로 행동하도록 지시한다. 이러한 역설적 지시나 과제를 받은 내담자는 당황하고 격분할 수 있다. 심각한 문제에 대해 장난스러운 지시를 내린다고 생각할 수 있기 때문이다. 따라서 상담자의 전문성에 대한 내담자의 신뢰가 부족하다면 역설적 개입은 성공하기 어렵다. 만일 내담자가 왜 이런 처방을 주느냐고 질문한다면 상담자는 '가족 스스로 증상을 통제할 수 있도록 해주기 위함'이라고 설명해 준다.

역설적 개입을 계획하기 위해서는 재정의, 처방, 제지 등의 세 가지 단계를 거친다. 재정의는 문제에 대한 가족의 생각을 변화시키기 위하여 증상을 긍정적 의미로서 재명명하는 것이다. 두 번째 단계인 처방은 '부모에게 반항하라', '우울하게 행동하라'와 같이 간단하지만 수용하기 어려운 증상처방을 하는 것이다. 세 번째 단계는 '천천히 변하라'는 메시지를 내담자에게 주는 제지단계로 가족이 너무 빨리 변화하는 것을 견제하는 것이다. 이는 내담자가 변화에 저항할 것을 미리 예견하고 시작된 변화를 견고하게 만들기 위함이다(Nichols & Schwartz, 2010, 김영애 외 역, 2011).

(1) 증상 처방

증상 처방(symptom prescription)은 역설적 개입의 일종으로 내담자에게 증상행동을 자발적으로 계속하도록 격려하는 지시나 과제를 주는 기법이다. 예를 들어 불면증을 호소하는 내담자에게는 오히려 잠을 자지 않고 밤새 깨어 있도록 지시하는 식이다. 그 결과 내담자가 상담자의 지시를 거부하고 증상을 버리든지, 혹은 지시대로 순종하여 증상이 본인의 통제권 아래 있음을 인정하도록 선택하게 한다.

〈증상 처방의 예〉

아내에게 고압적이고 태도를 가진 내담자(남편)에 대해 상담자는 더욱 지배적으로 행동하라는 지시를 내린다. 이러한 지시는 내담자를 딜레마에 빠지게 한다. 그가 아내에게 권위적인 행동을 한다면 그것은 상담자의 지시에 순응하는 것이지만, 이것으로서 증상(권위적 행동)은 통제 가능한 것이 되어 버린다. 반면 상담자의 지시를 따르지 않는다면(권위적 태도를 수정한다면) 남편은 권위적 행동을 포기하는 것이 된다.

또 다른 증상처방의 예로 잦은 부부싸움을 호소하는 남편과 아내에게 상담자는 매일 2시간씩 부부싸움을 하게 하는 지시를 들 수 있다. 상담자의 말대로 부부가 매일 규칙적으로 합의한 시간에 부부싸움을 한다면 내담자 부부는 부부싸움을 통제할 수 있게 된 것이며, 상담자의 지시를 어긴다면 그 또한 부부싸움을 포기하는 것이 된다.

(2) 고된 체험기법

고된 체험기법(ordeal technique)은 증상이 나타날 때마다 내담자가 괴로워하는 일을 수행하도록 지시하는 직접적이며 처방적인 개입이다. 예를 들어 우울증을 호소하는 내담자에게 우울해질 때마다 집안 걸레질을 하도록 지시할 수 있다. 이 기법의 원리는 내담자가 증상을 포기하는 것보다 증상을 유지하는 것이 더 고통스럽다는 것을 알게 될 때 내담자는 그 증상을 포기할 수 있다는 전제를 갖는다. 고된 체험의 과제로는 운동이나 숙제, 독서, 다이어트 등 다양하다.

〈고된 체험기법의 예〉

시어머니와 만성적인 고부갈등을 겪는 여성 내담자가 시어머니에 대해 생각하는 것만으로도 힘들다고 호소한다. 전략적 상담자는 내담자에게 시어머니에 대한 부정적인 생각이 들 때마다 시어머니에게 비싼 선물을 주도록 지시할 수 있다. 내담자는 시어머니에게 비싼 선물을 하는 것보다는 시어머니에 대한 부정적 생각과 감정을 내려놓는 것이 낫다고 판단할 수 있다. 또한 선물은 시어머니를 누그러뜨려 며느리에 대한 부정적인 반응이나 행동을 줄이게 할 수도 있다. 내담자에게는 증상을 갖는 것보다 더 고된 체험의 결과가 있다면 차라리 증상을 포기하는 것이 나은 선택이 된다. 그러나 고된 체험의 처방은 내담자의 바람과 일치하는 것이어야 하며, 불건전하거나 해를 입히는 일이 되어서는 안 된다. 이런 고된 체험은 내담자가 상담자와의 치료적 약속과 스스로의 변화에 대한 헌신이 강해야 성공할 수 있다.

출처: 양승은 (1995).

(3) 위장기법

전략적 상담 모델의 기법 중 비교적 부드럽고 덜 직면적인 위장기법(pretend technique)은 내담자가 증상을 가진 '척하고' 부모는 도와주는 '척하는' 연극적인 기법이다. 메데인즈(Madanes)가 고안한 이 기법은 환상과 유머, 놀이에 기초하여 상담에 대한 내담자의 저항을 극복하도록 돕는다.

〈위장기법의 예〉

A씨는 자녀의 분노발작 문제로 상담에 왔다. 상담자는 아이에게 분노발작을 일으키는 척 해보라고 지시했다. 상담을 마치기 전 상담자는 아이에게 시간을 정해 엄마 앞에서 '헐크 놀이'를 하도록 하고, 아이가 성공적으로 헐크 흉내를 내면 엄마는 아이를 도와주는 '척' 하도록 지시를 내렸다. 이 경우, 아이의 분노발작은 위장이고 부모의 걱정도 위장이기 때문에 분노발작 문제는 긴장되고 심각한 싸움에서 쾌활한 가상적 게임으로 변형된다.
역설적 개입이 상담자의 지시를 거부하는 가족의 저항을 활용한 접근이라면, 위장기법은 놀이를 즐기는 기분으로 저항을 우회시킨다. 위장기법을 이용해 가족이 통제할 수 없다고 믿는 증상에 대해 자발적으로 통제하는 상황을 연출해 볼 수 있다. 이는 가족의 이중적 위계구조를 재구조화하여 궁극적으로 증상을 유지하는 가족의 연쇄과정을 포기하도록 한다.

출처: Madanes (1981), 오창순 역 (1998)에서 발췌 및 수정.

(4) 은유기법

은유기법(metaphoric task)은 가족이 자신들의 문제를 밝히는 것을 수치스럽게 생각하거나 토론을 꺼릴 때 비유나 이야기를 통해 변화를 유도하는 방법이다. 우선 가족의 행동 목표를 정한 후에 그 행동과 유사하되 좀 더 쉬운 행동(은유적 행동)을 선택하여 실행하도록 한다. 실행과정에서 은유적 행동에 대한 내담자의 사고방식을 이야기하도록 하고, 그에 대한 과제를 준다.

〈은유기법의 예〉

성문제로 갈등을 겪는 부부가 이 주제를 편안하게 다루기 난처해한다면 상담자는 성적 행위를 먹는 행위에 비유하여 이야기할 수 있다. 상담자는 아이들 없이 단 둘이 식사를 한 적이 있는지, 음식 맛을 즐기기 위하여 어떻게 먹는지, 즐거운 식사를 위해 서로 어떤 배려를 하는지 등의 질문을 한다. 또는 남편과 아내의 서로 다른 식욕과 음식 취향에 대해 이야기해 볼 수도 있다. 이와 같이 먹는 행위에 대해 부부가 생각하는 바를 이야기하게 함으로써, 자연스럽게 부부가 성적인 문제에 대해서도 생각해볼 수 있게 하는 것이다. 그러나 은유기법이 유용한 방식이라고 그것에 너무 의존하여 상담을 진행하는 것은 바람직하지 않다. 왜냐하면 은유가 치료적 계약에 대한 상담자의 관점을 분명하게 보여 주지 못하기 때문이다.

출처: 양승은 (1995).

2) 밀란 모델의 기법

전략적 상담의 핵심적 기법은 '역설적 개입'의 사용이지만, 후기 밀란 모델의 경우 상담자가 중립적 위치에서 질문을 통해 가족 스스로 자신들의 인식론적 오류를 발견할 수 있도록 자극하는 기법들을 고안하여 활용하였다. 대표적으로 긍정적 의미부여, 의식, 변함 없는 처방 등 타 전략적 모델과 차별화되는 독특한 기법을 발전시켰다.

(1) 긍정적 의미부여

긍정적 의미부여(positive connotation)는 밀란 모델의 기법으로 문제를 지속시키는 가족의 행동을 재구성하는 방법이다. 주로 부정적인 증상행동을 긍정적인 동기로 설명해 주는데, '증상은 가족체계의 균형을 유지하고 가족의 응집성을 촉진하기 때문에 긍정적인 것'이라는 의미를 부여하여 파괴적인 가족게임을 무력화시키는 기법이다.

〈긍정적 의미 부여의 예〉

자녀의 우울증으로 가족상담을 받게 된 가족에게 'IP의 우울증이 가족을 보호하고자 하는 기능'을 갖고 있다고 설명해 준다. 왜냐하면 IP의 우울증으로 인해 어머니는 IP를 과보호하고 아버지는 어머니를 비난하면서 가족체계를 유지하고 있기 때문이다. 따라서 상담자는 IP가 계속 우울하도록, 그리고 어머니는 과보호를 계속하고, 아버지는 어머니를 계속 비난하도록 처방한다. 또 다른 예로 등교를 거부하는 아동의 부모에게 '당신의 자녀가 등교거부를 하는 이유는 엄마의 외로움을 덜어 주고 싶어서입니다'라고 재명명해 주며, 자녀는 계속 학교에 가지 않고, 어머니는 IP를 돌보며 분주하게 지낼 것을 처방한다. 이와 같이 긍정적 의미 부여는 결과적으로 가족이 가족게임에 대한 인식을 증가시키고 증상이 자발적인 것임을 깨닫게 도와준다. 동시에 가족원 서로의 동기를 긍정적으로 바라보게 되면서 상담자가 자신들을 이해하고 있다고 느끼게 되고, 변화에 대한 저항도 줄게 된다. 무엇보다 통제될 수 없는 병리적 증상행동이 실제로는 자발적이고 좋은 의도로 생각될 수 있음을 암시하여 가족의 변화 동기를 강화시키고 미래의 상담적 변화에 대한 저항을 줄일 수 있다.

출처: 김용태 (2000).

(2) 의식

의식(ritual)기법은 밀란 모델의 기법으로 일정한 의식을 만들어 게임을 하게 함으로써, 가족게임을 과장되게 인식하도록 하는 기법이다. 과장된 의식을 통해 본인들의 인식론적 오류를 깨달을 수 있도록 유도한다.

〈의식기법의 예〉

우울증을 가진 자녀(IP)와 과보호하는 어머니, 어머니를 비난하는 아버지에게 이러한 연쇄과정(게임)을 계속하도록 처방하면서 특별히 일주일에 하루는 온 가족이 모여 자녀는 증상을 계속 가질 수 있도록 도와주는 부모님에게 감사드리고 어머니는 더욱 과보호하는 행동을, 아버지는 강도 높게 아내를 비난하는 시간을 갖도록 한다. 이와 같이 경직된 가족규칙과 신화를 과장하는 의식에 가족원 모두 참여함으로써 자신들이 얼마나 어리석은 게임을 지속하고 있는지 깨닫게 하여 게임을 중단하도록 유도한다.

(3) 변함 없는 처방

변함 없는 처방(invariant prescription)은 밀란팀의 파라졸리(Palazzoli)와 프라타(Prata)가 역기능적 가족의 '게임'에 유사성이 있음을 발견하고 모든 가족에게 적용할 수 있도록 고안하였다(Goldenberg & Goldenberg, 2001, 김득성 외 역, 2002). 이 기법은 역기능적 가족의 부모 동맹을 강화하고 다른 가족연합을 해체함으로써 가족이 경직되고 파괴적인 상호작용에서 벗어나도록 유도한다.

〈변함 없는 처방 예시〉

부부관계의 교착이 지속되면 한쪽 부모가 자녀를 끌어 들이게 된다. 가족게임에 끌려 들어간 자녀는 약한 쪽 부모의 편에 서서 강한 쪽 부모를 통제할 수 있는 증상을 나타낸다. 약한 쪽 부모는 자녀와 한 편이 되는 대신 강한 쪽 부모의 편을 든다. 자녀는 배신당했다고 느껴 증상을 더 심하게 함으로써 강한 쪽 부모를 파멸시키기로 하고 약한 쪽 부모에게 어떻게 해야 하는지를 보여 준다. 결과적으로 가족체계는 증상행동을 중심으로 안정화된다.
초기 가족면접 이후에, 상담자는 부모만 따로 만나서 세대 간에 명확하고 안정된 경계선을 형성하기 위한 처방을 준다(아래 박스). 부부가 함께 행동하고 비밀을 유지함으로써 부모의 동맹은 처방에 의해 더욱 강화되며 이전에 존재했던 동맹과 연합은 깨진다. 이것은 기존의 가족게임을 방해하게 된다. 변함 없는 처방은 경직되고 파괴적인 가족게임을 깨뜨림으로써 가족원이 더욱 융통성 있는 생활방식을 함께 개발하도록 하는 기법이라고 하겠다.

"두 분(부부)이 상담에서 나누신 이야기는 가정에서는 비밀로 해주세요. 오늘 저녁 두 분만 외출하면서 아무에게도 알리지 마세요. 그저 '엄마와 아빠가 함께 외출한다.'는 메모만 남기세요. 집에 돌아왔을 때 자녀가 어디 다녀왔느냐고 물어보면 '엄마와 아빠 두 사람의 일이야.'라고 대답하세요. 그리고 부부 각각 아이들이 볼 수 없는 곳에 일지를 보관하세요. 일지에는 날짜를 기록하고 다른 가족원이나 자녀 각각에 대한 언어적, 비언어적 행동을 기록하세요. 이것은 두 분이 따라야 하는 처방이니 부지런해야 합니다. 어떤 것도 잊어버리거나 생략해서는 안 됩니다. 다음 상담에 오실 때 일지를 가지고 와서 그동안 일어났던 일을 알려주시기 바랍니다."

출처: Goldenberg & Goldenberg (2001), 김득성 외 역 (2002)에서 발췌 및 수정.

5 사례 연구[1)]

1) 개요

IP는 중학교 1학년 남학생으로 현재 아버지, 어머니, 두 명의 누나와 살고 있다. 주요 문제는 충동조절이 잘 안 되고, 어머니와 누나에게 자주 폭력을 행사하고 있으며, 학교 부적응으로 학교폭력 피해자로 연루된 적도 있다. 학교에서 실시한 정서발달심리검사에서 불안, 우울, ADHD, 강박문제 등에서 높은 점수가 나와 상담을 요청하게 되었다.

아버지는 아내의 투박한 말투와 집 청소가 제대로 안 되는 것, 아들(IP)과의 관계 단절을 호소하였고, 어머니는 아들의 우울과 불안에 대한 걱정, 아들이 공부를 열심히 하지 않는 것을 호소하였으며, IP는 엄마의 간섭과 잔소리, 무기력감에 대해 호소하고 있다.

IP의 어머니는 결혼 후 남편의 구타와 경제적 어려움, 시어머니와의 갈등 등으로 힘든 결혼생활을 해왔다. 시어머니는 남편에게 며느리에 대한 험담을 하곤 했는데 그때마다 남편은 아내에게 언어적 · 신체적 학대를 가했고, 아내는 우울감이 심해져 가출을 한 적도 있다. 현재 남편에 의한 신체폭력은 발생하지 않고 있지만, 경제적 어려움과 정서적 · 언어적 폭력은 계속되고 있으며, 아내는 남편과의 갈등을 피하고자 회피와 무시로 대처하고 있었다.

아내는 가계에 보탬이 되기 위해 마트 아르바이트를 하며 열심히 일하고 있지만 남편에 이어 이제 아들에게까지 폭행을 당하니 삶의 의욕이 없는 상태이다. 평소 잔

1) 본 사례는 '남경숙 · 전영주(2014). 내담자가 참여한 녹화 슈퍼비전의 임상적 활용. 한국가족치료학회지 22(4), 301-322.'에서 발췌 및 수정하였음.

소리가 심한 편이며 넋두리처럼 같은 말을 반복하며 끊임없이 이야기하는 경향이 있다.

어머니에 대한 IP의 폭력은 주 2~3회 발생하고 있으며, 누나들은 IP의 행동에 어떤 식으로든 벌을 주며 이는 더욱 IP를 폭력적으로 만드는 상황이 반복되고 있었다. 가족들은 모든 문제가 IP 때문이라고 생각하고 있으며, 아버지는 수동적 자세로 갈등에 관여하지 않고 있었다.

2) 가계도

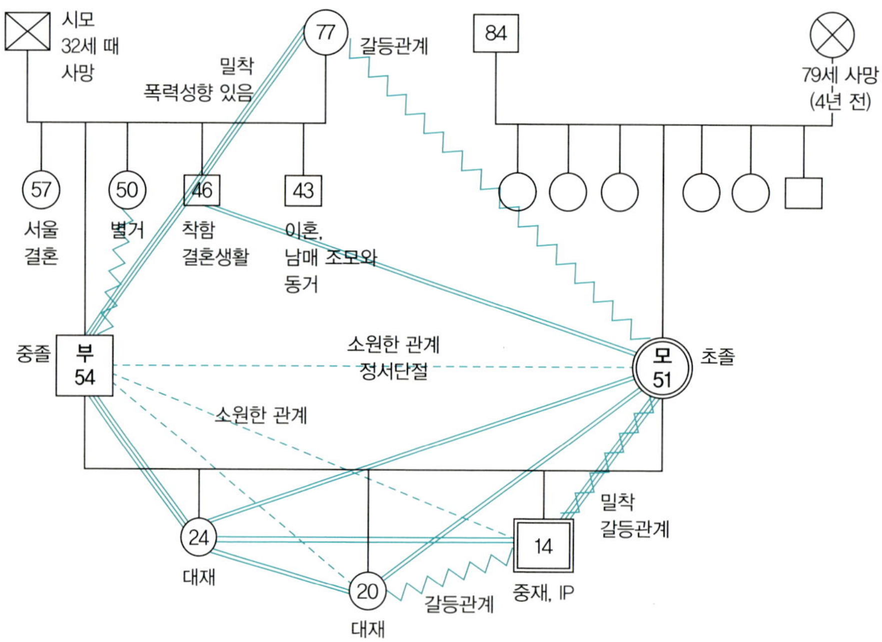

3) 전략적 가족상담의 적용

(1) 상담목표 및 가설설정

상담자는 상담목표를 설정함에 있어 내담자 가족이 측정이 가능한 구체적이며 행동적인 언어로 문제를 진술하도록 유도해야 한다. 예를 들어 IP가 '자주 폭력을 행사한다'고 답변한 것에 대해 상담자는 "일주일에 몇 회 신체적 구타가 있었는가?"라고 다시 구체적으로 질문하였으며, 일주일에 2~3회 정도의 폭력이 발생하고 있음을 알 수 있었다.

가설을 세우기 위해 가족 상호작용의 맥락에서 증상을 바라봐야 하는데, 이를 위해 상담자는 초기에 가족 전체의 상호작용을 관찰하는 것이 중요하다. 각 가족원이 증상을 유지시키는 연쇄과정에서 어떤 역할을 하고 있는지, 어떤 권련관계 속에서 힘겨루기를 하고 있는지 이해하고, 위계와 경계, 구조의 문제에서 증상을 바라보며 가설을 세운다. 이 가족의 경우 어머니와 아들 간의 정서적 융합갈등의 상태가 이전 세대(시모와 부)와 현 세대(모와 IP)에서 모두 나타나고 있으며, 가부장적 가족문화의 영향으로 어머니와 아들의 위계가 뒤바뀐 것을 볼 수 있다. 특히 어머니의 잔소리는 아들의 폭력행동을 촉진하는 요인으로 가설을 설정했다. 부모의 부부관계는 소원한 반면 부부연합보다 세대동맹(부녀관계 및 모자관계)이 더 강력한 양상을 보이고 있다. IP의 폭력행동에 대한 가족들의 처벌적 대처는 문제해결은 커녕 IP의 증상을 더욱 악화시키는 악순환적 고리가 형성되어 있다.

(2) 상담개입

본 사례는 중립적인 분위기에서 순환질문을 통해 가족 스스로 자신들의 인식론과 가족 연쇄과정을 교정할 수 있도록 돕는 밀란 모델의 체계적 개입으로 접근할 수 있다. 상담자는 어머니와 IP를 중심의 상담만으로 어머니에 대한 학대문제가 쉽게 근절되지 않았기 때문에 전문가 반영팀을 활용해 내담자를 포함한 전문가집단의 '열린 대화(conferencing)'를 시도해볼 수 있다. 내담자 가족과 전문가들이 다 함께 최근 어머니 학대의 촉발 사건을 중심으로 토론하는 과정에서 내담자들은 자신들의 의사소통 내용보다 과정에서 문제가 있었음을 자각할 수 있다. 다양한 대안에 대한 집단의 토론은 내담자 스스로 문제해결을 위해 가장 적절한 대안을 판단할 수 있도록 도와주었고, 상담자가 반영팀이 가족원을 비난하거나 책임을 묻지 않았음에도 불구하고 녹화된 상담 장면을 함께 시청하는 과정에서 가족원들 스스로 자신의 문제를 파악할 수 있었다.

안전하면서도 강력한 반영과 협력적인 대화과정은 학대 행위자나 피해자 모두 수치심에서 벗어나 문제를 직시할 수 있도록 유도하였다. 녹화된 이전 상담 장면을 활용할 경우, 더욱 강력한 자기성찰이 일어날 수 있으며, 가족원들은 자신이 문제과정에서 특정 역할을 한다는 점에 대해 방어보다 수용을 하도록 촉진할 수 있다.

활 동 하 기

1 상담자가 내담자의 변화(예: 섭식장애, 가정폭력 등)를 위해 전략적 조작(manipulation)이 필요하다고 결정할 경우 어떤 윤리적 문제가 발생할 수 있을까요?

2 고된 체험기법은 증상이 나타날 때마다 괴로운 일을 수행하도록 하는 개입방법으로, 고된 체험은 내담자의 바람과 일치하면서도 해를 입히는 것이 되어서는 안 됩니다. 각자 변화되고 싶은 본인의 문제를 한 가지 정하고, 스스로 고된 체험 개입을 구체적으로 계획해 봅시다. (예: 늦잠을 자면 벌칙으로 한 시간 동안 러닝머신을 뛴다)

3 영화 〈남자가 여자를 사랑할 때(When a man loves a woman)〉는 알코올의존증인 아내와 가정적인 남편, 어린 두 딸의 가정사를 보여주고 있습니다. 이 영화를 시청하고 아내의 알코올의존증상이 부부관계나 부모자녀관계에서 어떤 영향을 미치는지, 또한 증상이 가족항상성 유지에 어떻게 기여하는지에 대해 분석해 봅시다.

CHAPTER 09

인지행동 가족상담

1 개요

인지행동 가족상담(Cognitive-Behavioral Family Therapy: CBFT)은 행동주의의 학습이론과 인지적 기법을 함께 적용하여 가족원들의 잘못된 사고와 행동수정을 통한 가족의 변화를 시도한다. 초기 행동주의 상담자들은 가족관계의 역동을 중시하는 체계적 관점보다는 가족원의 행동이 어떻게 변화하는가에 관심을 가지고 부정적 행동을 소거하고 긍정적 행동을 증가시키는 것에 집중하였다. 스키너(Skinner)의 조작적 조건화 이론을 바탕으로 바람직한 행동이나 그렇지 않은 모든 행동들은 학습되었다고 가정하고, 사회학습이론을 부모교육 및 부부 간 의사소통 기술 훈련에 적용하면서 가족문제에 개입하였다(Nichols, 2010, 김영애 외 역, 2011).

1970년대 티보와 켈리(Thibaut & Kelly)의 사회교환이론의 영향으로 행동주의 가족상담은 개인에서 가족관계로 관심을 옮기게 된다. 모든 사람은 주어진 관계 속에서 보상을 극대화시키고 비용은 최소화시키려 한다고 가정하고, 부부가 결혼생활에 만족하지 못하는 것은 결혼생활에서 받고 있는 보상이 지불한 비용보다 적기 때문이라고 간주하였다. 따라서 행동주의 가족상담의 보편적인 목표는 보상으로 돌아오는 교환은 증가시키고 부정적인 혐오교환은 감소시키면서 의사소통과 문제해결방법을 교육하는 것이었다(김유숙, 2014).

1980년대 후반으로 접어들면서 행동주의 가족상담자들은 가족 내 역동에 대한 이해를 바탕으로 행동주의에 인지론적 상담기법을 적용하여 가족의 상호작용을 심층적으로 탐색하는 등 치료법의 영역을 확대시켰다. 보상이나 처벌을 통하여 문제를 해결하려는 행동주의 접근만으로는 가족원 상호 간의 복잡한 관계문제를 해결할 수 없음을 인식하고 행동의 교정을 유도하고 유지하기 위하여 태도의 변화가 필요하다고 강조한 엘리스(Ellis)와 벡(Beck)의 인지이론을 도입하였다.

2000년대 이후 변화 지향적인 접근의 효율성에 의문이 제기되면서 보다 효과적인 대처방식으로 '마음챙김(mindfulness)'과 '수용(acceptance)'이라는 개념을 바탕으로 변화와 수용을 함께 강조하는 통합적 접근들도 등장하였다. 이를 인지행동 접근의 '세 번째 흐름'이라고 하며, 수용-전념치료(Acceptance Commitment Therapy: ACT), 변증법적 행동치료(Dialectical Behavior Therapy: DBT), 마음챙김 기반 인지치료(Mindfulness-Based Cognitive Therapy: MBCT), 통합적 행동 부부치료(Integrative Behavior Couple Therapy: IBCT) 등의 모델들이 여기에 포함된다. 특히 부부 및 가족상담에서 인지행동 접근과 수용 중심 치료를 통합한 통합적 행동 부부치료에서는 배우자 간의 차이를 서로가 수용하도록 함으로써 부부관계가 긍정적인 방향으로 나아가도록 돕고자 주력한다(정민선 · 서진희 · 최연실, 2022).

인지와 행동을 균형 있게 강조하는 인지행동 가족상담은 가족원들의 인지, 정서, 행동이 서로 어떻게 영향을 주고받는지 살펴보며 상호작용 패턴에 초점을 맞추기 때문에 체계론적 관점과 일맥상통한다(Nichols & Schwartz, 2001, 김영애 외 역, 2002).

2 주요 개념

인지행동 가족상담의 이론적 배경이 되고 있는 행동주의와 인지주의의 주요 개념들은 다음과 같다.

1) 행동주의 접근

행동주의 가족상담에 가장 큰 영향을 끼친 것은 스키너의 조작적 조건화 개념이다(Nichols, 2010, 김영애 외 역, 2011). 스키너는 행동은 그 행동 후에 주어지는 보상(자극)에 의해 통제될 수 있다고 보았다. 조작적 조건화란 특정한 행동 이후에 보상(자극)을 제공함으로써 바람직한 행동 학습에 도움이 되는 조건을 형성하는 것이다. 이처럼 어떤 바람직한 행동의 강도나 빈도를 증가시키는 과정이 강화(reinforcement)이며, 긍정적 자극을 보상으로 주어 행동을 강화하는 정적 강화와 부정적 자극을 제거해서 행동을 강화하는 부적 강화로 구분된다.

(1) 정적 강화와 부적 강화

정적 강화(positive reinforcement)란 바람직한 행동 후에 행위자가 원하는 긍정적인 자극을 보상으로 제공하여 그 행동의 빈도가 높아지게 하는 것을 의미한다. 즉 결과에 대한 지지와 보상을 줌으로써 그 행동빈도가 높아지는 것이 정적 강화이다. 사용되는 강화제(reinforce)로는 가시적인 보상(돈, 음식, 장난감 등)과 사회적 보상(칭찬, 미소, 관심, 사랑 등)이 있다(김동일, 2018).

부적 강화(negative reinforcement)란 바람직하지 않은 행동 대신 바람직한 행동에 대해 행위자가 싫어하거나 혐오하는 부정적인 자극을 감소시키거나 면제시켜 줌으로써 바람직한 행동의 빈도를 증가시키는 것이다. 어떤 행동을 한 후 자신이 원하는 것이나 바람직한 결과를 얻게 된다면 다시 똑같은 행동을 할 가능성이 높다. 그러나 만약 그 행동에 원하는 반응이 주어지지 않는다면 앞으로 그 행동의 횟수는 줄어들거나 전혀 일어나지 않을 수도 있다(정문자 외, 2012).

〈정적 강화와 부적 강화의 예〉

- 자기 방을 청소한 후 용돈을 받은 자녀는 다음에도 스스로 자기 방을 청소한다.
- 교사는 미술시간에 그림을 잘 그린 작품을 게시판에 전시하여 학생들이 미술활동에 흥미를 가지도록 하였다.
- 자녀가 하교 후 숙제를 먼저 하고 게임을 하면 게임시간을 30분 늘려 주기로 하자 숙제를 먼저 한다.
- 아침마다 꾸물거려 지각하는 아동에게 일찍 준비하여 지각하지 않으면 아동이 싫어하지만 매일 반드시 해야 하는 학습지의 분량을 줄여준다.
- 싫어하는 반찬을 골고루 잘 먹으면 설거지 당번에서 제외시켜 주기로 한다.
- 하교 후 숙제를 먼저 하면 자녀가 싫어하는 운동시간을 줄여주거나 하루 쉬게 해준다.

(2) 벌

벌(punishment)은 바람직하지 않은 행동의 빈도나 강도를 감소시키기 위한 처치를 말하며, 정적 강화를 철회하는 것과 부적 강화를 부과하는 두 가지 형태가 있다. 전자의 경우에는 바람직하지 못한 행동을 했을 경우 가장 좋아하는 게임을 하지 못하도록 하는 것이고, 후자의 예로는 꾸중이나 체벌을 가하는 것 등이 될 수 있다(김동일, 2018).

벌의 부정적 측면으로는 벌은 사용할수록 강도가 점점 심해진다는 것이고, 관계에도 부정적인 영향을 미치며, 장기적인 효과가 없다는 것이다. 또한 벌은 무엇을 하지 말아야 하는지는 가르치지만 무엇을 해야 하는지는 가르치지 않으며 부모나 교사로 하여금 아동의 잘못된 행동에 더 많은 관심을 갖게 만든다(최규련, 2015). 그러므로 벌은 즉각적인 효과를 얻을 수 있어 부모나 교사가 쉽게 사용할 수 있지만 바람직하지 못한 측면이 있으므로 모든 긍정적인 방법을 사용해도 효과가 없을 때 사용하는 것이 좋다.

(3) 소거

소거(extinction)는 강화로 학습된 행동에 대해 더 이상 강화를 제공하지 않음으로써 소멸시키는 과정을 의미하는데 모든 강화물을 차단할 수 있어야 효과가 크다. 예를 들면 엄마와 함께 마트에 갈 때 항상 장난감을 사달라고 심하게 떼를 쓰면 장난감을 살 수 있었던 아동에게, 엄마가 어느 날 아동의 이런 행동을 무시하고 장난감을 사주지 않는 경우이다. 아동은 처음에는 더 심하게 떼를 쓰거나 울기도 하지만 끝까지 반응하지 않는 엄마의 모습을 보고 더 이상 장난감을 사달라고 떼를 쓰지 않게 된다(정문자 외, 2012).

(4) 모델링

모델링(modeling)은 실제적이고 상징적인 본보기를 제공함으로써 모방 및 관찰을 통해 적응적인 목표행동을 학습하도록 하는 방법이다. 바람직한 행동을 하는 가족원이나 상담자, 교사, 형제자매, 친구는 주요 모델이 된다. 모델의 시범행동을 관찰함으로써 적응적 행동이 어떤 것인지 구체적으로 배울 수 있어 불안감이 감소되며 적응적 행동을 할 동기와 가능성이 커진다. 모델이 되는 사람이 호감을 줄 수 있고 강화를 받아 긍정적인 결과를 얻는 모습이 함께 제시될 때 더욱 효과적이다.

모방은 모델링과 유사하지만 차이가 있다. 모방은 단순히 행동을 따라하는 것으로 거의 자동적으로 이루어지는 반면, 모델링은 상대방의 가치 있는 행동을 관찰하고 학습해서 자신의 행동으로 내면화하는 것이다. 아동이 부모의 말을 그대로 따라 하는 것이나 청소년이 좋아하는 성인이나 연예인의 패션이나 행동을 흉내 내는 경우가 모방이다. 반면 모델링은 개인이 다른 사람의 특정 행동과 그 행동의 결과를 관찰하고 그 행동을 실제로 재현하는 것이 모델링이다.

2) 인지주의 접근

인지주의 접근법은 우리의 감정과 행동은 객관적 현실보다는 주관적으로 구성한 현실에 의해 결정된다는 벡의 인지이론을 기반으로 한다. 다른 사람들의 행동을 어떻게 해석하느냐에 따라 반응하는 양식이 매우 달라진다는 것이다(Nichols, 2010, 김영애 역, 2011). 즉, 개인이나 가족의 정서 및 행동문제는 실제 사건보다는 그것을 지각하고 해석하는 인지에 원인이 있다고 가정한다. 비논리적인 신념과 왜곡이 가족 안에서 정서적인 고통을 야기한다고 보고 정서와 행동문제를 해결하기 위해 역기능적인 인지를 밝혀내고 대안적인 사고로 반응할 수 있도록 인지를 재구성하는 데 초점을 둔다.

(1) 자동적 사고

인지치료의 핵심개념인 자동적 사고(automatic thoughts)는 어떤 상황에서 자기도 인식하지 못하는 사이에 자연스럽게 떠오르는 생각이나 이미지를 말한다. 벡은 개인이나 가족이 경험하는 정서적 문제는 생활사건을 경험할 때 순간 떠올리게 되는 부정적인 자동적 사고로 유발된다고 하였다(Beck, 1988, 제석봉 역, 2001). 사소한 일에도 갈등이 자주 유발되는 관계에서 상대방에 대한 부정적이고 왜곡된 자동적 사고는 다양한 심리적 문제의 원인이 될 수 있다.

5세 쌍둥이 아들을 양육하고 있는 아내는 새로운 프로젝트를 맡은 남편이 3주 연속 주말 근무를 하고 있어 계속 마음이 불편하고 짜증스럽다. 남편이 내일 주말에도 일하러 가야 한다고 하니 갑자기 화가 나기 시작했다. 주말에 하루 종일 두 자녀와 씨름을 하다 보니 남편이 일을 핑계로 혼자만의 자유로운 시간을 즐기는 것은 아닐까 하는 생각이 들었다. 이 상황에서 순간 떠오른 '자동적 사고'에 따라 아내의 남편을 향한 반응은 달라질 수 있다.

자동적 사고	감정	비언어적 표현	언어적 표현
"아이들을 돌보기 싫어서 또 일을 핑계대고 혼자만의 시간을 보내려고 하네."	짜증남 서운함 억울함	표정이 굳어지면서 목소리가 퉁명스러워진다.	"매 주말마다 무슨 업무가 그렇게 많아? 그 회사에서는 당신만 일해?"
"새로운 프로젝트가 진행된다더니 일이 많은가 보군. 매 주말마다 일하러 가니 본인도 많이 피곤하겠네."	차분함 담담함 편안함	표정이 부드러워지면서 목소리도 다정하다.	"매 주말마다 당신도 많이 피곤하겠네. 다음 주는 그래도 같이 쉴 수 있으면 좋겠어."

(2) 인지도식

개인이 삶의 과정에서 경험한 세상과 환경, 자기 자신에 대한 다양한 지식들을 통해 진실이라고 받아들여진 관념이나 안정된 사고틀로 기능하는 지식의 구조가 인지도식(schema)이다. 인지도식은 개인마다 다르며 상황이나 사건을 해석하고 행동하는 데 영향을 미친다. 인지행동 가족상담자들은 가족원들이 서로에 대해 그리고 가족 전체에 대해 핵심적인 신념을 가지고 있다고 가정한다.

가족에 대한 신념은 '가족원이 어떻게 생각하고 행동해야 한다.(should be)'라는 믿음 혹은 규준(standards)을 의미한다(유영주 · 이창숙, 2002). 커플관계에서 건강한 신념을 예로 들면 '생활비는 커플 공동으로 부담한다.', '서로 싸움을 하더라도 부모를 개입시키지 않도록 한다.' 등이 있다. 커플관계에 대한 비합리적 신념은 '일일이 말하지 않아도 파트너가 중요하게 생각하는 것이 무엇인지 알고 있어야 한다.', '사랑한다면 파트너가 요구하는 것을 들어주어야 한다.' 등으로 상대방의 행동이나 사건을 해석하고 평가하는 지각과정에서 더 부정적인 편향과 인지왜곡을 보여 갈등관계를 초래하게 된다(김진숙 · 권석만, 2010).

(3) 지각

지각(perception)이란 눈을 통해 본 것을 일련의 사고과정을 거쳐 인식하는 인지과정이다. 가족이나 커플관계에서 지각은 우리가 어떻게 상호작용하는지와 그 상호작용 과정 속에서 가족원들이나 배우자를 어떻게 지각하는지와 관련된다. 예를 들면, 남편이 자신의 아내를 대체로 '인정 많고 다정한 사람'이라고 처음에 지각한다면, 아마도 아내에 대한 자신의 전반적인 관점은 이 지각으로 통합될 것이다. 이럴 경우 아내와 함께 생활해 나가면서 새로 얻게 되는 정보들은 처음의 그 지각 범위에서 항상 판단될 것이고, 그러다 보면 아내의 수많은 '이기적인 행동'을 무시하게 되거나 쉽게 용서하게 된다(Dattilio, 2010, 김진숙 역, 2020).

가족이 서로 상호작용하면서 가족원의 모습을 객관적으로 보기보다는 자신이 보고 싶은 대로 지각하는 경우가 많은데, 만약 서로의 부정적인 측면에만 주의를 기울일 경우 관계에 치명적인 결과들을 가져올 수 있다. 특히 커플의 경우 상대방의 바람직한 행동과 그렇지 않은 행동들 가운데 어떤 면을 선택하여 지각하는지가 커플의 관계만족도에 영향을 미친다. 갈등을 겪고 있는 커플들은 상대방의 행동 중 자신이 인정하기 싫은 문제행동에만 집중적으로 주목하면서 부정적인 평가를 내리는 '인지왜곡'을 초래하는 경우가 많다.

아내는 요리를 잘하고 아이들을 잘 챙긴다. 빨래가 가끔 밀려서 남편이 와이셔츠를 찾으면 간혹 세탁이 안 되어 있기도 하지만 늘 집은 잘 정리되어 있다. 성격이 온순하고 갈등을 싫어하는 아내는 경제적인 부분이나 중요한 일을 결정해야 할 때 대부분 남편이 하자는 대로 하면서 동의하는 편이다. 큰며느리로서 명절이나 제사 등 집안행사를 잘 챙기고 시댁과의 관계도 나쁘지 않지만 가까이 사는 친정 부모님이 좀 불편하셔서 주말마다 가서 돌봐드린다. 그럴 경우 주말에 남편이 아이들을 돌보고 식사를 챙겨준다. 이런 아내에게 남편은 두 가지 지각 패턴을 가질 수 있다.

1. **부정적 방향의 지각 패턴**
   만약 남편이 아내가 세탁을 미루거나 주말마다 친정에 가는 것, 중요한 일을 결정하고 의견을 구해도 별 의견이 없는 행동만 주로 지각하는 경우에는 '게으르고 무능한 사람, 친정만 챙기는 사람'으로 생각한다.

2. **긍정적 방향의 지각 패턴**
   만약 남편이 아내가 요리도 잘하고, 아이들을 잘 돌보고, 시댁과도 잘 지내며 자신의 의견에도 잘 따라주는 모습을 주로 지각하는 경우에는 '따뜻하고 성실한 가정적인 사람'으로 생각한다.

(4) 귀인

귀인(attribution)은 원인 및 책임에 대한 추론 혹은 관계에서 발생하는 일들에 대한 설명이다. 한 가족원이 상호작용의 특정한 한 행동에 초점을 두게 되었을 때 그 사람은 그러한 행동을 설명하려고 추론을 하게 된다. 이 추론이 귀인으로 사람에 대한, 관계에 대한 주관적 경험의 핵심요소이다(Dattilio 2010, 김진숙 역, 2020). 가족 내에서 발생하는 다양한 문제의 원인을 어떻게 귀인하는가에 따라서 가족생활 전반에 대한 가족원의 감정과 행동에 직접적인 영향을 미치게 된다. 귀인은 보통 내부적-외부적 귀인, 안정적-불안정적 귀인, 전반적-특수적 귀인으로 나뉜다(유영주 · 이창숙, 2002).

보통 갈등관계 속 가족들은 문제의 원인을 내부적, 안정적, 전반적 요인으로 귀인하는 경향이 많다. 예를 들어 자녀가 약속된 용돈을 초과해서 사용하는 경우 아들의 무책임한 성격과 습관 때문이라고 내부적 귀인을 한다. 이러한 경우 자녀의 이런 문제가 생활 전반에 부정적 영향을 끼친다고 인식함으로써 사람 자체를 문제로 보고 문제해결에 대한 희망을 갖지 않는다. 반면 갈등을 건강하게 해결하려고 타협하는 가족원들은 갈등을 외적, 불안정적, 특수적 요인으로 귀인하는 경향이 많다. 그러므로 문제를 일으킨 요인은 변화의 여지가 있다고 보고 해결에 대한 희망을 가지고 개선하기 위해 노력한다.

〈표 9-1〉 귀인의 종류

유형	내용	예
내부적 귀인	성격, 기질, 지능, 태도, 동기 등 내부요인으로 돌림	"너의 다혈질 성격 때문에…." "당신의 무책임감 때문에…."
외부적 귀인	환경, 상황, 타인, 기회 등 외부요인으로 돌림	"당신이 술 마시는 것은 회사분위기 때문에…." "우리가 이렇게 싸우는 것은 어머니 때문에…."
안정적 귀인	성격, 성장환경, 생활습관 등 비교적 변함이 없는 요인으로 돌림	"네 생활습관에 문제가 있어서…." "내 외모가 마음에 안 들어서 그럴 거야."
불안정적 귀인	노력의 정도, 준비 정도, 동기수준 등 변할 수 있는 요인으로 돌림	"내가 좀 더 준비를 잘 하지 못해서…." "이것이 일시적으로 우리를 힘들게 하고 있어."
전반적 귀인	문제의 원인이 광범위한 부분까지 영향을 미치고 있다고 인식함	"네 성격 전부에 문제가 있어." "이 문제 때문에 우리 생활 전부가 망가지고 있어."
특수적 귀인	문제의 원인이 일부분에만 영향을 미치고 있다고 인식함	"너는 다 좋은데 그 급한 성격이 문제야." "이 문제는 경제생활만 좀 힘들게 할 뿐이야."

출처: 전영주 외 (2016).

(5) 인지왜곡

인지왜곡(cognitive distortions)은 삶이 불행하고 불만족스럽다고 생각하게 하는 부정확한 사고방식이다. 생활사건의 의미를 나름대로 해석해서 자동적 사고를 만들어 내는 인지적 정보처리과정에서 발생하는 잘못을 의미하며 인지적 오류(cognitive errors)라고도 한다(유영달, 2017).

역기능적 인지도식(schema)은 개인의 성장과정을 통해 형성되는데 현실적응에 도움이 되지 않는 부정적이고 부적응적인 사고틀이다. 역기능적 도식이 활성화되는 경우, 현실을 제대로 지각하지 못하거나 사실 또는 그 의미를 왜곡해서 받아들이는 인지왜곡이 발생하게 된다(정문자 외, 2012). 가족원 간에 발생하기 쉬운 다양한 인지왜곡의 종류를 살펴보면 다음과 같다.

〈표 9-2〉 가족에 대한 8가지 일반적인 인지왜곡

유형	내용	예
임의적 추론	빈약한 근거를 기반으로 한 신념으로 상대방을 추측하는 것	"문을 쾅 닫고 나가는 거 보니 나에게 반항하는 거야."
선택적 추상화	맥락과 명백한 세부 사항들을 무시한 채 한 가지 세부 사항에만 초점을 맞추는 것	"내 아이의 성적이 이렇게 낮은 것은 내 탓이고 난 부모로서 실패했어."
과잉일반화	상대방의 본질적 특성을 판단함에 있어 한두 가지의 경험으로 광범위하게 적용하며 일반화하는 것	"아내는 한 번도 내 말을 들어준 적이 없어."
과장 및 최소화	상황이나 사건을 실제보다도 더 과장되게 생각하거나 덜 중요하게 생각하는 것	"당신 때문에 내 인생은 망쳤어."(과장) "아내가 한 칭찬은 별 뜻 없이 그냥 한 말이야."(최소화)
개인화	임의적 추론의 일종으로 외부 사건의 원인을 자기 자신에서 찾는 것, 특히 친밀한 관계에서 흔하게 나타남	"아내가 오늘 나와 잠자리를 하지 않으려고 하는 것은 나를 싫어하기 때문이야."
흑백논리	'모 아니면 도'라는 식의 사고방식으로 둘 중 하나만을 생각하는 경향, '당신은 항상… 절대로…'라는 말을 자주 사용하며 흑백논리로 이어짐	"당신이 있으면 집이 항상 지저분해, 당신이 없을 때는 깨끗한데 말이야."
잘못된 낙인	예외를 고려하지 않고 몇 안 되는 사건을 바탕으로 개인의 성격특성을 규정하는 것	"쓰레기를 버려달라고 하는데 지금 당장 하지 않는 걸 보니 분명 게으른 사람이야."
독심술 (마음 읽기)	가족과 부부관계에서 흔히 나타나며, 추측이나 일반화를 바탕으로 대화 없이도 상대방의 마음을 읽을 수 있다고 생각하는 것	"그래봤자. 내 손바닥 안이야. 당신 생각을 내가 모를 줄 알고!!"

출처: Gehart (2014), 이동훈 외 역 (2021)에서 발췌 및 수정.

3 상담목표와 상담과정

1) 상담목표

인지행동 가족상담의 목표는 가족원들의 왜곡된 인지와 사고의 편견을 건강하고 대안적인 사고로 변화시키고 잘못 학습된 부정적 행동을 제거하여 바람직한 행동형성이 가능하도록 돕는 것이다. 가족의 증상을 완화하기 위해 비합리적인 신념에 도전하며 바람직하지 않은 행동을 제거하고 가족에 의해 확인된 긍정적 행동을 증가시키기 위해 노력한다. 상담을 통해 행동의 변화를 이끌 수 있다고 가정하고 효과적인 의사소통 기술과 문제해결 기술을 학습시킨다. 일상생활에서 가족원의 긍정적 상호작용을 증가시키기 위해 가족원들이 싫어하는 부정적 행동은 감소시키고 비난, 방어, 무시 등의 부정적 의사소통을 개선시킨다. 상담과정에서 변화를 토대로 가족 스스로가 앞으로 당면할 문제를 해결할 수 있도록 돕고자 하며 치료와 동시에 예방에도 더 많은 관심을 둔다.

2) 상담과정

인지행동 가족상담에서는 가족의 사고와 인지의 변화를 위해 가족 상호작용을 탐색하고 가족원 간의 자동적 사고, 비합리적 신념, 인지왜곡 등을 내담자 가족 스스로가 관찰하고 확인할 수 있도록 한다. 더불어 이러한 사고들은 가족원 간에 서로의 행동을 어떻게 해석하게 하는지, 그리고 이러한 사고들이 자신의 감정과 어떻게 연결되는지 인식하도록 돕는다. 자동적 사고나 인지왜곡 등을 지지하는 타당한 근거가 있는지 평가하게 하고 다른 대안적인 설명을 검토하여 현실적인 관점으로 변화시키도록 한다.

가족원 간의 혐오적인 행동을 줄이고 서로가 원하는 행동을 주고받을 수 있도록 교육한다. 마지막으로 내담자 가족이 앞으로 당면하게 될 여러 가지 갈등을 스스로 관리하며 서로 대화로 해결할 수 있도록 효과적인 의사소통 기술과 문제해결 기술을 익히도록 돕는다.

인지행동 가족상담의 과정은 구조화되어 진행되며 가족평가 순서는 다음과 같다.

〈인지행동 가족상담에서의 가족평가〉

1. 커플 혹은 가족면담에서 가족생활, 갈등문제에 대한 간략한 역사와 배경정보를 수집한다.
2. 조사기록지와 자기보고질문지를 통해 가족관계에 대한 자료를 수집한다. 커플관계에 대한 태도와 믿음을 평가하기 위한 질문지로는 결혼태도 질문지, 결혼적응 척도, 결혼만족 척도, 변화에 대한 믿음 질문지, 애정표현 질문지, 의사소통 양식 질문지 등이 있다.
3. 개인면담에서는 원가족과 관련된 문제, 폭력 여부, 불만 영역, 특정한 자동적 사고와 신념 등을 탐색한다.
4. 가족의 언어적, 비언어적 행동을 관찰한다. 면접 동안 상호작용을 관찰하기도 하지만 녹화를 하여 상호작용을 관찰하는 경우도 있다. 이것은 가족의 정서적 반응에 대한 중요한 정보를 제공해 준다.
5. 면담 기록지, 질문지, 행동관찰 등을 통해 정보를 수집한 후 내담자 가족에게 강점, 제시된 주요 문제들, 스트레스원, 상호작용 패턴 등에 대한 진단과 상담과정을 설명한다.

출처: Gehart (2014), 이동훈 외 역 (2021).

4 상담기법

초기의 인지행동 가족상담자들은 특정 가족원의 변화가 궁극적으로 가족체계 전반에 긍정적 변화를 가져올 것이라 기대하고 가족 전체에 대한 개입보다는 가족원 중 한 명에게 행동치료를 적용하였다. 그러나 1980년대 이후 가족이 개인의 단순한 종합이 아닌 복합적인 체계라는 사실을 깨닫고 가족관계에 주목하게 되면서 부부나 부모자녀관계에서의 상호작용 변화에 역점을 두기 시작하였다(최규련, 2008).

인지, 정서, 행동은 서로 상호 영향을 끼치며, 인지 및 사고는 정서와 행동에 영향을 끼치기도 하고 정서와 행동이 인지에 영향을 주기도 한다. 1980년대 후반부터 1990년대 이후 인지행동접근이 가족상담에 폭넓게 적용되기 시작하였고, 부모교육 및 훈련, 부모자녀관계 상담, 커플상담 및 치료, 성치료 등에서 효과성이 입증되고 있다(Nichols, 2010, 김영애 역, 2011).

1) 부모교육 및 훈련, 부모자녀관계 상담

인지행동 가족상담에서 부모교육 및 훈련의 목적은 부모가 자녀의 정서문제나 행동을 보다 더 효과적으로 다룰 수 있도록 돕는 것이다. 따라서 상담의 초점은 자녀에 대한 관리 및 행동수정에 있다(Becvar & Becvar, 2013, 정혜정 외 역, 2016). 신체적 증상이나 과다행동, 공격적 행동, 두려움과 공포증, 언어장애, 생활관리 문제 등 여러 가지 어려움을 겪는 아동에게 다양한 기법이 적용되고 있으며 그 중에서도 조작적 조건화는 가장 널리 사용되는 접근방법으로 알려져 있다. 문제를 해결하기 위한 부모교육 및 훈련은 포괄적인 평가절차로 시작한다.

사정에는 문제행동의 빈도뿐만 아니라, 그것에 선행하거나 뒤따르는 사건을 정의하고 관찰하며 기록하는 과정까지 포함한다. 상담자는 아동과 부모의 상호작용을 관찰하거나 가정에서의 상호작용을 녹화하여 관찰하기도 한다. 이와 같은 관찰은 면담과정에서 빠뜨리거나 간과될 수 있는 정보를 제공해 준다. 평가가 완료된 후 상담자는 부모들에게 아동의 구체적인 목표행동을 결정하여 바람직한 행동이 증가하도록 심리적 또는 사회적인 다양한 강화요인을 제공하도록 교육한다(김유숙, 2014; 최규련, 2015).

부모교육 및 훈련에 사용되는 인지행동 가족상담의 일반적인 상담기법들은 다음과 같다.

(1) 프리맥 원리와 토큰강화법

발생빈도가 적은 바람직한 행동을 증가시키기 위해 종종 발생빈도가 높은 행동, 즉 자녀가 즐겨하는 행동을 강화원으로 사용하기도 하는데 이를 프리맥 원리(premack principle)라고 한다. 예를 들면 숙제를 하기 싫어하는 자녀에게 숙제를 하면 좋아하는 만화영화를 보여 주는 것이다. 강화물의 종류에는 음식 · 돈과 같은 물질적인 것, 인정 · 칭찬 · 관심 · 미소 등과 같은 사회적인 것, TV보기 · 책보기 · 놀아주기 등과 같은 활동적인 것이 있다. 이런 강화물은 자녀의 특성에 따라 효과가 다르므로 자녀가 좋아하는 것을 선택하도록 한다(최규련, 2015).

토큰강화법(token reinforcement)은 자녀가 바람직한 목표행동을 할 때 토큰을 주고, 반대의 경우에는 토큰을 회수하여 기준으로 미리 정한 수의 토큰이 모이면 자녀와 함께 계획한 보상으로 교환하는 방법이다. 강화물인 보상은 자녀와 함께 결정하는데 예를 들면 게임시간, 용돈, 자녀가 평소 사고 싶었던 선물 등이 포함된다(정문자 외, 2012). 토큰강화법이 효과적이려면 자녀가 목표행동을 했을 때 받는 토큰의 수, 토큰으로 대체할 수 있는 강화물의 종류 등을 자녀의 발달수준을 고려하여 자녀와 함께 적절하게 정해야 한다.

(2) 긍정적 연습 및 행동형성

긍정적 연습(positive practice)은 부모가 자녀에게 바람직한 행동을 하는 기술을 반복적으로 연습시키는 기법이다. 예를 들면 하교 후 아무데나 던져 놓는 책가방을 제자리에 걸어두도록 계속 연습을 시킨다든지, 인사를 잘 하지 않으면 지속적으로 인사하는 연습을 훈련시키는 것 등이다.

행동형성(behavior shaping)은 바라는 목표행동에 점진적으로 접근하는 방법으로, 목표행동을 여러 단계로 나누어 각 단계마다 강화를 제공하여 바람직한 행동에 도달하게 하는 것이다. 작은 단계로 세분화하여 행동을 습득하면 습득하기 쉬울 뿐 아니라 습득 자체가 다음 행동에 대한 강화로 작용할 수 있다. 자녀가 단계별로 바람직한 행동을 할 때마다 스티커, 선물 등의 외적 보상뿐만 아니라 칭찬과 격려 등과 같은 내적 보상을 함께 해주는 것이 효과적이다(정문자 외, 2012).

〈행동형성〉

초등학교에 입학한 수범이는 수업 시간에 선생님이 발표를 시키면 너무 당황하여 머뭇거리고 급기야는 울어버리기까지 한다. 이럴 때 엄마는 수범이가 수업 시간에 울지 않고 발표하는 것을 도와주기 위해 행동형성을 이용하여 연습시킬 수 있다. 수범이에게 이와 관련해 엄마가 도와주겠다고 설명하고 잘 수행할 경우 칭찬스티커를 주겠다고 약속하였다. 먼저 수업 시간에 다루어질 내용을 하나 정해서 가족들 앞에서 발표하도록 하였다(격려와 칭찬스티커 1장). 그리고 친한 친구인 지원이를 불러 지원이 앞에서 발표해 보도록 연습시켰다(칭찬스티커 2장). 주말에는 다른 친구들 몇 명을 더 불러서 친구들 앞에서 발표하는 연습을 시키면서 점점 자신감을 갖도록 도와주었다(칭찬스티커 3장). 친구들 앞에서 발표를 잘 마친 수범이는 국어 시간에 선생님이 질문하셨을 때 조금 떨렸지만 울지 않고 발표할 수 있었다.

(3) 타임아웃

타임아웃(time out)은 자녀의 바람직하지 못한 행동 발생의 감소를 위해 자녀가 원하는 활동을 일정시간 하지 못하도록 금지시키고 고립시키는 것으로 가장 일반적으로 사용되는 기법이다. 자녀가 잘못된 행동을 했을 때 자녀의 행동을 중단시키고 조용한 장소로 격리시켜서 자신의 잘못을 생각하게 하고 반성하게 하는 훈육법으로 소통이 가능한 만 3~6세의 유아에게 더 적합하다.

타임아웃 방법이 효과적이기 위해서 부모는 중립적이면서도 단호한 태도로 자녀에게 그 이유를 설명하고 타임아웃 장소로 데려가도록 한다. 타임아웃을 실시하는 시간은 2~5분 정도가 적당하고 타임아웃 과정에서 자녀의 저항은 무시한다. 타임아웃 후에는 사랑으로 안아주어 자녀의 감정은 다치지 않고 행동은 반성할 수 있도록 다독여 주는 것이 효과적이다.

(4) 부모자녀 간 유관계약

유관계약(contingency contracting)은 부모와 자녀가 맺는 일종의 계약으로 부모가 바라는 행동목록을 적고, 자녀의 행동변화의 대가로 부모가 그에 따른 보상을 제공하기로 약속하는 것이다. 자녀의 바람직하지 않은 행동을 수정하기보다는 호혜적인 상호작용 원리를 기초로 하여 바람직한 행동을 하도록 강화하는 것에 초점을 둔다. 주로 10대 자녀에게 많이 적용되는데, 어떤 행동이 누구에 의해, 어떤 조건에서 이루어질 것인지를 구체화하고, 각자 수행한 것에 대한 특정한 보상을 계약에 포함시킨다. 예를 들면, 자녀가 게임 시간을 스스로 조정하여 학원 수업에 빠지지 않는다면 원하는 브랜드의 옷을 사줄 것을 약속하는 것이다. 초기에는 작은 행동에 대해 작은 양으로 자주 강화하고, 자녀의 바람직한 행동이 증가하면 점점 조금 더 어려운 행동에 대한 새로운 계약을 작성하여 행동수정을 해 나가는 것이 바람직하다(최규련, 2015).

2) 커플상담

인지행동 커플상담의 목적은 긍정적 행동의 빈도를 증가시키고 의사소통 기술과 문제해결 기술을 향상시키며, 비합리적 사고의 오류를 바꾸어 서로에 대한 수용력을 높일 수 있도록 돕는 것이다. 인지행동 가족상담은 인지, 행동, 감정이 서로에게 영향을 미치고 영향을 받는다는 체계론적 전제를 포함한다(최규련, 2015; Nichols, 2010, 김영애 역, 2011).

〈스튜어트(Stuart)의 인지행동 부부치료 개입 전략 5가지〉

1. 모호하고 비판적인 불평보다 분명하고 행동중심의 묘사로 표현하는 법을 배우게 한다.
2. 부정적 통제를 줄이고 긍정적 통제를 강조하는 새로운 행동교환방법을 증가시킨다.
3. 자신들의 의사소통을 개선하도록 돕는다.
4. 권력을 평등하게 공유하고 효과적인 의사결정방법을 구축하도록 격려한다.
5. 치료를 통해 배운 방법들을 유지하고 확대하여 앞으로 일어날 문제에 대한 해결 전략을 습득시킨다.

출처: 최규련 (2008).

상담자는 교육적인 접근방법을 견지하면서 먼저 인지적 개입을 통해 커플에게 자동적 사고를 기록하도록 과제를 부여 후 함께 검토하면서 인지변화를 위한 실제적인 기술들을 가르친다. 그 다음에 행동주의 개입으로 파트너가 싫어하는 혐오적인 행동을 감소시키고 바람직한 긍정적 행동으로 수정한다. 마지막으로 일상생활에서 야기되는 커플 갈등을 대화로 해결할 수 있도록 의사소통 기술이나 문제해결방법을 가르치게 된다.

(1) 자동적 사고 알아차리기

자동적 사고를 알아차리는 능력은 커플관계에서 나타나는 역기능적인 인지를 합리적으로 변화시키는 데 꼭 필요한 기술이다. 구조화된 일기의 일종인 자동적 사고기록을 통해 내담자는 자신의 비합리적 자동적 사고와 그로 인한 인지적 행동을 분석하여 좀 더 적응적인 반응들을 개발할 수 있다. 사고기록에는 먼저 커플관계에서 발생한 촉발상황을 기록하고 그로 인한 자동적 사고와 감정적 정서반응을 기록한다. 그러한 자동적 사고를 지지하는 근거를 기록한 후 그와 반대되는 근거를 적어보고 근거에 따른 다양한 유형의 인지적 왜곡을 살펴본다. 상담자는 이 기록을 통해 커플에게 그들의 자동적 사고가 정서와 행동반응으로 어떻게 연결되는지 설명해 준다. 이러한 모든 근거를 통합하고 인지적 왜곡을 바로잡아 보다 균형잡힌 관점에서 커플관계를 점검하게 된다(Gehart, 2014, 이동훈 외 역, 2021).

(2) 자기주장 훈련

자기주장 훈련은 인지행동 가족상담에서 자주 활용되는 일종의 사회기술 훈련이라고 할 수 있다. 수줍음이 많거나 지나치게 억제되어 있는 가족원은 대화를 회피하는 것이 문제가 될 수 있고, 과도하게 공격적인 가족원은 가족 내 갈등과 마찰을 일으킬 가능성이 높다(Dattillio, 2010, 김진숙 역, 2020). 대인관계에서 억제된 생각이나 감정을 적절한 방식으로 표현하도록 도움으로써 부적절한 정서와 반응을 변화시키고 비합리적인 사고를 제거하며, 부적절한 행동을 수정하여 적응적이고 기능적인 생활 태도를 갖추도록 연습시킨다. 이 훈련은 특히 자신의 권리나 느낌 등을 표현하지 못하는 사람이나 공격적 언행을 하는 사람에게 도움이 된다(최규련, 2008).

〈표 9-3〉 자동적 사고 기록 및 대안적 사고/반응 구축하기

작성법: 기분이 나빠지고 있을 때 자신에게 질문한다. "지금 내 마음속에 무엇이 스쳐 지나가고 있지?" 그런 후 떠오른 생각이나 심상을 가능한 한 빠르게 자동적 사고 칸에 적는다.

날짜 시간	상황	자동적 사고들	정서(들)	왜곡	대안적 반응	결과
	기술하기: 1. 불쾌한 감정을 낳은 실제 사건 2. 불쾌한 감정을 낳은 사고, 공상 또는 회상의 흐름 3. 불쾌한 신체 감각	1. 불쾌한 감정(들)에 선행한 자동적 사고(들) 적기 2. 자동적 사고(들)를 얼마나 믿는지 평정하기 0~100%	**기술하기**: 1. 슬픈, 불안한/분노 등의 감정을 구체화하기 2. 정서의 강도를 평정하기 0~100%	1. 이분법적 사고 2. 과잉일반화 3. 정신적 여과 4. 긍정적인 면 배제하기 5. 결론으로 비약하기 6. 의미확대 혹은 의미축소 7. 정서적 추리 8. 해야만 한다 진술 9. 낙인찍기와 잘못 낙인찍기 10. 개인화	1. 자동적 사고(들)에 대한 합리적 반응 적기 2. 대안적 반응을 얼마나 믿는지 평정하기 0~100%	1. 자동적 사고를 얼마나 믿는지 재평정하기 0~100% 2. 이어지는 감정을 구체화하고 평가하기 0~100%
	급하게 자동차로 갔는데 자동차 기름이 '바닥'인 것을 보았다.	연료를 보충하지도 않고 차를 세워놨네. 다른 사람은 안중에도 없고 오직 자기밖에 모르는 인간이지.	열받음 좌절감 격앙됨	1. 이분법적 사고 6. 의미확대	사만다가 바빠서 확인을 못한 걸 수도 있어. 그걸 개인적으로 받아들여서는 안 되지. 그녀는 좋은 사람이고 인정이 있어. 사람은 실수를 하잖아. 그것으로 충분하다는 것을 알아.	다소 덜 격앙됨. 50%

대안적 반응의 작성을 돕는 질문:

(1) 자동적 사고가 사실이라는 증거가 무엇인가? 사실이 아니라는 증거는?

(2) 다른 설명이 있는가?

(3) 일어날 수 있는 최악은 무엇인가? 내가 그것을 견디어 낼 수 있는가? 일어날 수 있는 최선은 무엇인가? 가장 현실적인 결과는 무엇인가?

(4) 내가 무엇을 해야만 하는가?
(5) 자동적 사고를 믿은 결과는 무엇인가? 내 생각을 변화시킨다면 그 결과는 무엇이 될 수 있는가?
(6) 만일 (사람이름)가 이 상황에 있고 이 생각을 하고 있다면, 나는 그 사람에게 뭐라고 말할 것인가?

출처: Gehart (2014), 이동훈 외 역 (2021)에서 재인용.

(3) 긍정적 행동교환

긍정적 행동교환이란 커플이 서로에게 바라는 행동의 빈도를 증가시키도록 돕는 기법이다. 그 방법으로 스튜어트(Stuart)는 '배려의 날(caring day)', 웨이스(Weiss et al.) 등은 '사랑의 날(love day)'을 정하여 그 날에는 서로를 배려하고 보살피는 행동 및 상대방을 기쁘게 하는 행동을 하도록 제안하였다. 요구하는 행동은 구체적이면서도 긍정적인 용어로 표현하고, 적어도 하루에 한 번 이상은 실행 가능한 작은 행동으로 구성한다. 서로가 상대방에게 요구하는 것을 실행하는 동안 상대방은 긍정적 강화를 통하여 은연중에 서로에게 영향을 주는 방법을 배우게 되는데, 이는 커플이 강압에 의해서가 아닌 보상행동에 의해서 서로에게 도움이 되는 강화를 자발적으로 설정하게 하려는 것이다(최규련, 2008).

• 부부가 정한 '배려의 주간'에 상대방이 기쁘게 해준 행동이 무엇인지 작성해 오도록 함

상대방이 기쁘게 해준 행동

아내	남편
1. 남편은 하루를 어떻게 보냈냐고 물었다. 2. 남편은 등을 토닥거려 주었다. 3. 함께 극장에 갔을 때 남편은 나에게 멋있다고 말했다. 4. 부부관계를 맺기 전에 남편은 로맨틱한 분위기를 마련해 주었다. 5. 내가 텔레비전을 보고 있을 때, 남편은 보고 있던 신문을 내려놓고 내 옆으로 다가왔다.	1. 아내는 초대하고 싶은 친구들이 어떤 사람들인지 묻고, 저녁 파티를 위해 아주 좋은 음식을 준비해 주었다. 2. 아내는 내가 보고 싶어 했던 연극표를 구해 주었다. 3. 이번 주에 부부관계를 맺었다. 4. 매일 저녁 식사할 때 아내는 집에 있었다.

출처: Beck (1988), 제석봉 역(2001)에서 재인용.

(4) 커플 간의 유관계약

행동교환 방법 중 가장 많이 사용되는 것이 유관계약이다. 유관계약은 변화를 일으키는 파트너에 대하여 자신도 어떤 변화를 약속하는 것이다. 유관계약에는 배우자의 선행된 변화에 따라 자신도 어떤 변화된 행동을 약속하는 보완적 계약과 상대방의 변화 여부와 상관없이 믿음을 바탕으로 한 계약으로 두 가지가 있다.

구체적으로 실천하는 방법은 다음과 같다. 커플은 상대방에게 바라는 행동목록들을 작성하고 그 행동에 대한 강화물을 협상한다. 요구하는 행동은 쉽게 실천할 수 있는 작고 구체적인 행동이어야 하며 긍정적인 용어로 표현하도록 한다. 상담자와 함께 검토한 후 커플은 목록들 중에 일주일 동안 서로 실천할 것을 정하고 문서로 작성한 다음 서명한다. 이처럼 커플이 서로 원하는 행동을 지속적으로 교환할 때 긍정적인 관계로 회복되는 변화가 일어난다(최규련, 2008).

(5) 의사소통 훈련

다양한 가족상담 및 부부상담이론에서 공통적으로 강조되고 있는 것은 의사소통 훈련이다. 인지행동 커플상담에서도 의사소통 기술을 중요시한다. 커플관계에 대하여 의미 있는 연구를 진행해 온 가트맨(Gottman)은 결혼 생활 유지 여부에 결정적인 영향을 미치는 핵심적 요인이 의사소통이라고 한다. 현재 시점에서 커플의 의사소통 패턴을 살펴보면 미래 시점의 결혼 만족도와 이혼 여부를 정확하게 예측할 수 있다는 것이다. 그는 커플관계의 종말을 정확하게 예측하게 해주는 부정적인 의사소통 유형으로 불평/비난, 경멸, 방어, 단절을 제시하였다(Dattillio, 2010, 김진숙 역, 2020). 인지행동 커플상담에서는 의사소통 기술을 중요시하기에, 상담자는 커플이 자신이 원하는 것을 상대방이 알아차리기를 기대하기보다 그것을 요청하는 방법을 배우도록 격려한다(최규련, 2008).

〈커플 간 의사소통 지침〉

1. 갈등을 다룰 때는 사나운 말이 아니라 부드러운 말로 대화를 시작하라.
   예) "식탁 위에 그릇들이 널려 있어 속상해요, 식탁 위에 있는 그릇 좀 치워 주세요."
2. 부정적 상호작용이 꼬리에 꼬리를 물지 않도록 지혜롭게 끊어내라.
   예) "그런 말을 들으니까 나도 화가 나려고 해요, 다르게 말해 보면 어떨까요?"
3. 감정을 격화시키지 않는 긍정적인 표현을 사용하라.
4. 당신과 파트너의 신체적 흥분을 진정시킬 수 있는 방법을 강구하라.
   예) "우리 지금 좀 흥분한 것 같으니 잠시 타임아웃해요."
5. 이전보다 더 나은 대화를 이어갈 수 있는 기술을 습득하고 훈련하라.

출처: Dattillio (2010), 김진숙 역(2020)에서 발췌 후 수정.

(6) 문제해결 훈련

문제해결이 어려워 갈등을 겪는 커플과 가족이 상당히 많다. 문제해결의 어려움은 가족의 불화와 의사소통의 파행을 가져오기 쉽고, 가족 간의 의견 불일치는 차분하고 침착한 문제해결 대안을 논의하기 어렵게 하고 갈등을 유발시킨다. 따라서 커플이나 가족에 대한 인지행동 가족상담에서는 문제해결 전략을 항상 중요하게 다루게 된다(Dattillio, 2010, 김진숙 역, 2020).

〈문제해결 단계〉

- 문제에 대해 커플 각자의 관점을 서로 비교한 뒤 구체적으로 어떤 행동이 문제행동인지 함께 동의하는 정의를 이끌어낸다.
- 시도해 볼 수 있는 가능한 해결방안들을 탐색한다.
- 각 해결방안들의 장단점을 비교하고 평가한다.
- 커플 모두에게 만족스러운 해결방안을 선택한다.
- 선택한 해결방안을 직접 적용해 보고 그 효과를 함께 평가하며 수정해간다.

출처: Dattillio (2010), 김진숙 역 (2020).

가트맨은 커플 간 갈등이 발생할 경우 이 갈등이 해결 가능한 문제인지 해결할 수 없는 지속적인 갈등 주제인지 판단하도록 하였다. 각자가 타협이 불가능한 영역(유연하지 않는 영역)에 위치하고 있는 자신의 핵심욕구를 설명하고 왜 이 욕구는 타협할 수 없는 것인지를 파트너에게 설명하도록 한다([그림 9-1] 참고). 그리고 상대방은 이 의견을 받아들여 이 영역의 욕구는 서로 타협하지 않고 수용하도록 한다. 이후 다음 단계에서 타협이 가능한(유연한 영역에 있는) 욕구는 서로 타협할 수 있도록 한다. 상담자의 역할은 타협 불가능한 영역은 최대한 작게 만들고 타협 가능한 영역을 크게 만들 수 있도록 돕는 것이다(전영주 외, 2016). 상담자는 커플이 서로 의견이 달라 갈등할 때 서로에게 만족할 만한 해결책을 찾아내고 타협할 수 있도록 그 과정을 도와주는 것이 중요하다(Dattilio & Padesky, 1990, 곽욱한 외 역, 2010).

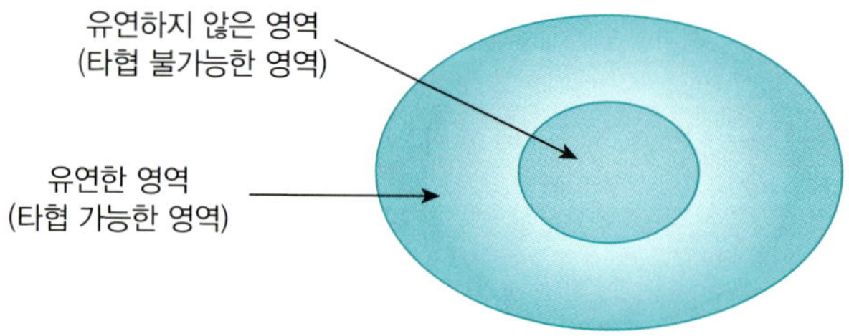

[그림 9-1] 문제해결을 위한 두 타원 방식

출처: 전영주 외 (2016).

(7) 성기능장애 치료

정서적이면서 성적인 친밀감은 커플관계에서 중요한 이슈이다. 일반적으로 성기능 장애의 치료전략은 행동치료에 기반하고 있으며, 많은 경우 행동전략과 심리치료를 결합하여 활용하고 있다. 인지행동 가족상담자들은 대부분의 성기능장애를 상황적 불안반응의 결과로 보고 치료는 주로 부부단위로 이루어진다. 먼저 커플 간 관계 향상을 위한 방법들을 교육하고, 자기주장 훈련을 통해 서로의 성적인 욕구와 감정을 인정하고 수용하면서 표현하도록 격려한다. 무엇보다도 성기능장애 치료에서는 태도의 변화가 필수적이어서 체계적 둔감화 훈련을 통해 점진적으로 성적 두려움과 불안을 감소시킨다. 대부분의 성기능장애 치료에서는 공통적으로 부부 사이에 성적 친밀감을 증진시키는 방법과 성에 관한 의사소통방법을 가르친다(Long & Young, 2007, 이정연 역, 2009; 최규련, 2008).

5 사례 연구[1)]

1) 개요

내담자는 50대 중년기 부부로 결혼한 지 23년이 되었고 두 딸(22세, 20세)이 있다. 아내는 전업주부로, 남편은 대기업 임원으로 재직하다가 5년 전 퇴사하고 현재 자영업에 종사하고 있다. 지인의 소개로 만나 1년 정도 연애 후 결혼하였고 남편의 직장으로 인해 결혼 이후 거의 떨어져 지냈다고 하며 남편이 퇴사 후 자영업을 하면서 근처 지역으로 왔으나 출퇴근이 가능한 지역임에도 주말부부로 지내고 있다. 결혼 후 5년 쯤 되었을 때 남편이 직장 회식으로 동료들과 찾아간 유흥주점에서 만난 여성과 2~3번 개인적인 만남을 가지고 문자를 주고받은 것을 아내가 알게 되었는데, 남편은 육체적 관계도 없었고 바로 만남을 정리해서 실수였다고 사과를 하였으나 아내는 그 이후로 줄곧 남편이 외도했다고 생각하며 한 번씩 그 이야기를 꺼내면서 섭섭함을 표현했다고 한다. 그러던 중 2년 전 남편이 골프 동호회에 가입하고 동년배들 모임에서 여자들과 팀을 이뤄 골프를 치고 식사를 하는 것을 불편해하면서 아

1) 본 사례는 재구성한 가상사례임

내는 자주 과거 이야기를 꺼냈고 부부 사이는 급격히 냉랭해졌다.

아내는 장남인 남편에게서 손자를 기대한 시부모님이 두 딸만 낳은 자기에게 실망함을 노골적으로 표현하면서 시동생의 아들과 자신의 딸들을 차별한다고 생각하여 섭섭하고 억울하다고 느끼고 있었다. 시댁의 온갖 대소사는 맏며느리인 자신이 챙겨야 하는데 동서는 이기적인 성격으로 자신의 실속만 챙긴다고 생각하고 있었고, 시부가 돌아가시면서 일차 유산 정리를 하는 가운데 장남에게 원래 주기로 약속한 것이 이루어지지 않자 이제는 시댁에도 가지 않으려 하면서 최근 들어 이혼을 요구하고 있다. 남편은 아내가 자신과 시댁에 대한 고정관념으로 시댁과 자신에 대해 오해하고 있다고 생각하지만 이혼을 할 생각은 없다고 한다. 이혼을 요구하며 재산의 50%를 달라고 하는 아내를 이해할 수 없어 자녀들에게도 부부 중 누구의 책임인지 의논하는 가운데 대학생인 큰딸의 권유로 부부상담을 신청하게 되었다.

남편은 가부장적인 환경 속에서 장남으로서 인정을 받으며 성장했다고 한다. 본인만 아버지와 겸상을 하였고, 어머니와 다른 형제들은 다른 밥상에서 밥을 먹을 정도였으며 유순하고 순종적인 어머니가 아버지의 의견을 거스르는 것을 본 적이 없었다고 한다. 완고하고 고지식한 아버지로부터 장남의 도리와 역할에 대해서 늘 교육받았으며, 결혼할 당시 어머니가 아내에게 아내로서, 맏며느리로서의 역할에 대해 알려주었다. 아내가 본인과 결혼한 이상 제사 및 명절 등 시댁의 모든 일들은 맏며느리로서 당연한 역할이라고 생각하고 있었다.

아내는 2남 2녀의 막내였는데 자수성가한 아버지로 인해 경제적으로는 부유한 가정이었지만 외도를 하면서도 권위적이고 이기적인 태도로 가족들에게는 당당한 아버지와 자녀들에게 헌신적이고 따뜻했지만 뭔가 답답하다고 느껴졌던 어머니로 인해 늘 불안한 성장기를 보냈다고 하였다. 막내라서 비교적 자유롭게 성장하였지만 엄마가 늘 불쌍했었고 결혼 후에도 맏며느리인 자신을 늘 안쓰럽게 여기며 도와주는 친정엄마에게 마음의 빚을 진 듯 미안하고 감사한 마음이라고 하였다. 결혼 후 맏며느리로서 나름대로 최선을 다했다고 생각하는데 남편은 한참 두 아이들을 키우느라 힘들던 시절에 다른 여자와 시간을 보내고 고등학생 아이들이 입시준비를 하며 힘들었던 시기에 아버지로서의 역할을 져버리고 자기 취미생활에만 몰두하는 이기적이고 냉정한 사람으로 생각하고 있었다.

2) 가계도

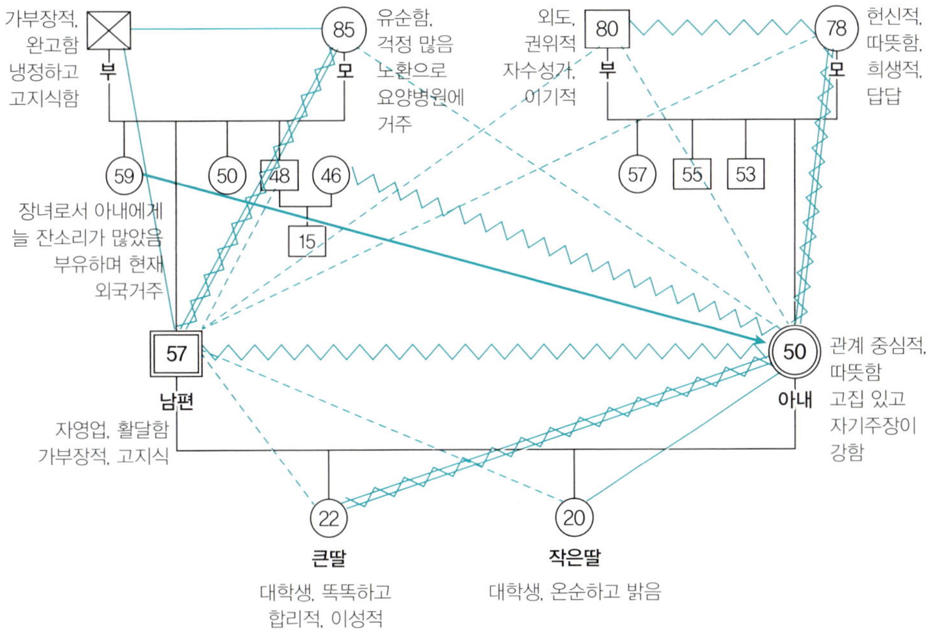

3) 인지행동 가족상담의 적용

(1) 상담목표 및 가설설정

인지행동 가족상담에서 부부에 대한 개입은 배우자와 관계에 대한 왜곡된 자동적 사고를 탐색하고 이러한 왜곡된 사고유형이 수정되면 행동도 변화될 것이라고 가정한다. 내담자 부부가 서로에 대한 왜곡된 사고들을 수정하고 상호호혜적인 의사소통 훈련을 통해 서로를 수용하고 문제에 대해 함께 해결점을 찾고 타협해 나가면서 긍정적 행동을 교환할 수 있다면 보다 건강한 부부관계를 유지할 수 있을 것이다. 첫 상담에서 남편은 아내의 고정관념이 문제라고 하면서 자신의 여자문제와 시댁과의 갈등을 이야기하였고 아내는 그것은 근본적인 문제가 아니라고 이야기하였다.

가부장적인 가족문화에서 성장한 남편은 '남편이 아내보다 더 권위와 힘이 있어야 하고 아내는 남편에게 순종해야 한다.', '며느리로서 친정보다는 시댁을 먼저 챙기고 아내는 남편을 보살펴 주고 배려해 주어야 한다.'라는 가족에 대한 신념이 있다. 가족을 위한 아내의 노력은 너무 당연시하면서 남편으로서, 아버지로서의 자신의 역할은 경제적인 부분을 책임지는 것이기에 경제적인 어려움이 없는 현재 가족에서 본인은 자신의 역할을 충분히 다하고 있다고 생각하고 있었다. 아내가 자신의 행동이나 시댁에 대한 불만을 표현하면 소리를 지르거나 집을 나가 한 달 이상 오지 않고 전화도 받지 않는 등 공격적인 행동으로 아내를 통제하려고 한다.

외도를 한 아버지에 대한 분노가 내재되어 있던 아내는 '남편이 다른 여자를 만나는 것은 나를 배신한 것으로 외도를 한 것과 마찬가지다.', '가정적인 남편은 집안일도 잘 챙기고 아버지로서도 더 다정해야 한다.'라는 신념을 가지고 있다. 그러면서도 '전업주부인 내가 인정받는 길은 남편이나 시댁에 잘하는 것이다.', '아들을 원하는데 딸만 낳은 나는 맏며느리로서 자격이 없다.'는 본인에 대한 부정적인 자동적 사고를 하고 있다.

이런 부부의 자동적 사고와 귀인으로 인해 남편은 성실하고 책임감 있게 아내와 맏며느리의 역할을 하고, 두 자녀를 살뜰하게 챙기면서 일류 대학에 입학하도록 보살핀 아내의 장점들을 보지 못하고 예민하고 까다롭고 불평이 많다며 부정적으로만 지각한다. 아내 또한 활달하고 사교적인 남편의 성격을 유흥적이고 이기적이라며 부정적으로만 생각하면서 자녀들에 대해 아낌없이 지원하고 해마다 가족여행을 계획하면서 집안일에서는 모두 아내의 결정을 따르는 모습은 인정하지 않고 있다. 상대방에 대한 이런 부정적이고 역기능적 사고로 인해 아내는 남편과의 대화를 회피하거나 비난, 경멸하고 이혼을 요구하고 있다.

부부관계에 대한 상담자의 진단 및 가설을 내담자 부부에게 설명한 후 서로 협의하여 자동적 사고, 비합리적 신념, 귀인 등을 대안적 사고로 바꾸기, 혐오적인 행동을 줄이고 서로 원하는 행동목록을 만들어 실천하기, 말하기 및 듣기훈련을 통해 의사소통 개선하기를 상담목표로 정하였다.

(2) 상담개입

일상생활 속 배우자의 행동, 생각, 태도에 대한 자신의 감정을 파악하고 그에 따른 자동적 사고를 기록해 보는 것이 부부갈등을 해결하는 데 많은 도움이 될 수 있다고 설명한다. 그리고 부부에게 서로의 행동이나 말을 통해 감정의 변화가 일어날 때(분노, 우울, 불안 등) 자동적 사고를 포착하도록 한 후 자동적 사고 기록지에 기록하여 다음 주 상담시간에 가져오도록 과제를 부여할 수 있다. 이러한 과제를 통해 부부는 각자의 부정적인 왜곡된 자동적 사고와 신념, 지각 등을 확인하게 되면서 배우자의 행동 자체보다는 그것에 대한 자신의 해석이 더 문제였으며 상대방을 변화시키려는 노력보다 자신의 생각을 변화시키고 의사소통이 개선된다면 부부관계가 좀 달라질 수도 있음을 알아차릴 수 있다. 〈표 9-4〉는 아내가 기록해 온 자동적 사고 중 하나를 선택하여 자동적 사고에 대한 대안적 반응을 구축해 나간 과정을 제시한 것이다.

〈표 9-4〉 자동적 사고 기록 후 대안적 사고/반응 구축하기

<table>
<tr><td rowspan="4">아내</td><th>상황</th><th>자동적 사고틀</th><th>정서(들)</th><th>왜곡</th></tr>
<tr><td>남편이 휴대폰을 들여다보며 미소를 짓는다.</td><td>'또 어떤 여자랑 문자를 주고받고 있나 보군.'
(자동적 사고를 믿는 정도 50%)</td><td>화, 짜증, 의기소침</td><td>'하루 종일 휴대폰을 보는 것이 일상인 사람인데 꼭 여자와 문자를 주고받는 것은 아닐 수도 있지.'
- 임의적 추론
- 선택적 추상화</td></tr>
<tr><th colspan="3">대안적 사고와 반응</th><th>결과</th></tr>
<tr><td colspan="3">* 대안적 사고를 믿는 정도 50%: 증거 수집
- 남편에게 물어본다.
- 주식관련 뉴스를 보고 있다고 하며 보여줌
'좋아하는 게임을 하고 있을 수도 있고 뉴스를 볼 수도 있지.'
'휴대폰을 보며 웃는다고 다 여자와 문자를 하는 것은 아닐 수 있지.'
'나 혼자 또 지레짐작할 수도 있잖아.'</td><td>기분이 안정되고 살짝 미안해짐</td></tr>
</table>

부부에게 가트맨의 의사소통방법을 훈련시켜서 서로의 이야기를 잘 듣고 자신의 이야기를 잘 말할 수 있도록 돕고 부정적이고 왜곡된 자동적 사고가 올라올 때 자신의 감정을 있는 그대로 전달하며 원하는 바를 요청하는 자기주장 훈련을 연습시킨다. 유관계약을 통해 서로가 싫어하는 혐오적인 행동들을 점차 줄이고 서로에게 기대하는 행동목록들을 정하고 실천하도록 개입할 수 있을 것이다.

남편은 자녀들에게 자주 안부전화 하기, 주말에는 설거지하기, 아내에게 일주일에 두 번 이상 안부문자 보내기 등을 실천하기로 약속할 수 있다. 아내는 남편이 바라는 행동목록들 중에서 우선순위에 있는 아침밥 차려주기, 한 달에 한 번 요양원에 계신 시모 찾아뵙기 등을 약속할 수 있을 것이다. 그리고 한 달에 한 번은 '돌봄의 날'을 정하여 상대방을 배려하고 보살피는 행동을 하도록 한다. 이처럼 배우자에 대한 부정적 사고와 인지왜곡을 수정한 다음 긍정적인 행동을 교환하고 의사소통능력이 향상된다면 이 부부는 이혼의 위기를 극복할 수 있을 것이다.

활 동 하 기

1 영화 〈인사이드 아웃(Inside Out)〉은 머릿속 '감정 컨트롤 타워'에서 일하고 있는 기쁨, 슬픔, 분노, 짜증, 불안 다섯 가지 감정을 소개하고 있습니다. 이 영화를 시청한 후 각 감정이 우리의 일상생활에서 어떤 기능을 하고 있는지 토론해 봅시다.

2 우리 가족 안에서 가족들이 공유하고 있는 당위적 사고나 비합리적 신념이 있다면 어떤 것들이 있는지 살펴보고 그것이 어디에서 비롯되었는지 논의해 봅시다.

3 자동적 사고는 매우 빠르게 스쳐가기 때문에 대부분의 사람들은 자신의 자동적 사고를 잘 알아차리지 못합니다. 자동적 사고를 포착해 낼 수 있는 단서는 '감정의 변화'입니다.

1) 일주일 동안 부정적 감정이 생겼을 때는 어떤 상황이었고 그때 스쳐간 생각을 탐색해 보고 〈표 9-4〉를 참고하여 자동적 사고를 기록해 봅시다.

2) 이런 자동적 사고는 어떤 신념체계에서 비롯되었는지 살펴보고 대안적 사고를 논의해 봅시다.

PART 04

후기 근대주의 모델

IV부 후기 근대주의 모델에서는 언어적 상호작용을 통한 상담자의 협력적 역할이 강조되는 포스트모더니즘 지향성의 해결중심 단기치료와 이야기치료를 다룬다. 그리고 최근의 다양하고 복합적인 내담자 가족의 필요나 치료적 맥락에 따라 적절한 모델이나 기법을 통합한 통합적 가족상담 모델을 고찰해 본다. 10장에서는 해결중심 단기치료의 개요와 기본 가정, 상담과정과 상담목표, 상담기법, 상담사례에 대해 다룬다. 또한 11장에서는 이야기치료의 개요와 기본 가정, 상담과정과 상담목표, 상담기법, 상담사례에 대해 다룬다. 12장에서는 통합적 가족상담 모델의 개요와 주요 모델을 소개하고, 통합적 커플상담을 중심으로 상담목표와 상담과정, 상담 전제에 대해 소개하며 마지막으로 상담사례에 대해 다룬다.

10 CHAPTER

해결중심 단기치료

1 개요

사람들은 자신의 삶에서 원하지 않거나 혹은 달라지길 원하는 일들을 경험한다. 이러한 일들은 시간이 지나면서 불평(complaints)이 되고 점차 커져서 문제로 발전한다. 사람들은 자신이 옳다고 생각하는 방식으로 문제를 다루기 때문에 문제해결에 도움이 되지 않는 생각과 행동방식을 계속하며 대안을 찾지 못한다.

해결중심 단기치료(Solution-Focused Brief Therapy)는 1980년대 미국에서 스티브 드세이저(Steve de Shazer)와 인수 김 버그(Insoo Kim Berg)가 발전시켰다. 드세이저는 MRI에서 사이버네틱스 이론과 의사소통이론, 밀턴 에릭슨(Milton Erickson)의 최면치료 영향을 받았고, MRI 단기치료센터에서 문제를 효과적으로 생각하고 다루는 방법을 찾는 단기치료 연구를 하였다. 이후 위스콘신 주의 밀워키에 단기가족치료센터를 설립하고 버그, 동료들과 함께 연구를 거듭하였다. 버그 역시 MRI에서 훈련을 받았고 해결중심 단기치료를 공동개발하였으며, 이를 적용한 많은 저서를 집필하였고, 특히 임상에 탁월하였다.

드세이저와 버그는 무엇이 효과가 있고 무엇이 효과가 없는지를 관찰하여 해결책을 찾아가는 귀납적 과정을 통해 이론을 발전시켰고, 시간이 흐르면서 해결중심 단기치료라고 부르기 시작했다. 이 이름은 내담자에게 문제가 나타나지 않는 예외 상황, 즉 이미 해결된 상황이 있었음을 발견하면서 붙여졌다(정문자 외, 2019).

해결중심 단기치료는 가족상담 후기 모델의 출발이 된 모델로 전기 가족상담 모델과는 패러다임이 많이 다르다. 이전까지의 가족치료 영역에서는 가족의 상호작용에 초점을 맞추는 체계론적 사고가 주를 이루었다. 그러나 1980년대 이후 포스트모더니즘과 맥을 같이하는 사회구성주의 영향으로 내담자의 주관적 현실 세계와 언어적 상호작용에 따라 실재가 달라진다고 보기 시작하였다. 즉, 사람들의 신념이나 정체성, 현실에 부여하는 의미는 사회적 관계와 언어적 상호작용 속에서 지속적으로 변화한다고 보았다(정문자 외, 2019). 이와 같은 맥락에서 해결중심 단기치료는 상담에서 일어나는 언어적 구성과정이 중요하다고 보고(정문자 외, 2019 재인용), 상담자와 내담자가 협력하여 내담자의 불평이나 문제에 대해 새로운 의미를 구성하여 해결방안을 구축하도록 적용한다.

일반적으로 전통적 상담모델은 내담자의 문제 원인을 분석하고 설명하는 데 많은 노력과 시간을 들였다. 이와는 달리 해결중심 단기치료는 내담자의 문제를 발견하는데 초점을 두기보다 문제가 되지 않는 예외 상황을 발견하는 데 초점을 둔다. 해결중심 상담자는 변화의 촉진자로서 치료가 시작되기도 전에 내담자의 변화가 이미 시작되었고 변화가 계속될 것이라고 기대한다. 통찰이 변화를 위해 필요한 조건이 아니라고 보며, 내담자의 강점과 자원에 깊이 초점을 둔다(Reiter, 2014, 정혜정 역, 2016). 또한 내담자들이 상담에 가지고 온 자원을 활용하여 예외를 통한 성공적 경험을 자각하게 하고, 성공적인 행동을 더 많이 하게 하여 지각과 상호작용의 변화를 하도록 협력한다.

2 기본 가정

사람들은 삶에서 일어나는 불평과 문제를 해결하고자 상담에 온다. 자신의 문제에 대한 자료들을 모으며 문제에 집중하고, 압도되어 문제가 없던 때를 인식하지 못하고 점점 문제 대화를 하게 된다. '문제 대화'란 무엇인가 잘되지 않는 것에 대해 더 많이 이야기하고, 잘 되지 않았던 어떤 것을 똑같이 더 많이 하는 것이다. 그래서 문제 대화는 그 자체가 문제이며 해결의 일부는 아니다(Reiter, 2014, 정혜정 역, 2016).

해결중심 단기치료는 문제 진단과 제거에 초점을 맞추는 전통적 상담모델과 다르다. 해결중심 단기치료의 중심철학은 내담자가 문제 삼지 않는 것은 건드리지 않고, 효과가 없다면 그것을 하지 않고 무언가 다른 것을 하며, 효과가 있는 것을 알면 그것을 더 많이 하라는 것이다(정문자 외, 2019 재인용).

해결중심 상담자는 내담자가 무엇을 원하고, 원하는 것이 일어나도록 하기 위해 무엇을 했었고, 또 다시 무엇을 하고 있으며, 앞으로 계속 무엇을 할 수 있는지 질문하는 해결 대화를 한다. 이러한 예외를 찾는 해결 대화는 내담자와의 협력적 작업이 중요하다. 상담자는 내담자가 중요한 사람의 행동과 상황을 다르게 해석해서 생각하고, 행동하여 자신이 처한 맥락에서의 상호작용을 바꿈으로써 더 큰 변화를 시작하도록 하는 것이다.

해결중심 단기치료는 내담자가 변화에 필요한 강점과 자원을 가지고 치료에 온다고 본다. 내담자가 자기 삶의 전문가이므로 따로 기술을 가르칠 필요가 없다. 상담에서 드러나는 내담자의 강점과 자원을 활용하여 자신들이 원하는 방식으로 만족스러운 삶을 이룰 수 있도록 돕는 것이다.

〈해결중심 단기치료의 기본 가정〉

1. 긍정적인 측면에 초점을 둔다.
2. 예외 상황은 해결의 실마리를 보여 준다.
3. 변하지 않고 그대로 머무는 것은 아무것도 없다.
4. 작은 변화는 큰 변화로 이끈다.
5. 사람은 문제를 해결할 능력과 자원을 갖고 있다.
6. 의미와 체험의 변화는 상호작용 속에서 일어난다.
7. 의미는 반응 속에 있다.
8. 내담자가 전문가다.
9. 상황에 대한 정의는 행동과 순환한다.
10. 협동작업은 있게 마련이다.
11. 치료체계의 구성원은 상담목표와 상담 노력을 공유하는 사람들이다.

출처: 정문자 외 (2019)에서 발췌, 수정.

3 상담목표와 상담과정

1) 상담목표

해결중심 단기치료의 목표는 도움을 받으러 온 가족의 어려움을 해소하기 위하여 가족과 함께 다양한 해결방법을 모색하고 실행하는 것이다(정문자 외, 2012). 즉, 가족이 앞으로의 삶에서 다르게 되기를 원하는 것을 찾고, 그것을 성취하기 위해서 어떻게 할 것인가에 초점을 둔다. 내담자가 말한 목표를 자발적으로 성취할 수 있게 하는 어떤 상태를 만들고, 문제를 구성하는 방식을 변화시키도록 돕는다(Reiter, 2014, 정혜정 역, 2016).

해결중심 단기치료에서 목표 개발은 성공적 치료의 주요 구성요소이다. 목표를 개발하고 정의하는 과정은 상담자가 내담자에게 미래에 변화를 기대한다는 것을 보내는 신호이다. 해결중심 단기치료 상담자는 변화될 필요가 있는 것은 문제 없는 삶에 대한 내담자의 지각과 관련이 있다고 가정하고 문제를 없애는 것보다 원하는 해결책을 찾도록 한다. 상담자는 문제를 논의하는데 일정 시간을 보내기는 하나, 불평이나 문제를 이해할 필요는 없다고 본다. 오히려 내담자가 변화에 대한 기대를 가질 때 변화가 더 잘 일어나는 경향이 있고, 변화는 항상 일어나며, 변화가 불가피하다고 믿고 끊임없이 가족과 함께 차이를 찾아본다(Reiter, 2014, 정혜정 역, 2016).

해결중심 단기치료에서 중요한 것은 내담자의 실제 생활에서 변화가 일어난다는 것이다. 상담이 성공적이려면 내담자에게 중요한 작고 합리적이며 구체적인 목표가 필요하다. 내담자의 실제 생활에서의 구체적인 변화는 체계의 한 부분에서의 변화를 통해 전체 가족체계를 변화시키기 때문이다. 따라서 사회적 맥락 속에서의 해결책을 모색하면서 현실적으로 성취 가능하며 측정 가능한 목표로 정한다.

2) 상담과정

해결중심 단기치료 상담자는 첫 회기를 시작하기도 전에 내담자의 변화가 시작된다고 본다. 모든 회기, 특히 첫 회기에서 불평이나 어려움이 무엇인지 질문하고 이런 것이 어떻게 문제가 되는지 묻는다. 각 회기는 내담자가 해결책을 찾는데 도움이 될 어떤 희망적인 것을 알고 있는지, 불평이나 문제를 해결하는데 도움이 되기 위해 해야 하는 것이 무엇인지를 탐색한다.

상담시간은 회기마다 약 50분 정도이며 처음 40~45분은 내담자와 상담을 진행한다. 나머지 시간은 상담환경에 따라 다르지만 상담에 대한 정리 시간을 갖고 치료적 메시지 작성을 위해 활용한다. 예를 들어 치료팀이 있는 경우, 일방경 뒤에서 상담에 참여했던 팀원들과 의견을 나눈 후 피드백을 기록하여 내담자에게 전달하는 시간으로 구성된다(정문자 외, 2012). 상담자가 혼자인 경우는 자기 생각을 모으고 개입방법을 고안하기 위해 사용하였다(Reiter, 2014, 정혜정 역, 2016).

(1) 첫 회 상담과 이후 상담

해결중심 단기치료의 첫 회기는 대개 정해진 형식으로 진행된다. 상담자는 상담회기 절차를 내담자에게 소개하고 협력을 촉진하기 위해 내담자에게 합류하고자 노력한다. 상담 초기에 내담자의 장점, 자원, 성공적 경험을 파악하는 것은 치료적 관계를 빨리 형성하는 데 도움이 된다. 그 다음에 상담자는 불평에 대해 질문하여 간단히 듣고, 어떻게 문제가 되는지를 묻는다. 예를 들어, "어떤 어려움으로 오시게 되었나요?", "그러한 것이 어떻게 문제가 되나요?"라고 물을 수 있다.

문제탐색을 한 다음에 문제나 불평에 대한 예외를 탐색한다. 문제가 일어나지 않을 때 어떤 일이 일어나는지, 가족이 어떻게 예외가 일어나게 하는지를 찾는다. 예외탐색은 문제해결에 대해 각각 다른 입장을 갖는 내담자와의 관계 유형에 따라 의도적으로 또는 우연히 한 행동을 찾으면서 발견한다. 기적질문과 예외탐색을 통해 상담목표를 설정하게 된다. 목표설정 후에는 대부분 가능한 해결책, 예외, 목표에 대한 대화가 이루어진다(Reiter, 2014, 정혜정 역, 2016). 휴식 후 치료적 메시지는 칭찬과 연결문, 과제로 이루어져 있다.

첫 회 상담 이후에 진행되는 모든 상담은 첫 회 상담 후에 일어난 변화를 발견하고 확대하는 것이다(정문자 외, 2019). 상담자는 주로 "무엇이 좀 더 나아졌습니까?"라는 질문을 하여 첫회 상담 이후 무엇이 조금이라도 나아졌는지 확인하게 하고 문제가 일어나지 않았던 예외 상황들을 찾아서 그 예외 상황을 확대하는 데 목적을 둔다. 첫 회 이후의 상담과정은 EARS로 요약되는데 무엇이 나아졌는지 이끌어내고(Elicit), 나아진 것을 확장하도록 하며(Amplify), 지속할 수 있도록 강화하고

(Reinforce) 마지막으로 또 더 나아진 것(Start again)을 묻는다(정문자 외, 2012). 치료는 내담자가 목표를 달성할 때 끝나게 된다.

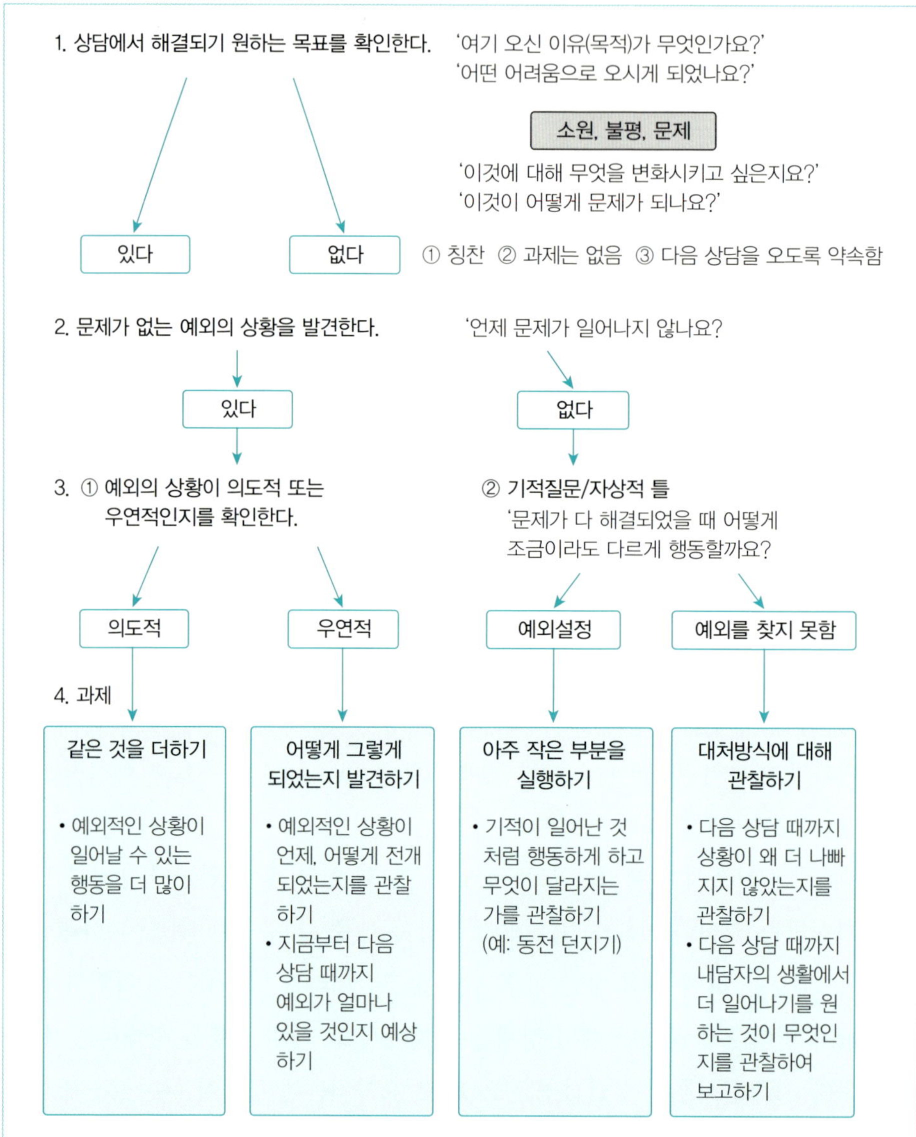

[그림 10-1] 첫 회 상담과정의 도식화

출처: 정문자 외 (2012)에서 발췌, 수정.

(2) 내담자와의 관계 유형

해결중심 단기치료에서는 그동안 내담자와 상담자 간의 관계 유형을 방문형, 불평형, 고객형으로 나누어왔다. 내담자와의 관계 유형을 나누는 것은 상담 진행을 어떻게 할 것인가에 대해 방향을 정하게 되는 차원과 과제 부여를 어떻게 할 것인가를 정하는 데는 유용하였다(정문자 외, 2012).

그러나 이러한 유형 구분은 내담자가 원하는 변화를 자신이 원하고 가능한 방법으로 이루어가도록 돕는 해결중심 단기치료의 철학에는 맞지 않는다. 내담자를 특정 유형의 관계로 분류하지 않을 때 오히려 내담자의 변화 가능성에 더 희망을 갖게 된다고 본다(DeJong & Berg, 1998, 노혜련 · 허남순 역, 2017). 아래에서 문제해결에 대해 다양한 입장을 취하는 내담자가 원하는 미래 비전을 어떻게 이루어 나가야 하는지에 대하여 유용한 구체적인 방법을 알아본다.

① 내담자가 변화에 무관심할 때

이러한 경우의 내담자는 비자발적으로 상담에 참여하는 사람으로 상담에 관심이 적거나 없는 경우이다. 그러므로 내담자와 상담자가 문제에 대해 공동으로 작업해야 할 목표 설정이 어렵고, 제안이나 과제도 받아들이지 않는다. 내담자의 특징은 문제 자체를 인식하고 있지 못하거나 문제가 있더라도 다른 사람에게 있다고 본다. 예를 들어 법원의 상담명령으로 의뢰된 경우, 학교에서 의뢰한 경우, 부모에 의해 억지로 온 경우 등이다.

상담자는 의뢰한 사람으로부터 내담자에 대한 부정적인 이야기를 많이 듣게 된다. 상담자는 고정된 편견이 아니라 알고 싶어하는 호기심을 가지고 내담자의 관심사, 능력, 성공과 성취 경험 등을 탐색하면서 관계 맺기를 잘하여야 한다. 그리고 내담자에게 무엇이 중요한지, 누가 중요한지 알아보고, 할 수 있는 아주 작은 것을 함께 발견하고 해결책을 만들어나가야 한다.

상담자 : 상담에 온 결과로 어떤 일이 있으면 판사님은 상담이 아버님께 도움이 되었다고 할까요?

내담자 : 아마도 아이를 때리지 않기를 바라겠죠. 하지만 잘못해도 때리지 않는다면 판사님이 나중에 저의 아들을 책임져줄 것인지 묻고 싶어요.

상담자 : 아, 네 선생님은 아이를 때리지 않아야 한다는 것을 알고 계시는군요. 그리고 제가 듣기에는 아들을 잘 키우고자 하는 책임감으로 아들을 혼냈다는 것 같군요. 어떻게 그런 마음을 가지게 되신 걸까요? 아들이 아버지의 그런 마음을 안다면 아들은 어떻게 할 것 같은가요?

② 내담자가 다른 사람이 변화해야 한다고 할 때

이 경우 내담자는 분명한 불평이 있으나 문제가 타인에게 있다고 믿고 있다. 내담자는 문제해결에 대해서 자신의 역할을 인식하지 못한다. 일반적으로 부모나 배우자 또는 가족이 문제가 있다고 하며 상담자가 그들을 변화시켜 주기를 원한다.

상담자는 다른 사람을 변화시키는 것이 불가능하다고 단호하게 이야기하기보다 그동안 좋은 의도를 갖고 노력한 것 등을 찾는 것이 도움이 된다. 변화의 대상에게 원하는 것이 무엇인지 물어보고 효과가 없는 해결책 대신 무엇인가 다른 것을 시도해 보도록 한다. 가장 바람직한 것은 내담자를 격려해서 과거와는 다르게 생각하고 관찰하게 하는 것이다(정문자 외, 2019).

내담자 : 남편은 집에만 오면 침대에 드러누워 휴대폰만 보고 있어서, 화도 나고 잔소리도 하게 되요. 저도 일하고 있는데 집안일을 돕는다고 생각하는게 아니라 집안 일을 함께 한다고 생각하고 책임감을 느꼈으면 좋겠어요. 설거지는 돌아가면서 하지만요.

상담자 : 음, 그러니까 남편이 그저 책임감을 느끼면 되나요? 아니면 그것을 바탕으로 어떤 다른 행동을 해야 한다는 건가요? 남편이 그렇게 하기 위해서 아내분이 할 수 있는 일은 어떤 것이 있을까요?

③ 내담자가 원하는 변화가 있고 또 자신이 변화를 하고자 할 때

이 경우의 내담자는 주로 자발적으로 찾아오고 자신과 관련된 상담목표를 표현한다. 내담자는 자신을 문제해결의 한 부분으로 보며 문제를 해결하고자 하는 의지와 행동으로 옮길 자세가 되어 있는 경우이다. 상담자는 내담자와 함께 내담자가 가장 먼저 변화하고자 하는 적극적이며 행동적인 조치가 무엇인가를 밝히는 것이다. 이런 내담자는 상담에 오기 전에 어떤 변화나 의도적인 예외 상황이 있다. 그러므로 상담자는 그 예외를 지지하고 강화해야 한다(정문자 외, 2019).

내담자 : 저는 남편과 잘 지내고 싶은데 쉽지 않습니다. 나는 이대로 결혼생활이 끝나기를 원치 않아요. 나한테도 문제가 많은 것 같은데 어떻게 해야 할지 모르겠습니다.

상담자 : 남편과 잘 지낸다는 것을 어떻게 알 수 있을까요?

내담자 : 남편이 제가 좀 덜 챙겨줘도 바빠서 그러려니 이해해 주고, 배려해 주고….

상담자 : 혹시 남편이 그렇게 하면 아내분은 남편에게 어떻게 반응하실 것 같으세요?

내담자 : 저도 남편에게 부드럽게 대하고 얘기도 잘 들어주고….

상담자 : 최근 혹시 그런 적이 있었던가요? 서로 얘기도 좀 하고….

3) 상담자 역할

(1) 알지 못함의 자세

상담자는 내담자가 자기 삶의 전문가로 설 수 있도록 전문가 준거 틀을 내려놓고 내담자의 경험과 행동의 의미를 알아가야 한다. 알지 못함의 자세(not knowing posture)를 갖는 상담자는 내담자에 대해 진심 어린 호기심과 관심으로 대한다. 내담자의 문제, 변화에 대한 기대와 선입견을 전달하는 대신 내담자의 생각을 더 알고

싫어하는 태도를 보이며 행동한다(DeJong & Berg, 1998, 노혜련 외 역, 2017). 이러한 자세는 말해도 된다는 안전한 환경을 조성하는 데 도움이 되고 내담자의 방어를 해제하는 데 유용하다(정문자 외, 2012).

알지 못함의 자세는 단순한 상담자의 궁금증이나 호기심을 채우는 것이 아니라 내담자가 말하지 못한 것을 말할 수 있게 하는 기술이며, 연습이 필요하고 평생 이어가는 과정이다(DeJong & Berg, 1998, 노혜련 외 역, 2017). 버그는 모든 사람은 모두 똑같은 열망, 요구, 목적을 가진 인간이며, 타인에게 수용되고, 인정받고, 지지받고 사랑받기를 원하며 공동체에 소속되기를 원한다고 하였다(Reiter, 2014, 정혜정 역, 2016).

(2) 해결중심적 대화

해결중심 단기치료는 내담자와 상담자가 함께 상담목표를 세우고 해결책을 구축해 나간다. 상담자는 해결중심적 대화를 통해 내담자가 문제를 다른 시각에서 볼 수 있도록 인식을 전환하고 문제가 되지 않았던 예외 상황을 찾으며 더 이상 문제가 되지 않은 상태를 만들어 나간다. 이러한 상담 변화를 위해서는 상담자가 내담자를 앞서서 끌어가는 것이 아니라 한 발짝 뒤에서 이끌어간다.

4 상담기법

해결중심 단기치료의 상담기법은 상담 전 변화를 묻는 것부터 상담 전 과정에 걸쳐 사용하는 질문기법 및 메시지 전달이 있다. 해결중심 단기치료는 상담에 대해 내담자가 문제와 그 해결을 제시하는 과정에 능동적으로 참여하도록 개입하며 치유를 목적으로 하는 대화로 규정하였다. 내담자가 원하고 중요하게 여기는 것을 성취하기 위해서는 상담자와 내담자가 협력해서 해결책을 구축해 나가야 한다. 해결책을 구축하는 과정은 질문하고 응답하는 과정을 의미한다. 특히 해결책 구축을 위한 질문기법은 다른 상담모델과 차별화하는 주요한 요인이라고 할 수 있다(정문자 외, 2019).

1) 질문기법

(1) 상담 전 변화에 관한 질문

상담 전 변화에 관한 질문은 상담을 받기로 결정한 때부터 상담을 받기까지 달라진 것이 무엇인지 탐색하는 질문이다. 사람들은 문제를 해결하기 위해 노력을 하고 있으며 그 방법의 하나로 상담 약속을 하게 된다. 상담 약속은 매우 적극적이고 긍정적으로 해결방법을 모색하는 것이다. 상담자에 대한 희망과 기대로 암담함에서 약간 벗어나기도 한다. 이 질문은 내담자가 문제해결을 위해 노력해 본 경험이 있거나 이미 긍정적인 변화가 시작되었다는 것을 인식하게 하며 칭찬, 격려하는 것이다.

- 상담을 신청하고, 오늘 오기까지 그때와 달라지거나 변화가 조금이라도 있었나요?
- 처음 상담을 예약했을 때와 상담을 받으러 오는 동안에 상황이 달라졌다고 말하기도 합니다. 혹시 어떤가요? 좋아진 것은 무엇인가요?
- 이미 해 본 것들 중에서 무엇이 가장 도움이 되었나요?
- 어떻게 그렇게 할 수 있었나요? 그런 일이 더 자주 있으려면 어떻게 하면 될까요?

(2) 예외질문

예외란 내담자가 문제로 생각하고 있는 일이 일어나리라 예상했지만 발생하지 않은 상황을 말한다. 모든 문제에는 정도의 차이는 있지만 예외가 있다. 해결방법을 구축하는 데는 문제에 관한 이야기보다는 예외에 관한 이야기가 필요하다(DeJong & Berg, 1998, 노혜련 외 역, 2017). 예외 상황은 너무나 사소하고 우연적이어서 잘 보이지 않거나 의도적일 수도 있다. 내담자가 중요하다고 인식하지 않고 지나쳐 버렸던 예외 상황이 문제를 해결로 이끄는 지름길이 되기도 한다. 이는 살아온 삶 속에서 미처 몰랐던 작은 성공 경험이 있었다는 것을 깨닫는 기회가 되기 때문이다.

예외는 해결책으로 나아가게 하는 용기와 희망을 주는 숨겨진 기적과 같다. 상담자는 예외질문을 통해 내담자가 인식하지 못하는, 문제가 일어나지 않았던 상황이나 덜 심각했던 때를 찾도록 한다. 그 과정에서 우연한 성공 경험을 인식하도록 하여 의도적인 노력을 하도록 하며 드러나는 내담자의 강점을 칭찬하고 강화한다.

- 당신은 남편과 다투는 것이 몹시 힘들다고 하셨는데 남편과 다투지 않았던 때가 혹시 있었나요? 어떻게 그렇게 할 수 있었나요?
- 남편과 지금처럼 이렇게 심하게 싸우지 않을 때는 무엇을 하시나요?
- 시어머니와 관계가 불편하다고 하셨는데 지금과는 다르게 덜 불편하거나 관계가 좋았던 때가 있었나요?
- 자신의 강점과 자원은 무엇이라고 생각하세요?

(3) 기적질문

기적질문은 내담자가 자신의 문제로 너무 힘들어할 때 문제와 분리하여 해결된 상태를 상상하도록 하는 질문기법이다. 버그와 동료들이 상담하는 과정에서 내담자가 낙담하여 "기적만이 도움이 될 것 같은데, 그건 너무 많은 걸 기대하는 거겠죠."

라고 하여 "좋아요, 기적이 일어났어요. 그래서 당신을 이곳에 오게 한 문제가 다 해결됐어요. 당신이 지내는 게 어떻게 달라질까요?"라고 하였다. 내담자는 놀랍게도 달라진 모습을 이야기하기 시작하여 이 질문이 탄생하였다. 기적질문은 내담자가 변화 가능성을 마음껏 생각하게 하고, 미래에 초점을 맞추고 있어서 문제가 삶에서 더 이상 문제가 되지 않을 때를 떠올리게 한다(DeJong & Berg, 1998, 노혜련 외 역, 2017).

기적질문은 내담자가 자신의 상상력을 사용하여 해결책에 대한 그림을 그리도록 돕기 위해 설계된 것이다. 내담자가 미래에 대하여 부정적으로 생각하여 목표설정이 어려울 때, 문제 중심적 대화를 계속할 때, 자신에게는 성공적인 경험과 강점이 없다고 생각할 때 사용하면 좋다(정문자 외, 2019). 이 질문의 이름은 기적질문이지만 매우 현실적이면서 행동으로 옮길 수 있는 해결책을 만들어낸다. 내담자가 자신의 상황에 맞는 기적의 구체적인 내용을 제시하기 때문이다.

- 조금은 이상하게 느껴질지 모를 질문을 하나 드리려고 하는데 괜찮겠어요? 약간은 상상력이 필요한 질문이에요(잠시 멈춤). 상담을 마치고 집에 가서 평소와 같이 지냈어요(잠시 멈춤). 그리고 밤이 되어 잠자리에 들겠지요. 그런데 당신이 자는 밤사이에 기적이 일어났어요. 지금 고민하고 있는 문제가 밤사이 완전히 사라졌어요. 내일 아침 눈을 딱 떴을 때 무엇을 보면 기적이 일어났다는 것을 알게 될까요?
- 좀 더 희망적이 될 것 같다고 하셨는데, 그러면 어떻게 달라지게 될까요?
- 남편은 뭘 보면 기적이 일어났다는 것을 알 것 같습니까?
- 내일 아침 지금 이야기한 기적과 같은 일이 일어나게 하려면 가장 먼저 시작할 수 있는 것은 무엇일까요?

(4) 척도질문

척도질문은 객관적으로 설명하기 어려운 것을 명확하고 현실적으로 설명하여 내담자를 앞으로 더 나아가게 하고 현재 상태 유지를 위해 도움이 될 정보들을 수치화한 질문방법이다. 예를 들면 첫 면접 전 변화, 변화하고 싶은 마음, 원하는 변화를 위해 노력할 의지, 해결할 문제의 우선순위, 희망에 대한 인식, 나아진 정도의 평가, 자존감, 자신감 등 막연하거나 명확하지 않은 계획을 말할 때 구체적으로 확인 가능하게 하게 한다.

척도질문은 1점에서 10점까지의 척도 위에 내담자가 인식하는 문제의 정도, 해결 가능성, 상담의 진전 정도, 자신과 타인의 관점 등을 숫자로 표시하도록 질문한다. "1부터 10까지 있는 척도에서 10은 문제가 해결되었다고 확신하는 것을 말하고, 1은 문제가 가장 심각할 때를 말합니다. 오늘은 몇 점에 해당하시나요?"

- 당신이 최선을 다해 노력하는 것을 10점, 전혀 노력을 하지 않는 것을 1점으로 할 때에 문제해결을 위해 몇 점쯤 노력하실 수 있으시겠어요?
- 의사를 표현할 때 자신감이 부족하다고 하셨는데 이번에는 좀 다르게 질문하겠습니다. 10점은 의사를 분명하고 자유롭게 표현할 수 있는 자신감이 충만할 때이고 1점은 의사를 잘 표현하지 못하는 자신감이 가장 낮은 상태입니다. 지금은 몇 점 정도라고 할 수 있나요?
- 현재 상태가 4점이라고 하셨고 원하는 상태가 6점이라고 하셨는데 1점이라도 높이기 위해 남편께서는 당신에게 무엇이 필요하다고 하실까요?

(5) 관계성 질문

관계성 질문은 내담자에게 중요한 관계 속에 있는 사람의 관점을 빌어 생각해 보게 하는 질문을 말한다. 인간관계에서 발생하는 갈등은 많은 경우 다른 사람의 입장과 의견을 알거나 이해하는 것만으로도 해결 가능하게 되기 때문에 관계성 질문이 효과가 있다. 다른 사람이 내담자를 어떻게 생각할지에 대해 내담자가 인식하고 있는 것을 묻는 질문방법이다. 내담자에게 가까운 사람은 주로 가족이나 친구, 동료들이 될 수 있다. 관계성 질문은 내담자가 그들에게 어떤 영향을 주고 있는지 혹은 받고 있는지를 알 수 있게 한다. 내담자가 어떤 불편한 일이 일어날 것을 예상해서 말하지 못했는지 자신을 방어하지 않고 말할 수 있게 하는 질문이기도 하다. 관계성 질문은 다른 질문들과 병행하여 사용하는 경우가 많다.

- 당신이 화를 내는 것이 아니라 자신의 의사를 전달할 수 있게 된다면 당신과 남편 사이는 지금과 어떻게 달라질까요? 달라졌다는 것을 다른 가족들은 어떻게 알 수 있을까요?
- 가장 친한 친구에게 물어보면, 당신이 어떨 때 자신감에 차 있다고 이야기할까요?
- 기적이 일어났다는 걸 누가 또 알게 될까요? 그 사람은 당신이 뭐가 달라졌다고 할까요?
- 당신이 그 일이 일어날 가능성을 높이기 위해 가족들은 당신이 무엇을 할 수 있을 거라고 말할까요?

(6) 대처질문

대처질문은 문제에 압도되거나 절망이나 슬픔을 겪고 있는 내담자에게 이미 자신의 삶 속에서 성공적으로 대처해 본 경험, 기술이 있었음을 찾도록 하는 질문이다. 대처질문은 내담자가 어려움과 위기를 어떻게 극복하고 생존해 왔는지, 희망을 버리지 않고 유지해 올 수 있었는지 질문하는 동시에 생존능력을 인정하고 간접적으로 칭찬하는 것이다(정문자 외, 2019).

- 어떻게 오늘 아침 자리에서 일어날 수 있었나요?
- 이 상황은 참고 견디기에는 너무나 힘들었을 것 같은데 어떻게 견디고 있었는지 놀랍군요. 여기 오기까지 어떻게 오랫동안 견뎌냈나요?
- 어떻게 그 전보다 상황이 더 심하게 나빠지지 않았는지 궁금하군요!
- 온갖 역경을 견뎌내시는 데 가장 도움이 된 것은 무엇이었나요?

(7) 악몽질문

해결중심 단기치료의 유일한 문제중심적 질문이 바로 악몽질문이다. 악몽질문은 내담자와 상담목표를 정하기 위해 어떤 질문을 사용하여도 효과가 나타나지 않을 때 쓴다. 목표설정이 어려울 때 최종적으로 사용할 수 있는 질문으로 기적질문과 유사한 형태의 부정적인 질문이다. 최소한 지금의 상태가 악몽처럼 최악의 상태가 아니라는 것에 대한 인식을 갖게 하기도 한다. 이 악몽질문 기법은 역설적으로 더 심각한 상황을 상상해 보도록 하는 질문이므로 신중하게 사용하여야 한다.

- 오늘 돌아가서 밤에 잠자리에 들었어요. 지금까지 제게 말했던 모든 문제가 더 심각하게 변해버린 겁니다. 그야말로 끔찍한 악몽이 시작되었어요. 내일 아침에 무엇을 보면 악몽이 시작된 것을 알게 될까요?
- 아이들은 악몽이 일어났다는 것을 무엇을 보면 알게 될까요?
- 어떻게 더 나빠지지 않도록 했나요? 무엇을 했나요?
- 그렇게 하는 것이 도움이 될 것이라고 어떻게 아셨나요?

(8) 칭찬하기

해결중심 단기치료에서는 내담자가 자신의 해결책을 찾도록 지지할 때나 자기문제를 해결할 수 있도록 동기를 강화하기 위한 도구로 칭찬을 활용한다. 칭찬은 내담자의 특정한 대처방법이 긍정적임을 암시하는 질문이다(정문자 외, 2019). "그런 일이 일어날 수 있도록 어떻게 그렇게 할 수 있었나요?"라는 간접 칭찬이 더 효과가 있다. 이때 내담자가 거부하거나 부정하지 않으면 자신의 노력이라는 것을 알게 되어 스스로를 칭찬할 수 있는 계기를 제공하게 된다.

일반적으로 사람들은 자신의 노력으로 상황이 많이 나아졌을 때도 다른 사람의 공으로 돌리는 경우가 많다. 효과적인 상담은 내담자가 받아서 마땅한 칭찬을 받아들이고 긍정적인 변화를 만들어 낸 자신의 행동을 편안하게 인정하도록 돕는 것이다(Berg & Szabo, 2005, 노혜련 외 역, 2013).

- 잔소리 때문에 가족들이 늘 편할 날이 없었다고 했는데 어떻게 그렇게 잔소리를 줄일 수 있었나요? 아무나 그렇게 할 수 있는 것은 아니거든요.
- 오랜 시간 익숙하게 해오던 행동을 다르게 바꾸기란 쉽지 않은데 어떻게 그렇게 할 수 있었나요?
- 모든 사람이 다 그렇게 행동할 수 있는 것은 아니거든요. 그러니까 당신은 용기 있는 분이네요.

(9) 확장질문 – 그 밖에 또 무엇이 있습니까?

확장질문은 대체로 첫 회 상담 이후의 상담에서 무엇이 더 나아졌는지 예외를 발견하는 것이 목적이다. 상담 이후 내담자의 변화와 성장이 있다는 것을 전제로 한다. 확장질문을 반복적으로 사용하여 기억을 촉진하고 격려하여 아주 사소한 작은 변화라도 중요하다는 점을 강조한다(정문자 외, 2019). 이 질문은 내담자의 강점이나 성공적인 경험을 자세하고 상세하게 이야기하게 하며 여러 번 반복해서 물어볼 때 더 가치 있고 유용하다.

- 6점이 되었다는 확인이 될 만한 것이 그 밖에 또 무엇이 있을까요?
- 당신의 가족들은 당신이 가족의 화목을 위해 노력하는 것으로 또 무엇이 더 있다고 이야기할까요?
- 이것과 연관지어 또 다른 변화가 무엇이 있을까요?

2) 메시지

해결중심 가족치료에서 메시지는 내담자에게 자문을 하기 위해 잠시 휴식한 후

상담을 요약하여 전달하는 것을 말한다. 메시지는 칭찬, 연결문, 제안의 세 가지로 구성되어 있다. 칭찬은 내담자가 중요하다고 여기는 것을 확인하고 내담자가 성공했던 경험과 그 경험에서 나타난 강점을 인정해 주는 것이다(DeJong & Berg, 1998, 노혜련 외 역, 2017).

연결문은 칭찬과 제안을 연결하는 요소로 어째서 제안을 했는가에 대한 이유를 알 수 있게 근거를 제시한다. 또한 상담 중에 이야기된 성공 경험을 계속하는 것이 어떤 이유에서 좋은 일인지 설명하기 위한 것이다. 제안은 내담자가 미래에 시도하면 도움이 될 만한 내용들로 이루어지는데 관찰이나 행동에 중심을 둔다.

"어머니, 저는 어머니에 대해 여러 면에서 감명을 받았습니다. 첫째는 어머니가 자녀들과 잘 지내려고 많은 노력을 하고 계신다는 사실입니다. 둘째는 자녀들 행동이 보다 나아지고 있다는 사실입니다. 셋째는 아드님의 행동이 그렇게 달라지기 위해 어머니께서 무엇을 하고 계신지에 대해 분명하고 자세하게 제게 이야기해 줄 수 있다는 사실입니다. 어머니는 이 모든 일을 하고 계시니까 어떻게 해서 이미 6점에 와 있는지 이해할 수 있습니다.
저는 어머니께서 자녀와 잘 지내고 싶어서 이러한 일들을 해야 한다는 생각에 동의합니다. 지금부터 우리가 다시 만날 때까지 그동안 효과적이었던 것들을 계속하시기 바랍니다. 또 자녀들과의 관계가 나아지는 데 도움이 되는 행동(아직 인지하지 못하지만)이 어떤 것들이 있는지 잘 관찰하고 오셔서 제게 이야기해 주십시오."

출처: 정문자 외 (2019).

〈기타 유용한 기법들〉

동전 던지기 실험(Berg & Ruess, 1998)

이 기법은 강의나 설교 없이도 내담자의 행동은 변할 수 있다는 것을 과제를 통해 알려줄 수 있다. 상담자는 내담자에게 지금과는 다르게 하도록 다음과 같이 제안할 수 있다.

"동전을 침대 곁에 두세요. 매일 밤 잠자기 전에 남편(중요한 관계) 몰래 동전을 던지세요. 만약 앞면이 나오면 다음 날 남편이 무엇을 하든 상관없이 남편과 함께 살 것을 결정한 것처럼 하루 종일 생활하세요. 그러나 뒷면이 나오면 남편이 어떻게 하든 남편을 떠날 것으로 결정한 것처럼 행동하세요."

아내는 남편에게 자신의 실험에 대해 말하지 않도록 한다. 이 과제는 아내가 서로 다른 분리된 경험을 동시에 하게 하여 자신과 배우자에게 나타나는 차이점을 관찰하고 다음 상담에 와서 이야기하도록 하는 것이다.

몰래 놀래주기(O'Hanlon & Weiner-Davis, 1989)
청소년들에게 일주일 동안 부모가 놀라면서 좋아할 만한 과제를 두 개 정도 생각하여 실행해 보도록 하는 것이다. 자녀는 부모에게 그 과제가 무엇인지 말을 해서는 안 되며, 상담자는 부모에게 자녀가 놀라게 만드는 것이 무엇인지 알아내도록 요청한다. 때로는 반대로 부모들이 자녀를 놀라게 할 거리를 준비하도록 과제를 부여하기도 한다. 커플 상담에서도 적용이 가능하다.

출처: 정문자 외 (2019)에서 재인용.

5 사례 연구

1) 개요

내담자는 40대 여성이며 자녀는 3명으로 유치원과 초등학교에 다니고 있다. 남편은 다른 지역에서 근무하며 격주로 집에 온다. 내담자는 자영업을 운영하면서 가까운 곳에 사는 친정 부모님의 도움을 받아 자녀를 양육해왔다. 남편은 집에 오면 자녀들과 잘 놀아주는 편이고 아이들도 아빠를 좋아하여 마음에 안 들어도 부정적 말을 잘하지 않았다. 내담자는 최근 자녀들의 교육을 위한 계획을 세우다가 남편의 경제 상황을 알게 되었다. 남편이 자신의 여가활동에 빠져서 저축이 하나도 없음을 알게 되었다. 그동안 아내는 남편에게 경제적 부담을 주지 않고 자신의 수입으로 자녀를 돌봐주시는 친정 부모님에게 감사를 하는 등 가정경제를 책임지고 있었다고 한다. 남편은 내담자가 자녀를 잘 키우고자 계획을 세우는 것을 내담자의 욕심이라고 몰아붙였으며 처음으로 심하게 싸웠다. 내담자는 남편에게 이혼하자고 하였고, 자신이 잘못하는 것인지 객관적인 의견이 궁금하다고 하였다. 남편은 이혼하자고 하면 죽겠다고 하여서 시어머니께 연락하니 남편 편만 들었다고 한다.

2) 해결중심 단기치료의 적용

해결중심 단기치료 모델의 해결책 구축과정은 첫 상담과 이후 상담으로 나누어 진행할 수 있다. 첫 상담 때는 내담자가 말한 상담목표를 잘 형성하여 발전시키며 예외에 근거한 해결책을 만들어 가는 것이다. 상담자는 다양한 질문기법을 활용하여 문제를 해결하도록 돕는다.

(1) 상담 전 변화에 관한 질문하기

첫 상담은 내담자의 장점, 자원 등 치료적 관계 형성을 위한 합류가 중요하며 불평이 어떻게 문제가 되는지 질문한다. 내담자는 상담을 신청한 후부터 상담에 오기까지 어떤 식으로든 작은 변화가 있기 마련이다. 내담자가 미처 알지 못한 어떤 작은 변화가 있었는지 살펴보는 것으로 상담을 시작할 수 있다.

상담자 : 상담을 예약한 날부터 상담에 오는 동안에 사정이 달라져 있는 경우를 종종 보기도 합니다. 혹시 그때와 조금이라도 달라지거나 어떤 작은 변화가 있었나요?

내담자 : 상담을 신청할 때는 남편과 밑바닥을 볼 정도로 싸우고 난 후였거든요. 그래서 남편에게 당장 이혼하자고 했고, 시어머니께도 전화해서 이런 남편과 못 살겠다고 했고, 3자한테 누가 잘못했는지 물어보고 싶었거든요.

상담자 : 이혼을 섣불리 결정하지 않고 깊이 생각하셨군요. 그리고 또 상담에서 좀 도움을 받을 수 있을 거라고 확신하셨군요.

내담자 : 네, 제가 무엇을 결정할 때 좀 신중하게 결정하는 면이 있는 것 같아요. 지금은 남편에게 좀 다르게 대해서 제 편으로 만들려고 생각해요.

(2) 상담목표 설정과 해결로 나아가기

상담목표를 설정하기 위해 상담자는 내담자에게 상담이 끝난 후 문제가 어떻게 달라져 있을지 상상해 보도록 한다. 내담자가 상담을 통해 어떤 해결을 원하는지 이끌어내기 위해 기적질문을 사용할 수 있다. 또한 예외질문을 통해 문제해결을 위한 작은 변화를 찾고 행동과 인식변화를 확대해 나갈 수 있다.

상담자 : 이번 상담이 끝난 후 어떤 변화를 보면 상담이 도움이 되었다는 것을 알 수 있을까요?

내담자 : 제가 좀 더 저답게 살고 있고 남편과는 싸우지 않고 내 편이었으면 좋겠어요.

상담자 : 좀 더 말씀해 주시겠어요? '저답게 살고 있다'는 것은 무엇을 의미하는지요?

내담자 : 남편은 경제관념도 약해서 돈도 마음대로 쓰고, 자기 하고 싶은대로 했더라구요. 그동안은 아이들한테는 잘 놀아주고, 사랑하고 좋은 아빠여서 싫은 소리 하나 안 하고 놔뒀거든요. 제가 아이 셋을 가까운 곳에 사는 친정엄마와 함께 키우면서 경제적 책임을 거의 다 지고요. 그동안은 아이들한테 안 좋은 영향을 주게 될까봐 싸우지도 않았거든요.

상담자 : 남편이 아이들한테 잘 놀아주고 사랑하고 있기도 하고, 아이들한테 좋지 않은 영향을 주게 될 것 같아서 하고 싶은 말도 잘 안하고, 싸움도 피했네요?

내담자 : 네, 저한테는 아이들이 매우 중요하거든요.

상담자 : 네, 당신에게는 아이들이 매우 중요하시군요. 그럼 아이들은 엄마의 어떤 모습을 보면 '엄마가 엄마답게 살고 있다'라고 말할까요?

내담자 : 음, 잘 모르겠어요.

상담자 : 그러면 제가 좀 이상한 질문을 하나 할게요. 어때요? 상상력이 좀 있는 편인가요? (미소) 만약에 오늘 밤에 설거지를 하시거나, 무엇을 하시거나 하고 나서 잠을 주무시러 가시잖아요. 잠을 자는 동안 기적이 일어났다고 상상해 보세요. 하지만 주무시고 있었기 때문에 기적이 일어났다는 것을 모르시는 겁니다. 그렇게 내일 아침에 일어나면 무엇이 달라져 있어서 기적이 일어났다고 말할 수 있고, 여기에 가져온 문제가 해결되었다고 할까요?

내담자 : 음, 얼른 잘 안 떠오르네요. 음, 아마도 저는 제가 하고 싶은 얘기를 하고 있고 남편은 귀담아 잘 들어주는 모습이요.

상담자 : 그것이 기적이란 말씀이시죠? 남편이 귀담아 잘 들어준다고 생각해 봅시다. 그럼 당신은 어떻게 얘기를 하고 있을까요?

내담자 : 아마도 참을 만큼 참다가 쏘아붙이듯이 화를 내면서 이야기하지는 않을 거 같아요. 옛날에는 저도 안 그랬거든요.

상담자 : 아, 옛날에는 쏘아붙이듯이 화를 내면서 이야기하지 않았네요. 어떻게 그렇게 할 수 있었나요?

(3) 메시지 전달

상담자는 첫 회 상담이 끝난 후 내담자가 자신답게 살아가고 싶고 남편에게 다르게 행동하고 싶다는 기대를 발견하였다. 이러한 기대는 자녀들에게 부정적 영향을 주고 싶지 않은 내담자의 소망이었음을 인식하게 하였다. 자신답게 살면서 자녀들에게 좋은 영향을 주기 위해 남편과 소통할 수 있는 행동을 가정에서 실천해 보도록 제안하는 메시지를 전달한다.

(4) 첫 회 이후 상담

상담자는 첫 회 상담 이후 현재까지 무엇이 조금이라도 나아졌는지 이끌어 내고 예외 상황이 있었는지 발견하고 확대하며 강화한다. 이후 상담은 내담자가 목표를 달성할 때 끝난다.

상담자 : 지난 한 주일 동안 당신이 말한 기적과 비슷한 날이 있었나요? 조금이라도 달라졌거나.

내담자 : 조금은 달라진 것 같아요. 남편이 오면 어떻게 해야 하나 걱정도 많았는데 지난 번 선생님이 말씀해 주신 내가 느끼는 대로, 생각하는 대로 말하니까 의외로 남편이 말도 잘 듣고 있고, 많이 도와주더라고요. 그동안은 꼭 필요해서 요구를 해야만 들었는데 스스로 뭘 하려고 하는 것이 보이더라고요.

상담자 : 네, 기적이 일어나도록 잘하고 계시네요. 그럼 그 부분은 지금처럼 계속하시면 될 것 같아요. 또 좀 더 나아진 것이 있을까요?

내담자 : 음, 그 외에는 없는 것 같아요.

상담자 : 네, 그럼 좀 더 나아지기 위해서 무엇을 어떻게 좀 더 해볼까요?

활동하기

1 두 사람이 짝을 지어서 최소 5분간 상대방이 말한 것, 만들어 낸 것, 행동한 것 또는 상대방의 외모에 대해 직접적으로 칭찬해 봅시다. 특히, 간접적인 칭찬은 해결중심 능력 질문을 사용하여 내담자로부터 자기 칭찬을 유발하는 것입니다. 다음을 적용하여 간접칭찬을 연습해 봅시다(Bannink, 2009, 조성희 외 역, 2015).

- 어떻게 ○○에 성공하였나요?
- 어떻게 그것을 잘할 수 있었나요?
- 어떻게 그렇게 좋은 아이디어가 떠올랐나요?
- 당신은 매우 결단력이 있는 사람임에 틀림이 없군요.
- 그러니까 필요하다면 투쟁할 의지가 있는 분이군요.
- 자녀를 ○○할 정도로 사랑하는 분임에 틀림이 없군요. 좀 더 이야기해 주세요.

2 '요술 거울'이 있다고 가정하고 미래를 상상해 봅시다.

"방 안에 있는 당신 옆에 요술 거울이 있다고 상상해 보세요. 이 요술 거울은 모든 일들이 당신이 원하는 대로 이루어지는 미래로 당신을 데려갈 수 있습니다."

① 이제 다음 빈칸에 당신의 미래에 무슨 일이 일어나는지 적으세요.

② 당신은 당신이 가진 문제를 어떻게 해결했습니까?

③ 당신은 무엇을 했습니까?

④ 누군가가 도왔습니까?

⑤ 그 사람은 당신을 돕기 위해 무엇을 했습니까?

CHAPTER 11

이야기치료

1 개요

우리의 삶은 드라마나 소설과 같은 이야기로 이루어져 있다. 이야기는 기본 줄거리를 바탕으로 여러 가지 사건들을 시간 순서대로 보여 주며 전체적으로 어떤 주제를 갖고 있다. 사람들은 많은 일들을 경험하지만 자신이 설정한 주제에 맞는 이야기들만 취사선택하여 자신의 인생이야기를 쓴다(정문자 외, 2012).

이야기치료(Narrative Therapy)는 가족의 상호작용에 초점을 두는 전기 가족상담이론과는 다르게 포스트모더니즘사상의 영향을 받은 구성주의와 사회구성주의를 바탕으로 발전하였다. 구성주의는 내담자가 자신과 문제를 바라보는 관점(perspective), 즉 의미를 탐색하는 데 초점을 두었고, 사회구성주의는 사람들이 독립적으로 의미를 구성하는 것이 아니라 사회적 상호작용을 통해 의미를 구성한다고 보았다.

이야기치료는 내담자의 실재(fact)가 객관적으로 존재하는 것이 아니라 사람들과의 사회적 상호작용과 언어를 통해 구성한다고 보기 때문에 내담자가 상담대화를 통해 같은 상황을 다른 관점에서 보고 이야기할 수 있다면 문제는 해결된다고 본다(김유숙 외, 2013). 이야기치료는 내담자의 인생에 부정적인 영향을 미치는 자기패배적인 지배적 이야기에 대해 그것을 대신할 수 있는 이야기를 찾아내어 대안적 이야기를 만들어 가는 과정이다(김유숙 외, 2013).

이야기치료는 1990년대 호주 출신 마이클 화이트(Michael White)와 뉴질랜드 출신의 데이비드 엡스턴(David Epston)에 의해 발전되었다. 화이트는 이야기치료의 창시자로, 아동병원 근무에서의 부정적인 초기 경험으로 인해 전통적인 상담접근에 대한 흥미를 잃게 되었다. 또한 그레고리 베이트슨(Gregory Bateson)의 인식론에 영향을 받아 사람들이 어떻게 세계를 구성하는지에 관심이 많았으며, 사람들이 어떻게 행동하는가보다 그렇게 행동하도록 영향을 끼친 것에 더 관심을 갖고 사람들을 보는 새로운 관점을 발전시켰다(Nichols, 2010, 김영애 외 역, 2011). 그리고 내담자의 증상과 연관되어 있다고 보는 가족의 상호작용에 관심이 없었으며, 이야기라는 은유를 채택하면서 개인은 이야기를 통해 자기 삶의 경험을 조직하고 의미를 부여한다고 믿었다(정문자 외, 2012).

엡스턴은 두 번째로 영향력 있는 이야기상담자로 인류학에 관심을 가지다가 1990년 화이트와 함께 공동으로 이야기치료 저서를 집필하였고 지금도 왕성히 활동하고 있다. 엡스턴은 이야기치료 이론과 실천을 확립하는 데 공헌하였다. 특히 내담자의 새로운 이야기를 유지하기 위한 지지적인 공동체를 강조하였으며 상담 후에도 상담 효과가 유지되는 편지쓰기를 강조하였다(Nichols, 2010, 김영애 외 역, 2011).

2 기본 가정

사람들이 상담을 신청할 때에는 그들의 삶에서 어려움이나 문제를 겪을 때이다. 전통적 상담에서 개인이 가지고 있는 문제는 개인 내면의 역기능에서 비롯된 것으로 인식하는 경향이 있다. 그러나 이야기치료에서는 '문제가 문제일 뿐 사람이 문제가 아니다'라는 것을 기본 전제로 하며 은유를 사용하여 사람과 문제를 분리해서 보도록 한다.

사람들은 자신의 논리적 가정에 근거하여 긍정적이든 부정적이든 특정한 것을 선택하고, 의미를 부여하면서 자신의 경험을 만들어내고 해석한다. 그리고 특정한 사건을 이야기할 때 시간적 순서에 따라 특정한 주제를 염두에 두고 줄거리를 만들어 이야기한다. 사람들은 이야기를 말하는 과정을 통해 삶의 경험을 해석하거나 나름의 의미를 붙이면서 자신의 삶을 만들어내고, 개인의 정체성을 만든다. 개인이 자신의 경험에 부여하는 의미는 특정한 사회문화적 맥락의 영향을 받고, 개인의 정체성은 타인과의 상호작용 속에서 만들어지는 과정을 반복한다(정문자 외, 2012).

이야기치료는 문제의 외재화 작업을 통해 문제를 형성하는 데 기여하는 사회문화적 영향을 해체하는 데 주력하여 내담자와 문제를 분리하고 정체성을 새롭게 발견한다. 새롭게 발견해낸 정체성은 내담자와 상담자 사이에서 공유할 뿐 아니라 정의예식을 통해 타인과 공유되고 그들의 인정을 받는 과정을 통해 확고하게 자신의 정체성으로 만들어진다(정문자 외, 2012).

이야기치료는 내담자가 이미 형성한 담론 때문에 그동안 드러나지 못하거나 잊고 있던 지식, 기술, 경쟁력을 그들의 경험 속에서 찾아내고 활용하도록 하여 새로운 이야기를 쓰게 도와준다. 내담자 자신과 문제와 관계에 대한 이야기는 다양한 질문기법을 통해 다시 쓰게 된다. 내담자의 새로운 이야기의 형성은 상담자가 어떤 것을 주장하거나 해석하는 것이 아니라 함께하는 상담자의 질문과 그에 대한 반응이 더해지면서 만들어진다(김유숙 외, 2013).

〈이야기치료의 기본 가정〉

1. 사람이 문제가 아니라, 문제가 문제이다.
2. 사람들은 자신의 삶에 대해 전문성을 가지고 있다.
3. 사람들은 자신의 이야기에서 주요한 저자가 될 수 있다.
4. 사람들이 치료자를 찾기까지는 이미 그의 삶과 관계성에 있는 문제의 영향력을 줄이려는 시도를 많이 했을 것이다.
5. 문제들은 문화적 맥락 안에서 만들어진다. 이 맥락들은 인종, 계급, 성적 선호, 성, 불리한 입장 간의 권력관계를 포함한다.
6. 사람들이 상담을 요청하는 문제들은 보통 그들의 삶과 관계성에 대해 빈약한 결론을 끌어낸다. 대개 이런 결론들은 무언가 결함이 있다고 느끼게 해서 그들의 지식, 경쟁력, 기술이나 능력을 활용하지 못하게 한다.
7. 이런 기술이나 경쟁력, 지식은 그들이 삶을 문제의 영향에서 되찾아올 때 활용이 가능해진다.
8. 한 사람의 삶에는 문제의 영향력을 벗어나 있는 경우가 반드시 있다. 문제는 결코 그 사람의 삶과 관계성을 100% 차지하지 못한다.
9. 호기심, 존중과 투명성의 분위기를 조장하는 것은 치료자의 책임이다.

출처: Morgan (2000), 고미영 역 (2013).

3 상담목표와 상담과정

1) 상담목표

이야기치료의 목표는 단기적으로 내담자 가족이 호소하는 문제를 감소시키는 데 있다. 그러나 궁극적으로는 내담자 가족이 정체성을 재구성하고 삶의 주체로서의 의식을 향상하도록 하여 선호하는 이야기를 써나가도록 돕는다(정문자 외, 2012).

이야기치료는 내담자와 문제이야기를 분리시켜 자신에 대한 새로운 관점을 갖게 하여 부정적 정체성에서 벗어나도록 한다. 이것은 가족원들을 갈등하게 하는 것이 아니라 공동의 문제와 싸우기 위해 가족을 연합시킨다. 가족원이 서로 다른 목표를 갖고 있을 때는 서로 반대로 보이는 목표라 할지라도 일단 수용하며, 목표를 하나로 제한하지 않는다(정문자 외, 2012). 문제에 포화된 이야기에서 벗어나면 가족원은 더 긍정적이 되어 인내심을 가지고 자신들의 문제를 다루기 위해 협조적이 되고, 더 나아가 지지적인 공동체와 연합할 수 있다(Nichols, 2010, 김영애 외 역, 2011).

2) 상담과정

이야기치료의 과정은 대체로 문제이야기 경청과 외재화, 독특한 결과의 경청과 외재화, 대안적 이야기 구축, 대안적 정체성 구축의 과정으로 이루어진다. 그러나 그 과정은 획일적으로 나타나는 것이 아니라 독특한 결과와 대안적 정체성 찾기 등이 왔다 갔다 하면서 나타나는 나선적 구조로 이루어진다(정문자 외, 2012).

이야기치료는 여행에서의 지도와 같이 상담의 지침으로 이야기치료의 지도(map)를 활용하는 것이 도움이 된다. 이야기치료 지도는 이야기치료과정의 단계에 따라 필요한 작업과 질문이 있으며, 대안적 스토리를 만들어가는 데 필요한 삶의 기술과 지식을 탐색하고 그 기술과 지식을 문제해결을 위해 활용하도록 돕는 과정에서 지침으로 활용된다(정문자 외, 2012). 이야기치료는 상담자의 질문이 중요하고, 상담과정에서 사용되는 질문을 도식화하는 방식은 외재화 과정과 정체성 영역의 변화를 더욱 분명히 볼 수 있을 뿐만 아니라 상담자가 상담을 더욱 발전시켜 나가는 데도 유용하다(White, 2007, 이선혜 외 역, 2010).

이야기치료에서 회기 구성은 매우 유동적이다. 경우에 따라 1~2회기에 종결되기도 하고 여러 회기로 이어지기도 한다. 회기 사이의 간격은 대개 일주일 이상의 간격을 두고 정해지나 상담시간, 회기 간격 등은 내담자와 협의하여 조정할 수 있다. 상담자가 단독으로 진행하는 회기는 대개 50~60분 정도 걸리지만, 외부증인 집단을 활용하는 경우에는 2시간을 초과하기도 한다. 이런 경우에는 상담자 단독으로 진행한 회기보다 몇 배 더 큰 성과가 있으며 상담시간을 단축시키는 효과가 있다. 상담증서나 편지도 상담횟수를 감소시키고 상담효과를 유지시키는 역할을 한다.

3) 상담자 역할

(1) 비중심적이고 영향력 있는 입장

이야기치료는 기본적으로 상담자의 태도와 자세를 매우 중요하게 생각한다. 이야기치료 상담자는 비중심적이고 영향력 있는 입장을 취해야 한다. 즉, 내담자나 그 가족들의 삶과 지식, 기술, 그리고 가족의 헌신이 상담과정에서 중심이 되도록 하여 내담자나 그 가족을 자기 삶의 전문가로 인정한다.

이야기치료 상담자는 영향력은 있지만 상담의 과정을 주도하지 않는다. 기술적인 질문의 토대를 형성하고 내담자가 반응할 수 있는 다양한 방식을 통해 풍성한 지식을 찾아낼 수 있도록 내담자와 가족들의 지식이나 기술들을 사용하여 이끌어간다. 그래서 그들이 가진 증상과 문제가 무엇인지 명확하게 서술할 수 있도록 한다. 또한 이야기치료 상담자는 상담과정에서 상담자가 가진 힘에 대해서 주목하고 상담자의 영향력을 인정하면서 다른 사람들의 삶에 놓여 있는 영향력과 힘의 관계를 생각해야 할 책임이 있다(White & Morgon, 2006, 최민수 역, 2010).

(2) 알지 못함의 자세

사회구성주의 관점에서 '자기(self)'는 고정된 것이 아니라 사회구성원과의 상호작용을 통해 계속 만들어 가기 때문에 이야기치료는 상담자와 내담자 사이의 대화나 이야기 자체를 중요하게 생각한다(Freedman & Combs, 1996, 김유숙 외 역, 2009).

이야기치료 상담자가 내담자에 대한 호기심을 가지고 '알지 못함의 자세(not-knowing posture)'로 하는 질문은 내담자로 하여금 여러 가지의 대답을 모색하게 하고 이러한 이야기들은 희망의 이야기로 끌어갈 수 있는 매개가 된다. 사람들은 다른 사람과 함께 만든 이야기적 현실에 의해서 스스로의 경험에 의미를 부여하며 그렇게 구성된 실재를 통해 스스로의 인생을 이해하면서 살아가기 때문이다. 따라서 상담자는 가능한 한 알지 못함의 자세로 호기심을 가지고 내담자의 이야기를 따라가면서 의미를 확대하고 풍성하게 해 주어야 한다.

(3) 새로운 공동체의 활용

이야기치료는 기존의 가족상담에서 찾아볼 수 없는 외부증인반응과 회원 재구성, 반영팀 등을 활용한 독특한 작업방식으로 개인, 집단, 가족상담 간의 경계를 넘는 역할을 하고 있다(이선혜, 2008). 사람들의 삶에서는 공동체가 개인과 가족의 정체성을 규정하는 경향이 있기 때문에 상담자는 물론이고 외부증인집단 또는 다양한 상담전문가로 이루어진 공동체인 반영팀을 활용하여 개인과 가족의 정체성을 확고히 구축하도록 돕는다.

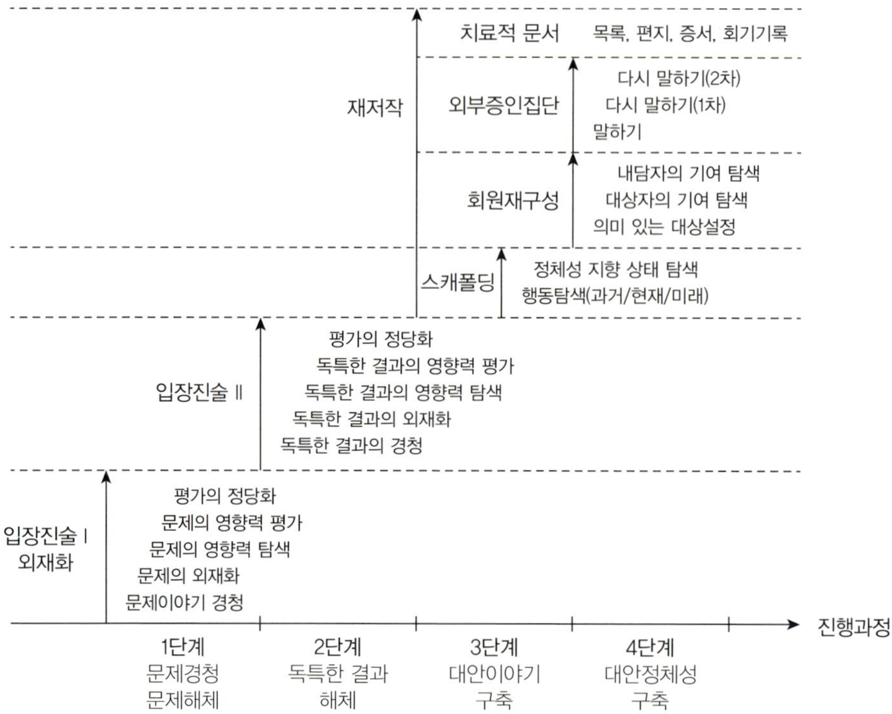

[그림 11-1] 이야기치료의 전체 과정

출처: 정문자 외 (2012).

4 상담기법

1) 문제이야기 경청과 외재화: 입장진술지도 I

상담을 받으려는 사람은 대부분 삶의 문제가 인간의 본질 혹은 정체성을 반영한다고 생각하기 때문에 내담자 자신이나 타인 자체가 문제라고 믿게 되며, 문제 속으로 빠지게 된다(White, 2007, 이선혜 외 역, 2010). 외재화(externalization)는 도움을 요청한 문제를 그 사람의 정체성과 분리해서 말하는 것이다. 문제가 문제이지 사람을 문제로 보지 않는 것이 전제이다. 이러한 외재화는 이야기치료의 기초이며 단순한 기술이 아니라 이야기치료가 지향하는 것이다(Morgan, 2000, 고미영 역, 2013).

외재화는 사람들이 문제를 덜 고정적이고 덜 제한적으로 느끼게 함으로써 사람들의 기술과 능력, 관심사, 자질과 헌신들이 더 잘 드러나도록 돕는다. 외재화는 내담자의 삶에 낙인이나 병적 사고, 진단 등의 효과를 해체하기 시작하므로, 문제가 문제가 되고 결과적으로 그 사람이 문제와 갖는 관계가 문제가 된다(Morgan, 2000, 고미영 역, 2013).

외재화의 대상은 감정(죄책감, 두려움, 질투), 대인관계 문제(말다툼, 비난, 질투 등)를 비롯하여 사회문화적 신념(때려도 된다)이나 관습(자녀문제에 대해 부모 탓하기, 성차별), 개인에게 영향을 미치는 제도적, 경제적, 사회적 정책 등 다양하다. 여러 가지 문제가 표출되는 경우에는 문제들 간의 관계상황의 맥락을 탐색하는 방향으로 진행할 수 있다(정문자 외, 2012).

화이트는 이야기치료 상담자가 내담자의 문제이야기를 보다 쉽게 외재화할 수 있는 방안으로 입장진술지도 I을 개발하였다(White, 2007, 이선혜 외 역, 2010). 이야기치료 지도를 활용한 외재화 과정의 구체적 내용은 다음과 같다.

(1) 1단계: 문제이야기 경청과 외재화

상담자는 1단계에서 문제이야기 경청과 외재화를 통해 내담자가 문제에 대한 정의를 내릴 수 있도록 도와준다. 먼저, 내담자 가족이 경험한 문제와 이로 인한 어려움을 충분히 설명하도록 한다. 이때 내담자와 가족은 자신의 경험에 가깝고 의미에 맞게 문제를 정의할 수 있게 된다. 두 번째, 내담자의 경험 속에서 현재 삶에 방해가 되고 있는 단어나 구절을 잘 듣고, 문제이야기를 선택할 수 있다. 문제이야기의 단어는 사람처럼 정체성이나 이름을 붙여 의인화하는 것이 좋다. 문제의 표현과 이름은 내담자의 경험에 맞는 것이어야 하며 상담자가 도와줄 수 있지만 내담자가 선택하는 것이 중요하다. 세 번째로 문제가 어떻게 생겼는지 그려 보거나 만들도록 하는 것이 사람과 문제를 분리하고 문제를 정의하는 데 도움이 되는데, 특히 아동일 경우 더욱 도움이 된다.

아동이 만든 문제의 모습

문제의 외재화: 이름 붙이기

상담자 : 너에게 스마트폰을 많이 사용하게 하는 어려움이 있는데 그것을 이름을 짓는다면 무엇으로 지을 수 있을까?

아 동 : 양치기 소년이요.

상담자 : 양치기 소년? 왜 그렇게 이름 붙였니?

아 동 : 엄마와 사용시간을 약속했는데도 자꾸만 시간을 어기고 거짓말을 하면서 사용하거든요.

상담자 : 그럼 그 문제의 모습을 만들어 볼 수 있겠니?

[그림 11-2] 문제의 외재화

(2) 2단계: 문제의 영향력 탐색하기

2단계에서는 내담자가 호소하는 문제가 가족관계, 부부관계, 부모자녀관계, 학교생활, 친구관계 등 내담자의 삶에 어떤 영향을 미치는지에 대한 질문이다. 또한 내담자가 추구하는 목적, 소망, 꿈, 열망, 가치 등의 정체성 영역, 미래계획과 가능성에 어떤 영향을 미치는지 질문한다. 모든 영역을 포괄하지는 않더라도 호소문제의 주된 영향이 무엇인지 이해할 수 있어야 한다. 문제의 영향력에 대한 자세한 탐구는 독특한 결과에 대한 발견으로 이어진다.

- '○○(문제의 이름)'가 당신의 삶에 미치는 영향은 무엇입니까?
- '○○'가 당신 자신을 어떤 사람으로 보라고 말합니까?
- '○○'가 앞으로 나의 미래 모습이나 계획(가족관계, 부부관계, 학교생활, 직장생활 등)에 어떤 영향을 끼칩니까?

(3) 3단계: 문제의 영향력 평가하기

3단계에서 상담자는 호소문제의 활동방식과 활동내용을 평가하고 호소문제가 내담자의 삶에 미치는 주요한 영향을 평가하도록 한다. 아래의 질문을 통해 내담자의 자기 삶에 대한 입장을 생각해볼 수 있게 한다. 그동안 내담자의 삶에 대한 평가는 대부분 타인에 의해 이루어져서 자기 삶의 주체가 되지 못하고 행인 역할을 했기 때문이다. 드라마로 비유하자면 주연이 아닌 조연 역할의 이야기를 살아가고 있는 것이다. 자신이 주체가 되는 이러한 자기 입장 이야기하기는 생소하기 때문에 2단계에서 나누었던 대화를 간략히 요약해 주는 것이 좋다.

- (2단계 대화 요약) 말씀하신 '○○'가 이런 행동을 해도 괜찮으세요?
- 당신과 당신 가족에게 그것은 어떻습니까?
- 이런 결과에 대해 어떤 입장이세요?
- 상황이 이런 식으로 전개되는 것이 좋은가요? 나쁜가요?
- 만일 이것이 당신의 운명이라면 어떤 생각이 드시겠어요?
- '○○'가 매일 당신의 생활에 끼치는 영향에 대해 어떻게 느끼나요?

(4) 4단계: 평가에 대한 정당성

4단계는 내담자의 평가에 대해 '왜' 그런 평가를 하게 되었는지 질문한다. 이 질문은 내담자들이 왜 문제의 영향력을 어떤 특정한 방식으로 평가하게 되었는지에 대한 정당성을 끌어내려는 것이므로 매우 중요하다. 이 과정은 내담자가 지향하는 삶, 즉 의도 · 열망 · 목표 · 추구 · 결심 등이 무엇인지에 주목하게 하고 그것을 이해할 수 있게 해준다. 이 과정을 통해 내담자 자신의 삶의 기술을 깨닫고 방향을 전환하게 되어 문제의 영향을 줄이고 대안적인 이야기를 만들어내는 데 도움을 줄 수 있다. 아동의 경우 부모, 형제, 상담자 등이 예를 들어 주고 비슷한 생각을 찾도록 도울 수 있다.

- 왜 괜찮지 않으세요? 왜 괜찮으세요?
- 어떻게 해서 그런 입장을 갖게 되었나요?
- 경험 가운데 어떻게 해서 그런 입장을 가지게 되었는지 잘 보여 줄 수 있는 이야기를 해주세요.

2) 독특한 결과의 외재화: 입장진술지도 II

독특한 결과(unique outcomes)는 내담자가 문제의 영향력을 벗어나 다르게 경험하는 부분이다. 독특한 결과의 탐색은 문제로 가득 찬 내담자들의 상황을 대안적 이야기로 만들어내는 지름길이다. 독특한 결과는 일회성 사건이 아니라 그 사람의 삶에 존재하는 여러 가지 관련된 사건의 결과이다(김유숙 외, 2013). 독특한 결과는 과거, 현재, 미래에 있을 수 있고, 내담자의 행동, 감정, 지향하는 가치, 지향하는 바가 될 수도 있는데, 내담자가 원하는 긍정적인 삶의 모습을 담고 있는 것이어야 한다(정문자 외, 2012).

독특한 결과는 문제의 외재화 과정인 입장진술지도 I의 과정과 같이 진행된다. 문제이야기 대신 독특한 결과에 초점을 두어 입장진술지도 II 과정으로 진행하는 것이 내담자에게 근거 있는 이야기로 자리 잡는 데 도움이 된다.

(1) 1단계: 독특한 결과 경청과 외재화

1단계는 내담자의 문제이야기와는 다르고 문제이야기에 가려져 잊고 지냈던 중요한 사건이나 경험을 찾는다. 이런 사건이나 경험은 예외 상황(exceptions)이나 독특한 결과이다. 처음에는 찾기 어렵거나 빈약하지만 경험을 이야기하고 확장하며 의미 부여를 할 수 있도록 질문한다면 확실한 대안적 줄거리로 변한다. 이러한 독특한 결과를 외재화하여 독특한 결과에 대한 의미를 재정의한다.

- (요약) 나 자신이 '○○'보다 강하다고 느낀 적이 있나요?
- 그런 상황이 더 심각해지는 것을 어떻게 막을 수 있었나요?
- 내가 어떤 행동을 할 때 힘이 되었던 것 같아요?
- 그런 당신의 모습에 이름을 붙인다면 무엇이라고 할 수 있을까요?

(2) 2단계: 독특한 결과의 영향력 탐색하기

2단계에서는 독특한 결과의 영향력이 내담자의 삶 전반에 어떤 영향을 미쳤는지 질문한다. 독특한 결과가 내담자의 과거, 현재, 미래의 느낌, 생각, 행동에 어떻게 영향력을 미쳤는지, 이러한 독특한 결과를 찾아낸 내담자를 주변 사람은 어떻게 생각할지 질문한다. 독특한 결과는 이러한 해체과정을 통해 확고해지며 예상치 못했던 계기를 통해 내담자가 바라는 변화의 근거를 발전시키게 된다(정문자 외, 2012).

- '△△(독특한 결과의 이름)'가 당신에게 어떤 영향을 미쳤나요? 이것에 대해 어떻게 생각하세요?
- 부모님이나 자녀가 이 '△△'를 알게 된다면 뭐라고 하실까요?
- '△△'가 당신의 미래에 어떤 영향을 미치게 될까요? 어떤 생각이나 행동을 하게 할까요?

(3) 3단계: 독특한 결과의 영향력 평가

3단계에서는 독특한 결과가 끼친 영향력에 대한 내담자의 입장을 질문하여 평가하도록 한다. 이런 질문은 내담자 자신의 삶에서 일어난 특정한 진전에 대해 생각해 보고, 확인하고, 그 경험을 말하고, 그 결과를 평가하는 기회가 되기 때문에 타인의 평가에 익숙한 내담자에게 주도적인 자기 이야기를 쓸 수 있도록 한다(white, 2007, 이선혜 외 역, 2010).

- '△△'가 이런 행동을 해도 괜찮으세요?
- '△△'가 당신의 이야기로 느껴집니까?
- 상황이 이런 식으로 전개되는 것에 대해 어떤 입장이세요? 좋은가요? 나쁜가요?

(4) 4단계: 독특한 결과의 평가에 대한 정당성

4단계에서는 어떤 근거에서 그러한 평가를 내렸는지에 대해 질문한다. 평가를 정당화함으로써 내담자의 삶과 정체성에 맞는 이야기로 발전시킨다.

- 왜 그런 입장을 갖게 되셨어요?(내담자가 '왜'라는 질문에 대해 답을 했을 때 그 답을 뒷받침해줄 수 있는 이야기를 해달라고 한다.)
- 그런 경험 가운데 어떻게 그런 입장을 가지게 되었는지 잘 보여줄 수 있는 이야기가 있을까요?
- 그 일은 내가 어떤 사람이라는 것을 보여주고 있는지요?
- 앞으로 어떤 선택이나 행보를 해볼 수 있을까요?

3) 대안적 이야기 구축: 재저작

재저작(re-authoring) 작업은 독특한 결과와 관련 있는 과거 사건을 찾아내고, 그 사건들이 순서에 따라 시간의 흐름 속에서 특정한 주제와 구성을 갖는 대안적 이야기로 발전하도록 격려하는 과정이다. 대안적 이야기는 내담자의 지배적 줄거리에 담긴 정체성 결론에 모순이 되는 여러 가지 다른 정체성을 이끌어내기 위한 맥락을 제공하고 내담자의 삶의 이야기를 발전시키고 이야기하도록 돕는다.

화이트와 엡스턴은 개인의 이야기가 행동과 의식의 두 가지 차원으로 이루어져 있다고 보면서 각각을 '행동 영역'과 '정체성 영역'이라 부른다(White, 2007, 이선혜 외 역, 2010). 행동 영역은 여러 개의 사건이 특정한 주제하에 시간 순으로 배열된 것으로 이야기에 해당하는 영역이며, 정체성 영역은 개인적 자질이나 특성에서 개인의 소신이나 헌신하는 바에 이르는 다양한 형태의 목적의식 또는 지향이 존재하는 영역이다(정문자 외, 2012). 내담자는 독특한 결과의 행동 영역에 존재하는 정체성 영역의 조망을 통해 지향 상태를 이해하여 주체의식을 갖게 됨으로써 정체성을 확장하고 대안적 이야기를 발전시킨다.

(1) 행동 영역

내담자는 자신이 과거에 행했던 일을 말할 때 이야기의 형태로 표현한다. 이야기는 주제나 줄거리에 따라 순서대로 엮인 사건이므로 상담자는 질의하는 자세로 언제, 어디서, 누가, 무엇을 어떻게 했는가에 초점을 두고 매우 구체적으로 질문한다(White, 2007, 이선혜 외 역, 2010).

- '△△'를 한 것이 이번이 처음인가요? 아니면 전에도 이런 일이 있었나요? 늘 하는 일인가요? 아니면 아주 특이한 일인가요?
- 어떻게 된 일인지 설명해 주실래요? 어떤 일이 있었지요? 그 뒤에는 어떤 일이 있었나요?
- 잠깐 그때로 돌아가서, 그때 어떻게 그렇게 할 수 있었는지 말씀해 주세요. 무엇을 하려고 했는지, 실제로 무엇을 했는지 기억이 나세요?
- 당신이 앞장서서 한 일 가운데 이런 결과와 관련이 있었던 일이 있나요?

(2) 정체성 영역

치료자는 대안적 이야기를 만들기 위해 행동 영역에서 출발하여 정체성 영역으로 이동하면서 질문을 던지게 된다. '왜' 질문은 정체성 영역에 해당하는 질문이다. 정체성 영역에는 무의식적 욕구, 본능, 욕망, 욕동, 기질, 성격특성, 심리적 자산 등과 같은 내면상태 범주를 비롯하여 목적, 열망, 추구, 희망, 꿈, 비전, 가치, 신념, 헌신 등과 같은 지향상태 범주가 모두 포함된다.

- '△△'를 좀 더 쉽게 하는 데 도움이 되었던 생각이 있었는지요?
- 어떤 기대나 바람을 갖고 '△△'을 했지요?
- 그 행동을 보았을 때, 당신은 삶에서 어떤 가치를 중요시한다고 할 수 있을까요?
- 그런 희망이나 꿈을 볼 때, 당신은 어떤 방식의 삶을 중요시하는 사람이라고 할 수 있을까요?
- 삶에서 소망하는 것이 있다면 무엇입니까?

사람들은 삶에서 자신이 중시하는 무언가를 추구함에 있어 자신이 지향하는 바에 따라 살아나가는 존재이다. 따라서 내면상태에 대한 이해보다 지향상태에 대한 이해와 내담자에게 중요한 가치에 대한 이해가 중요하다(White, 2007, 이선혜 외 역, 2010).

양육미혼모의 부모됨 정체성에 대한 대안적 이야기 구축: 재저작

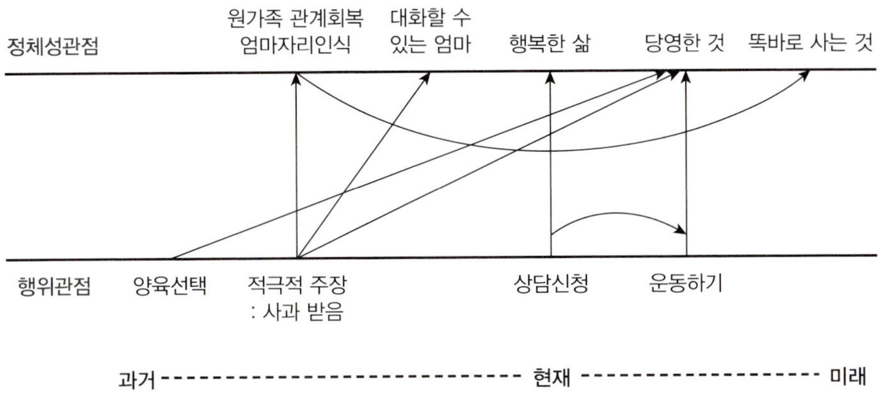

상담자 : 아프셔서 힘드신 데도 상담하러 나오셨네요. 낮잠을 자지 않으면 많이 힘들겠네요?
내담자 : 괜찮아요. 여기까지 오는 데 한 40분 걸리는데 일부러 걸어왔어요.
상담자 : 일부러 걸어온 것이 처음인가요? 아니면 자주 있는 일인가요?
내담자 : 내가 건강해져야겠다는 생각이 들었어요. 별이를 생각해서. 엄마가 건강해야 하지 않을까 생각이 들어서.
상담자 : 별이가 학교 폭력을 당할 때 어떤 생각으로 그렇게 주장했었습니까?
내담자 : 당연히 엄마라면 알아야 하는 건데. 별이도 내가 자기를 더 야단칠까봐 말을 안 하고. 그 일 이후로 무슨 일이든지 들어주려고 노력하고. 대화할 수 있는 엄마가 되려고, 상담도 그래서 신청하게 되고.
상담자 : 내가 힘든 일을 당할 때 엄마가 목소리를 줄 수 있다는 것은 별이에게 큰 힘이 되었을 것 같아요. 그렇게 한 것은 어떤 기대나 바람을 가지고 했던 것 같아요?
내담자 : 부자가 되지는 않아도 행복하게 자기가 좋아하는 일을 할 수 있게끔 찾아주고 싶고….
(중략)

[그림 11-3] 재저작대화지도

출처: 송정숙 외 (2014).

4) 대안적 정체성 구축: 회원 재구성, 정의예식과 외부증인 반응

(1) 회원 재구성

회원 재구성(re-membering) 대화는 회원과 내담자가 서로의 삶에 어떤 기여를 했

는지를 의도적으로 회상하게 하여 새로운 정체성을 구축하는 데 도움을 준다. 회원이란 내담자의 과거나 현재, 미래의 삶에서 중요한 위치를 차지하면서 내담자의 정체성 형성에 영향력을 행사할 수 있는 사람이나 존재를 말한다.

회원 재구성 대화는 인간의 정체성이 내면에 기초하는 것이 아니라 대인관계에 기초하고 있다는 데서 출발한다. 따라서 중요한 의미를 가진 회원을 의도적으로 회상하는 질문을 통해 중요한 사람들과의 관계, 자신의 현재 모습과 미래 모습에 대해 긍정적인 인식을 할 수 있도록 한다. 내담자는 회원 재구성 대화를 통해 자신의 삶에 존재하는 의미 있는 사람을 수정할 수 있다. 회원은 가까운 사람일 수도 있고 직접 관련은 없지만 유명한 사람일 수도 있으며, 책이나 만화의 주인공, 반려동물일 수도 있다.

〈회원 재구성 대화과정〉

〈1단계〉

① 소중한 사람이 내담자 삶에 어떻게 기여했는지 생각해 보도록 한다.

② 그 소중한 사람의 눈으로 본 내담자의 정체성은 어떠한가 생각해 보도록 한다. 그 사람과의 관계가 '나는 누구이고 인생이란 무엇인가'에 관한 내담자 생각을 형성하는 데 어떤 영향을 주었는지 또는 어떤 영향을 줄 수 있는지 풍부하게 설명할 수 있도록 한다.

〈2단계〉

① 내담자가 그 소중한 사람에게 어떤 기여를 했는지 생각해 보도록 한다.

② 내담자와의 관계가 그 사람으로 하여금 자신이 누구이고 인생이란 무엇인지 생각을 만들어가는 데 어떤 영향을 주었는지 혹은 어떤 영향을 줄 수 있는지 풍부하게 설명하도록 한다.

출처: White (2007), 이선혜 외 역 (2010).

(2) 정의예식과 외부증인 반응

정의예식(definitional ceremony)은 가족상담에 외부증인을 초대하여 그들의 진술과 재진술을 상담과정으로 활용하는 것을 말한다(White, 2007, 이선혜 외 역, 2010). 내담자가 이야기치료과정을 통해 자신의 이야기를 새롭게 구성하는 것만으로도 훌륭한 작업이지만 정의예식은 상담관계를 넘어선 사회적 관계를 통해 내담자들의 인식과 경험을 더욱 확장시켜 정체성을 확고하게 한다.

외부증인은 상담자와 내담자의 상담과정을 듣고 축하해 주며 질문과 인정을 통해 내담자들이 원하는 삶을 다시 한 번 확인, 유지, 확장하는 데 큰 영향을 미친다. 내담자의 이야기는 소중한 사람들과의 관계에서 기술되고 이러한 과정을 통해 정체성이 매우 풍성해진다. 외부증인으로는 가족, 친구, 친한 직장동료 등을 참여시킬 수 있고, 상담자 집단으로 구성된 반영팀을 비롯한 다양한 사람과 공동체를 참여시킬 수 있다. 특히 가족과의 갈등이 있는 경우나 권력관계가 존재하는 부부상담에서는 정의예식방식을 활용한 상담이 보다 유용할 수 있다.

최근에는 과학기술의 발전으로 다자간 회의 전화, 화상전화도 가능할 것이며, 외부증인이 참석할 수 없거나 익명성을 원할 경우 녹음을 통해 전달할 수도 있다. 내담자가 원하지 않을 경우 외부증인을 참여시키지 않아야 하며, 윤리적인 부분에는 상담자들의 신중한 판단이 요구된다.

〈정의예식 과정〉

정의예식은 구조와 질문의 4단계가 있다. 첫 번째, 상담자가 초대된 사람들에게 내담자의 상담과정에서 경험한 새로운 이야기를 요약해서 설명해 줄 수 있고 편지, 문서, 자료집, 그림이나 표, 혹은 영상 등의 다양한 형태로 보여줄 수도 있다. 두 번째, 상담자는 외부증인에게 다시 말하기 질문을 한다. 세 번째, 외부증인의 다시 말하기에 대한 내담자의 다시 말하기를 진행한다.

〈정의예식 구조〉

1. 말하기(telling): 정의예식의 주인공이 자신에게 의미 있는 삶의 이야기를 나눈다.
2. 다시 말하기(retelling): 외부증인으로 초대받은 사람들이 주인공의 이야기에 대해 말한다.
3. 다시 말하기에 대한 다시 말하기(retelling of retelling): 외부증인의 다시 말하기를 듣고 주인공이 그에 대해 다시 말하기를 한다.

〈다시 말하기 질문 4단계〉

외부증인의 다시 말하기 핵심은 특정한 방식에 따라 내담자의 이야기를 인정하는 것이다. 인정을 위한 질문은 4단계로 이루어지는데 미리 외부증인에게 이러한 맥락에 따라 질문할 것이라고 알려준다.

1. 표현질문: 내담자 표현에 주목하기
   - 어떤 것이 가장 인상적이었나요? 가장 마음에 와 닿았던 부분은 어떤 것입니까?
   - 이 내용 중 당신이 가장 관심이 갔던 표현은 무엇인가요?
2. 이미지 질문: 떠오른 이미지를 기술하고 증인 역할 하기
   - 내담자에 대한 이야기를 생각할 때 가장 먼저 떠오르는 이미지는 무엇이었나요? 무엇이 연상되나요?
   - 떠오른 이미지가 내담자의 삶이나 정체성, 세계에 대해 무엇을 말해주나요?
   - 내담자의 이야기와 관련하여 당신이 알고 있는 어떤 이야기가 있나요?
3. 공명질문: 증인의 반응을 구체화하기
   - 당신은 왜 그런 특정한 표현에 끌렸을까요?
   - 당신 삶의 어떠한 부분과 연관짓게 되었을까요?
4. 이동질문: 교류하기
   - 내담자의 이야기가 당신을 변화시킨 부분이 있나요? 당신의 삶이 어떻게 달라졌나요?

출처: White (2007), 이선혜 외 역 (2010).

〈정의예식과 외부증인 반응 사례〉

〈외부증인의 다시 말하기〉

상담자 : '햇님씨'의 이야기를 들으면서 어떤 점이 가장 인상 깊었나요?

외부증인3 : 자녀 기르는 것이 무슨 힘든 일이냐고, 당연한 건데, 노력하는 것을 치하받는 게 더 어색하다 그 첫마디에 한 대 맞은 기분? 그게 가장 와 닿았어요.

상담자 : '햇님씨'의 이야기를 들을 때 가장 먼저 떠오르는 이미지는 무엇이었습니까? 왜 이것이 선생님의 마음을 붙들었을까요?

외부증인3: 이야기 중에서 힘의 에너지가 어디서 왔냐고 했을 때 당연히 어머니, 할머니한테서 왔다고 했는데 그런 것 같아요. 어떤 언덕길을 줄줄이 올라가는데, 엄마가 햇님씨 손 잡고, 햇님씨가 아이 손잡고 그런 모습이 떠올랐어요. 그 당연한 손. 당연히 손잡고

가요. 그런 그림이 떠오르네요. 저는 아이들에게 너희들 알아서 가라고, 손잡는 것이 중요하고 아이가 힘들 때 엄마가 최선의 노력을 다해서 숙제란 표현으로 언제나 놓지 않고 있을 테니까 걱정하지 말고, 엄마의 힘을 보여주는 자체가 나의 모습과 달라 손을 잡고 있어도 되겠구나 하는 생각이 많이 들어서….

상담자 : 그럼, '햇님씨'의 삶의 이야기가 선생님의 마음을 어떻게 움직이셨는지요?

외부증인3 : (중략) 어떤 고난이 오더라도 너무 힘들면 돌아갈 집과 부모가 있다는 것을 분명히 아이들에게 행동으로 보여줘야겠구나. 말로 배우는 것이 아니라고 했어요. 그런 것이 새삼스럽게 와 닿네요.

〈외부증인의 다시 말하기에 대한 내담자의 다시 말하기〉

상담자 : (내담자에게) 외부증인들 표현을 들으면서 특별히 더 마음에 와 닿은 것이 있으세요?

참여자 : 앞에 (외부증인1) 선생님이 말한 것처럼 우리 별이한테 진짜 나무 같은 엄마가 되고 싶어요. 힘든 일이 있으면 발로 차고 그래도 꿋꿋이 지켜주고, 비도 막아주고 햇볕도 막아주고 과일이 열리면 나눠주고, 쉬고 기댈 수 있고, 언제든지 그 자리에 있으면서 나무가 되어주고 싶어요. (중략) 앞으로 아이의 마음을 알아주고 아이에게 정신이 건강하게 올바르게 키우는, 그때서야 대단하다는 소리를 듣고 싶어요.

출처: 송정숙 외 (2014).

5) 치료적 문서의 활용

상담자는 상담에 도움이 되는 여러 가지 형태의 편지, 메모, 글쓰기, 증서, 미술작품, 계약서 등의 문서를 형식의 제약 없이 상담에 활용한다. 상담자는 회기와 회기 사이에 문제해결을 위한 문서를 직접 만들어 내담자에게 주거나, 회기 내에 내담자 스스로 글쓰기나 그림을 통해 상담에 도움을 줄 수 있다. 문서는 상담 후에도 남아 있을 수 있어서 상담효과를 지속시키는 장점이 있다.

상담자들은 문서를 작성할 때 내담자의 문제중심의 이야기에 초점을 맞추기보다 대안적인 이야기와 예외적인 상황에 스포트라이트를 비춘다. 특히 내담자의 삶에서

빛나는 사건들과 탄력성, 여기까지 올 수 있었던 강점들에 집중함으로써 내담자는 심리사회적 지지체계를 형성하며 자신의 삶을 다른 시각으로 보게 된다.

상담에 도움이 되는 문서로는 편지가 가장 널리 사용되며, 이야기가 재진술되는 것이 큰 장점으로 내담자에 대한 정보와 기록, 상담과정 내용의 정리가 되기도 한다. 비디오나 오디오 작업을 통한 상담과정이나 작품, 이야기 등을 놀이로 담은 사진이나 영상을 보조적 도구로 쓰기도 한다(김유숙 외, 2013).

5 사례 연구[1)]

1) 개요

내담자는 30세의 양육미혼모로 6개월의 동거기간을 거쳐 21세에 미혼모가 되었고 현재 자녀는 9세의 남자아동으로 초등학교 2학년에 재학 중이다. 내담자는 자녀가 학교폭력 피해를 당하는 과정에서 이에 대한 대처능력이 부족한 것이 내담자 자신의 자녀방임과 학대에서 비롯된 것으로 생각하고 자책하고 있었다. 상담을 통해 이러한 심리적 어려움 해소와 앞으로의 자녀양육에 도움을 받고자 아동 관련기관에 상담을 신청하였으며, 건강가정지원센터로 연계되어 상담을 시작하게 되었다.

1) 이 사례는 '송정숙, 배덕경, 전영주 (2014). 학령기 자녀를 둔 양육미혼모에 대한 이야기치료 단일사례연구: 부모됨의 정체성 재구성을 중심으로. 한국가족치료학회지, 22(4), 323-345'에서 발췌, 수정한 것임.

2) 이야기치료의 적용

(1) 문제이야기 경청과 외재화: 입장진술지도 I

상담자는 먼저, 내담자의 삶의 어려움에 대해 충분히 듣고 해소하도록 했으며 자기에 대해 어떻게 인식하며 정체성을 규정하고 있는지 알아보았다. 내담자는 부모로서의 어려움, 걱정거리 중 '자신이 잘못해서 자녀에게 벌을 내려 자녀가 아픈 것, 미혼모 자녀여서 따돌리는 것, 자녀가 사춘기가 되면 미혼모 가족을 어떻게 받아들일까' 등 부모로서의 불안을 문제이야기로 선택하고 '공부 못하는 애가 해야 하는 숙제'로 외재화하였다.

상담자는 내담자의 문제이야기인 '공부 못하는 애가 해야 하는 숙제'가 자신과 자녀, 원가족, 대인관계 등에 미친 영향을 다각도로 질문하면서 이야기하도록 하였다. 이를 통해 내담자는 내재화 대화에서 벗어나게 되었다.

상담자 : '공부 못하는 애가 하는 숙제'는 햇님씨가 원하지 않는 것이라고 했는데, 그 숙제는 햇님씨에게 어떤 영향을 주는 것 같아요?

내담자 : 부모로서 불안감, 미안함, 죄책감, 이게 기본적으로 돌아가면서 이게 계속 하면서 나에 대해 내 인생은 뭐지? 나는 잘 살고 있나? 그런 생각이 들었어요. 주눅 드는(중략). 그렇지만 버리지는 않았다고. 엄마는 자식 중에 제대로 결혼한 자식이 없다고 친척들에게 부끄러워해요.

상담자 : 그럼, 그 숙제가 현재 말고 앞으로 내 미래의 모습이나 계획에 어떤 영향을 끼치는 것이 있어요?

내담자 : 지금은 부정적인 생각은 웬만하면 안 하려고 해요. 그때는 시간만 가기를 원하고 남 탓만 하고(중략). 지금 같으면 별이가 거짓말해서 혼내면 마음이 많이 불편했을 거고, 그런데 그 전에는 네가 잘못해서 엄마가 혼낸다고 생각했죠(중략). 내 합리화를 하는 거죠. 네가 잘못했고 엄마로써 당연히 혼내는 거야라고. 지금은 내가 왜 그때 (내 화를) 못 참았었지 생각해요.

내담자는 평가를 통해 부당한 일에 참는 것이 좋은 것이 아니라고 인식하였고, 부모가 됨으로써 겪는 어려움이 '모든 가정에 있을 수 있는 문제와 숙제'로 정상화함으로써 양육미혼모 가정에 대한 담론을 해체한 것을 알 수 있었다. 부모라면 부당한 자녀문제에 적극적으로 나서서 주장해야 한다고 입장을 밝혔다.

상담자 : 2학년 때부터 담임선생님이 얘기도 해주시고 심각성이 딱 와 닿았네요. 그렇다면 그 숙제가 어떤 영향력이 있는지 평가를 해 본다면 지금 이 상황에서 나는 변하고 있고 변하려고 하지만 숙제는 남아 있잖아요. 이런 상황에서 햇님씨는 숙제에 대해 어떤 입장이세요?

내담자 : 그저 옛날에는 나만 가지고 있는 거고, 지금은 어느 가정에서나 일어날 수 있다. 별이가 나중에 사춘기가 오면 끝까지 놓지 말아야 되는데 그 사춘기는 누구 집에나 다 가오는 거고.

상담자 : 음. 어떻게 그렇게 생각하게 되신 거예요?

내담자 : 다른 엄마들을 만나보면서, 부모라면 내가 선택한 것에 대한 대가를 인정하고, 내가 책임져야 된다는 것을 인정하는 것이 가장 중요하다고 생각해요. 저도 제 삶을 포기하고 엄마로서의 삶을 살기로 선택했지만 별이가 6~7세 될 때까지 온전하게 제 아이로 인정하고 싶지 않았을 때도 있었죠. 소유물로 봤지요. 그래도 지금은 조금은 바뀌었다고 생각하고 노력하면 되지 않을까.

(2) 독특한 결과의 외재화: 입장진술지도 II

입장진술지도 II를 통해 내담자가 자신에 대한 부정적인 정체성에서 벗어났던 독특한 결과를 과거 경험과 미래 계획에서 찾고 외재화하였다.

상담자 : (요약) 그러면 햇님씨가 그런 '숙제'에 맞닥뜨렸을 때, 난 '숙제'보다 강하다 하고 느낀 적이 있어요?

내담자 : 별이 학교 폭력 때. 폭력 피해를 알고, 학교에 가서 말하고 좀 기다렸죠. 그런데 개선이 되지 않은 것 같아 안 되겠다 싶어서 학교 폭력센터에 신고해서 이렇게는 더 이상 못 참겠다 했지요.

상담자 : 내가 어떤 행동을 할 때 힘이 되었던 것 같아요?

내담자 : 당연히 엄마면 진작 그래야 되는 건데, 그때 이후로 좀 무슨 일이 있으면 얘기를 하고요. 직접 별이한테 피해가 가니까, 그러니까 (부당한 일이 있으면) 좇아가서 따지고 싸우고 그랬어요. 한 번 해 보니까 내가 아니라고 말해야 한다는 것을 알았어요. (중략)

상담자 : 그때 대단한 용기가 불끈 솟았단 거지요? 그때는 내가 숙제보다 힘이 있다는 느낌을 받으셨네요? 그런 힘은 어디서 온 것 같아요?

내담자 : 솔직히 내 아이에게 피해가 안 가면 그냥 있었는데, 지금은 별이 때문에 더 좇아가서 따지고. (중략)

상담자 : 그런 햇님씨의 모습에 이름을 붙인다면 뭐라고 할 수 있을까요?

내담자 : 제가 생각이 좀 바뀌어서 그런지 옛날에는 이 얘를 어떻게 키워야 되나? 어떻게 해야 될지도 모르겠고 그랬는데 지금은 그냥 다른 애들하고 똑같은, 그냥 다른 부모들처럼 똑같이, 때로 속 썩일 때는 골치 덩어리이기도 하지만 숙제에 맞서는 '희망'이기도 하고….

내담자는 독특한 결과의 영향력 탐색을 통해 자신에 대한 인식이 변화하기 시작하였고 자녀와 가족, 주변 사람들과 학교 관계에서 변화를 보였다.

상담자 : 그럼 그 '희망'이는 햇님씨에게 어떤 영향을 주는 것 같아요?

내담자 : 바꾸게 하는 것? 전에는 내 멋대로, 걸리는 게 없으니까 내가 하고 싶은 대로, 내가 하고 싶은 말, 원망하고 싶은 거 다하고. 지금은 별이로 인해서 성숙해지고 조심해야 될 것도 많아지고. 한 번 더 생각하게 되고, 욱 했다가도 두세 번 더 생각하고 행동하게 하고, 그렇게 만드는 것 같아요.

상담자 : 왜 그렇게 생각하게 되었어요? 어떻게 그런 입장을 갖게 되셨어요?

내담자 : 특별한 이유는 없는데…. 당연히 나한테 온 아이이고, 당연히 내가 키워야 한다는.

(3) 대안적 이야기 구축: 재저작

내담자의 문제이야기에 맞서는 독특한 결과라고 보이는 행동에 대해 구체적으로 탐색하였다. 구체적인 행동 영역에 따른 정체성 영역에 대한 지향 상태와 의미탐색이 함께 이루어지고 과거, 현재, 미래를 넘나들며 탐색이 이루어졌다. 이 사례에 대한 재저작 대화과정과 지도는 [그림 11-3]을 참고하기 바란다.

(4) 대안적 정체성 구축: 회원 재구성, 외부증인 반응

이 사례에서는 회원 재구성으로 외조모를 떠올렸는데 어릴 때부터 유독 자신을 예뻐하며 아껴주었고 자신도 외조모에게 소소한 기쁨을 주었을 것이라고 하였다. 외부증인으로는 이야기치료를 실천하고 있는 상담자 집단을 초대하여 정의예식을 하였다. 이 사례의 정의예식과정은 본문에 실었다. 내담자는 외부증인 반응을 통하여 자신의 삶에 대한 정체성을 더욱 확고하게 구축하였고 내담자의 삶은 외부증인 집단에게 공명을 주어 입장이 이동됨을 볼 수 있었다.

(5) 치료적 문서의 활용

내담자의 정체성이 상담 전과 상담 후에 어떻게 변화했는지 인생나무그림을 통해 비교하여 확인해 보았다. 또한 심리사회적 지지체계의 변화도 이루어졌음을 확인할 수 있었다.

활 동 하 기

1 영화 〈식스 센스(The Sixth Sense)〉를 보고 상담자와 내담자 소년 간의 협력적인 자세에 대해 논의해 봅시다. 영화 속에서 치료자는 내담자의 독특한 결과 탐색을 어떻게 조력하고 있습니까?

2 점토를 활용하여 문제를 외재화해 봅시다.

1) 문제의 외재화: 이름 붙이기
- 먼저 자신이 문제라고 생각하는 것을 생각해 봅시다.
- 이제 그 문제가 당신과 떨어져 있다고 생각하고 그 문제를 의인화해 봅시다. 그리고 이름을 붙여 봅시다.
- 그 문제를 점토로 만들어 봅시다.

2) 문제의 영향에 대해 탐색하기
- 그 문제가 현재 당신이 자신을 보는 방식과 가족관계, 친구관계, 그 밖의 인간관계에 어떤 영향을 끼쳐 왔는지 생각해 봅시다.
- 그 문제가 현재 어떤 영향을 미치고 있습니까?
- 그 문제가 당신이 삶에서 지향하는 바에 어떤 영향을 주고 있습니까?

3) 문제의 영향을 평가하기
- 그 문제가 끼친 영향력에 대해 어떤 입장을 갖고 있습니까? 긍정적입니까? 부정적입니까?
- 인생계획이나 목표에 비추어볼 때 긍정적입니까? 부정적입니까?

4) 평가에 대한 정당성
- 어떤 이유나 근거에서 위와 같은 입장을 갖게 되었습니까?
- 그러한 이유는 나 자신을 보는 관점, 인간관계에서 중시하는 것, 무엇에 헌신하는지 등 당신에 대해 무엇을 말해줍니까?

CHAPTER 12

통합적 가족상담

Family Counseling in 21st Century

1 개요

가족은 고정불변의 개념이 아니라 가족이 속한 사회문화 및 역사적 환경이 변하면 가족의 모습과 기능도 변한다. 현대 가족은 산업화와 도시화의 영향으로 3세대 이상이 함께 사는 확대가족이 줄어드는 대신 핵가족이 증가하고 있다. 그리고 여성의 사회진출과 자녀양육비 부담의 증가로 인하여 결혼율과 출산율이 감소하면서 가족 세대와 가족 크기가 축소되고 있다.

이러한 변화는 이혼, 별거와 같은 가족해체의 위험성과 자녀양육문제와 과잉기대로 인한 갈등, 그로 인한 자녀의 역기능적 문제, 고령화로 인한 노인부양문제 등 다양한 가족문제의 원인이 된다(최경석 외, 2006). 특히 부부중심의 핵가족이 가족형태의 중심이 되면서 부부간 갈등, 의사소통문제, 부정적 양육태도 등으로 인한 자녀의 역기능적 증상이 나타나는 경우가 더욱 많아졌다(정문자, 2008). 또한 21세기에 들어오면서 동거가족, 한부모가족, 자발적 무자녀가족, 성소수자가족 등과 같이 가족형태에도 다양한 변화가 나타나고 있다(유영주 외, 2008).

1990년 이후 가족상담 전문가들은 다양한 가족문제를 가진 가족을 돕기 위하여 여러 가족상담 모델의 다양한 기법을 혼합해서 적용하기 시작하였다. 즉, 가족상담 모델의 기법 차이에 관심을 두기보다는 내담자 가족이 겪고 있는 문제나 가족의 발달주기에 적절한 특정한 개입방법을 적용하여 돕는 데 더 관심을 두게 된 것이다(정수경, 2000). 21세기 가족상담에서는 하나의 가족상담 접근법만이 임상적 효과를 가질 수 있다고 주장하기보다는 다양한 가족의 사회적 배경과 문제에 따라 여러 가지 이론들의 장점을 '절충'하고 '통합'하는 가족상담 모델이 등장하게 되었다(김한나, 2008).

통합적 가족상담에는 크게 두 가지 접근법이 있다. 첫 번째 접근법은 '절충 모델'로, 해당 사례에 따라 다양한 가족상담 모델 기법 중에서 효과가 있는 부분들을 서로 절충하여 사용한다. 또는 하나의 가족상담이론을 중심으로 다른 이론기법을 선택적으로 빌려와 사용하는 방식이 있다. 여기에는 대상관계 가족상담과 가계도 활용(보웬의 다세대 가족상담이론), 개인상담과 가족상담의 통합 등이 속한다.

두 번째 접근법은 해당 사례에 적절한 '통합 모델'을 만들어내는 방식으로, 가족상담의 기본 개념인 체계이론을 기반으로 하여 다양한 상담 모델의 개념이나 기법 등을 혼합하여 또 다른 메타 수준의 이론을 만들어내는 것이다. 초월구조적 모델, 통합적 문제중심상담 모델, 내면적 가족체계치료 모델, 통합적 가족상담 모델, 통합적 커플상담 모델 등이 여기에 속한다(Nichols, 2010, 김영애 외 역, 2011; 이상복, 2007; 유옥, 2012).

2 주요 모델

1) 절충 모델

절충 모델은 상담실에 내방한 가족의 다양한 문제해결을 돕기 위해 그 가족의 문제 상황에 따라 적절한 여러 가지 상담 모델 기법을 조금씩 취하는 것이다. 그러나 사례에 대한 개념적 초점 없이 상담기법만 가져오거나 상담진행 중 어려움이 있을 때마다 다른 모델로 성급하게 바꾸는 것은 조심해야 한다(이상복, 2007; Nichols, 2010, 김영애 외 역, 2011).

〈대상관계 가족상담과 해결중심 모델을 절충한 사례 1〉

초등학생인 딸(IP)의 과잉행동 때문에 가족상담에 참여한 40대 초반의 주부 내담자는 어린 시절 첫돌이 되기 전에 어머니가 돌아가셨고 이후 아버지의 재혼으로 인해 새어머니에게 많은 구박을 받았다. 내담자는 어머니의 죽음으로 인한 유기불안과 자신을 잘 돌봐주지 않았던 아버지와 새어머니에 대한 원망감과 분노를 외부로 표현하지 못하고 마음속으로 내사하여 우울증과 무기력을 겪고 있었다. 그리고 어머니가 자신을 낳으면서 몸이 아파서 돌아가셨기에, 자신이 어머니를 죽게 했다는 깊은 죄책감을 가지고 있었다.

대상관계 가족상담을 활용하여, 내담자의 어린 시절 경험이 IP인 딸을 양육함에 있어 미치는 영향을 먼저 살펴보았다. 내담자는 자신의 공격성(유기불안, 원망감, 분노)을 투사하고 그것을 딸이 동일시하여 매우 과잉행동하도록 무의식적으로 유도하고 있었다. 즉, 딸은 우울하고 무기력한 내담자를 무의식적으로 위로하기 위해 지나치게 활달하고 산만한 아동이 되었으며, 내담자는 이에 대해 비난과 무관심으로 대응하자 딸이 더욱 더 과잉행동으로 어머니의 관심을 받고자 하는 악순환을 갖게 되었던 것이다. 또한 내담자는 어머니 죽음에 대한 죄책감이 깊어서 자신의 딸과 친밀한 관계를 형성하고 유지하는 데 어려움을 겪고 있어 이것을 통찰하도록 도왔다.

그리고 해결중심 모델의 기적질문기법을 사용하여 상담목표를 설정하고 예외질문을 통해 딸이 과잉행동하지 않았던 경험이나 두 모녀가 잘 지냈던 예외 상황을 탐색하였다. 이를 통해 모녀관계에서 서로 좋은 대상경험을 제공했던 상황이 다른 상황에서도 다시 실행되고 유지될 수 있도록 과제를 내주었다.

➡ 이 상담은 부모자녀 대상의 가족상담에서 부모의 어린 시절 경험에서 획득한 정서가 자녀양육에 미치는 영향을 먼저 탐색하여 부모의 부정적 정서를 긍정적 정서로 바꾸는 상담(대상관계 가족상담)을 먼저 진행하였다. 그 다음 부모자녀관계의 긍정적 변화를 위해 과거의 실패보다는 문제가 일어나지 않았던 예외 상황을 탐색하고 그 예외가 계속 유지될 수 있도록 상담(해결중심 가족상담)을 절충하여 실시한 것이다.

또 다른 절충 모델 방식은 하나의 상담 모델에 확실한 이론적 기반을 두고 필요에 따라 다른 기법을 일시적으로 가져와 사용하는 것이다. 이때 중심이 되는 상담 모델의 패러다임에 적합한 기법을 가져오면 더 효과적이다. 예를 들면, 구조적 가족상담을 기반으로 한 부모자녀 상담에서 부모와 자녀의 과도한 밀착관계로 인해 갈등이 지속되고 있다면, 이야기치료의 외재화기법을 가져와 자신들의 말다툼을 '불화'라는 관점에서 바라보고 서로 협조적인 관계로 회복하도록 돕는 경우를 들 수 있다(Nichols, 2010, 김영애 외 역, 2011; 이상복, 2007; 유옥, 2012).

〈대상관계 가족상담을 중심으로 활용하고 이야기치료를 부분적으로 절충한 사례 2〉

자녀를 데리고 가정폭력쉼터로 입소한 30대 초반의 주부는 가정폭력 경험으로 인한 무기력과 재결합에 대한 양가감정으로 자녀를 거의 돌보지 못할 정도로 우울하였다. 내담자는 상담과정에서, 어릴 때부터 부모의 이혼으로 인해 여러 친척집을 옮겨 다닌 이야기와 그 과정에서 성폭력 경험이 있었음을 보고하였다. 특히 10대 후반에 발생했던 성폭력 경험은 상담받기 전까지 내담자가 머릿속에서 지우고 있었던 기억이었다.

먼저 대상관계 가족상담을 통해, 내담자의 어릴 때 성폭력 경험과 돌봄을 받지 못한 경험이 배우자 선택에 미친 영향력을 탐색하였다. 내담자는 자신을 강력하게 돌봐줄 배우자를 원했으며, 이러한 무의식적 기대 때문에 연애과정에서 다소 가부장적이고 폭력적이었던 남편의 성격을 외면하고 결혼하게 되었음을 알게 되었다. 그리고 폭력이 매우 심한 남편이지만 재결합에 대한 기대를 가지는 것은 대상과의 분리에 대한 불안과정에서 생기는 감정임을 느끼고 자신 스스로 '견디고 안아주는 경험'을 하도록 안내하였다.

그리고 내담자의 자원탐색을 위해 이야기치료 외재화기법을 활용하여 내담자의 삶에 이름 붙이기를 제안하자 자신의 삶을 생명력을 상징하는 "민들레"라고 하였다. 이것은 내담자 스스로 과거 경험이 힘든 점도 많지만 자녀를 키우고 잘 버틸 수 있는 힘을 가졌음을 찾는 과정이었다. 또한 이야기치료 외부증인 기법을 활용하여 함께 생활하는 입소자, 실무자, 취업훈련 담당자들로부터 내담자가 열심히 살아가고 있음을 증명할 수 있는 상장과 시, 편지 등을 받도록 하였다.

이처럼 스스로 자신의 힘을 인정하고 주변의 지원을 수용하게 된 내담자는 자녀에게 '좋은 대상'으로서의 경험을 제공할 수 있는 가족놀이상담에 함께하였다. 이러한 가족놀이상담은 어린 시절 재미있게 놀아본 경험이 없는 내담자에게도 매우 좋은 경험이었으며, 가정 내 폭력으로 인해 심리적 공포와 분노가 많은 자녀에게도 감정해소의 중요한 경험이었다. 이후 내담자는 남편과의 기나긴 이혼소송을 견디고 취업훈련을 잘 마친 후 자녀를 데리고 쉼터에서 독립하였다.

➡ 이 상담은 어린 시절 획득한 부정적 경험들이 배우자 선택에 미치는 영향과 주요 대상에 대한 분리불안이 폭력적 가해자와 분리되지 못하도록 방해함을 통찰하는 상담(대상관계가족상담)과 자녀에게 좋은 대상으로서의 경험을 제공할 수 있는 상담(대상관계 가족놀이상담)을 제공하여 가정폭력 피해자가 스스로 자립할 수 있도록 도운 것이다. 그리고 이야기치료 가족상담기법을 부분적으로 절충하여 가정폭력 피해자가 자립하는 데 가장 필요한 자원을 탐색하도록 실시한 상담이다.

2) 통합 모델

통합 모델은 기존의 모델을 수정 · 보완하여 새로운 통합적인 모델을 만들어내는 것이다. 통합 모델을 만드는 방식은 하나의 모델을 중심으로 여러 가지 다른 접근법을 포함시키는 포괄적 체계 방식과 여러 가지 접근법을 결합시킨 방식이 있다(이상복, 2007; Nichols, 2010, 김영애 외 역, 2011).

(1) 초월구조적 모델

초월구조적 모델(Meta Framework Model)은 노스웨스턴 가족상담 연구소의 더글러스 브르린(Douglas Breunlin)과 리처드 슈워츠(Richard Schwarts), 그리고 시카고 아동상담소의 베티 맥 쿠네 카러(Betty Mac Kune-Karrer)가 함께 만든 모델이다. 이 모델에서는 내담자의 호소문제를 사정하기 위한 주요 개념 6개를 소개하고 있는데 이것은 다양한 가족상담이론에서 통합한 것이다. 6개의 주요 개념은 심리내적과정, 가족구조, 가족 상호과정의 인과적 연쇄과정, 가족발달, 문화, 성별이다(김한나, 2008).

심리내적과정이란 가족갈등에서 가장 먼저 해결해야 할 가족원 개인의 심리과정이며, 가족구조는 가족하위체계 간의 경계선, 밀착과 격리, 가족과 외부 간의 경계 등을 말한다. 여기에는 가족 간의 지도력, 균형, 조화 등이 포함된다. 가족상호과정의 인과적 연쇄과정은 가족이 서로 상호작용하는 시간 개념으로 몇 초의 짧은 시간에서 가족의례까지도 포함된다.

가족발달은 가족발달주기에서 발달과업에 따른 가족원의 적응, 세대 간 갈등, 욕구, 대처능력, 탄력성 등을 살펴보는 것이다. 문화는 가족문제에 영향을 미치는 사회 환경 · 문화적 요소를 말하며 종교, 이민, 문화적 다양성에 대한 수용력과 적응성 등이 포함된다. 마지막으로 성별은 가족원의 성정체성, 성역할, 시대의 변화에 따른 성역할에 대한 대처와 성적 표현 정도 등을 나타내는 가족원의 성역할을 의미한다(김한나, 2008; 이상복, 2007).

상담과정을 살펴보면, 6개의 주요 개념을 통해 사례를 사정하고 이것을 기반으로 상담가설과 상담계획을 세운다. 이 모델에서는 상담과정에서 경험하는 행동을 통해 중요한 의미를 지닌 변화들이 생긴다고 믿는다. 그러므로 구조적 가족상담의 실연화, 전략적 가족상담의 역설적 개입, 보웬 다세대 가족상담의 가계도 그리기, 사티어 경험적 가족상담의 가족조각과 같은 활동을 상담과정에 적절히 사용한다. 또한 이 모델에서는 다양한 상담적 대화기술의 사용을 강조하며, 문제를 다른 차원에서 바라보기, 순환적 질문하기, 그리고 피드백 제공하기와 같은 질문기법을 사용한다(이상복, 2007).

〈초월구조적 모델의 주요 개념을 활용하여 사정 및 진단하기〉

초등학교 3학년 아들을 둔 30대 후반의 맞벌이 부부는 서로 근무하는 시간이 달라서 가사분담과 자녀양육에 어려움을 겪고 있다. 최근에는 남편이 승진시험을 준비 중이어서 아내의 자녀양육에 대한 부담감이 더 증가하면서 아내는 우울증을 호소하고 있었다.

상담자 : 아들이 숙제를 하지 않으면 누가 가장 화를 냅니까?

어머니 : 저예요. 남편은 매일 퇴근시간이 늦어서 아들과 시간을 거의 보내지 않아요. 그래서 제가 아들의 숙제를 전적으로 봐주는 편인데, 아들과 항상 말싸움을 하지요. 그러면 남편은 집에 와서 아들이 숙제를 하지 않은 것에 대해 화를 내고 결국 저와 싸움으로 끝이 나지요. 남편은 아들이 나를 조정한다고 말해요. 다른 사람들은 아들이 초등학교 3학년인 것에 비하여 매우 성숙하고 똑똑하다고 하는데. 아들은 엄마인 나한테만 늘 논리적인 핑계를 되면서 숙제를 미루고 나를 화나게 해요. 남편이나 주위 사람들은 아들에게 지지 말고 엄하게 키우라고 하는데, 몸이 약한 아들을 심하게 혼내는 것이 옳은 것인지 저도 잘 모르겠어요.

- 가족 상호과정의 인과적 연쇄과정: 부모의 맞벌이로 인하여 숙제를 할 수 있는 저녁 공부시간과 공부 습관이 형성되어 있지 않은 상태임
- 가족구조: 아들의 숙제를 누가 관리하는가에 대한 부부간의 리더십 갈등이 있음
- 가족발달: 아들은 숙제를 하지 않을 때에는 아이처럼 굴지만 다른 어른들과 이야기할 때에는 어른같이 행동함. 즉, 발달과정에서 편차가 있음
- 심리내적과정: 어머니는 자신이 직장생활을 하는 탓에 아들을 잘 돌보지 못하고 있다는 죄책감이 있으며 아들은 숙제를 하지 않음으로써 어머니의 죄책감을 자극함
- 성별: 맞벌이 부부임에도 불구하고 남편은 자녀양육을 아내에게 전적으로 맡기는 등 전통적인 남성역할을 고수하는 편이며, 아내는 이에 대한 혼란이 있는 것 같음

출처: 이상복 (2007)에서 발췌 및 수정.

(2) 통합적 문제중심상담 모델

통합적 문제중심상담(Intergrative Problem-Centered Therapy: IPCT) 모델은 노스웨스턴 대학의 가족연구소에서 윌리엄 핀소프(William Pinsof)와 동료들이 발전시킨

접근법이다. 이 모델은 내담자 가족이 가진 문제에 따라 다양한 가족상담 및 개인상담의 기법을 적용한 접근법이다.

핀소프에 의하면, 이 모델은 내적심리체계보다는 대인관계와 상호관계적 가설에 더 초점을 둔다. 그러므로 이 모델의 평가절차는 우선 가족의 문제를 확인한 다음에 가장 먼저 행동변화를 시도하고 그에 따른 각 가족원의 핵심감정을 살펴본다. 만약 행동변화를 통한 대인관계 변화시도가 실패하는 경우, 다른 적절한 해결방법을 적용하여 다시 시도하도록 권유하고 있다(김한나, 2008에서 재인용; 이상복 2007). 통합적 문제중심상담은 평가와 개입과정을 8단계로 설명하고 있다.

① 1단계: 당면 문제 확인하기

내담자가 호소하는 문제의 발달과 진행과정에 대해 경청하면서 동시에 내담자의 가족체계와 주변 환경과의 관련성에 대해 탐색한다. IPCT모델의 가족상담자는 첫 회기부터 내담자로부터 수집한 임상자료를 토대로 증상에 대한 구체적 가설을 세운다.

- 남편의 직장 승진 후에 우울함을 호소하는 아내가 있는 부부의 가설 세우기
  - 아내는 남편의 승진 소식이 기쁘기도 하지만 전업주부인 자신의 위치에 대해 위축감을 느끼고 있으며 우울증상을 통해 자신의 무능함을 비난하면서 동시에 합리화하고 있음

② 2단계: 시도한 문제해결방법 확인하기

내담자 가족의 문제해결 유형과 문제해결 능력을 평가하는 단계이다. 가족 내 발생한 문제에 대해 누가 주도적으로 어떤 해결책을 제시하고 시도했는지와 그 해결방법들에 대한 과정과 결과에 대해 입체적으로 살펴보는 단계이다. 이러한 시도를 통해 내담자 가족의 자원, 강점 및 약점, 가족원 간의 협력과 갈등요소 등을 탐색할 수 있다.

③ 3단계: 핵심감정 확인하기

가족상담자는 내담자 가족이 체계 내에서 발생하는 문제에 대한 반응과 상호작용을 상세히 파악하면서 동시에 그 문제를 해결하는 방법에 관한 가족원의 감정적인 반응도 확인해야 한다. 즉, 당면 문제해결을 위해 가족원들이 감정을 잘 표현했는지 또는 못했다면 그 이유가 무엇인지를 탐색한다.

- 30년 동안 다니던 회사에 갑자기 해고당한 후 우울에 빠진 중년 남성의 핵심감정
  - 헌신적으로 다니던 회사에서 갑자기 해고당한 경우이므로 분노의 감정이 핵심감정이어야 하는데, 자신이 화를 내면 가족에게 상처를 주거나 가장으로서 체면이 서지 않을 것이라는 불안 때문에 우울한 감정에 빠지게 됨.

④ 4단계: 적용 가능한 해결방법 확인 및 행동변화 시도하기

이 단계에서 가족상담자는 내담자 가족의 당면 문제를 해결할 수 있는 방법을 간구하고 적용될 수 있도록 협력한다. 이를 위해 가족상담자는 내담자 가족이 당면 문제를 해결하는 데 실패한 이유와 내담자 가족체계가 지닌 문제를 유지하게 만드는 가족구조에 대해 관심을 둔다. 여기에는 재정의(reframing)와 과제주기가 포함된다.

가족상담자가 제시하는 적용 가능한 해결방법을 내담자 가족이 시도할 때, 다음 3가지 결과를 예측할 수 있다. 그 결과에 따라 이전 또는 이후 단계로 이동할 필요가 있다.

1. **행동변화 시도 실패**
   행동변화를 시도했으나 실패한 경우로, 당면문제에 대해 다시 확인하고 처음부터 다시 시도할 필요성이 있다.
2. **행동변화 막힘**
   가족원 간에 갈등이 너무 깊고 오래되었거나 자원이 고갈된 상태로 변화를 시도하기 어려운 상태를 말한다. 이런 경우, 다음 단계인 막힌 담 확인하기 단계로 가서 막힌 담을 허물고 다시 행동변화를 시도해야 한다.

3. **행동변화 성공**

가족상담자가 제시하는 문제해결방법을 가족이 협력하에 잘 수행한 경우로, 바로 종결로 이어지게 된다.

⑤ 5단계: 막힌 담 확인하기

내담자 가족이 당면문제를 해결하는 데 있어 방해요인이 무엇인가를 탐색하고 변화를 시도하는 단계이다. 막힌 담은 현재 상황, 대인관계, 생물학적 요인과 같은 미시적인 장애요인과 원가족경험, 과거 트라우마와 같은 거시적 장애요인이 있다.

- 막힌 담 확인하기
  - 남편에게 당신의 마음 상처를 말하지 못하도록 방해하는 것은 무엇인가요?
- 확인 과제 질문하기
  - 당신의 고통을 남편에게 지금 이야기하고 남편이 어떻게 반응하는지 살펴봅시다.

⑥ 6단계: 파괴적 기대 확인하기

이 단계는 막힌 담 확인하기와 연결된 단계로, 가족상담자는 부적절한 파괴적 기대를 확인하여 막힌 담의 요인들을 탐색하고 가족원이 이해하도록 도와준다.

- 파괴적인 기대감에 관해 질문하기
  - 만약 당신의 우울이 남편의 과거 사건과 관련이 있다는 것을 남편이 알게 된다면 남편은 어떻게 반응할 것 같은가요?
- 대인간의 파괴적인 기대감에 관해 질문하기
  - 만약 당신의 우울증을 남편에게 털어 놓는다면 시어머니는 어떻게 반응할 것 같은가요?

⑦ 7단계: 막힌 담 변인 탐색 및 변화 시도하기

가족상담자는 막힌 담의 미시적인 요인을 먼저 탐색하여 변화를 시도하고 여전히 당면문제가 해결되지 않으면 거시적 요인까지 탐색하며 변화를 시도한다.

⑧ 8단계: 종결하기

4단계의 적용 가능한 해결방법 확인 및 행동변화 시도에서 내담자 가족의 행동변화가 일어난다면 즉시 종결이 가능하다. 또는 1~7단계 모든 작업을 통해 행동변화가 일어나면 종결을 하기도 한다.

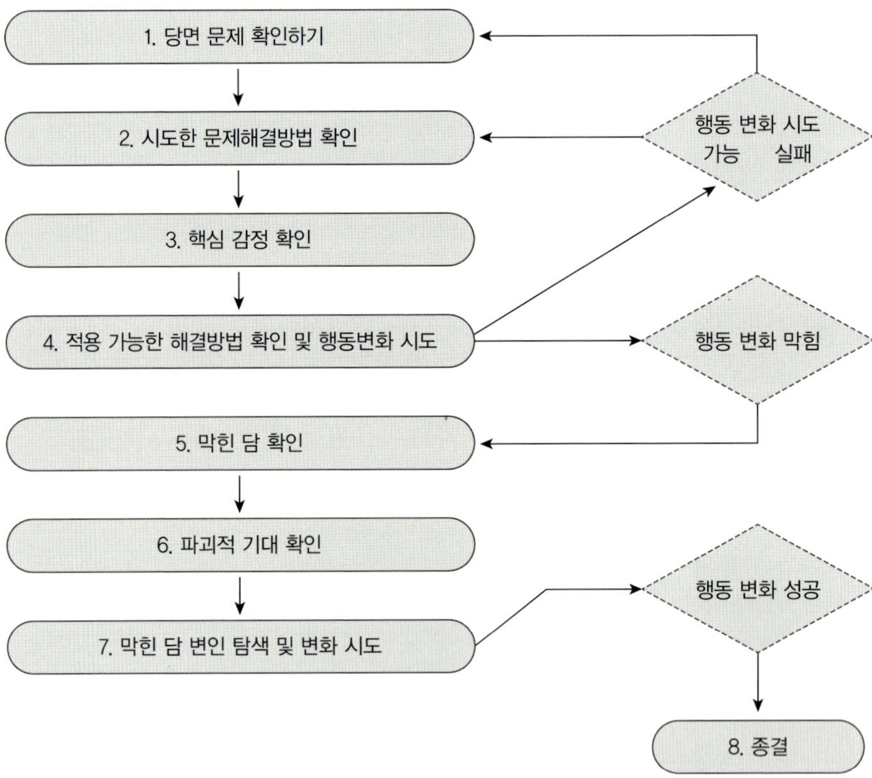

[그림 12-1] 통합적 문제중심 상담 모델의 평가와 개입과정

출처: 이상복 (2007).

(3) 내면가족체계 모델

내면가족체계(Internal Family Systems: IFS) 모델은 리처드 슈워츠(Richard Schwarts)에 의해 개발된 모델이다. 이 모델은 한 개인의 내면에 있는 성격의 여러 부분들(parts)의 역동성과 관계성을 개념화하여 참자기(self)를 이해하고 발달, 균형, 조화, 리더십의 네 차원에 대해 개인 및 가족체계의 온정성을 회복하는 것을 목표로 둔다.

내면가족체계 모델의 주요 개념은 참자기(self)와 그 부분(parts of self), 부분의 역할에 관한 것이다. 내면가족체계 모델의 인간에 대한 기본 철학은 인간은 태어나면서부터 연민, 호기심, 수용성, 자신감과 같은 훌륭한 자질을 가진 참자기 상태로 태어난다고 생각한다. 동시에 삶의 과정에서 인간의 내면은 부분으로 분열되어 다양한 하위인격처럼 내면의 가족을 형성한다고 말한다. 이러한 부분들은 각자의 감정 욕구, 관점 등을 가지고 있으며 참자기를 보호하고자 과거의 고통스러운 경험이 현재의 삶에 영향을 주지 못하도록 역할을 한다. IFS모델은 이러한 부분에 대해 병리적으로 보지 않는 수용적인 심리치료 모델이다.

부분들은 주로 하는 역할을 중심으로 세 가지로 분류된다. 첫째, 관리자(managers) 부분이다. 이 부분은 우리의 삶을 이끄는 말에 비유되며, 사전 예방하는 부분으로 모든 관계와 상황을 직접 통제하고 문제해결을 위해 감정까지도 차단하는 역할을 한다. 관리자 부분은 걱정하기, 비판하기, 주지화, 완벽주의 등의 모습으로 나타난다. 둘째, 소방관(firefighters) 부분이다. 이 부분은 사후처리하는 부분으로 우리의 고통이 너무 심해서 견딜 수 없을 때 고통을 분리시켜 보호하려는 부분이다. 해리, 자해, 공격성, 중독(술, 약물, 쇼핑, 게임 등)과 같은 증상들이 여기에 속한다. 셋째, 추방자(exiles)[1] 부분이다. 트라우마, 학대, 거부와 같은 과거의 경험에서 오는 심리적 상처와 고통이라는 짐을 가지고 있는 부분이다. 관리자와 소방관은 추방자

1) 추방자(exiles)는 번역자에 따라 유배자라고 번역된 경우도 있다. 여기서는 내면가족체계모델의 공식 훈련 과정 교재(번역본)를 따라 추방자로 기술한다.

가 나타나지 않도록 그래서 참자기를 보호하려고 노력하는 부분이다. 추방자는 신체화, 불안, 수치심, 혐오감, 비합리적 신념 등을 통해 자신의 모습을 드러낸다. 이 세 부분들은 개인 내면 또는 가족관계에서 연합하거나 대립하면서 증상을 나타나게 한다(이상복, 2007; Schwartz & Sweezy, 2020, 김춘경 · 배선윤 역, 2021; Spiegel, 2017, 신인수 · 김아신 역, 2020).

내면가족체계 모델의 개인상담 과정은 내담자의 호소문제와 관련 있는 관리자 또는 소방관과 라포를 형성한 후 그 부분들이 보호하고 있는 추방자에게 접근하여 마음의 짐을 버리고 자신의 참자기를 회복하는 자기치유의 경험을 제공한다. 내면가족체계 모델의 가족상담 또한 개인상담과 동일한 관점과 방법으로 가족을 바라본다. 가족 또한 세 부분들로 구성되어 양극화되며 불균형을 나타내고 가족의 짐을 가지고 있다고 생각한다. 그러므로 가족원들의 부분들이 극단적인 역할에서 자유로워짐으로써 가족관계 내에서 유연하고 조화로운 역할을 할 수 있도록 돕고자 한다. 내면가족체계 모델의 가족상담과정[2)]은 다음과 같다.

① 내면가족체계 모델 상담을 위한 가족상담자의 준비

가족상담자는 각 가족원의 참자기와 파트너십을 이루며 공동치료 관계를 형성한다. 내담자 가족의 부분들과 직면할 때 상담자의 부분들이 활성화되어 가족원의 극단적인 부분들과 연합 또는 대항하는 경우가 발생하기도 한다. 이를 방지하기 위해서는 가족상담자 자신의 참자기(self) 리더십을 유지하며 부분들과 조화를 이루는 훈련이 필요하다.

② 가족 상호과정 이해하기

가족상담자는 복잡한 가족 상호작용을 이해하여 상담의 속도를 조절할 수 있어

2) 내면가족체계모델 가족상담과정의 6단계는 저자가 참고도서를 활용하여 정리한 것이다. 내면가족체계 모델의 공식 훈련과정에서 제시하는 개인상담과정과 다르다.

야 한다. 역기능적인 가족은 서로 너무 멀거나 너무 가까운 관계를 가지는 경향이 있다. IFS모델에서는 대립되거나 거리가 먼 관계를 양극화라고 하며, 너무 가까운 관계는 밀착이라고 한다.

양극화는 동일 체계 내의 구성원 간에 가치관, 종교, 삶의 태도 등에서 상반된 견해로 인해 갈등이나 다툼에 이르는 상태를 말한다. 양극화된 가족은 각자의 감정과 욕구 표현에 서툴거나 비난적이고 경쟁적인 모습을 나타낸다.

- 부모의 관리자와 자녀의 소방관 또는 추방자가 양극화된 경우
  - 내담자(IP, 딸)는 남동생과 자신을 차별하는 부모의 태도 때문에 슬프고 외로운 감정을 느꼈으나 맞벌이로 바쁜 부모님은 딸의 마음에 공감해 주지 않아 억압해 버렸다(추방자). 부모를 떠나 기숙사 생활을 하면서 딸에게는 힘들 때마다 폭식을 하는 증상이 나타났다(소방관).
  - 이 사실을 안 부모는 집으로 딸을 데려와 걱정하는 마음(관리자)에 달래다가 야단을 치는 등 혼란스러운 태도를 보였다. 그러자 IP의 폭식이 기숙사에 있을 때보다 더 늘어났다.
  - 이것은 부모의 관리자로 인해 IP의 내면에 있는 추방자와 소방관이 자극받아 더 양극화되고 소방관(폭식)으로 자신의 우울함을 억압하려고 하는 것이다.

밀착은 가족원의 지나친 동일시로 인해 개인의 자율성이 침해받는 경우로, 양극화와 연결된 개념이다. 일반적으로 부모자녀 밀착관계는 부부의 내면체계에서 시작되어 가족 전체로 확장된다. 한쪽 부모와 밀착을 하는 자녀는 자동적으로 다른 한쪽의 부모와는 양극화 관계로 이어지기에, 그 결과 자녀는 양쪽 부모로부터 모두 돌봄을 받지 못하게 된다.

- 부모의 관리자와 소방관이 양극화된 이후, 자녀가 한쪽 부모와 밀착을 한 경우
  - 내담자(IP, 아들)의 아버지는 무능하며 술 문제(소방관)가 있었다. 어머니는 IP 앞에서 아버지를 걱정(관리자)하며 동시에 비난하면서 분노(소방관)를 표현하였다. 어머니가 힘듦을 호소하면 IP는 자신이 성공해서 보답하겠다는 약속과 함께 어머니를 달래주고 아버지에게 충고하는 역할(관리자)

을 하였다. 그러나 부모 갈등으로 인해 느껴지는 자신의 무서움과 절망감 같은 부정적 감정은 억압했다(추방자). 그 대신 IP는 게임(소방관)에 몰두했다.

- 이것은 IP가 실제 가족 및 자신의 내면에 있는 어떤 부분과도 대립하지 않고 자신을 보호하는 방법이다. IP의 소방관은 부모의 부분들 때문에 활성화되기도 했지만, 자신의 내면아이가 관리자 역할을 힘들어하면서 양극화되어 소방관이 활성화된 것일 수도 있다.

③ 가족의 변화 돕기

내면가족체계모델 가족상담자는 가능한 가족원들의 보호적 관리자들이 긴장하지 않도록 도와주어야 한다. 문제와 관련된 부분들을 탐색하기 전에 부분들의 언어를 소개해 주는 과정도 중요하다. 가족상담자는 각 가족원들이 하는 말을 부분의 언어를 사용하여 다시 피드백을 준다.

- 호소문제를 부분의 언어로 전환하기
  - 내담자: 어머니가 내가 하는 일마다 잔소리를 해서 미워요.
  - 상담자: 어머니의 잔소리하는 부분에 대해 미워하는 마음(부분)이 있네요.
  - 이것의 효과는 어머니라는 전체 대상을 미워하는 것이 아니라 미워하는 부분을 가지고 있을 뿐이라는 안심을 주고, 상담에서도 작은 일부분만 변화하면 된다는 희망을 준다.

본격적인 가족상담 과정에서는 부분들의 연속성 추적하기, 변화에 관해 질문하기, 가족 관리자에게 제안된 변화에 관해 안심시키기, 변화를 위한 초점 선택하기, 마음의 짐과 불균형에 대해 탐색하고 버리기, 긍정적 부분 초대하기, 변화를 위한 통합하기 등의 순서로 진행할 수 있다. 그렇지만 가족상담자의 직관이나 판단에 따라 융통성 있게 조절할 수 있다고 한다.

- 마음의 짐과 불균형에 대해 탐색하고 버리기
  - 마음의 짐: 현재 가족들이 가진 어려움을 해소하는데 방해를 하는 추방자나 그에 따른 감정들과 연결되어 있다. 가족발달로 인한 짐(부담), 세대를 걸쳐 물려받은 짐, 인종 및 성차별, 빈곤과 실직과 같은 기타 짐들이 있다.
  - 불균형: 마음의 짐들은 가족을 불균형하게 만든다. 불균형을 다루기 전에 가족 마음의 짐을 다루는 것이 더 안전하다. 왜냐하면, 가부장적인 아버지의 역할에 대해 먼저 다루면 자신을 비난한다고 느끼고 방어라는 부분이 활성화될 수 있기 때문이다. 아버지의 가부장적인 태도가 세대를 걸쳐 물려받은 짐이어서 개인의 탓이 아니라는 안심을 갖게 하는 것이 중요하다. "가족의 중요한 결정은 누가 하는가? 어떻게 진행되는가? 가족 중에 가장 책임감이 강한 사람과 약한 사람은 누구인가?"와 같은 질문이 여기 속한다.

(4) 통합적 가족상담 모델

통합적 가족상담(Intergrative Family Therapy: IFT) 모델은 데이비드 올센(David C. Olsen)이 6개의 주요 가족상담 이론을 통합하여 가족상담의 진단과 상담계획의 틀을 만든 것이다. 6개의 가족상담이론은 해결중심 단기치료, 구조적 가족상담, 의사소통가족상담, 인지행동가족상담, 보웬 다세대가족상담, 대상관계 가족상담이론이다.

올센(Olsen)의 통합적 가족상담 모델에서는 진단과 개입을 위해 상호순환적인 6개의 체계를 제시하고 있다. 가족의 진단 및 개입계획과 실천을 위해 문제해결, 가족구조(경계, 체계), 의사소통, 인지(신념, 지각, 규칙), 원가족, 개인발달(심리적, 생물학적)을 탐색한다(Olsen, 1993, 윤상철 역, 2006).

첫째, 문제해결에서는 해결을 위한 부부나 가족의 능력에는 무엇이 있었으며 지금까지 효과가 있었던 것과 효과가 없었던 것, 그리고 상담목표를 구체적으로 세우는 것이다. 이후 상담과정에서 가족 간 문제해결을 위해 의사소통기법 교육이나 가족친밀감 향상을 위한 가족활동 과제 등도 포함된다.

둘째, 가족구조는 부부 또는 부모자녀 간의 연합인 삼각관계, 경계선의 형성과 유지, 각 체계 간의 관계 등에 대해 진단 및 개입하는 것이다. 구조적인 목표들은 가족원들이 각자의 영역에서 자기에게 적합한 역할을 하면서 건강한 관계를 유지하는 것이다. 즉, 모든 구조적 목표들은 문제를 가진 가족을 재구성하는 것이다.

셋째, 의사소통은 문제해결에 영향을 미치는 역효과적인 의사소통 태도를 관찰하는 것이다. 여기에는 가족원들이 자신의 감정, 생각, 욕구를 어떻게 표현하는지를 탐색하고 일치적 의사소통을 위해 개입하는 것도 포함된다.

넷째, 인지는 가족이 가지고 있는 신념, 지각 규칙과 같은 인지적 사고체계를 다루는 것이다. 구조적 및 의사소통에 대한 상담개입을 하였음에도 불구하고 상담에서 진전이 잘 일어나지 않는 경우, 가족원이 가지고 있는 신념이나 가족규칙이 변화를 받아들이지 못하게 방해하고 있을 수 있다.

다섯째, 원가족 경험은 어린 시절 주요 대상과의 관계 경험이 가족원의 신념, 의사소통, 가족역할 등 다양한 측면에서 미치고 있는 영향을 탐색하는 것이다. 원가족을 다루는 목표는 가족원의 자기분화를 촉진하여 개인의 변화를 통해 가족 전체를 변화시키기 위함이다.

마지막으로 개인발달은 개인이 가족 안으로 가져온 문제를 다루는 것이다. 심리적 측면에서는 성장 환경을 통해 형성된 방어기제와 성격, 심리적 발달 수준 등을 다루는 것이고 생물학적 측면에서는 사춘기나 노년기와 같은 연령에 따른 과업 등을 다루는 것이다.

문제해결

기법들:
1. 문제를 구분함
2. 문제들을 구체적으로 진술
3. 상담실 내에서의 임무들
4. 상담실 밖에서의 임무들
5. 문제해결 기술들을 가르침

구조적인 기법들

1. 건강하지 못한 가족 구조들의 재균형
2. 체계 조직들을 명료화시킴
3. 경계선들을 설정
4. 삼각관계를 제거시킴

의사소통의 기법들

1. 대인관계 시의 문제들을 명료화함
2. 의사소통의 기술들을 가르침
3. 게임을 붕괴시키도록 도움

인지적인 기법들

1. 역효과적인 신념체계들을 명료화시킴
2. 역효과적인 신념체계들이 서로에게 미치는 영향을 명료화시킴
3. 신념체계들을 현실적으로 개발하도록 도움

본가(本家)의 논제들

1. 부부와 가족들이 다세대의 주제들을 이해하도록 돕는다.
2. 현실 가운데 본가에 대한 영향을 이해하도록 돕는다.
3. 본가가 이들에게 미치는 영향을 바꾸도록 한다.

개인 발달상의 문제들

투사를 중지하고 과거에 사용하던 방어기제들이 더 이상 필요없도록 자신의 문제들을 명료화하도록 돕는다.

[그림 12-2] 통합적 모델의 진단 및 개입

출처: Olsen (1993), 윤상철 역 (2006).

3 상담목표와 상담과정

가족상담 중에서 특히 커플상담은 성장한 가족배경이나 가족주기에 따라 호소문제가 다양하다. 또한 커플이 겪는 현재의 갈등과 위기는 가족생활주기의 다음 단계에 역기능적인 영향을 미친다. 만약 자녀가 있는 가족이 붕괴된다면, 성인인 커플 당사자의 문제뿐만 아니라 자녀가 겪어야 할 어려움까지 예상할 수 있다.

그러므로 커플상담은 하나의 가족상담이론보다는 커플이 호소하는 문제나 가족생활주기에 따라 여러 가지 적절한 가족상담기법을 적용하는 것이 더 효과적이다(이현주 외, 2012). 다음에서는 린 롱(Lynn Long)과 마크 영(Mark Young)이 만든 통합적 커플상담 모델을 중심으로 부부상담에서 통합적 모델의 과정을 다루고자 한다(Long & Young, 2007, 이정연 역, 2009).

1) 상담목표

통합적 커플상담은 커플 선택에 영향을 미치는 원가족 경험과 커플관계의 구조와 체계, 권력, 의사소통방식 등을 다루고 문제해결을 위한 커플 자원을 탐색하고 실행하도록 돕는다.

2) 상담과정

통합적 커플상담 모델은 5단계 과정이며 1단계 사정에서 5단계 타당화 단계로 진행한다.

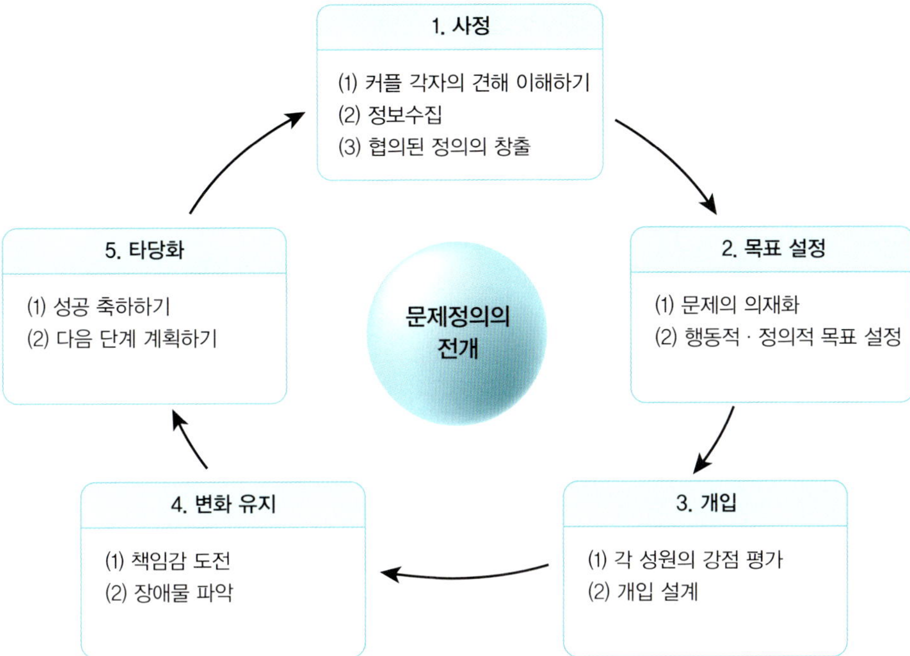

[그림 12-3] 커플상담의 통합 모델

출처: Long & Young (2007), 이정연 역 (2009).

(1) 커플문제 사정하기

이 단계는 커플 간의 문제를 확인하고 그 문제에 대해 서로 합의하는 단계이다. 그러므로 문제에 대한 커플 각자의 견해를 듣고 정보를 수집하고 이를 통해 두 사람의 문제와 목표에 대한 공통의견을 정리하는 것은 매우 중요하다. 이 단계에서는 가계도 분석을 할 수 있는 보웬의 다세대 가족상담이론과 사티어 경험적 가족상담을 적용할 수 있으며, 가족의 구조와 경계를 확인할 때는 구조적 가족상담이론을 적용할 수 있다.

이 과정에서 무엇보다 중요한 것은 커플 모두 문제해결에 책임감을 가지고 상담에 참여하도록 함께 해결하고자 하는 공통의 문제를 결정하고 동의하는지를 확인해야 한다. 또한 이 커플이 통합적 커플상담에 적합한지를 결정해야 한다.

〈통합적 커플상담에 적합하지 않는 경우〉

- 이미 이별을 결정했거나 하고 있으며, 자신들의 관계가 더 이상 좋아지지 않을 것임을 확인하려고 온 경우
- 커플 중 약물남용, 정신장애가 있거나 가정폭력이 있는 경우
- 갈등이 너무 심해서 상담실에서도 계속 언쟁을 하는 경우

출처: Long & Young (2007), 이정연 역 (2009).

(2) 커플 공통의 목표 설정하기

커플 공통의 목표를 설정할 때는 호소문제 중심이 아니라 해결중심으로 목표를 세우는 것이 중요하다. 그러므로 이야기치료의 외재화기법이나 해결중심의 척도질문을 사용할 수 있다. 커플 간 목표를 설정할 때에는 부정적이기보다는 긍정적으로 진술하고, 정서적 · 행동적 영역에서 모두 변화가 일어나도록 구체적이고 실행 가능하도록 설정한다. 여기에서는 인지행동 가족상담기법이 유용하다.

〈통합적 커플상담에서 공통의 목표 정하기〉

- 긍정적으로 정한다: '자주 싸우지 않는다'보다는 '서로에게 긍정적 감정을 느끼기를 원한다'라고 설정한다.
- 정서적 · 행동적 목표로 변형하기: 우리 커플은 더욱 가깝고 즐거운 관계(정서적)를 가지기 위해서 매일 저녁 식사 후 함께 집 주변을 1시간 정도 산책할 것이다(행동적).

출처: Long & Young (2007), 이정연 역 (2009).

(3) 커플 자원을 활용하여 개입하기

커플이 세운 상담목표를 이루기 위한 자원이나 정보를 찾는 것은 매우 중요하며 이때 다른 사람이나 다른 곳에서 찾기보다는 커플 자신들이 가지고 있는 자원 안에서 찾는다. 이 단계에서는 전략적 가족상담이나 인지행동 가족상담, 그리고 해결중심 단기치료 등을 적용할 수 있다. 또한 커플의 목표를 성취하기 위한 다양한 보조기법(의사소통훈련, 성치료연계, 이혼중재 등)을 활용한다.

(4) 변화 유지하기

커플문제에서 작은 변화를 인식하고 이것을 유지하는 것은 커플관계에서 매우 중요하다. 또한 상담과정에서 경험한 변화가 지속되지 못하도록 하는 어려움이나 방해요소를 예상하고 커플이 서로 책임감을 가지고 이러한 재발과정에 대책을 세우도록 독려할 필요가 있다. 이 단계에서는 다양한 매체를 활용한 가족상담(가족인형치료, 가족놀이치료, 가족미술치료)을 활용하면 커플의 어려움과 방해 요소를 객관화하고 새로운 발전 방향을 계획하는 데 도움을 받을 수 있다.

(5) 변화 타당화하기

2단계에서 설정한 목표와 비교하여 작은 변화라도 성취한 것에 대해 커플이 서로의 노력을 인정하고 축하하도록 돕는다. 그리고 이러한 변화를 바탕으로 다음에 다른 문제가 발생했을 때 대처하는 방법을 탐색하거나 추후상담을 안내할 필요가 있다.

4 상담 전제

통합적 커플상담은 여러 가지 가족상담 이론 중에서 서로 보완 가능한 이론적 개념과 기법 등을 선택하여 적용한 모델이다. 다음은 커플상담을 진행할 때 기억해 두어야 할 8가지 주요 전제이다(Long & Young, 2007, 이정연 역, 2009).

(1) 커플은 서로 영향을 주고받는다.

순환성은 가족체계적 사고에서 출발한 것으로, A는 B에 영향을 주지만 B 역시 A에게 영향을 주며, A나 B를 둘러싼 환경, 위기상황, 두 사람을 포함한 다른 관계도 커플에게 영향을 준다는 의미이다. 보웬(Bowen) 가족상담의 순환적 질문하기는 커플관계에 초점을 두는 질문으로 "왜 싸우게 되었는가?"라는 커플 갈등의 원인을 묻기보다는 "커플관계에서 싸움이 미치는 영향은 무엇인가?"라고 물음으로써 커플 간 상호적 인과관계를 탐색하도록 돕는다.

(2) 커플 갈등에는 양쪽 모두 책임이 있으며 해결을 위해서는 '함께' 노력해야 한다.

커플 갈등에서 상대방을 비난하는 것은 자신의 잘못을 회피하려는 방어적 태도이며 이처럼 서로 비난적 태도에서는 해결을 위한 책임감을 가질 수 없다. 커플 갈등을 해결하기 위해서는 커플 간 문제에 서로 책임을 인정하고 해결을 위해서 함께 노력하도록 힘을 배양할 필요가 있다. 이것은 해결중심 가족상담과 관련이 있다. 또한 이러한 것을 위해서는 밀란 학파의 중심개념으로 커플 어느 한쪽도 편들지 않고 커플 간 서로 해결방법을 검토하도록 돕는 가족상담자의 중립성이 필요하다.

(3) 커플 문제를 탐색하기 위해서 과거의 영향력과 현재의 관계 유형을 모두 평가한다.

보웬의 다세대 가족상담과 대상관계 가족상담을 활용하여 어린 시절 경험이 현재 커플관계에 미치는 영향력을 탐색할 필요가 있다. 또한 커플의 부정적 관계 유형을 유지하는 데 영향을 미치는 커플 간 행동, 그리고 과거 커플 갈등해결에서 유용했던 경험과 전략 등을 탐색한다. 이것은 전략 및 인지행동 가족상담과 관련이 있다.

(4) 개인 및 커플의 강점 탐색을 통해 문제해결의 자원으로 활용한다.

커플 간의 다름을 서로 인정하고 자원을 탐색하여 이를 통해 문제해결을 위한 노력을 한다. 밀란 학파의 '긍정적 의미부여'와 전략적 가족상담의 '재정의기법', 이야기 치료의 '외재화기법'과 관련이 있다.

(5) 행동, 감정, 사고가 변해야 커플관계의 지속적인 변화가 가능하다.

통합적 커플상담 모델에서는 단기 및 전략적 가족상담의 현재 문제를 중심으로 한 행동적 변화와 커플 간 긍정적 감정과 정서의 회복, 그리고 커플 간 변화에 대한 관점 및 사고의 변화를 모두 포함하여 목표를 재정의한다.

(6) 변화를 유지하기 위해서는 지속적인 과제학습이 필요하다.

커플은 처음 갈등이 있었던 순간으로 돌아갈 가능성이 높다. 그러므로 커플상담을 통해서 새롭게 경험한 변화를 유지하기 위해서는 지속적인 과제학습을 통해 자신들이 이룬 변화를 지속적으로 점검해 볼 필요가 있다.

(7) 커플 문제를 해결 가능한 문제로 재정의해야 한다.

각자 상대방을 비난하는 커플에게 함께 해결할 수 있는 상담목표를 정하고 함께 노력하도록 안내하는 것이 필요하다. 이를 위해서는 여러 가족상담이론을 융통성 있게 연결할 필요가 있다.

(8) 커플상담의 첫 단계부터 마지막까지 희망을 주어야 한다.

상담자는 처음 만남부터 성장과 성공을 예측하고 안내하도록 노력해야 하며, 커플이 직접 실행 가능한 목표설정을 통해 긍정적 결과를 그려볼 수 있도록 해야 한다. 또한 상담 마지막에는 자신들의 변화를 위한 현실적 관점을 갖도록 하고 커플이 서로의 노력을 인정하고 칭찬하도록 안내할 필요가 있다.

5 사례 연구

1) 개요[3)]

내담자 부부는 공무원시험 공부를 하다가 만난 커플로, 아내(36)는 공무원시험에 합격하였지만 남편(37)은 합격하지 못하여 현재 회사원이다. 남편은 자신이 공무원

3) 이 사례는 재구성한 가상 사례이다.

이 되지 못한 것에 대한 자책감과 처가의 반대로 결혼을 포기하였으나, 아내가 첫사랑과 헤어질 수 없다고 주장하여 결혼이 진행되었으며 현재 딸(5세)을 두고 있다.

남편이 호소하는 문제는 시댁에서 공무원인 며느리를 위해 자녀양육뿐만 아니라 집안살림까지 많이 도와주고 있지만, 아내는 항상 시댁에 대한 불만이 많다. 그리고 시댁 행사조차도 아내가 원하는 방식대로 진행되지 않으면 집안어른들 앞에서도 화를 내는 등 집안 분위기를 힘들게 한다고 한다. 아내는 피곤하다는 이유로 딸의 출산 이후 부부관계도 거의 하지 않는다. 아내는 교통사고로 아들을 잃은 처갓집에 아들 이상으로 남편이 잘하는 편임을 인정한다. 아내인 자신이 동행하지 않아도 장인 장모와 남편 혼자서 여행을 갈 정도로 잘하는 것도 알고 있다. 하지만 남편이 겉으로는 순한 사람 같지만 화를 폭발적으로 내고 가끔 폭력적인 행동을 하여 무섭다. 아내는 기회가 되면 친정 근처로 발령을 받고 이혼을 하고 싶다.

2) 가계도

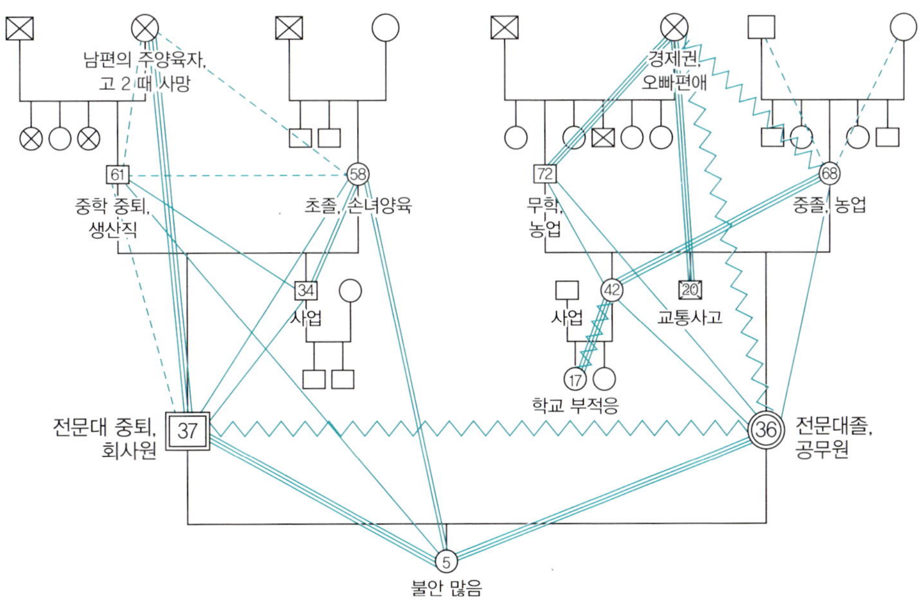

3) 통합적 커플상담의 적용

(1) 커플문제 사정하기

① 문제에 대한 커플 각자의 관점

남편은 아내가 자신에게 집안 살림과 양육을 포함하여 과도한 양보를 요구하며, 자신과 부부생활을 포함한 친밀한 시간을 보내는 것을 회피한다고 호소하고 있다. 아내는 남편이 지금보다 더 좋은 직장을 가지려고 노력하지 않으며 시댁 가족을 우선시하며 자신을 소외시킨다고 느끼고 있다.

② 사정: 가계도 활용

이 커플의 가계도를 살펴본 결과, 남편은 부모님이 맞벌이하여 어린 시절 대부분을 할머니와 따로 생활하였다. 부모님은 경제적 문제로 갈등이 심하여 남편과 할머니를 거의 찾아오지 않았으며, 할머니는 자신 때문에 아들 내외가 힘들까봐 손자의 양육이나 경제적 어려움을 표현하지 않고 참으며 지냈다. 남편은 어린 시절 가난에 대한 불안감, 부모의 무심함에 대한 원망, 그리고 외로움 등을 느끼며 성장했지만 할머니를 통해 묵묵히 참고 견디는 방식을 배우며 성장하였을 것이다. 그리하여 남편은 아내와 갈등이 생길 때마다 자신이 내사한 할머니 방식으로 아내의 눈치를 보며 달래는 방식을 사용하지만, 아내가 수용해 주지 않으면 숨겨진 공격성이 자극받아 화를 폭발하는 식으로 행동하여 부부관계가 더욱 악화되었을 것이다.

한편 아내는 어릴 적 경제적으로 부유했지만 할머니와 친정어머니의 심각한 고부갈등과 할머니의 죽은 오빠에 대한 편애, 어머니의 언니에 대한 편애를 경험하였다. 이 갈등관계에서 아버지는 누구의 편도 들지 않는 중립적인 태도를 취했다. 이러한 어른들의 관계에서 막내인 아내는 누구에게도 관심과 기대를 받지 못하는 존재라는 외로움과 공허함을 느끼며 성장하였을 것이다. 그러므로 결혼생활 동안 자신의 존재감을 시댁 가족을 통해 보상받고 싶었지만 남편이 자신보다 시댁 가족을 더 챙기는 것을 보면서 외로움과 원망감을 많이 느꼈을 가능성이 높다.

③ 협의된 정의

이 커플은 상담을 통해 보다 더 친밀한 관계를 원하고 있으나 자신이 느끼는 외로움을 상대방을 통해 보상받으려고 하는 기대가 높은 것이 갈등의 주요 요인이다.

(2) 커플 공통의 목표설정하기

① 문제의 외재화

커플은 자신의 관계에 '가면놀이'라는 이름을 붙였다. 이것의 의미는 두 사람 모두 자신의 마음을 직접 표현하기보다는 상대방이 알아주기를 기다리다가 결국 서로 화를 내고 거리를 두는 것이라고 표현하였다.

② 행동적, 정의적 목표설정하기

커플은 서로를 더 가깝게 느끼기 위해 감정이 상하는 일이 있다면 대화로 직접 표현하고 서로 화가 나더라도 같은 방에서 지내기로 협의하였다.

(3) 커플자원을 활용하여 개입하기

① 서로의 강점 탐색하기

아내는 남편의 강점으로 시댁과 친정의 부모님을 비롯한 어른들에게 잘할 뿐만 아니라 딸의 양육에도 매우 적극적이고 섬세한 면이라고 평가하였다. 또한 공무원 시험에는 떨어졌지만 현재도 다른 공부를 하려고 노력하는 등 성실함이 있다고 칭찬하였다. 남편은 아내의 강점으로 목표가 있으면 한눈팔지 않고 꾸준히 노력하는 태도와 자기주장을 하는 것이라고 말했다.

② 새로운 개입하기

아내는 남편의 집안 살림과 양육에 대한 부담감을 줄여 주기 위해 자신이 가사를 더 부담하고 필요한 경우에는 가사도우미를 고용하기로 하였으며, 나머지 시간에 남편이 다른 직업교육을 받도록 지원하기로 하였다. 남편은 시댁의 일보다는 아내의 의견을 더 중요하게 생각하고, 아내의 요구에 대해 화로 반응하지 않고 충분히 들어주는 시간을 갖기로 하였다.

(4) 변화 유지하기

상담을 통해 커플관계가 좋아지는 과정에서, 딸의 주양육자인 친할머니로부터 딸이 예전보다 짜증이 늘어났다는 보고가 있었다. 이러한 과정에서 아내는 시어머니가 자신을 은근히 비난한다고 느끼며 남편이 자신이 아닌 어머니 편을 드는 것 같아 서운하다고 표현하였다. 부모교육을 통해 5세 아동의 발달과정에 대해 설명하고, 부모와는 달리 자신의 불편한 느낌을 표현하는 딸에 대해 긍정적으로 생각하도록 도왔다. 이 과정에서 커플은 심리적 안정을 갖게 되었고 다시 친밀한 관계를 유지하기 위한 노력을 하였다.

(5) 변화 타당화하기

상담 후반에 이 커플은 자신들이 서로 화가 나거나 불편한 감정을 느끼더라도 예전처럼 참지 않고 이야기하고 화해하는 과정을 갖는 것이 달라졌으며, 둘째 아이를 가질 계획에 대해서 말했다.

활 동 하 기

1 영화 〈호프 스프링스(Hope springs)〉는 결혼 30년이 된 부부가 결혼권태기를 극복하기 위하여 부부 성상담 캠프를 찾아가 친밀감을 회복하는 과정을 보여주고 있습니다. 이 영화를 시청하고 커플의 발달주기(신혼기, 중년기, 노년기)에 따른 부부의 성이 가지는 의미가 어떻게 변화하는지에 대해 이야기해 봅시다.

2 절충 통합 모델을 찾아봅시다.

1) 여러 가지 가족상담 모델 중에서 자신이 가장 선호하는 모델을 하나 찾아보고 그 이유를 말해 봅시다.

2) 여러 가지 가족상담 모델을 절충 또는 통합해야 한다면, 자신은 어떤 상담 모델들을 사용하여 절충 또는 통합할 것인지 말해 봅시다.

PART 05

매체를 활용한 가족상담

V부는 다양한 매체를 활용한 가족상담으로 가족놀이치료, 가족인형치료 그리고 가족미술치료를 다룬다. 가족상담에는 어린 아이들이나 자기표현이 서투른 청소년이 포함되는 경우가 많은데, 상담실에는 미술도구나 다양한 인형들, 놀잇감과 같은 매체를 준비해서 편안한 환경으로 만들 수 있다. 13장은 가족이 함께하는 놀이와 놀이치료의 필요성에 대해 살펴보고, 실제 가족상담에서 만나는 가족원들에게 활용할 수 있도록 한다. 14장은 트라우마 가족치료에서 발전하여 새롭게 만들어진 인형치료에 대해 알아보고, 인형을 가족상담에 어떻게 활용하고 있는지 살펴본다. 15장은 미술매체의 다양성과 사용방법에 대해 알아보고, 미술매체를 활용한 가족상담의 필요성과 효과를 다룬다.

13 CHAPTER 가족놀이치료

1 개요

가족놀이치료(Family Play Therapy)란 가족을 위한 구조화된 상담기법으로 '놀이'라는 매체를 통해 가족의 정서적 고통을 감소시키는 목적을 가진 활동이다. 특히 소극적이거나 위축된 내담자, 공격적이거나 과잉행동을 하는 아동, 다양한 관계의 문제를 가진 가족원에게 유용하게 사용된다.

대화가 주된 의사소통이 되었던 기존의 가족상담에서 어린 자녀들은 대부분 상담과정에 참여시키지 않았다. 아동은 상담실에 초대되어도 가족원으로 참여되기보다는 혼자 놀도록 내버려지고 오히려 상담에 방해가 되거나 무시해도 되는 존재로 여겼다. 그 후 가족놀이를 가족상담 회기에 포함시키면서, 아동도 다른 가족원처럼 가치 있는 정보를 제공할 수 있는 동등한 입장이 될 수 있음을 확인하게 되었다.

가족놀이치료는 놀이 활동에 부모 또는 전체 가족을 직접 혹은 간접적으로 참여시킨다. 상담에 대한 부정적인 태도나 거부감이 있는 가족원들도 놀이가 갖는 자연스러움으로 인해 쉽게 참여할 수 있고, 변화에 대한 동기가 생길 수 있다. 가족이 함께 참여하면 아동이 혼자 놀이하는 것보다 오랜 시간 동안 놀이가 유지될 수 있다. 가족놀이를 통해 가족기능을 탐색하고 의사소통방식을 이해할 수 있으며 다양한 자기표현이 가능하다. 놀이과정에 따라 부모자녀 간의 상호작용이 그대로 나타나며, 가족 안에서 위축되었던 감정을 보다 자유롭게 표현할 수 있다(Bowers, 2013, 김유숙 외 역, 2015).

가족의 변화는 상호놀이를 통해서 일어나기도 하는데, 이는 놀이 자체에 치유적인 힘이 있기 때문이다. 놀이는 가족 간의 어색한 감정이나 저항감을 없애면서 다양하고 창의적인 방법으로 다가갈 수 있는 역할을 한다. 상담자는 가족의 놀이과정을 지켜보면서, 가족발달을 방해하는 장애물을 찾아 제거하는 작업을 한다. 가족원들은 놀이과정에서 닫혀 있던 마음을 열고 좋은 관계를 형성하여 성장 가능성을 높이게 된다(Oaklander, 1988, 김정규 외 역, 2006).

가족놀이를 할 때는 가족원들이 자유롭게 행동하고 소통할 수 있도록 친화적인 분위기로 만들어 주는 것이 중요하다. 이러한 분위기는 가족원들의 마음을 편안하게 해주고 스트레스를 주지 않으며, 더욱 흥미롭게 놀이 안에서 은유적인 표현으로 들어갈 수 있도록 한다(Rivett & Street, 2009, 박의순 역, 2013).

놀이장면에서 가족원들은 다양한 도구와 매체를 선택하고 활용할 수 있으며 자신의 감정, 욕구, 경험, 생각을 가장 자연스럽고 편안한 방법으로 표현한다. 이때 상담자는 가족원들이 어떤 이야기를 하며 특정한 부분을 어떻게 놀이로 표현하는지 관찰한다. 가족원들이 어떤 것에 관심을 가지고 어떤 매체를 선택하는지, 어떤 스토리에 각자가 연결되는지를 살펴보는데 상담자가 성급하게 해석하지는 않는다. 가족원들은 놀이라는 은유 속에서 다양한 표현활동을 하며, 내면의 갈등과 상처를 발견하고 통찰, 수용한다. 또한 가족놀이치료를 통해 부적응의 원인을 깨닫고 새로운 의미를 창출하게 되므로 가족의 변화를 위한 강력한 수단이 된다.

2 주요 개념

1) 놀이

놀이(play)란 인간이 즐거움을 얻기 위해 보상이나 대가를 바라지 않고 하는 활동이며 행위이다. 또한 대부분의 사람들이 하는 공통된 활동이자 삶의 바탕이며 성장에 필수적인 활동이다. 놀이라는 용어의 현대적 정의는 게임(game)[1]과 같은 명확한 특성을 표현하지만, 어원은 무기를 가진 싸움이나 게임놀이의 의미에서 유래되었다. 사전적 의미로는 '아동들의 즉흥적인 활동'[2], '운동 또는 활발하고 자유로운 움직임이나 행동'[3], '통제되지 않은 움직임' 등으로 정의된다. 이는 놀이의 과정이 제공하는 자유로움이나 즉흥성이 되풀이되는 것을 강조한다.

놀이는 기본적으로 참여자와 목표가 있어야 하고, 목표에 도달하기 위한 방법이 포함된다. 놀이의 참여자는 놀이규칙에 따라 수행하는 여러 가지 행위를 하면서 즐거움과 성취감을 얻을 수 있다. 놀이를 통해 타인과 소통하고 관계 향상과 애착형성이 가능하며 창의적 사고를 할 수 있다. 놀이는 아이들에게 또래관계의 성장과 건강한 발전을 위해서 통제되지 않은 움직임의 기회를 다양하게 주는 것이 중요하다. 게임놀이와 역할놀이를 하면 다양한 경험을 할 수 있고 감정의 카타르시스를 경험하기도 한다. 놀이는 긴장하지 않고 자신을 비교적 편안하게 표현할 수 있다는 장점이 있고, 말로 잘 표현하지 못하거나 소극적인 내담자들에게 도움을 준다(Bowers, 2013, 김유숙 외 역, 2015).

가족치료로서의 놀이과정에서 아동이 기여하는 부분은 크고 핵심적일 수 있는

1) 겨루기, 경기. 일정한 규칙에 따라 승부를 겨루거나 즐기는 놀이.

2) 웹스터 신대학생용 사전 제9판 (1989).

3) 옥스퍼드 영어사전 (1989).

데, 그 이유는 가족체계의 문제나 증상이 자녀, 즉 어린 아동에게 나타나기 쉽기 때문이다. 아동은 언어로 자신의 문제나 증상을 잘 표현할 수 없으므로, 아동의 놀이는 가족의 중요한 주제나 부적응의 단서를 제공해 준다. 또한 아동은 놀이를 통해 자신의 생각과 감정을 보다 자유롭게 소통하고 표현하게 되고, 상상을 넘어선 기발함의 경험과 창의적인 대화가 가능하다.

놀이와 가족치료의 통합은 아동과 상담자의 관계뿐만 아니라 다른 가족원들과의 관계도 더 강화시켜 준다. 가족은 함께 놀면서 가족원의 요구에 대처할 수 있고, 문제를 함께 탐구하며 해결하는 과정을 경험한다(김유숙, 2012). 가족은 누구와 함께 놀이하느냐에 따라 또 다른 자극이나 촉진이 이루어지고 감정표현이 다양해질 수 있다. 그러므로 가족의 문제를 지속적으로 해결할 수 있는 놀이영역으로 가족원이 함께 들어가는 것은 매우 중요하다.

가족치료에서 놀이는 의식과 무의식의 생각과 감정을 좀 더 쉽게 표현하는 수단이며, 가족원이 자신만의 세계에 들어갈 수 있는 보다 자연스럽고 편안한 길이다. 상담자는 가족원들이 놀이 안에서 웃고 충분히 즐기는 시간을 통해 문제를 해결해 나가는 과정을 지켜보면서 보다 다양하고 창의적인 표현을 할 수 있도록 촉진해준다. 이와 같이 놀이는 가족의 변화와 결속을 위한 수단이나 치료적 의사소통의 핵심으로 활용할 수 있다(Bowers, 2013, 김유숙 외 역, 2015).

2) 은유

은유(metaphor)는 본래의 의미를 표면에 나타내지 않고 비유만을 나타내는 표현법을 말한다. 가족치료와 놀이치료에서는 내담자의 생각을 표현하는 효과적이고 안전한 방법으로 은유의 사용을 중요하게 여긴다. 아동은 자신의 부모에 대해 이야기하거나 어떤 위협적인 상황을 표현할 때, 직접적으로 이야기하기보다 은유를 통해 표현하려는 경향이 있다. 아동이 그리는 그림이나 놀이 장면을 자세히 보면 그 가족의 문제가 무엇인지 은연중에 드러나기도 한다.

예를 들어, 인형놀이 장면에서는 아동의 언어적 수준을 잘 감안하여 인형을 통해 아동이 말하는 것을 주의 깊게 들어야 한다. 각 인형이 맡은 역할은 누구인지, 아동이 인형에게 반복적으로 하는 이야기가 무엇인지 들어보면 인형을 통해 간접적으로 드러내는 감정이 실제 아동의 감정과 깊은 관계가 있음을 알 수 있다(Carey, 1999, 이정숙 · 고인숙 역, 2002). 이와 같이 은유기법은 내담자와 가족들이 겪고 있는 문제들에 대해 직접적으로 말하기보다 간접적이면서 좀 더 안전한 방법으로 자신의 생각을 표현하게 한다.

3) 상징

상징(symbol)은 연상이나 관례 등에 의해 어떤 다른 것을 표현하는 징표, 즉 그림이나 소리, 표시 등을 말한다. 정신분석연구에서는 꿈과 더불어, 무의식과 의식을 연결하여 둘 사이를 자연스럽게 오갈 수 있는 방법이라고 말한다. 즉 상징은 무의식을 표현하는 소통의 도구인데 가장 보편적인 것은 '언어'이다.

모든 언어는 상징으로 구성되어 있다. 말이란 훌륭한 의사소통의 도구가 되기도 하지만, 부적응의 상황에서는 문제의 해결보다 그 상태에 계속 머무르게 하는 한계를 가질 수 있다. 이 한계를 보완하기 위해 상징물을 사용하여 인간 내면의 감정, 욕구, 생각의 표현을 도울 수 있다. 상징체계를 잘 이해하게 되면 인간 내면의 갈등과 가족의 문제에 좀 더 쉽게 접근할 수 있다(최광현, 2013).

언어적 상호작용을 촉진하는 주방놀이, 마술놀이, 계산놀이, 엄마놀이, 병원놀이 등 '마치 ~인 것처럼'으로 타인이나 특정인의 역할을 해보는 놀이가 대표적인 상징놀이이다. 아동은 이러한 상징 놀이 속에서 사회적 · 신체적 · 내적세계를 실험하고 이해할 수 있으며, 상상력이 발달하고 의식세계가 확장된다.

4) 무의식

무의식(unconsciousness)은 정신분석의 창시자인 지그문트 프로이트(Sigmund Freud)가 정의한 인간 정신구조의 한 부분으로, 의식적으로 자각되지 않는 정신의 내용이나 상태를 말한다. 무의식은 의식하지 못하지만 실제로 원하거나 추구하는 내용을 담고 있기 때문에 의식 못지않게 중요한 역할을 한다(Corey, 2001, 조현춘 · 조현재 역, 2003). 인간이 살아오면서 경험한 충격적인 사건이나 특별한 기억은 억압에 의해 무의식 속에 갇혀 있다.

억압(repression)은 꿈의 내용이나 신경증의 증상을 통해 왜곡된 형태로 나타나기도 한다(정옥분, 2007). 인간의 무의식 속에는 욕구, 경험, 기억들이 저장되어 있는데, 의식으로 상기되기 위해서는 특별한 노력과 전문적인 처치나 해석이 필요하다.

〈프로이트(Sigmund Freud, 1856~1939)〉

Freud에 의하면 인간의 정신은 '의식, 전의식, 무의식' 세 층으로 이루어졌다고 한다. '의식'은 자신이 주의를 기울이면 의식할 수 있는 정신작용의 부분이고, '전의식'은 주의를 집중하고 노력하면 의식이 될 수 있는 부분이다. '무의식'은 일반적으로 각성이 되지 않은 심적 상태, 즉 자신의 행위에 대해 자각이 없는 상태를 말한다.

5) 훈습

훈습(working through)이란 내담자가 상담과정에서 느낀 통찰을 현실생활에 실제로 사용하여 변화가 일어나는 것을 말한다. 상담자가 내담자의 문제를 인식하고 알려주었다 해도 한 번의 깨달음으로 변화가 일어나지는 않는다. 내담자가 감정의 정화를 느끼고 통찰을 경험하면 그 결과로 이전의 낡은 행동양식을 버리고 새로운 선택을 하게 된다. 훈습은 반복적 해석과 내담자의 저항 탐색을 통해 가능한데, 내담자가 자신의 문제를 정확하게 들여다보고 해결할 수 있도록 상담자가 지속적으로 해석하면서 도움을 주어야 한다. 또한 훈습은 끊임없이 일어나는 저항과 전이를 관찰해야 하므로 긴 시간을 필요로 한다.

예를 들면, 아동기 아이들은 자라면서 여러 가지 규칙에 대해 훈습하는데, 규칙의 중요성을 내면화하면서 다른 아이들이 규칙을 따르지 않을 때 불편한 감정을 느끼기도 한다. 위험한 물건을 가지고 노는 친구들에게는 간과하지 않고 분명하게 이야기를 하거나 좋은 생각이 아님을 설명하게 한다. 내담자의 변화과정에서 적절하게 훈습하지 않으면 모든 사람으로부터 사랑과 수용을 바라는 유아적 욕구를 전이[4] 시킬 수 없게 된다. 정신적 외상이나 유아적 갈등을 완전히 해결할 수는 없지만 상담자의 적절한 해석과 통찰, 훈습의 과정을 통해 내담자는 변화할 수 있다(Corey, 2001, 조현춘 외 역, 2003).

4) 내담자가 과거의 어느 시점에서 부모 등 의미 있는 타인에게 경험했던 감정, 욕망, 기대 등을 상담자에게 옮기는 현상을 말한다.

〈가족치료놀이(Family Theraplay)〉

가족치료놀이는 미국의 젠버그(Ann Jernberg) 박사에 의해 개발되었다. 기본적으로 애착이론에 근거를 두고 있으며, 부모-자녀의 애착형성과 관계강화에 초점을 맞추고 있다. 양육적인 신체접촉을 통해 관계의 통합을 돕고 장난감을 사용하지 않으며 재미있는 활동과 게임들을 포함한다. 지금 현재에 초점을 두며, 아동의 긍정적인 자질을 강조하여 부모가 자녀를 새로운 시선으로 바라보게 한다.

상담자 및 성인 놀이지도자가 활동을 진행하며, 아동의 욕구에 반응하고 공감적으로 반영하여 충족하기 위해 주의 깊게 놀이를 계획하고 진행한다. 가족의 건강과 힘을 강조하므로 부모의 참여를 적극 권장하며, 가정에 돌아가서도 같은 방법으로 자녀와 만날 수 있도록 돕는다.

가족치료놀이는 전 연령대의 아동에게 효과적이지만 18개월에서 12세 사이의 아동에게 가장 많이 사용하며(Booth & Jernberg, 2011, 윤미원 외 역, 2021), 부모자녀 관계의 위축, 상실감, 우울감 회복과 입양 및 재혼가족, 결혼이민자 가족, 좋은 양육경험이 결핍되어 미성숙한 부모, 부모-아동의 기질적 문제, 가족 내 스트레스 요인으로 인해 다양한 증상을 보이는 아동(공격성, 공포증, 학습장애, 발달장애, 불안정 애착장애, 주의력 결핍성 과잉행동장애 등)에 많이 사용된다.

또한 가족치료놀이는 부모 또는 형제를 아동상담에 포함시키는 소집단 놀이형태를 취한다. 아동과의 신체접촉, 안고 흔들기, 노래 부르기, 껴안기, 재워주기, 달래주기 등 퇴행적 행동이나 양육적인 관계에 초점을 맞춘다(한국가족놀이치료학회. 가족놀이치료 워크숍 자료, 2022). 집단규칙으로는 상처주지 않기(no hurts), 함께하기(stick together), 재미있게 지내기(have fun), 성인이 책임지기(adult is in charge)가 있다. 일반적으로 12~18주 정도 상담을 진행하며, 상담실에서 했던 놀이목록을 적어주고 가정에서 2~3회 반복할 수 있도록 부모에게 과제를 부여한다(김수정, 2009).

MIM(Marschak Interaction Method)는 부모와 자녀의 상호작용을 비디오로 촬영하고 분석하는 놀이평가이다. 부모와 아동 사이의 다양한 유대측정(Bounding Assessment)을 위해 1960년대 마샥(Marschak)이 개발하여, 딸인 젠버그(Jernberg)가 현재의 형태로 발전시킨 부모-자녀 상호작용 관찰방법이다. 부모와 자녀 간 생활을 관찰할 때 MIM을 통해 상호작용을 파악하고 그것을 근거로 일상의 상호작용을 유추한다.

예를 들면 아동과 부모가 해야 할 일들이 적혀 있는 카드를 제시하고 한 장씩 뒤집어 보면서 함께 읽고 과제를 수행하도록 한다. 부모는 아동과 상호작용을 하고 치료자는 최대한 방해 없이 녹화를 하거나 기록한다. 가족의 동의를 얻어 치료자가 직접 관찰하며, 기록이나 녹화를 보면서 분석한다(신현정, 2007).

〈MIM 카드의 예시 : 구조, 도전, 개입, 양육의 4차원〉

- 부모와 아동이 함께 동물 인형 가지고 놀기(개입)
- 부모와 아동이 서로 로션 발라주기(양육, 개입)
- 부모와 아동이 서로 먹여주기(양육, 개입)
- 부모와 아동이 함께 손가락 레슬링 하기(도전)

3 상담목표와 상담과정

1) 상담목표

가족놀이치료의 목표는 첫째, 가족관계를 회복하여 모든 가족원들이 서로 안정되고 긍정적인 관계를 맺을 수 있도록 하는 것이다. 가족놀이치료에서 놀이는 변화와 결속을 위한 수단이며, 개입을 위한 맥락을 제공하는 동시에 치료적 의사소통의 핵심이 된다. 명확한 목표를 제시하는 것은 원하는 치료적 결과를 파악하기 위해서이며 가족이 경험하기를 기대하는 구체적 행동에 초점을 맞추어야 한다.

둘째, 내담자와 가족이 치료적 관계의 맥락에서 놀이라는 매개물을 통해 가족 안에서 경험한 자신들의 갈등과 불안을 표현하도록 돕는 것이다. 상담자는 의도적으로 놀이의 방향을 제시해 줌으로써 상담 및 치료의 목적과 의미를 부여하기도 한다. 놀이는 가족원들의 거부감을 줄여주고 보다 자연스럽고 익숙한 방법으로 전달하는 수단이 될 수 있다.

셋째, 구체적으로 부모의 양육기능을 향상시켜 미성숙한 부모들의 양육 자신감이 증진되며 부부간의 적절한 부모 역할분담과 협력에 대해서도 배우게 된다. 이를 통해 부모와 자녀의 애착을 증진시키고 아동의 자아존중감을 향상시켜 타인에 대한 신뢰와 건강한 관계가 회복된다.

2) 상담과정

상담자는 아동이나 가족원들과 함께 작업할 때 다양한 놀이의 재료와 기법을 사용할 수 있어야 하며, 내담자의 놀이와 의사소통에 더 집중하기 위해 재료들과 충분히 친숙해져야 한다. 치료실 환경은 장난감 가게와 같이 복잡해서는 안 되며, 무질서하고 절제되지 못한 환경이 오히려 아동을 과잉반응하게 만들 수 있다.

상담에 활용될 재료의 선택은 아동 및 가족의 연령과 상황, 관심사에 따라 달라질 수 있다. 상담자가 내담자의 상상력을 발휘하도록 도와주면, 상담실에 비치된 놀잇감을 활용하여 보다 다양하게 작업할 수 있다. 때로는 재료의 다양성으로 인해 오히려 혼란스러울 수 있으므로 가족의 심리·환경적 특성이나 상황에 따라 재료를 단순하게 제시하여 좀 더 쉽게 작업을 시작할 수도 있다.

(1) 놀이의 적용

놀이는 과제나 작업처럼 의무적이거나 강제적이지 않으며 자발적으로 활동하게하며 쾌감을 주는 활동이다. 놀이 참가자는 규칙에 따라 여러 가지 행위를 하면서 즐거움을 얻기도 하고, 놀이 이후의 보상으로 즐거움을 얻기도 한다. 또한 놀이는 참여하는 내담자들에게 통제되지 않은 움직임의 기회를 제공하며 자유로움을 느끼게 한다. 프로이트는 놀이의 중요성과 기능을 강조하면서 '아동은 놀이를 통하여 새로운 세계를 탐색할 수 있고 창의적인 능력을 키울 수 있다'고 강조했다(Bowers, 2013, 김유숙 외 역, 2015).

놀이 중에는 공간이나 시간, 역할의 제한을 두지 않으며 자발적이고 즉흥적으로 충분히 표현할 수 있는 기회를 줄 수 있다. 상담자는 놀이에 참가하는 가족원들의 반응을 세심하게 관찰해야 하며 놀이과정을 통해 가족체계와 관계 변화의 촉매제를 찾을 수도 있다. 그러므로 상담자는 가족관계와 발달과정을 이해하는 노력이 필요하다.

놀이공간의 안전함이라는 특성 안에서 아동은 자신의 감정을 자유롭게 표현할 수 있고 다양함 안에서 수용하기, 감정의 정화, 부정적 정서의 감소, 충동조절의 경험을 할 수 있다. 이로 인해 가족의 이해와 적용이 가능해지며 그 효과는 다시 가족원의 일상생활까지 이어져 안정감을 회복할 수 있다(정문자 외, 2013).

(2) 놀잇감과 게임

놀잇감을 선택할 때 내담자들이 처한 상황은 모두 다르므로 구체적인 평가에 근거하여 선택하도록 도와야 한다. 개인이나 가족의 상황에 따라 강조하는 부분이 충분히 달라질 수 있다. 상황에 맞는 놀이와 게임을 가족이 함께 선택하고 시연해 보면서, 좋은 치료 효과를 경험하는 것이 중요하다. 놀잇감과 게임 유형별 종류의 심리적 내용은 〈표 13-1〉, 〈표 13-2〉와 같다.

〈표 13-1〉 놀잇감의 종류와 심리적 내용

놀이도구 종류	심리적 내용
인형집, 가족인형, 사람 퍼펫	가족관계에서 경험하는 분노, 두려움, 수치심, 경쟁심, 욕구
유치원, 학교, 사람인형	유치원, 학교에서 경험하는 다양한 감정, 욕구
소꿉, 아기인형	양육 경험과 관련된 감정, 욕구
병원놀이도구	병원에서의 부적절한 경험으로 인한 불안 완화, 숙달감, 통제감 경험
슈퍼마켓 도구	가게주인이 되어 상황에 대한 통제감, 조절감
탈것들	움직임의 욕구와 힘
공룡, 맹수, 악당, 괴물, 군인, 총, 칼, 수갑	부정적 감정과 공격성
모래, 물	창조적으로 자기표현, 이완, 변형
블록	탑을 쌓고 부수면서 감정 해소, 보호벽 건설
이젤, 물감, 그림도구	창의적 표현
점토(주무르고 만들기)	정서 해소, 부적절한 언어발달

출처: 정문자 외 (2013).

〈표 13-2〉 게임 유형별 종류와 심리적 내용

유형	게임 종류	심리적 내용
자아향상게임	주사위게임, 카드게임, 젠가, 할리갈리	자기통제력, 인내심, 기억력, 사고력, 논리적, 계획적

대화게임	말하고 느끼고 행동하기 게임, 이웃 사귀기 게임	가족이나 또래와의 관계문제, 부모의 이혼, 상실, 왕따 등과 관련된 경험을 이야기함 이를 통하여 감정표현과 상황에 대한 이해, 새로운 관점과 대처방법을 배움

출처: 정문자 외 (2013).

[그림 13-1] 젠가 게임

[그림 13-2] 말하고 느끼고 행동하기 게임

[그림 13-3] 다양한 놀이도구들

3) 상담자 역할

상담자의 역할은 크게 두 가지로 나눌 수 있는데, 첫째는 내담자에게 분명하게 드러나는 욕구에 따라 반응하는 '치료적 역할'이다. 모든 가족원들과 지속적으로 만나야 하므로 상담자가 어느 한쪽만 편을 들거나 이해해서는 안 된다. 개별 치료에서는 직접적인 활동을 통해 상담계획을 세우고 균형을 맞추는 것이 중요하다(Schaefer & Carey, 1994, 성영혜 외 역, 1997).

둘째는 치료실 이외의 환경, 즉 가족 · 학교 · 또래관계 등에서 가족원의 부적절한 행동을 탐색하고 수정하여 긍정적 변화를 가져올 수 있도록 '환경 개입' 및 '안내자 역할'을 한다. 상담자가 놀이에 참여하는 가족원들의 개인의 발달과 가족역동에 대해 이해하는 것은 중요하다(정문자 외, 2013).

가족놀이치료에서 상담자는 다음과 같은 역할을 한다.

① 참여하기: 상담자는 내담자가 이끄는 대로 따르고, 내담자를 앞서 나가지 않도록 주의하면서 함께 작업한다.

② 제한하기: 상담자는 적절한 규칙을 강조함으로써 내담자 스스로 자아기능을 강화할 수 있게 하고, 문제상황에서 제한을 설정하는 보조역할을 한다.

③ 해석하기: 가족원들의 상징놀이와 그들의 삶을 연결시켜 주는 과정을 가지는데, 반드시 긍정적인 치료관계가 확립된 다음에 가능하다. 반면, 놀이를 해석하지 않는 전문가도 있다(Webb, 1991, 권영민 외 역, 2006).

4 상담기법

1) 추적반응하기(아동중심 놀이치료식 반영의 예시)

상담자가 가족원들에게 관심이 있으며 따뜻한 존중으로 그들의 놀이를 이해하려고 노력하고 있음을 전달한다. 가족원들이 스스로 놀잇감에 이름을 붙여볼 수 있도록 지켜봐 주는 것이 좋다. 상담자는 가족의 반응에 천천히 계속 따라가 주어야 하며, 내면의 감정까지 충분히 읽어줄 수 있어야 한다.

내담자 : (길을 만들고 자동차를 여러 대 꺼내서 도로 위를 운전하고 있다) 빵빵! 차가 지나가요. 비키세요.

상담자 : 와, 차가 도로 위로 쌩쌩 달리고 있구나.

내담자 : (달려가던 차를 세우고 다른 차와 부딪히게 한다)

상담자 : 차가 부딪혔구나. 아, 계속 부딪히네.

2) 사고, 감정, 욕구 반영하기

상담자의 민감성과 수용력으로 가족원들의 사고, 감정, 욕구를 반영하며, 충분히 공감하고 있다는 것을 전달해 주는 것이 중요하다. 상담자의 공감적 반영을 통해 가족원들은 그들의 감정이 집중되고 있음을 느끼게 된다.

내담자 : (얼굴이 굳어 있고 씩씩거린다)

상담자 : 너는 지금 화가 난 것 같은데?

내담자 : 나는 네가 싫어! (인형을 때리고 던진다)

상담자 : 아, 넌 지금 화가 났구나! 인형을 때리고 던질 정도인 것을 보니 네가 아주 많이 화가 났구나.

3) 내담자에게 책임감 돌려주기

가족원들이 무엇을 가지고 놀아야 할지 어떻게 만들고 정리해야 하는지, 상담자가 모두 다 알려주는 것은 창의성과 자유로운 표현을 방해할 수도 있다. 가족원들이 원하는 놀잇감을 스스로 선택하여 자유롭게 놀이를 할 수 있도록 다양한 기회를 준다.

내담자 : (분명히 이름을 아는 놀이도구 한 개를 집으면서) 이게 뭐예요?

상담자 : 그건 원하기만 하면 어떤 것이라도 될 수 있어. 여기서는 네가 정할 수 있어.

4) 놀이 안에서 상호작용하기

가족과의 놀이장면에서 아동이 제일 먼저 놀이를 시작하기도 하는데, 자신의 놀이를 위해 상담자 혹은 다른 가족원이 어떤 역할을 해주기 바랄 때 아동이 원하는 역할을 맡아서 해준다. 놀이 중에 생각, 태도, 감정, 욕구 등을 그대로 표현할 수 있도록 돕는 것이 중요하며, 상담자는 놀이 속에서 느꼈던 감정에 대해 가족원에게 공감적으로 반영해 준다.

상담자 : (아기 목소리로) 엄마! 엄마! 무서워. 엄마 어디 있어. 엉엉.
(상담자 목소리로) 아기가 엄마를 잃어버려서 너무 무섭구나.
깜깜한 숲 속이라 정말 무서울 것 같아. 아기가 너무 무섭고 불안해서 울고 있구나.

출처: 정문자 외 (2013).

5) 치료적 제한 설정하기

가족놀이과정에서 충동적이거나 부적절한 행동에 대한 제한은 그 자체가 치료적일 수 있고, 가족원으로 하여금 책임감을 배우게 한다. 가족원이 자신의 마음을 수용하고 부적절한 욕구와 충동을 스스로 조절하는 경험을 해보는 것이 중요하다. 제한을 설정할 때는 단호하고 엄격하게 해야 하며, 가족원의 상황을 잘 파악하여 마음을 충분히 읽어준 후 설정한다.

〈치료적 제한설정의 예〉

- 놀잇감 이외에 다른 시설물을 잘 다루도록 한다.
- 놀잇감을 사용하여 타인에게 신체적으로 공격을 해서는 안 된다.
- 놀잇감을 상담실 밖으로 가지고 나가지 않는다.

출처: 정문자 외 (2013).

〈가족(놀이)치료의 핵심요소〉

- 부모가 자신의 문제를 구체적으로 정의하기
  (예: 우리 **에게 ○○○ 문제가 있어요)
- 문제를 관계패턴으로 이해하기
  (예: 우리 **이가 ○○○행동을 하면 그것을 없애기 위해 나는 심하게 야단을 치거나 매를 들었어요)
- 관계기능적인 관점으로 문제를 진술하기
  (예: **이의 ○○○문제행동 → 정서적, 신체적 학대로 양육함 → **이가 좌절하면서 문제행동을 더 자주 하게 됨 → 더 심한 학대로 이어짐)

출처: 한국가족놀이치료학회 (2022).

5 사례 연구

1) 개요[5)]

내담자1은 46세 여성이며, 48세 남편과 16세의 딸을 두고 있다. 내담자는 맞벌이로 일하고 있으며, 오랜 부부간의 불화로 인해 재판이혼과정 진행 중이다. 내담자의 주 호소문제는 남편이 결혼 이후 지속적으로 가족을 무시하거나 폭언을 행사하는 것이다. 남편은 오히려 자신이 피해자라고 주장하면서 이혼을 원하고 있고 대화를 지속적으로 거부한다.

내담자의 남편은 전문직업을 가지고 사회적으로 존경받고 인정받는 사람이지만 밖에서와 가정에서 완전히 다른 모습을 보인다. 자신의 높은 기준에 맞추려고 가족을 심리적으로 불안하게 하여 모녀의 분노감정은 점점 심해졌다고 호소하였다. 내

5) 이 사례는 재구성한 가상 사례이다.

담자는 더 이상 해결의지가 없고 가족의 소중함을 인식하지 못하는 남편을 원망하고 있었고, 재판이혼과정에서 심리적으로 불안하고 딸에게 미안한 마음으로 상담을 받게 되었다.

2) 가족놀이치료의 적용

내담자 2(딸)는 부모의 불화로 인해 1년 이상 가족의 별거와 부모의 이혼소송과정을 함께 겪으면서 심리적 위축과 심한 우울감이 있다. 부에 대한 분노감정으로 힘들어하며 마음을 닫고 있는 내담자(딸)와 함께 도구를 활용한 놀이치료를 실시할 수 있을 것이다. 먼저 오래된 부정적 감정을 해소하기 위해 '감정 말하기 애착인형'이나 '감정카드'를 활용하여 내면의 감정과 생각들을 들어보는 시간을 가진다.

자신의 이야기하기를 조심스러워 하는 내담자와 '문장 완성하여 말하기' 게임을 실시하고 상담자와 교대로 카드를 교환하여 완성되지 않은 문장을 제시하면서 지금 떠오르는 생각은 무엇인지, 미완성 문장을 완성해 본다면 어떻게 할 수 있을지에 대한 이야기를 이어나갈 수 있다. 이야기하기 불편한 질문이 나오면 스스로 결정하여 표현할 수 있도록 기다려 주고 그 때는 어떤 상황인지, 내담자의 심리적 저항이 반복되는 부분은 없는지 탐색한다.

[그림 13-4] 감정 말하기 애착인형

출처: 학지사 심리검사연구소.

[그림 13-5] 문장 완성하여 말하기 카드

출처: 마인드프레스.

[그림 13-6] 해결중심 감정카드

출처: 학지사 심리검사연구소.

[그림 13-7] 알아주고 이해하고 공감하기 카드

출처: 마인드프레스.

또한 모래놀이상자에 다양한 피규어를 세워 보면서 부담감과 방어를 줄이고 내면의 복잡한 감정과 생각을 충분히 느끼고 표현해 보는 시간을 가진다. 모래놀이라는 특별한 매체를 통해 점차 안정감을 경험하며 자신의 상황을 간접적으로 돌아볼 수 있는 시간이 된다. 대인관계 탐색을 위해 인물을 표현하는 여러 가지 인형이나 도구를 사용할 수도 있다.

[그림 13-8] 모래놀이와 인형도구들

출처: 학지사 심리검사연구소.

내담자 2(딸)는 상황 판단력과 문장 이해력이 좋고 상담자와 자신의 이야기를 잘 주고받으며 부모의 상황을 매우 이성적으로 바라보았다. 처음엔 좀 부담을 느꼈으나 곧 감정의 흔들림이나 숨김없이 자신의 생각을 이야기로 잘 표현하였다. 모에 대한 답답함이 있고, 자신의 인생 목표가 '엄마를 위해 더 열심히 공부하여 엄마와 같은 직업을 가지는 것'이었다. 부모 갈등으로 인한 오랜 불안과 부에 대한 분노감정을 건강하게 해결하지 못하고 있는 자신을 인식하고 변화의지를 확인하는 시간을 가질 수 있다.

'말하고 느끼고 행동하기', '라이프 밸런스 게임' 등 보드게임을 함께 실시하면서 자연스럽게 대화를 이어가고 그동안의 외로움이나 부정적 감정을 해소하는 경험을 한다. 또한 나를 돌아보고 가족이나 타인과의 관계를 다시 회복하도록 도울 수 있다. 게임 안에서 서로 주고받기 대화나 미션을 수행해야 하므로, 저항이나 부담감이 줄어들고 편안하게 이야기하는 장점이 있다. 가족의 갈등으로 인해 지치고 불편하였던 상담 초반에 대화로만 상담을 이어갈 때보다 더 자연스럽게 자신을 개방하고 활동에 참여하게 된다.

[그림 13-9] 말하고 느끼고 행동하기 게임

출처: 마인드프레스.

[그림 13-10] 라이프밸런스 카드

출처: 학지사 심리검사연구소.

[그림 13-11] 사진카드

보드게임이 진행되는 동안 신체활동이나 단순하고 재미있는 미션도 주어지므로, 부모 이혼이라는 문제 상황에만 무겁게 몰입되지 않고 놀이와 상담·치료적 활동이 동시에 일어나는 장점이 있다. 내담자들은 질문지의 문항에 대해 진지하게 생각하고 대답하며 부모 이혼 전후 가족의 상황과 달라지는 점들에 대해 잘 이해하기, 자기 돌보기 등 자신의 생각을 정리한다. 또한 부모 이혼으로 인한 부담감이나 편견, 불편함에 대하여 솔직한 생각을 나누고 타인의 입장도 들을 수 있다.

마무리 작업으로는 남은 가족관계 문제, 부모의 이혼을 바라보는 자녀의 심정, 상실감 등과 관련하여 작업해 본 경험을 나누어 볼 수 있다. 보드게임으로 이야기하기, 모래놀이, 인형놀이, 사진카드 등을 활용하여 감정표현과 주어진 상황 이해를 하게 되고, 가족의 현실적인 문제를 받아들이는 데 도움이 될 수 있다. 가족은 이전과 다른 새로운 관점으로 문제를 바라보고 더 건강한 대처방법을 찾아 어떻게 실천할지 목표도 세워 보면서 회기를 마무리하게 된다.

〈모래놀이〉

모래는 인간의 마음을 사로잡으며 치료적 효과를 가져다주는 기본적이고 자연적인 매개물이다. 모래를 만지고 쌓고 던져보면서 공격과 방어의 훌륭한 무기를 가지게 된다. 모래 위에 다양한 모형들을 배치해 보고 상황을 만들어 이야기로 표현하면서 다양한 역동과 감정의 해소, 퇴행, 사회화를 경험하기도 한다(Carey, 1999, 이정숙 외 역, 2002).

모래놀이는 자유롭고 창조적인 놀이로 무의식과 의식이 통합되고, 내담자의 손으로 전달되어 상징으로 표현된다(정문자, 2013). 가족이 함께하는 모래놀이는 가족 간에 의미 있는 상호작용이 일어나게 하는 교량역할을 한다. 여러 가지 상징물을 사용하기 때문에 자신을 표현하는 데 부담이 적으며, 방어가 적은 표현양식이므로 내담자에 관한 정보나 가족의 정서적 분위기를 이해하기 쉽다.

가족 모래놀이치료는 아동중심 모래놀이치료에 가족을 포함시켜 통합하는 방법과 가족체계 접근방식을 사용하여 가족 전체를 상담하면서 개인의 욕구를 다루는 경우가 있다. 개인의 위기는 가족원 모두에게 영향을 끼치기 때문에, 아동만 혼자 상담하는 것보다 모든 가족원을 대상으로 하는 것이 효과적이다.

모래놀이치료를 창안한 도라 칼프(Dora Klaff)는 놀이과정 동안 내담자와의 관계를 중요시하였다. 내담자 안의 능력을 믿고 안정된 치료관계를 지켜주는 공간 속에서, 내담자는 스스로 변화하고 성장한다(山中康裕, 김유숙, 2005). 모래놀이 작품을 사진으로 찍어서 상담과정을 시각화하면 내담자의 성장과정을 잘 이해할 수 있다.

장애어머니와 폭력아버지를 둔 초 1 남자 아동

투병 중인 아버지와 함께 살고 싶은 초 2 남자 아동

[그림 13-12] 가족 모래놀이치료

치료실에는 기본적으로 직사각형의 모래상자 테이블과 모래, 물그릇, 손 헹굼 그릇, 선반 등이 필요하다. 구비해야 할 소품은 인간, 가족 캐릭터, 동물, 식물, 광물, 교통기관, 집, 건축물, 무기, 실내기구, 음식 등이다. 가족원이 아동과 함께 모래와 물을 가지고 놀면서 주변을 적시고 말리는 경험을 하고, 새로운 매체가 생기는 경험도 할 수 있다. 두 재료를 섞어 농도를 다양하게 하면 구정물에서 덩어리까지 모든 농도의 덩어리를 만들어 뭉치고 부수는 경험을 해볼 수도 있다(정문자, 2013).

모래놀이는 모래상자라는 한정된 공간에서 내담자의 내면세계를 표현하고 있으므로, 놀이과정과 흐름을 살펴보는 것이 중요하다. 또한 내담자의 언어표현에 의한 방법보다 더 깊은 충동까지 표현될 수 있기 때문에, 허용범위를 넘지 않도록 상담자가 잘 안내하는 것이 중요하다.

[그림 13-13] 모래놀이상자와 다양한 소품들

〈역할놀이〉

역할놀이와 같은 언어적 놀이기법은 내담자가 다른 사람의 역할을 하면서 자발적으로 표현해가는 놀이기법이다. 역할놀이는 전통적으로 정서적 각성을 증가시키거나 행동목록을 확장시키는 행동방법으로 반복원리를 이용하는 '이야기 주고받기 방법'이다(Schaefer & Cangelosi, 1993, 이순행 외 역, 2009). 가족 안에서 자신의 역할을 다른 가족원과 바꾸어 경험하고, 그 사람의 입장이 되어 대신 연기해볼 수 있다. 이러한 활동을 통해 자신이 무력감을 느꼈던 상황을 원상태로 되돌려보고 억압되었던 정서를 표현하도록 돕는다.

역할놀이는 모델링이나 갈등상황에 대한 정확한 묘사를 할 수 있으며, 행동시연으로 공격적이지 않게 긍정적 결과를 이끌어낼 수 있다. 가족원들이 직접 역할을 맡을 수도 있고, 상담자가 갈등상황에 있는 가족원의 역할을 맡아서 연기를 할 수도 있다. 가족의 갈등을 유발했던 사건을 반복해서 다루는 경험을 통해 불쾌한 기분을 인식하고 상황에 익숙해짐을 경험하게 된다. 가족원이 갈등 영역에 직접 참여하면서 부모, 형제에 대한 억압된 분노와 일상적인 자극, 두려움에 대해 표현해 보고 느낌을 나누어 본다. 가족 안에서 내담자가 보다 자유롭고 자신감 있게 행동할 수 있도록 도움을 준다(Oaklander, 1988, 김정규 외 역, 2006).

상담자1 : 이번에는 나(상담자)는 네(아동)가 되어 보고, 너는 엄마가 되는 거야.

아동1 : 네 좋아요.

상담자2 : 좋아. 네가 나한테 엄마가 하는 것처럼 심부름을 시키고, 그때부터 다시 역할 연기를 하는 거야. 할 수 있겠니?

아동2 : 네. (역할을 바꾸어 엄마가 되어) 가서 엄마 심부름 좀 해라, 빨리!

상담자3 : 엄마, 지금 가기 싫어요. 귀찮다고요. 할 일도 많고.

아동3 : (화를 내는 듯이) 진짜 엄마 말 안 들을 거야?

상담자4 : 엄마 좀! 오늘 진짜 기분이 안 좋아요. 안 가고 싶다고요. 엄마는 내 기분을 너무 몰라준다구요.

아동4 : (차가운 목소리로) 빨리 가는 게 좋을 거다.

상담자5 : 언니도 있고 동생도 있는데 매일 나만 심부름시키고, 오늘은 정말 가고 싶지 않은데. 다른 사람 놔두고 꼭 나만 시키는 엄마한테 화가 나요. 왜 항상 나만 가야 하죠? 정말 기분이 나쁘다고요. 짜증나요.

아동5 : 그래, 다음에는 언니도 공평하게 시킬게. 알겠지?

상담자6 : 좋아, 오늘은 여기까지 하자. 이렇게 이야기를 나누는 동안에 어떤 기분이 들었는지 얘기해 줄 수 있겠니?

아 동6 : 네, 지금까지는 한 번도 기분에 대해 말해본 적이 없어서 좀 떨렸어요.

상담자7 : 아, 그랬구나. 그럼 지금은 어때?

아동7 : 음, 이야기하기 힘들었는데 이렇게 저도 얘기하고, 선생님이 얘기하는 걸 다시 들어보니 좀 괜찮은 것 같아요. 마음이 시원해지는 것 같고. 엄마 마음을 좀 생각도 해 보게 되고….

출처: Oaklander (1988), 김정규 외 역 (2006).

〈찰흙놀이〉

찰흙은 재질이 매우 부드럽고 유연하여 다양한 욕구를 표현하기 적합하다. 손으로 만지면서 아무렇게나 주무를 수 있고 물렁물렁하며 부드럽고 감각적이다. 마음속의 가장 깊은 곳까지 편안하게 해주는 힘이 있으며, 다른 소재에서 찾아볼 수 없는 독특한 상호작용인 촉감과 감각적 체험을 경험하게 해준다. 또한 사람으로 하여금 자신의 감정에 더 가까이 가도록 해주며, 작업을 하는 동안 쉽게 하나가 될 수 있는 것은 찰흙의 유연한 질감 때문이라고 할 수 있다. 찰흙은 기술이나 연령에 상관없이 호감을 가질 수 있는 재료이다.

가족놀이치료에서 가족원들에게 찰흙 덩어리를 제공하고 뭉쳐보기, 떼어보기, 던져보기, 찔러보기, 다양한 물건이나 동물을 만들어 보기, 눈을 감고 만지고 느껴보기 등의 경험이 가능하다. 찰흙과 점토는 발달단계에서 공격성의 좋은 배출구가 될 수 있으므로 창작물을 만들어 보고, 다시 부수고 공격하는 행동을 반복해 보면서 충분히 내면의 부정적 감정을 해소하는 경험을 할 수 있다.

찰흙놀이는 가족원 중에서 자기존중감이 낮은 내담자라도 저항을 버리고 즐겁게 활동할 수 있게 도와준다. 또한 새로운 자기상을 찾고 자기의 감정을 잘 수용하는 긍정적인 경험을 하게 한다. 내담자의 연령이나 환경, 상황에 따라 찰흙과 비슷한 질감을 가진 컬러클레이, 고무점토, 지점토, 색 밀가루반죽 등으로 대체하여 활용해 볼 수도 있다.

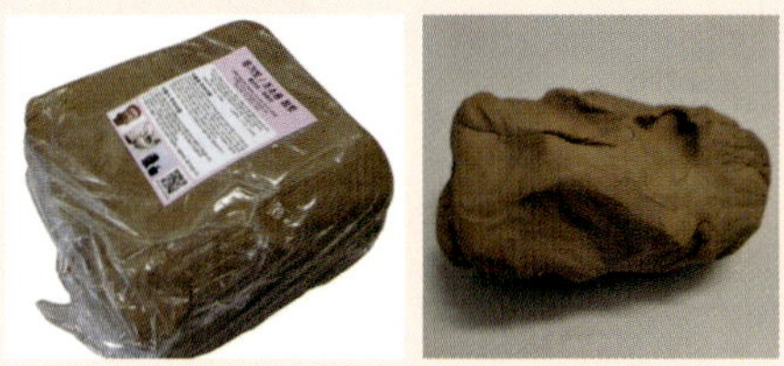

찰흙

지점토

고무점토/색밀가루

컬러점토/클레이

[그림 13-14] 다양한 찰흙

"앞에 있는 찰흙덩어리를 만져 보고, 지금 그대로 느껴 보세요."
"이제 찰흙과 친구가 되어 보는 거예요. 만져 보니 어떤 느낌인가요? 매끄러운가요? 거친가요? 아니면 딱딱한가요? 차가운가요?"
"찰흙을 두 손으로 만져 보고 천천히 주물러 보세요. 손가락으로 깊숙이 찔러 보세요. 지금은 느낌이 어떤가요?

출처: Oaklander (1988), 김정규 외 역 (2006).

〈찰흙을 활용한 가족놀이의 실제〉

- 찰흙을 나누어 주고 일반적인 이야기를 나누면서 찰흙을 만지작거린다. 작업에 대한 예고를 미리 하지 않는다.(색 밀가루, 컬러클레이, 지점토, 대체 가능)
- 가족들이 주먹만 한 찰흙을 나누어 가진 후 자유롭게 가지고 놀면서 감촉을 느껴보게 한다.
- 가족들은 떠오르는 이미지의 형상을 만든다(서로 의논하지 않는다).
- 각 가족원이 만든 형상을 한곳에 모은다.
- 가족끼리 의논하여 제목을 정한다.
- 가족 중 한 사람이 제목과 스토리를 소개한다.
- 듣고 있던 가족이 덧붙이고 싶은 것이 있으면 추가로 설명하도록 한다.
- 과정 중에 느낀 경험을 나누는 시간을 가진다.

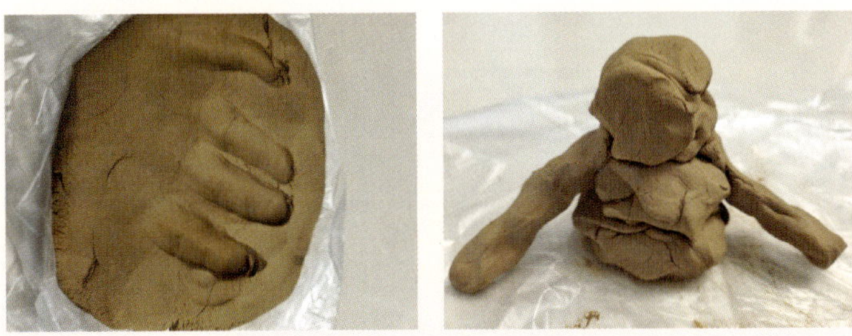

[그림 13-15] 찰흙으로 작업하기

출처: 한국가족놀이치료학회 (2022).

〈보드게임〉

보드게임(board game)은 놀이판이나 간단한 물리적 도구로 진행하는 놀이를 말한다. 게임은 진단적 가치와 치료적 가치를 모두 가진다. 게임을 하는 과정에서 나온 이야기들은 상담자에게 진단적 가치를 지닌 자료를 제공한다. 또한 상담자의 반응과 내담자의 행동이나 말들로부터 파생되는 상호작용은 치료적이 될 수 있다.

보드게임을 가족치료에 활용할 때는 가족원이 일정한 규칙을 정하고 따르면서 게임을 진행해 나가는 방식을 사용한다. 상담자는 게임으로 인해 파생되는 가족의 상호작용을 잘 관찰하여야 한다. 심리적으로 불안한 아동이나 어떤 가족원은 지는 것에 대한 두려움으로 게임 시작하기를 주저하거나 긴장하기도 한다. 낮은 자기 가치감을 가지고 있는 내담자들은 그것을 보상하기 위해 게임에서 이기려는 욕구가 너무 크다. 자주 어려운 게임을 하려고 하고 거기에 모든 에너지를 쏟는다(Schaefer & Cangelosi, 1993, 이순행 외 역, 2009).

보드게임을 할 때 항상 내담자를 이기게 해주어야 한다는 생각은 하지 말아야 한다. 게임의 결과로만 개인이나 가족이 평가되지 않을 것이며, 불가피한 경쟁의 상황에서 상대편을 존중하고 건강한 경쟁을 해야 함을 상담자가 미리 알려주어야 한다. 보드게임을 시작하면서 만든 규칙은 임의로 바꿀 수 없음을 강조하고, 정직함을 통해 얻어지는 승패와 결과에 대한 인식을 심어주는 것이 중요하다.

가족원이 함께 보드게임을 하는 동안 누가 가장 재미를 느끼는지에 대해서도 잘 관찰해야 한다. 즐거움을 통해 자존감 향상과 심리적 문제에 대한 해소를 경험하도록 한다. 보드게임은 여러 가지 감정을 적절히 표현하는 방법과 문제해결방식을 배우고 연습하면서 저항을 줄여가는 긍정적인 효과가 있다(염숙경, 2009).

다음은 2인 이상의 가족이 함께 해 볼 수 있는 다양한 보드게임을 소개한다.

[그림 13-16] 도블

[그림 13-17] 텀블링 몽키

[그림 13-18] 다빈치코드

[그림 13-19] 체스

[그림 13-20] 루미큐브

[그림 13-21] 퀵소

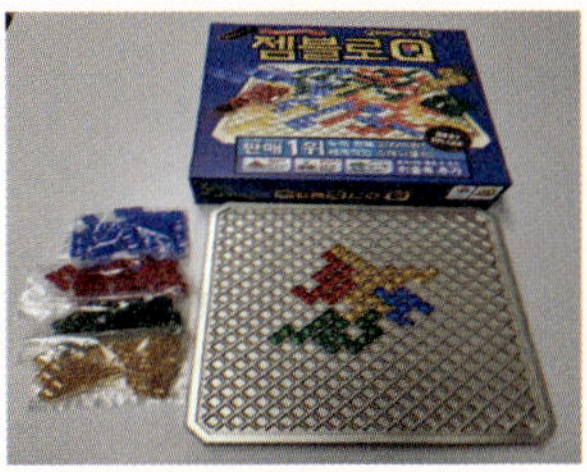

[그림 13-22] 젬블로

[그림 13-23] 할리갈리컵스

[그림 13-24] 러시아워

[그림 13-25] 할리갈리

[그림 13-26] 로보77

[그림 13-27] 젠가

[그림 13-28] 펭귄얼음깨기

[그림 13-29] 우봉고

출처: 마인드프레스, 학지사 심리검사연구소, 코리아보드게임.

〈음식물을 이용한 놀이〉

음식은 먹는 것에 대한 상징적인 의미뿐만 아니라 사랑과 안정감을 느끼게 하며 즐거움과 가족의 따뜻함을 경험하게 한다. 음식이 제공될 때 사람들은 다양한 방식으로 음식에 반응한다. 어떤 사람은 음식 받기를 갈망할 수도 있고, 먹는 것을 거절할 수도 있다. 생애 초기에 자신이 경험한 음식의 기억으로 인해 매우 부정적일 수도 있고 죄책감이나 수치스러움을 느낄 수도 있다. 이런 다양한 반응과 행동은 상담과정에서 함께 다루어야 할 중요한 주제가 되기도 하므로, 놀이장면에서 음식을 다루는 내담자의 행동을 잘 반영하여 해석해야 한다.

푸드테라피(Foodtherapy)는 음식(food)과 치유(therapy)의 합성어로 과자나 밀가루, 채소 등 주변에서 쉽게 구할 수 있는 음식물을 이용해 자신을 표현한다. 즉 식품을 매개로 자신의 내면을 표현하고 긍정적인 사고로 전환시켜 나가는 놀이 · 교육 · 예술 · 상담을 통합하는 교육과 상담에 대한 새로운 접근방법이다(가족놀이치료학회, 2022).

이 과정을 통해 음식에 대한 내면의 욕구를 부인하거나 퇴행의 모습을 보이던 내담자의 부정적 욕구가 사라지고 절제할 수 있게 되기도 한다. 정신분석연구에서는 생애 초기의 안락함, 안정감의 정서를 느끼며 모유를 먹는 느낌과 음식에 관련한 즐거운 경험을 할 수 있다고 말한다(Schaefer & Cangelosi, 1993, 이순행 외 역, 2009).

성인 내담자들이 초기 부모자녀관계를 재구성하고 생애 초기의 정서적 박탈을 치유하는 과정에서 '특별한 음식 제공하기'가 도움이 될 수 있다. 과잉행동의 자녀에게 행동수정하기, 편집증이나 신경증이 있는 내담자에게 안정감과 만족감을 느끼게 하는 의미의 음식 제공하기 등 다양하게 활용된다. 또한 가족치료의 특정한 회기에 다양한 음식 재료를 가지고 '우리 가족만의 음식'을 만들어 보면서 가족의 특별한 문화나 정체성, 다문화 가족 안에서 음식을 통해 경험해온 기억이나 감정들을 공유해볼 수도 있다.

매체로 자주 활용되는 음식은 우유, 과자, 사탕, 부드럽고 따뜻한 음식, 과일 등 안정감과 즐거움을 느낄 수 있는 음식들이며 채소, 과일, 곡물 등을 자유롭게 사용할 수 있다. 단 특정 음식에 대한 내담자의 반응과 가족의 문제 상황에 따라 놀이 효과는 다를 수 있다.

[그림 13-30]

활동하기 1

1 다양한 음식으로 나(가족)의 모습 꾸미기

① 도화지, 일회용 접시, 비닐장갑, 식빵, 다양한 과자, 사탕, 초콜릿, 과일, 채소 등을 준비한다.

② 빵이나 과자 등을 이용하여 자신의 얼굴 모습을 꾸며 보게 한다. 다양한 음식의 질감과 모양을 생각하면서 다양한 표정이 나타날 수 있게 표현해 본다.

③ 완성된 작품에 이름을 붙여보고 이미지를 탐색한다.

2 함께 나누어 봅시다.

① 자신(가족)의 어떤 모습을 표현한 것인지에 대해 이야기를 나눈다. 가족이나 집단에서 자신은 평소 어떤 감정을 느끼고 있는지, 꾸며진 모습을 보면서 느끼는 감정은 어떤 것인지 이야기해 본다.

② 현재 느끼는 어려움이나 고민이 있다면, 그 내용과 연결하여 이야기해 보고 다양하고 긍정적인 피드백을 받아본다.

활동하기 2

1 가족에게 주고 싶은 선물 만들기 : 컬러점토

- 나의 부모님과 가족에 대한 기억이나 여러 가지 자원들을 찾아본다.
- 오늘의 나를 있게 한 자신의 가족에 대해 이야기를 나누어 본다.
- 그 사람들의 어떤 부분이 중요하게 생각되었는가?
- 가족원 중 지금 선물을 준다면 누구에게, 무엇을 주고 싶은가?
- 컬러점토를 사용하여 그에게 전하고 싶은 선물을 만들어 보자.
- 선물을 전달한다면 어떻게 이야기하고 싶은가? 함께 작업한 가족원에게 전달하고 직접 이야기해 보자.

2 함께 나누어 봅시다.

- 작업을 마친 뒤 느낌을 나누어 본다.

활 동 하 기 3

1 영화 〈리틀 포레스트〉를 감상하고 이야기를 나누어 봅시다.

영화에서 주인공은 삭막한 현실에 지쳐 도망치듯 내려온 시골집에서 여러 가지 음식을 정성스레 만들어 먹는 장면이 나오는데, 스스로를 위한 음식이라 더 의미가 있고 위로가 됩니다. 복잡하고 쓸쓸한 일상에 지쳐 있던 주인공이 자신을 위해 요리를 하고 먹으면서 휴식을 얻고 가족과의 추억을 떠올리기도 합니다.

2 이 영화는 '음식'이라는 매체를 통하여 위로받고, 자신을 찾아가는 모습이 감동을 주는 영화입니다. '음식'이 주인공 내면의 문제와 회복에 어떻게 기여했는지에 대해 이야기 나누어 봅시다.

3 자신에게 특별한 기억이나 의미가 있는 음식이 있다면 무엇인지 나누어 봅시다.

CHAPTER 14

가족인형치료

1 개요

가족인형치료(Family Figure Therapy)는 가족원들이 인형이라는 상징을 통해 내면에 있는 다양한 감정과 욕구, 생각 등을 자유롭게 표현할 수 있도록 돕는 매체를 활용한 가족치료의 한 영역이다. 관계의 어려움을 겪으며 오랫동안 지쳐 있는 가족원들은 상담실에서 무엇을 이야기해야 할지 모르고 어색해할 수도 있다. 이때 인형과 같은 매체를 사용하면 자신의 감정이나 생각을 표현하기 힘들어하는 가족원들이 내면의 감정을 비교적 안전하게 표현하도록 도울 수 있다.

가족인형치료는 지그문트 프로이트(Sigmund Freud)의 심층심리학[1]과 가족체계이론 그리고 트라우마 가족치료의 이론적 토대를 바탕으로 만들어졌다(최광현, 2013). 인형을 사용하여 작업하는 것은 내담자가 경험한 무의식의 역동에 대한 거부감을 최소화하여 표현할 수 있는 좋은 방법이 될 수 있다.

1) 무의식적인 인간의 행동 및 심리를 연구하는 심리학. 프로이트가 정신분석의 특징을 설명하기 위하여 만들어낸 용어이다. 의식이 무의식의 영향을 받는다는 의미에서 무의식(심층)을 연구하는 정신분석을 의미한다.

무의식은 인간의 내면에 있는 보이지 않는 힘과 에너지로 구성된 곳이다. 인간의 자아구조는 대부분 무의식의 세계에 존재하며, 사람들의 행동이나 삶의 방향성을 이끌어가는 마음의 행동자 역할을 하게 된다(김용태, 2007).

가족이라는 대상은 문제를 가진 한 사람만의 것이 아니라 체계의 관점에서 보아야 한다. 가족 내에 발생하는 여러 가지 역기능이 갖는 의미를 파악해야 하는데, 체계 안에서 복잡하고 건강하지 못한 규칙으로 인해 다른 가족원의 스트레스 상황과 갈등이 생길 수도 있다(최광현, 2013).

한 개인이 겪는 삶과 질병, 가족 안에서 문제를 다루고자 할 때, 부정적 삶의 뿌리인 '트라우마(trauma)'를 살펴보라고 한다. 가족세우기(Family Constellation)[2]에서 시작된 트라우마 가족치료는 독일의 가족치료사 버트 헬링거(Bert Hellinger)에 의해 발전되었다. 가족세우기를 통해 체계론적 관점으로 가족을 볼 수 있고, 가족원들 간의 패턴의 변화를 이해하여 트라우마가 재생산되지 않도록 한다(Payne, 2006, Prafulla 역, 2008).

트라우마 치료라는 영역 속에서 가족체계는 인간의 한 집단을 의미한다. 트라우마 치료는 가족에서부터 시작되어야 하는데, 그 이유는 우리가 겪는 대부분의 트라우마 경험이 가족관계 안에 있기 때문이다. 트라우마를 경험한 사람은 대부분 대인관계에서 크고 작은 어려움을 겪게 되며, 그 경험은 무의식적으로 세대 간에 전수될 수도 있다.

가족인형치료는 수많은 갈등과 문제, 트라우마로 인한 부정적 영향을 '지금 여기'에서 새롭게 분리해 내는 작업을 한다. 가족이 서로 공격하고 비난하거나 혹은 침묵한다고 문제가 해결되지 않는다. 내면에 남아 있는 부정적인 기억과 해결되지 못한 감정을 표현하고, 나아가 개인의 자존감을 회복하는 것이 중요하다. 인형을 활용한 작업으로 가족원들이 내면의 감정과 욕구, 자신에게 상처를 남긴 과거의 기억을 직

2) B. Hellinger는 '가족세우기'를 내담자의 비언어적 의사소통 도구인 신체표현으로 일정한 공간 안에서 대리인을 통해 가족관계를 표현하는 해결중심적 단기치료의 한 형태라고 한다.

면하고 정서적으로 극복해낼 때 가족 안의 오래된 갈등이 치유되어 새로운 변화를 보게 된다(최광현, 2013).

2 주요 개념

가족인형치료의 근간이 되는 세 가지 이론인 심층심리학, 가족체계이론, 트라우마 가족치료 등을 중심으로 적용되는 주요 개념들을 살펴보면 다음과 같다.

1) 심층심리학

심층심리학은 의식이 무의식의 영향을 받는다는 의미에서 의식(표층)이 아닌 무의식(심층)을 연구하고자 하는 정신분석을 말한다. 프로이트의 정신분석을 전기와 후기로 나누는데, 전기는 무의식을 다루어 심층심리학이라 분류하고 후기는 자아를 주요 논점으로 다루었다. 심층심리학에 의하면 삶이 건강하다는 것은 의식과 무의식 사이의 균형이 잡혀 상호관계를 잘 유지하는 상태를 말한다(최광현, 2013).

(1) 무의식

프로이트에 의하면 의식은 전체 마음 중의 얇은 표면에 불과하며, 빙산의 대부분이 수면 아래에 있는 것처럼 마음의 대부분은 의식의 표면 아래에 있다. 일상에서 드러나는 생각이나 감정, 행동의 대부분이 무의식(unconsciousness)에서 나오는데

이는 직접 알 수는 없지만 행동을 통해 추론할 수는 있다. 무의식적인 욕구, 소망, 갈등의 상징적 표상인 꿈, 말의 실수, 친숙한 이름의 망각, 자유연상, 투사 등이 여기에 속한다(Corey, 2001, 조현춘 · 조현재 역, 2003).

가족인형치료에서 내담자의 무의식적인 역동은 인형을 통한 작업에서 나타난다. 가족 안에서 받은 상처를 인형을 통해 내담자의 의식 밖으로 끄집어내어 무의식적인 행동의 원인이나 억압된 재료들을 밝혀내고 건강하게 기능하고 표현하도록 도울 수 있다.

(2) 상징

상징(symbol)은 무의식을 표현하는 소통의 도구이며 내면의 가족문제를 비롯한 많은 갈등을 이해할 수 있는 양식이다. 또한 다양한 방식으로 내담자의 의식에 접근할 수도 있다. 가족인형치료는 인형이라는 상징을 통해 내담자 안에 있는 무수한 감정과 욕구, 생각, 신념을 표현하도록 돕는다. 동물인형은 가족들의 무의식을 탐색하는 대표적인 상징도구로 활용되고, 가족인형은 드러난 무의식의 재료를 의식 속에서 표현하고 통합하는 데 활용된다(최광현, 2013).

(3) 투사

투사(projection)는 한 사람이 자기의 원하지 않는 욕망이나 충동을 따로 떼어서 다른 사람에게 쏘는(shooting) 현상을 말한다(김용태, 2007). 외부 대상에게 나타날 때 가장 분명하지만, 자기로부터 내적 대상에게 향하는 투사도 존재한다. 다른 사람에게 자신의 부정적인 감정과 형상을 투사하고 나면 자신은 좋은 사람이고 능력이 있는 사람이라고 믿을 수 있게 된다.

예를 들면 필름과 조명, 렌즈라는 요소는 영사기 안에 있지만, 스크린에 영상이

비쳐서 그림과 자막이 나오도록 하는 것과 같다. 투사는 내 안에 있는 경쟁심과 공격성을 내가 아닌 다른 사람이 가지고 있는 것으로 본다. 돌봄이나 친밀함에 대한 욕구를 특정 대상에 투사하여 외현화하는데, 이는 자신이 돌봄을 받기 바라는 마음을 다른 사람에게 투사하는 것이다.

아동은 자신이 원하지 않는 공격적인 감정을 모자관계의 밖으로 투사하여, 낯선 사람에 대한 불안으로 경험하기도 한다. 또한 자기감정을 동물인형에게 투사하거나 자기가 저지른 일을 다른 사람 탓으로 돌리기도 한다(Hamilton, 1990, 김진숙 외 역, 2007). 이와 같이 가족이 인형을 가지고 작업하면서 내면의 부정적 감정과 충동을 투사해 보는 경험을 할 수 있다.

2) 가족체계이론

가족체계이론은 모든 구성원이 가족체계 안에서 끊임없이 영향을 주고받고 있고, 가족원들이 균형을 일정하게 유지하기 위해 유사한 행동을 하는 가족항상성을 설명한다. 인간은 사회의 한 구성요소로서 타인과 끊임없이 상호작용하는 존재이다. 가족을 체계로 보는 것은 어떤 현상을 부분적으로 보아서는 안 되며, 가족의 드러난 현상을 이해할 때는 다양한 관점에서 볼 수 있어야 한다는 것이다. 가족 안에 건강하지 못한 규칙과 의사소통방식, 역기능적 관계를 표현하는 방식이 존재한다면 폐쇄된 체계라고 볼 수 있다. 그러나 상담자의 선입견 또한 배제해야 한다(Nichols, 2014, 김영애 역, 2015).

(1) 상호보완성

체계의 상호보완성(complementarity)이란 체계의 요소들은 독립적으로 이해할 수 없으며, 체계의 한 부분에서 일어난 변화는 다른 부분에도 영향을 끼친다는 것을 말한다(정문자 외, 2012). 가족은 하나의 유기체로 끊임없이 상호작용하기 때문에 가족위기와 갈등의 원인이 어느 한 구성원에게만 있다고 단정할 수 없다.

그러므로 가족에게 특별한 문제가 생겼을 때 그 책임을 한 사람에게 넘기는 것이 아니라, 가족체계를 점검하여 균형을 잡고 부족한 부분을 채워나가는 노력을 통해 변화될 수 있는 것이다(Nichols, 2014, 김영애 역, 2015). 가족의 환경이 변화되고 가족 전체가 개선될 때 비로소 가족은 변할 수 있다. 가족이 오랫동안 유지해 오던 의사소통방식과 관계패턴은 새롭게 바뀌어야 한다. 가족은 한 공간에 존재하면서 상호작용하므로 한 사람이 긍정적인 변화를 보이면 전체 가족관계도 변한다.

(2) 의사소통

의사소통(communication)은 사람들이 메시지를 교환할 때 사용되는 모든 상징을 포함하는 상호작용으로 언어적, 비언어적인 것을 포함한다. 가족 상호간의 의사소통은 원가족에서 습득한 일종의 생존방식으로 가족체계를 이해하는 과정에서 상호작용의 핵심요소가 된다(한재희 외, 2013). 가족의 모든 행동은 자신의 의사를 표현하고 전달하는 의사소통이다. 사람은 누구나 끊임없이 행동하고, 가족 안에서 의사소통은 대칭적이거나 보완적으로 상호작용한다. 또한 모든 메시지를 통해 정보를 전달하거나 함축적인 의미를 암시하기도 한다.

(3) 가족항상성

가족의 항상성(homeostasis)은 가족체계가 끊임없이 변화하는 가족 내외의 환경에 적응하면서 일관성을 유지하는 기능을 말한다. 체계는 환경의 변화에 따라 여러 기능으로 대처하는데, 가족항상성은 체계에 안정을 주고 혼란과 무질서를 방지할 수 있다. 가족은 항상성의 법칙에 따라 규칙과 질서를 스스로 통제하고 조절하는데, 자동 온도조절장치처럼 일정한 선에서 가족원들이 주고받는 상호작용이 일어난다.

가족은 균형을 유지하기 위해 서로 유사한 행동양식을 하거나, 한 가족원의 변화에 대해 질서를 깨뜨리지 않으려고 공격적으로 반응하기도 한다(김용태, 2007). 병리적인 가족일수록 변화보다는 안정을 위해 기존의 방식을 고집한다. 가족은 변화를 원하면서도 항상성을 유지하기 위해 힘들게 긴장상태를 이어가기도 하는데, 반복되는 가족의 다양한 증상과 원인을 아는 것은 중요하다(최광현, 2013).

(4) 가족규칙

가족규칙(Family Rules)이란 가족이 오랜 시간을 지내오면서 그들의 행동을 제한하는 관계에서 합의된 내용을 말하며, 가족항상성을 지속시키는 기능을 한다(정문자 외, 2012). 가족규칙에는 의식적으로 명백한 '명시적 규칙(explicit rules)'과 무의식적으로 이루어지는 '암묵적 규칙(implicit rules)'이 있는데, 가족원들이 암묵적 규칙에 매여 살 때 역기능적 가족이 되기 쉽다.

가족 내 일반적인 규칙을 총괄하는 것으로 가족원들이 자신의 가족규칙을 어떻게 변화시키고 유지할 것인가에 대한 상위의 규칙을 '메타규칙(meta-rule)'이라고 한다. 역기능적인 가족일수록 경직되어 있으므로 가족의 변화에 대하여 부정적일 수 있으며, 메타규칙이 존재하지 않을 수 있다(한재희 외, 2013).

3) 트라우마 가족치료

트라우마 가족치료(Trauma Family Therapy)는 체계론적 관점을 전제로 하며, 개인은 각각의 유기체로 기능하는 가족의 한 부분이라고 여긴다. 가족 내에서 발생한 트라우마는 대부분 어린 시절이나 이전 세대의 트라우마가 재생산된 것으로, 어린 시절의 트라우마 경험은 또 다른 트라우마를 만드는 원인을 제공한다.

치료적 대상으로 삼는 주제는 가족의 조기사망, 힘든 운명, 낙태나 유산경험, 사고로 인한 죽음, 파혼과 이혼, 전쟁의 경험 등이다. 트라우마 가족치료에서 문제를 해결하는 방식은 과거의 트라우마 기억을 현재 속에서 재편집하고 새롭게 하는 것이다. 기억은 과거나 현재에 머무르지 않고 미래를 위해 존재하므로 문제해결을 위해 관점 변화가 필요하다(최광현, 2013).

(1) 트라우마

트라우마(trauma)는 그리스어로 '상처'라는 뜻을 가졌는데 지인의 죽음, 외상, 쇼크 또는 큰 사건 후의 정신적 상처 등을 설명하는 말이다(Payne, 2006, Prafulla 역, 2008). 일종의 정신적 충격으로 정의되며 심리학에서는 지속적인 상처를 의미한다. 내담자들이 갖고 있는 트라우마의 대부분은 가족 안에서 받은 상처들이며, 가족 밖에서 발생한 경우라도 피해를 입은 사람이 경험하는 강도는 가족들이 어떻게 반응하는가에 따라 다르다.

어린 시절 경험한 트라우마는 과거로 한정되지 않고 현재의 생활에도 부정적인 영향을 미친다. 우울감, 불안, 대인관계 갈등, 자살하고 싶은 느낌 등을 동반하기도 한다. 이렇게 나타나는 여러 가지 정신적 · 신체적 증상을 외상 후 스트레스장애(posttraumatic stress disorder: PTSD)라고 한다. 트라우마를 경험한 사람은 현실을 올바로 볼 수 있는 능력을 상실하기도 하고, 가족과 부부관계를 불행하게 만들 수도 있다(최광현, 2013).

(2) 원가족

원가족(Family of origin)은 한 개인이 출생하여 양육된 가족을 의미한다. 개인이 신체적, 심리적, 정서적 소속감을 가지는 가족으로 결혼 등 새로운 가족을 형성하기 전까지 어린 시절을 함께 지낸 가족이다. 원가족 안에서의 다양한 경험은 한 개인이 성인이 되고 부부, 부모가 되었을 때 각자의 상호작용하는 방식에도 영향을 미친다.

서로 다른 환경에서 자라온 두 사람이 결혼이라는 상호작용을 하게 되면 새로운 가족규칙을 형성한다. 이 과정에서 두 사람의 원가족 경험은 부부관계와 패턴의 형성에 중요한 영향을 미치게 된다. 의사소통방법, 부모 역할, 부부 역할, 친밀감의 표현, 스트레스 대처방식, 갈등해결방식 등에서 많은 차이를 보일 수 있다.

(3) 가족세우기

가족세우기(family constellation)는 대리인을 통해 내담자의 문제와 갈등을 '지금 여기'의 공간에서 나타나게 하여 이를 통해 해결하는 치료 모델이다. 한 개인의 삶이나 질병, 관계에서 겪는 문제를 다룰 때 가장 먼저 이전세대의 가족체계가 어떻게 얽혀 있는지 살펴본다. 가족 안에 어떤 사람들이 있는지 무슨 일이 있었는지, 조부모 세대까지 거슬러 올라가 정보를 얻는다.

내담자는 가족을 대신할 대리인들을 선택하여 비언어적인 의사소통으로 적절한 거리와 위치에 세우며, 각자의 감정과 느낌을 말하도록 유도하는 등 사티어 가족조각과 유사한 활동을 한다. 반면 가족조각과는 다른 개념과 형태로, 가족세우기는 대부분 대리인을 세우고 내담자 역시 자신의 대리인을 통해 작업에 참여한다. 또한 교육적 · 지시적 상담의 성격을 가지며 상담자가 말하는 이야기를 따라 가족문제를 풀고 깨달음의 장을 제공한다.

가족세우기는 세대를 통해 같은 패턴의 문제가 발생한다는 다세대적 관점으로 가족을 본다. 내담자는 약 15명으로 구성된 참가자들과 함께 가족세우기 작업을 하며 참가자들은 대리인의 역할을 수행한다. 내담자 가족 중 일부만 참여하며, 집단상담의 경우처럼 내담자도 일원으로 참여한다(최광현, 2008).

(4) 얽힘

얽힘(verstrickung)은 한 개인이 다른 사람의 문제나 운명에 묶여 있을 때 나타나는데, 이로 인해 타인의 감정이나 운명을 마치 자신의 짐처럼 지고 있거나 원치 않는 삶을 대신 살아가기도 한다. 가족의 트라우마는 얽힘으로 작용하는데, 트라우마 가족치료는 가족체계의 얽힘을 해결하는 것이다(Payne, 2006, Prafulla 역, 2008).

얽힘을 푸는 첫 작업은 내담자 자신과 가족사 내에 존재하는 얽힘을 대면하여 그 실체를 드러나게 하는 것이다. 특정한 트라우마 주제가 내담자의 가족사 안에 발생했는가를 파악하고 원가족, 현재가족을 살펴보면서 상담을 진행한다. 내담자의 의사소통이나 가족세우기 작업을 관찰하여 가족 내에 발생한 트라우마의 흔적을 찾아볼 수 있다(최광현, 2013).

(5) 갈등

갈등이란 개인이나 집단이 상호작용하는 과정에서 서로 다른 의견이나 동기, 목표가 생겨 서로 충돌하거나 불만족을 느끼는 상태를 말한다. 프로이트는 정신분석의 세 가지 구조인 원초아(id), 자아(ego), 초자아(super-ego)가 서로 조화를 유지하는데 갈등의 개념이 전제된다고 하였다. 이 세 가지 요소들은 언제든지 갈등상태로 넘어가며, 갈등은 다시 조화를 이루는 역할을 한다.

그러나 조화가 깨어지고 가족갈등이 지속되면 가족원들의 스트레스로 작용하거나 의사소통 단절로 가족관계가 멀어지고 해체의 위기가 올 수도 있다. 여자와 남자가 한 쌍을 구성하고 있는 것처럼 조화와 갈등은 한 쌍을 이루며, 인간의 마음은 언제나 갈등상태에 있다(김용태, 2007).

가족 안에서 갈등관계가 생길 때 보이지 않는 긴장감으로 팽팽해지고 힘이 세거나 공격적인 역할을 하는 인형들이 서로 대립하는 모습을 보인다. [그림 14-1]은 비슷한 크기와 힘을 가진 동물을 선택하여 세우고 서로 경쟁하는 모습을 보인다. 곰, 사자, 도마뱀 등 사납고 공격적인 동물들이 힘으로 대립하고 있는 매우 긴장된 가족의 갈등상황을 표현하고 있다.

[그림 14-1] 갈등

[그림 14-2] 가족희생양

(6) 가족희생양

가족의 희생양(scapegoat)은 구약성서에서 이스라엘의 희생양을 의미하는 것처럼 가족을 위한 봉사자 혹은 구원자를 의미한다. 가족의 항상성을 유지하기 위해 가족원 중 한 사람을 이용하는데, 이는 가족체계를 안정화시키는 힘으로 작용한다. 주로 부부간의 갈등이 있을 때 갈등의 회피수단으로 가족희생양을 많이 활용하게 되는데, 부부 사이에서 자녀는 긴장과 불안을 해소하는 대상이 된다. 원가족에서 가족희생양의 역할을 담당했던 자녀는 결혼을 하여 자신의 가족을 이룬 후에도 또 다시 그 역할을 반복하게 될 가능성이 있다(최광현, 2013).

가족인형치료 사례에서 살펴보면 가족 간 갈등에서 가족희생양은 문제를 해결하려는 중재자 역할이나 불안을 투사하는 문제아 역할을 수행하는 경우가 많다. [그림 14-2]에서 내담자는 자신의 부모를 '공룡'이나 '사자'와 같이 강하고 사나운 동물로 표현하고, 상대적으로 약하고 힘이 없는 '강아지'와 같이 작은 동물로 자신의 역할을 표현했다.

(7) 소속감 결여

소속감이란 자신이 어떤 무리나 집단에 속해 있다는 느낌을 갖는 것을 말한다. 가족원들은 누구나 자신의 가족 안에 깊이 연결되어 안정적으로 애착이 형성될 때 소속감을 느끼게 된다. 가족 안에서의 소속감은 자신이 혼자가 아님을 깨닫게 하여, 심리적 안정감을 느끼고 정체성에 대한 해답을 찾도록 도와준다. 그러나 가족 안에서 애착이 형성되지 않아 가족원으로 소속감을 갖지 못할 때 외로움과 고독감을 느끼게 된다(최광현, 2013).

[그림 14-3]에서 아버지는 '코끼리'로 표현되어 가족으로부터 등을 돌리고 돌아서 있고, '호랑이'로 표현된 어머니와 자녀들은 함께 같은 방향을 바라보고 서 있는 모습이다. 또한 '강아지'로 표현한 가족원은 자신을 가족 안에서 어느 곳에도 속하지 못한 외로운 존재임을 표현하고 있다.

(8) 위계질서의 혼란

가족 안에는 다양한 체계가 존재하며 전체체계는 하위체계와 일정한 질서를 가지는데 이것을 체계 간의 위계(hierarchy)질서라고 한다. 위계질서에 의해 상·하위체계가 조화를 이루게 되며, 가족원에 대한 의사결정권과 가족 내 규칙을 만들고 시행한다. 일반적으로 기능이 잘되는 가족일수록 가족 내 위계질서가 잘 세워져 있는데, 상위체계는 하위체계의 행동보다 우선순위를 가지고 있어야 한다(정문자 외,

2012).

부부체계, 부모체계, 자녀체계는 각각 일정한 위계질서를 가지지만 부모의 행동이 상위체계로서 자녀의 행동보다 우선순위를 갖는 이유는 체계들의 위계질서 때문이다. 그러나 가족 내 체계가 명확하지 않고 위계질서가 잘 유지되지 못하면 부모자녀의 역할이 모호하거나 바뀌는 등 역할 혼란이 가중된다(최광현, 2013). [그림 14-4]는 바깥 부분에 서 있는 큰 동물인 '곰'과 '하마'는 두 자녀를 표현하고 있고, 가운데 끼어 있는 작은 '토끼' 두 마리는 연약하여 자신의 역할을 감당하지 못하는 부모를 표현하고 있다.

[그림 14-3] 소속감 결여

[그림 14-4] 위계질서의 혼란

3 상담목표와 상담과정

1) 상담목표

가족인형치료의 상담목표는 '인형'이라는 매체, 즉 상징물을 사용하여 내담자를 탐색하고 가족의 전체적인 체계와 역동을 이해하는 데 활용하는 것이다. 인형이라는 매체를 통해 가족원의 내면과 다양한 무의식의 역동을 자연스럽게 표현하도록 한다. 인형을 움직이고 배치하면서 내담자는 자신의 감정과 느낌을 인형에 투사할 수 있다.

상담 초기에 인형으로 작업을 하면서 언어적, 비언어적 의사소통을 통해 가족의 모습과 내담자의 심리상태 등 중요한 정보를 얻을 수 있다. 가족의 모습을 객관적으로 볼 수 있게 해주며 가족상담의 필요성과 동기를 제공하는 긍정적인 역할을 한다(최광현, 2013). 가족인형치료는 내담자와 가족으로 하여금 트라우마를 직면하여 가족을 재구성한다. 또한 자신의 삶에 대한 통찰과 새로운 의미를 찾으며, 가족의 회복을 돕는 것을 목표로 한다.

2) 상담과정

가족인형치료과정에서 상담자는 상징물의 이미지를 심층적으로 분석하고 해석하지 않는다. 내담자가 선택한 인형의 상징이나 가족 간 역동을 발견하고, 가족의 이미지나 신념을 이해하는 것이 더 중요하다. 내담자 문제의 초점을 가족 간의 체계나 관계에 두고, 과거의 수동적 위치에서 능동적으로 이동하여 가족 관계역동을 이해해야 한다. 어린 시절의 상처와 부정적 영향들을 마음으로 공감하고 존중할 때 가족의 변화는 시작된다.

내담자들이 다양한 크기와 모습의 인형들을 직접 고르고 세워 보면서 개인의 무의식적 욕구와 가족 간 관계패턴이 드러난다. 또 자신과 타인에 대한 관점도 객관적인 시각으로 변화된다. 상담과정 동안 내담자와 가족은 숨어 있던 긍정적인 자원들을 찾고, 문제를 보다 효과적으로 관찰하고 이해할 수 있게 된다.

내담자와 가족은 전화로 상담예약을 하고 상담실을 찾아온다. 이들은 가족상담과 인형치료에 대해 잘 모를 수도 있으므로 상담실 분위기에 잘 적응할 수 있도록 먼저 안내한다. 상담자는 스스로 선입견과 경험에 의한 사전지식을 배제하고 호기심을 갖고 내담자를 만나야 한다. 인형을 활용한 가족상담과정은 [그림 14-5]와 같다.

내담자 내방 : 문제해결을 위해 내담자가 찾아오는 단계

↓

지지 · 공감 · 수용 : 내담자가 트라우마에 직면할 수 있도록 깊이 집중하는 단계

↓

주 호소문제 탐색 : 현재 가족, 원가족 중 무엇을 중심으로 작업을 할 것인지 결정하는 단계

↓

인형작업으로 가족체계 파악 : 내담자의 주 호소문제에 따른 가족체계를 탐색하는 단계

↓

감정 드러내기 : 내담자의 억압된 감정을 표현하여 자신의 문제를 바라보고 통찰이 생기는 단계 (반영과 공감)

↓

가족체계 인식 : 세워진 인형을 보고 느껴지는 감정을 탐색한 후 의식화 작업 단계 (느낌과 생각의 표현)

↓

가족체계 해석 : 의미전환의 단계(위기와 갈등을 새로운 관점으로 보기)

↓

종결 준비 : 변화와 도전, 문제해결 가능성 제시

[그림 14-5] 가족인형치료의 과정

출처: 최광현 (2013).

4 상담기법

1) 인형으로 가족세우기

가족세우기는 모든 가족원이 자신의 올바른 자리를 잡고 질서를 찾는 것이 목표이다. 상담자는 상담에 들어가기 전에 내담자와 가족에게 발생한 특별한 사건에 대한 정보를 듣고, 인형을 사용하여 현재 가족을 세울지 아니면 원가족을 세울지 생각해 보게 한다. 상징으로 사용하는 인형의 종류와 위치를 통해 가족원들이 생각하는 내면의 의식을 표현할 수 있고, 이로 인해 가족이 서로를 이해하는 법을 알게 된다. 내담자가 세워 놓은 인형구조 속에서 다양한 개인의 역동과 가족의 모습을 인식하고 해석할 수 있다(Payne, 2006, Prafulla 역, 2008).

먼저 내담자와 가족에게 여러 가지 동물인형을 제시하고, 자유롭게 선택하여 책상위에 적절히 배치하면서 내담자와 가족원의 무의식을 다루어 본다. 내담자가 세운 인형의 자세, 방향, 위치의 변경으로 인해 가족 간의 내면감정과 역동을 경험할 수도 있다. 가족세우기의 핵심은 내담자들이 세우는 인형의 위치에 있는데, 이는 인형을 통하여 실제적인 가족의 모습을 재현할 수 있기 때문이다. 물리적 · 심리적 거리까지 정확하게 표현할 수 있도록 상담자가 잘 도와준다(최광현, 2013).

충분한 작업이 진행되었을 때 가족인형으로 바꾸어 세워 보고, 현재의 가족상황과 연결해서 이야기를 더 이끌어가기도 한다. 임의로 인형의 팔과 다리, 머리의 움직이는 모습, 내담자가 잡아놓은 인형의 자세와 위치, 과정 등을 자세히 관찰하여 상담자가 해석을 할 수 있다. 상담자는 내담자들이 가족세우기 작업을 거부감 없이 이해하고 인형을 잘 세울 수 있도록 인형의 자세나 위치를 물어 보면서 도와줄 수 있다.

2) 동물인형

동물인형은 대표적인 무의식의 상징으로 활용되며, 공격성 있는 동물과 공격성이 없는 초식동물로 구분한다. 사자, 호랑이, 공룡, 늑대, 상어, 뱀, 전갈, 버펄로, 코뿔소, 고릴라 등은 공격적이고 강한 힘과 에너지를 상징한다. 반면 초식동물은 비교적 온순하고 힘이 없는 존재로 표현한다.

동물의 이미지는 긍정적 · 부정적 의미를 함께 가지고 있으므로, 상징적 의미와 다양한 모습을 탐색하고 적용할 수 있어야 한다. 동물인형의 상징은 개인이 생각하는 특성뿐만 아니라, 가족과의 관계에서 나타나는 상대적 특성을 의미하기도 한다(최광현, 2013).

[그림 14-6] 다양한 동물인형

〈동물인형의 상징들〉

- 코끼리: 가장 사교적이며 힘과 자신감을 나타냄. 무리를 결속시키는 힘을 가진 존재이며 다른 가족과 정서적 거리감이 있음을 나타냄
- 기린: 가족 안에서 적응력과 융통성을 발휘하고 자기 몫을 감당하는 존재. 외형상의 느낌과 같이 다른 가족에서 무관심한 자세를 취하는 사람을 나타내기도 함
- 젖소: 온순하고 상황에 적응하는 동물이며 긍정적이고 수동적 이미지를 나타냄
- 암소: 여성성 또는 엄마의 희생과 인내를 나타냄
- 치타: 자기를 보호하는 힘이 있으며 가족 안에서 고독한 존재. 가족의 일에 큰 관심이 없는 독립적인 이미지를 나타냄
- 버펄로: 강한 힘과 가족 안에서의 통제, 권력을 나타냄. 규칙을 조절할 수 있는 강한 역할을 하며 책임감과 리더십을 표현함
- 악어: 공포와 동시에 존경의 대상이 되기도 함. 무섭고 가족을 힘들게 하는 존재. 강하고 끈질긴 특성이 있음
- 양: 온순하고 착한 사람을 표현함. 무능하고 수동적이며 약한 이미지를 나타냄
- 공룡: 가족을 효과적으로 공격할 수 있는 힘을 가진 존재. 강하고 상대를 제압할 수 있는 무기를 가진 존재이며 그것을 사용하여 상대를 괴롭히거나 통제하는 존재
- 하마: 대부분 온순함을 나타내는 이미지이나 자기가 위협을 받으면 사정없이 공격할 수 있는 존재
- 사자: 강한 힘을 가진 사람을 상징함. 상대방을 위협하고 괴롭히며 통제하는 등 대체로 부정적 이미지가 강함
- 호랑이: 혼자서 독립적인 생활을 하며 비사교적인 모습을 보임. 가족 안에서 비교적 조용하지만 무서운 존재를 나타냄
- 닭: 무기력하고 약한 이미지. 가족 안에서 쉽게 벗어나지 못하는 모습을 나타냄
- 원숭이: 광대 이미지, 사교적, 자기역할을 잘 수행하는 존재. 집안에서 거의 마스코트 역할을 하지만 성질이 있어 함부로 대할 수 없는 존재로 표현할 수 있음

출처: 최광현 (2013).

[그림 14-7] 나를 나타내는 동물

[그림 14-8] 우리 가족 이야기 만들기

3) 가족인형

가족인형치료에는 대표적으로 동물인형과 가족인형의 두 종류가 사용된다. 동물인형은 내면의 무의식을 탐색하는 상징도구로 사용하며, 가족인형은 드러난 무의식의 내용을 표현하고 통합하는 작업을 할 때 유용하게 사용된다. 가족인형으로 작업을 하면 내담자의 깊은 무의식 안에 묶여 있는 가족과 관련된 체계와 상호작용, 가족 간 갈등 등이 나타난다. 내담자는 특정한 인형을 보면서 자신의 가족 이미지를 떠올릴 수 있고, 그 이미지를 상징으로 이용하기도 한다(최광현, 2013).

동물인형을 세워 보면서 무의식을 탐색하는 작업이 충분히 진행되었다면, 그 위치에 가족인형으로 바꿔 세워 본다. 상담자는 지속적으로 공감하고 지지해 주면서 내담자의 움직임을 따라간다. 가족인형으로 바뀐 상황에서 불편해하지 않고 가족원이 서로 충분히 이해하도록 관점을 바꾸어 주고, 의미를 전환시켜 준다. 상담실에서 인형이라는 흥미롭고 다양한 매체를 제공함으로써 가족원들이 상담에 보다 적극적으로 참여할 수 있도록 도울 수 있다. 가족상담자가 인형과 같은 매체를 적절히 사용하는 방법을 아는 것은 매우 중요하다.

[그림 14-9] 가족상호작용 이해를 위한 인형들

〈가족인형세우기(초 5, 여자)〉

- 내담자는 미혼모의 자녀로 출생 이후 부모의 따뜻한 돌봄이나 양육을 전혀 경험하지 못하였고, 미성숙한 모로부터 심리정서적으로 오랫동안 방임되어 외로움을 많이 느낌.
- ADHD로 집중력이 저하되고 과잉행동과 거짓말이 심해졌으나 적절한 치료를 받지 못함. 이로 인해 친구들과 잘 지내지 못하고 지속적인 따돌림과 무시를 경험함.

- 가족세우기 : 내담자는 모의 무관심, 또래 친구들로부터의 따돌림으로 인한 외로움과 불안을 지속적으로 경험하고 있으나 상담자에게 아무 문제가 없다고 보고하였고, 가족인형세우기를 통해 자신이 바라는 가족의 모습을 표현함.

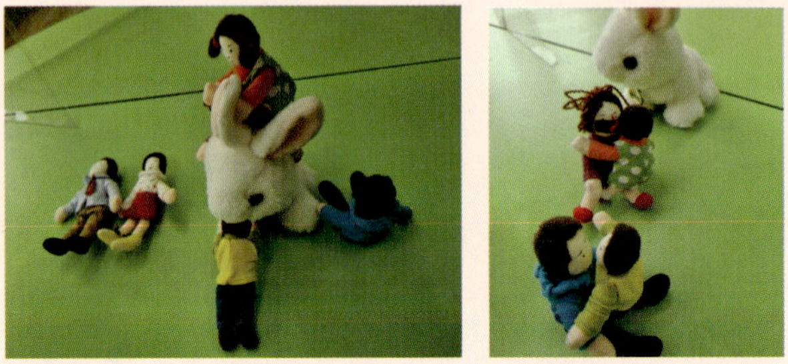

[그림 14-10]

[그림 14-11] 목각인형[3]

3) 목각인형: 자연 친화적인 나무로 수작업하여 제작한 시각적 상담도구. 복잡한 대인관계(가족, 집단, 학교, 직장 등)의 역동을 한눈에 알아볼 수 있으며, 대인관계의 변화과정을 단계별로 다룰 수 있다. 각 매체는 사람이나 상징을 표현한다(경남가족상담연구소, 학지사 심리검사연구소, Guidecraft).

[그림 14-12] 목각 무브인형

〈인형을 활용한 가족상담의 실제 1〉

① 동물, 사람 등 다양한 인형을 준비한다.
② 내담자와 가족의 주 호소문제를 들어보고 가족체계, 가족원 간의 관계 등 구체적으로 인형작업 할 내용을 고려한다.
③ 내담자와 가족에게 시간을 충분히 주고, 자신을 포함한 가족의 맥락 속에서 다양한 인물의 특성을 나타내는 인형들을 찾아보도록 한다.
④ 내담자와 가족이 찾은 인형을 확인하고 인형들 간의 거리와 방향, 위치를 고려하여 자유롭게 세워 보도록 한다.
⑤ 상담자는 작업과정에 개방형 질문과 경청을 해야 하며 내담자의 침묵 또한 존중하면서 인형작업을 조용히 지켜본다.
⑥ 내담자와 가족원들 간의 다양한 언어적, 비언어적 의사소통에 주목한다.
⑦ 다양한 질문을 통해 내담자의 지각을 확인한다.
- 인형들은 어디를 보고 있나요?
- 인형들은 지금 무엇을 하고 있나요?
- 인형을 바라보는 내담자의 마음은 지금 어떤가요?
- 혹시 다른 모습으로 바꾸어지기를 바라는 부분이 있나요? 있다면 인형을 지금과 다른 모습으로 바꾸어 보세요.
- 위치나 모습을 바꾸고 난 후, 인형을 바라보는 느낌은 어떤가요? 어떻게 달라졌나요?

출처: 최광현 (2013).

〈인형을 활용한 가족상담의 실제 2〉

퍼펫극(puppet show) : 배우 대신에 인형을 등장시켜 전개하는 연극

① 다양한 퍼펫이 들어 있는 바구니를 방바닥에 쏟아놓고, 가족들이 이것을 자유롭게 가지고 놀게 한다.
② 가족원들은 자신의 마음에 드는 퍼펫을 2~3개 선택한다.
③ 가족원들이 선택한 퍼펫을 중심으로 퍼펫극의 스토리를 만든다.
④ 관객이 된 치료자 앞에서 만들어진 스토리를 토대로 가족들은 퍼펫극을 상연한다.
⑤ 가족들은 퍼펫극이 끝난 후 서로 소감을 나눈다.
⑥ 가족의 상황에 따라 보다 나은 퍼펫극이 되기 위한 논의를 한다. 그 제안을 토대로 퍼펫극을 재연한다.

[그림 14-13] 다양한 인형들(퍼펫)

퍼펫은 인형극에 쓰는 인형(꼭두각시 인형)을 말하며 퍼펫의 종류는 현실적인 가족 퍼펫, 왕실 퍼펫(왕비, 왕자, 공주, 신하), 직업군 퍼펫, 상징적인 캐릭터 퍼펫(마녀, 악마, 해골, 건달), 야생동물과 가축 등 다양하다.

출처: 한국가족놀이치료학회 (2022).

5 사례 연구

1) 개요[4)]

내담자는 46세 여성이며 48세 남편과 16세(중 3)의 된 딸이 있다. 결혼 이후 계속 맞벌이로 일해왔으며 부부간의 오랜 불화로 인해 현재 재판이혼과정 진행 중이다. 내담자의 주 호소문제는 남편이 결혼 이후 지속적으로 가족을 무시하거나 폭언을 행사한 것이다. 남편은 가족과의 시간을 전혀 배려하지 않고 대화를 하지 않은 지 오래되었다. 내담자는 남편과 대화를 시도하기 위해 여러 가지 방법을 사용하였으나, 남편은 입을 꾹 닫고 대화를 지속적으로 거부한다.

남편은 갈등해결에 대한 의지가 전혀 없고, 오히려 자신이 피해자라고 주장하며 이혼을 원한다. 딸도 아버지에 대한 미움과 분노가 극심한 상태이며, 내담자는 심리적으로 불안하고 딸에게 미안한 마음으로 상담실에 오게 되었다.

내담자의 남편은 사회적으로 존경받고 인정받는 사람이나, 밖에서와 달리 가정에서 완전히 다른 모습을 보인다. 아내와 딸에게 마음을 전혀 열어 주지 않으며, 이혼을 앞두고 있는 지금은 딸과도 가끔 형식적인 문자만 주고받는 정도이다. 내담자의 남편은 항상 자신의 높은 기준에 맞추는 조건부 약속을 하고 명령하는 등 가족을 심리적으로 불안하게 하여 모녀의 분노감정이 심했다.

남편은 마음에 여유가 없고 정서적으로 불안하였으며 일관성 없이 폭언, 명령, 무시하기를 반복한다. 딸에게도 사회적 지위나 체면을 강조하면서 칭찬은 인색하고 공부만 강요했기에, 아빠와 딸의 좋은 애착관계가 형성되지 않았다. 내담자는 남편에게 비인격적인 대우를 당하는 것이 불만이나 당당하게 표현하지 못하고 있다. 현재 모녀는 심리적으로 매우 불안한 상황이며 하루 빨리 재판이혼과정이 끝나고 생활이 안정되기를 원한다.

---

4) 이 사례는 재구성한 가상 사례이다.

2) 가족인형치료의 적용

먼저 이혼을 준비하고 있는 내담자의 현재 가족상황과 호소문제를 충분히 듣고, 심리적으로 많이 불안하여 지친 내담자1(모)과 내담자2(딸)의 이야기를 공감하며 가족 사정을 한다. 충분히 이야기를 나눈 이후, 동물인형을 보여 주고 자신의 가족원과 비슷한 동물을 찾아 가족을 생각하며 세워 보도록 할 수 있다.

상담자 : 여러 가지 동물인형 가운데 마음속에서 느껴지는 ○○의 현재 가족의 이미지와 비슷한 동물이 있는지 천천히 찾아보세요. 비슷한 동물들을 찾으셨다면 가족의 모습을 표현해서 동물들을 세워 보세요.

먼저 내담자2(딸)는 [그림 14-13]과 같이 털이 눈을 완전히 가린 '강아지'로 아빠를 표현하였는데, 가족과 소통을 전혀 하지 않는 아빠의 현재 모습과 같아서 이 동물을 보자마자 아빠가 떠올랐다. 눈을 가리고 귀를 닫고 다른 사람의 이야기를 전혀 들으려고 하지 않는 냉정함이 느껴지며, 세워놓은 동물들을 보는 느낌은 함께 사는 가족이 아닌 남인 것 같다.

엄마와 닮은 동물은 '양'이며 일과 살림을 말없이 잘 병행해 왔으나, 아빠 앞에서 자기주장을 잘하지 못하고 힘없는 모습을 볼 때 좀 답답하기도 하고 그런 생각이 든다고 한다. 자신을 닮은 동물은 '호랑나비'를 골라서 [그림 14-14]와 같이 '양'과 가까운 곳에 바짝 붙여놓는다. 자신은 외동이지만 특별히 외로움을 모르고 살았으며 다른 사람의 감정에 연연하지 않는 성격이라고 한다. 자기주장이 강하고 자유로운 성격이나, 호랑나비는 양이 걱정되어 멀리 날아가지 못하고 양 곁에 붙어 있다고 한다. 양이 너무 오랫동안 호랑이 때문에 힘들어하고 우는 것을 너무 많이 보았기 때문에, 자신이 양에게 힘이 되어야겠다는 생각을 하게 되었다고 한다.

[그림 14-14] 가족원세우기

[그림 14-15] 동물인형으로 가족세우기

상담자 : 당신은 지금 누구를 보고 있나요? 다른 가족들은 어디를 보고 있고, 가족들 간의 거리는 어떤가요?

내담자2(딸) : 양(엄마)은 힘없이 나를 보고 있어요. 나(호랑나비)는 양을 보면서 기대고 있어요. 큰 강아지(아빠)는 우리에게서 등을 돌리고 있어요. 완전히, 멀리 떨어져서 있어요. 가까이 오고 싶지 않은 것 같아요.

상담자 : 아, 그렇군요. 지금 그렇게 느껴지는군요. 그럼 이 가족 안에서 돌아서 있는 강아지는 어떤 마음일 것 같나요?

내담자2(딸) : 화가 많이 나 있는 거 같은데, 강아지는 가족을 따뜻하게 돌볼 마음의 여유가 없네요. 관심도 없고요. 자기 고집이 세고 자기 틀을 바꾸려 하지 않아요. 다가오지도 않으면서 끊임없이 외롭다는 말을 하구요. 늘 자기가 피해자라고 주장해요.

내담자1(모)이 바라보는 가족 또한 남편은 혼자 등을 돌리고 다른 곳을 바라보고 있고, 가족원 간의 물리적 거리도 많이 떨어져 있다. 이혼 소송으로 가족원들의 심리적 어려움과 상처가 심해지고 있는 상황이며, 이혼을 철회하거나 관계가 다시 좋아지는 기대는 할 수 없다. 오히려 가족원 간의 거리는 지금보다 더 멀어질 것이라 생각한다. 내담자 모녀의 심리적 상황을 표현한 후, 달라지기 바라는 가족의 형태나 앞으로 변화가 있을 것 같은 가족의 모습으로 바꾸어 보도록 한다.

상담자 : 아이와 엄마가 매우 가까운 것으로 보니 서로 많이 의지하고 있는 것 같네요.

내담자1(모) : 처음엔 아이가 무조건적으로 나를 먼저 생각해 주니까 고마웠어요. 하지만 어느새 자라서 아빠로 인해 어려움을 겪게 되는 것을 알고 아빠를 너무 미워하기 시작했어요. 그것을 알고 난 후부터는 너무 미안해요. 자기가 빨리 커서 엄마와 같은 직업을 가지게 되면 엄마와 함께 일할 거고, 상황이 되면 다른 나라로 이민을 가서 그 일을 하면서 둘이 살자고 이야기해요.

상담자 : 그런 말을 들을 때 마음이 많이 아프셨군요. 지금 아이에게 어떤 이야기를 하고 싶으세요?

내담자1(모) : 음... 엄마랑 아빠가 어린 너한테 너무 큰 짐을 준 거 같아 정말 미안해. 네가 이렇게 마음이 힘든 줄 몰랐어. 엄마가 너무 힘들어서.

상담자 : 네, 지금 그 말을 딸에게 직접 한 번 해볼 수 있을까요?

내담자1(모)은 동물인형 세우기 작업을 해보면서 딸 앞에서 울고 힘없이 주저앉은 자신의 모습을 인식하고, 아빠로부터 엄마를 안전하게 보호하려는 딸의 심리적 부담감을 알게 된다. 어린 나이의 딸이 오히려 자신의 엄마이자 보호자 역할을 하고 있었음을 알고, 부족했던 부모 역할을 다시 찾아보기로 한다. 그 다음 과정으로 동물인형을 사람인형으로 바꾸어 세워 보고, 딸에게 지금 하고 싶은 이야기를 솔직히 털어놓게 하여 감정을 해소하고 진심을 전하는 시간을 가질 수 있다.

이 상담을 통해 가족은 부부의 갈등, 위계질서의 혼란, 가족희생양 등의 복잡한 가족문제를 이해하고 그 문제에서 건강하게 분리되어야 함을 알게 된다. 아직 해결하지 못한 과제가 남아 있지만, 이 작업을 통해 모녀는 서로의 불안했던 감정을 표현하고 이해하는 시간을 가질 수 있을 것이다. 힘든 상황을 극복해 나갈 수 있는 방법과 힘이 자신과 가족 안에 있었음을 깨닫고 서로 지지하고 격려하는 계기가 될 수 있을 것이다.

활 동 하 기 1 : 가족세우기

1 **여러 매체를 활용하여 나의 가족세우기를 해 봅시다.**

① 여러 가지 모양의 동물인형, 가족인형, 테이블이나 매트를 준비한다.

② 실물인형이 없을 경우 동물모양의 그림본을 미리 나누어 주고, 자신의 가족원에 적합한 동물을 찾아 골라보고 색칠을 해서 직접 가위로 오려 풀로 붙여도 된다.

③ 현재 가족을 여러 가지 동물로 표현해 본다. 소망이 아닌 현실의 가족을 표현하는 데 가족의 성격, 특성, 역할 등을 생각하여 가장 가까운 느낌의 동물을 테이블 위에 적절한 거리를 생각하여 배치해 본다. 각각의 가족은 어디를 보고 있으며, 바라보는 느낌과 서로의 거리는 어떤지 생각해 본다.

④ 그 밖에 대체할 수 있는 재료는 여러 가지 크기의 동전을 준비하여, 동전의 크기에 따라 자신의 가족원을 정하고 적절한 위치에 배치해 본다.

2 함께 나누어 봅시다.

- 다양한 크기의 동전을 사용할 경우 동전들은 가족원 중 누구를 나타내며, 멀리 떨어진 동전들 간의 거리를 살펴보고 그 이유는 무엇인지 이해하는 시간을 갖는다.
- 현재 가족의 어떤 모습을 표현한 것인지에 대해 이야기 나눈다. 배치된 가족의 모습을 보고 위치를 바꾸고 싶은 부분은 없는지, 있다면 왜 그런지 이야기해 본다.
- 작업을 마친 느낌은 어떤지 이야기 나누어 본다.

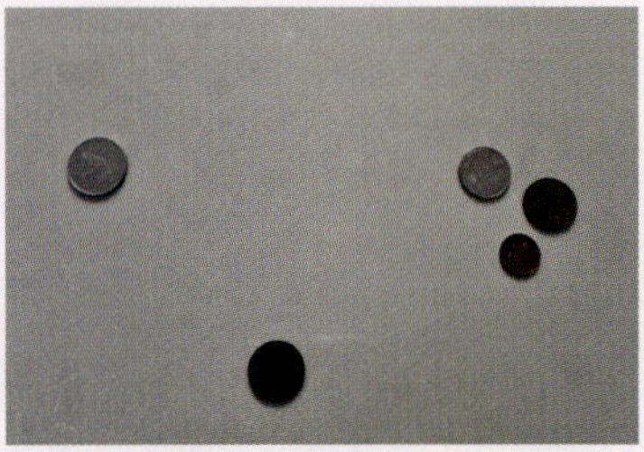

활동하기 2 : 인형공방

1 나 인형 만들기

- 재료: 솜, 스티로폼 공, 색 양말, 흰 양말, 고무줄 3개, 가위, 매직펜, 포스트잇, 스티커 등

① 인형 머리 만들기 - 흰 양말의 발목 부분을 자른다.

② 인형 몸과 모자 만들기 - 색 양말의 발목부분을 자른다.

③ 인형 모자 만들기 - 발목 부분을 뒤집어서 고무줄로 묶기

④ 인형 몸 만들기 - 솜을 색 양말의 발 부분에 넣기

⑤ 포스트잇에 적기 - 평소에 자주 들었던 불편한 소리가 있었다면, 포스트잇에 적어서 접은 후 인형 몸 안에 넣기

⑥ 인형 머리와 몸 연결하기 - 몸을 넣은 흰 양말을 색 양말 안에 넣고 고무줄로 묶기

⑦ 인형 스카프 씌우기 - 흰 양말의 발목 부분을 목에 끼우기

⑧ 인형 모자 씌우기, 눈코입 모양을 그려 넣거나 스티커를 이용해서 완성한다.

2 함께 나누어 봅시다.

- 자신이 만든 '나' 인형을 소개하고 서로 나누어 본다.
- 자주 들었던 불편했던 말은 무엇인지, 왜 그런 마음이 들었는지 함께 나누어 본다.
- 내가 가장 듣고 싶은 긍정적인 이야기가 있다면 무엇인지 '나' 인형에게 말해본다.
- 인형을 옆 사람에게로 돌리면서, 집단원은 그 인형에게 긍정적인 메시지를 전달한다.
- 작업을 마친 뒤 느낌은 어떤지 이야기 나누어 본다.

출처: 한국가족놀이치료학회 (2022), 한국인형치료학회 (2016).

활 동 하 기 3 : 걱정인형 만들기

1 걱정인형

① 가족, 아이들과 함께 〈겁쟁이 빌리〉 책을 함께 읽어보고, 요즘 자신의 걱정은 무엇인지 충분히 나누어 본다.

② 걱정인형, 매직펜, 사인펜, 여러 가지 색깔의 실, 테이프, 뚜껑이 있는 바구니 혹은 상자를 준비한다.

③ 인형의 몸 부분에 최근 자신이 걱정하고 있는 것을 1~3가지 적어본다. 인형의 머리와 팔 다리 등에 자유롭게 색칠을 하고, 몸에 걱정 내용을 적은 것이 보이지 않게 색실을 감아주는 등 자유롭게 걱정인형을 만들어 본다.

④ 자신이 만든 인형에 이름을 붙여준다(걱정의 외재화).

⑤ 걱정인형에게 자신의 걱정을 맡겨 보면서 상자에 넣는다.

2 함께 나누어 봅시다.

- 작업을 마친 뒤 느낌을 나누어 본다.

〈적용하기〉

외국인이나 결혼 이주민 가족과 작업을 할 경우, 과테말라의 걱정인형에 대해 설명하고

- 당신의 나라에는 걱정인형과 비슷한 도구가 있나요? 있다면 어떤 것이 있나요? (상대방 나라의 문화에 대해 먼저 알고자 하는 마음)

- 당신은 본국에 있을 때보다 지금 걱정이 얼마나 늘었나요? 숫자로 표현한다면?

- (작업을 함께 해 본 후 추가로) 어떤 부분이 제일 다른 부분인가요? 라고 질문해 볼 수 있다.

출처: 한국가족놀이치료학회 (2022).

15 CHAPTER

가족미술치료

1 개요

가족미술치료(Family Art Therapy: FAT)는 가족체계이론과 미술치료이론을 결합시킨 하나의 응용된 심리치료기법으로 미술활동을 진단 및 치료의 수단으로 사용한다. 일반 미술치료기법인 회화, 묘화, 그림, 조소 등의 다양한 방법을 활용할 수 있으며 여러 분야에서 널리 사용되고 있는 가족예술치료의 한 영역이다(권기덕 외, 2000).

가족미술치료는 정신분석이론, 경험적 가족이론, 다세대 가족이론 등 한 가지 이상의 가족상담이론에 기초를 둔다. 1960년대 정신의학 분야에서 가족연구에 대한 새로운 필요성을 인식하게 되면서, 개인이 아닌 가족 전체를 대상으로 하는 가족상담기법이 고안되고 시행되었다. 이에 호응하여 키아코스카(Kwiatkowska)[1)]는 정신

1) 미국 국립 정신보건연구소(1958)에서 개인과 가족을 대상으로 하는 미술치료를 실시하였고, 미술치료가 가족치료의 부속물로 자리 잡게 되었다. 내담자가 특정한 그림활동에 참여하게 되면 가족원의 역할을 파악할 수 있고, 긍정적 치료경험을 제공하는 게 도움이 된다고 한다.

분석적 미술치료의 연장으로 가족미술치료를 창시하였다. 가족원이 동시에 참가하며, 언어를 개입시키지 않고, 표현행동으로 미술과제를 시행하는 방법이 사용되었다. 가족그림을 함께 관찰하면서 가족원은 초기의 저항을 해소하고, 상담자는 가족들로 하여금 미술작업을 계속하고 싶은 편안함을 주게 되었다.

1970년대 이후 동적 가족화(Kinetic Family Drawing: KFD)[2)]와 동그라미 중심 가족화(Family Centered Circle Drawing: FCCD)[3)] 등이 소개되어 가족미술치료에서 자주 사용되고 있다(권기덕 외, 2000). 가족은 공동 미술작업을 통해 가족미술치료를 신뢰할 수 있게 되고, 가족상담은 점차 새로운 변화의 계기를 마련하게 되었다.

가족미술치료는 미술과 놀이를 통합하여 다양한 기법으로 활용하므로 내담자들로 하여금 저항감을 줄여준다. 가족 안에서 위축되어 있거나 개인의 생각과 내면세계를 표현하는 것에 어려움이 있는 가족원에게 보다 유용하게 활용된다. 가족원들은 미술활동과정에 일어나는 다양한 변화를 직면할 수 있으므로 자유롭고 풍부한 감정표현이 가능하다. 또한 내담자 자신의 감정변화와 가족원의 역동, 집단체계의 변화와 성장과정에 대해 좀 더 잘 이해하게 한다.

가족미술치료 작업과정에서는 가족원들이 위험성 없는 미술활동을 통해 새로운 경험의 기회를 가진다. 이는 상호작용, 개방적인 태도, 통찰력, 새로운 기술에 대한 적응을 촉진시킨다. 즉 상담자는 내담자의 창의성이 자유롭게 발휘되도록 돕고, 이를 통해 가족원이 자기존재를 스스로 알아차리도록 한다(권기덕 외, 2000).

2) Burns와 Kaufman이 그들의 임상경험으로 개발하였으며 정적인 인물 자체보다는 그림 내 인물의 행동이나 움직임에 초점을 둔다.

3) Burns가 개발한 투사적 그림검사.

2 주요 개념

1) 가족화

초기의 가족화는 그림에 의한 검사라는 성격에서 출발하였으며 인물화(Human Figure Drawing: HFD)로부터 시작되었다. 인물화에서 가족화로 발전된 것은 비교적 최근의 일이며, 환자의 가족에 대한 정보를 파악하기 위해 실시되었다. 기존의 검사에서 실시한 단일의 인물화 대신에 가족을 그리게 함으로써 보다 유익한 정보를 얻을 수 있다는 것을 발견하여, 가족화 검사(Family Drawing Test: FDT)라는 이름으로 비운동성 검사를 시행하였다.

가족화는 그림을 그린 순서, 종이에서 그림의 크기, 위치, 분포 상태, 가족원의 생략이나 과장 등을 탐색하여 부모나 가족원 간의 관계를 파악하는 것을 목적으로 하였다. 이후 동적 가족화가 개발되었고, 동적 가족화에 투사된 가족의 움직임은 가족화보다 더 풍부한 내용을 전달한다는 것을 알게 되었다.

가족미술치료의 경향은 진단중심의 가족화에서 가족 간의 의사소통의 매개로서의 방향으로 발전되었다. 즉 내담자 개인의 이미지라는 생각이 바뀌어, 가족화를 그리면서 가족은 하나의 '체계'이고 '단위'로 보는 체계론적 입장을 취하게 되었다(권기덕 외, 2000).

가족화에는 가족원 개인의 행동이나 반응, 감정이 나타나기 때문에 가족화의 정서적인 면을 이해하는 것이 더 중요하다. 그림검사에서 내담자가 좋아하는 인물상을 그리도록 하는 이유는 생애 초기부터 친숙한 것을 그리는 것이 내담자에게 일어나는 저항이 비교적 적기 때문이다.

2) 가족미술치료

가족미술치료는 가족원의 방어나 통제를 줄이고 상호작용을 촉진하여, 무의식적 감정을 상징적인 이미지에 의해 미술활동으로 표현하는 작업이다. 언어발달이 충분하지 않은 어린 아동이 부모와 함께 가족상담에 참여할 때도 작업이 가능하다(권기덕 외, 2000). 상담자가 함께 참가하여 가족의 의사소통 유형이나 갈등을 직접 관찰할 수 있기 때문이다.

가족원들이 함께 작업하기 위해 선택하는 미술활동은 어떤 것이든 상관없으며, 그 목적은 동일하다. 미술치료과정을 통하여 가족원들은 자신들의 내면을 자각하고, 가족 안에서 자신의 존재를 알아차릴 수 있다. 상담자는 보호적이고 허용적인 환경 속에서 가족원들이 자유롭게 매체를 선택할 수 있게 한다. 가족원의 주도성이 존중되면서 통제와 수용을 경험하고, 상담이 자연스럽게 유기적으로 이루어지게 한다. 가족원들의 다양한 생각과 창의성이 상담과정을 통해 충분히 발휘되도록 해준다.

첫 면접시간에 가족원들은 그들의 미술작품과 표현물이 가족의 상호작용 형태와 보이지 않는 가족규칙에 대한 정보를 주는 것을 알고 매우 놀라기도 한다. 가족집단 안에서 상담자는 상담회기를 안내하고 주도하지만, 가족원들이 좀 더 자유롭게 표현할 수 있도록 지켜보면서 함께 따라가 주는 것이 중요하다.

가족미술치료는 목적과 상황에 따라 다양한 방식으로 사용되며, 상담자의 어떠한 개입 없이 활동 그 자체만으로도 가족의 특성을 표현할 수 있는 강력한 수단이 된다. 다양하게 열린 자기표현은 개인의 정체감을 보다 긍정적으로 형성하고, 내면의 부정적 감정을 표출할 수 있게 도와준다(Oaklander, 1988, 김정규 외 역, 2006).

3) 미술매체

(1) 매체의 개념

매체란 미술에서의 회화, 조각 등 예술 표현의 수단 혹은 수단에 쓰이는 재료를 통틀어 가리킨다. 재료는 표현에 직접 쓰이는 것이고, 매체는 표현을 위한 매개가 된다. 미술치료에 있어 매체의 역할은 매우 크다고 볼 수 있다. 미술매체는 감성과 의식을 한꺼번에 일으키거나 세상과 소통하는 역할을 한다. 또한 모호하게 지각된 이미지에 대한 느낌을 표현하는 데 사용한다.

상담과정에서 내담자와 매체 사이에는 끊임없는 역동이 일어난다. 내담자의 에너지를 유발시키고 자기신뢰감과 자아존중감을 강화시켜 주는 역할을 한다. 미술치료에서 미술매체와 도구가 없으면 심상에 대한 내면의 이미지를 표현할 수가 없다.

가족상담에서 미술치료는 가족의 심리적인 문제를 해결하는 데 유용하고, 미술매체는 가족원의 심리를 측정하고 통제하는 중요한 역할을 한다. 가족원은 선호하는 매체가 있을 수 있으며, 기호가 바뀌거나 새로 경험하는 매체가 더 만족스럽게 느껴질 때도 있다(박현주 · 서명옥, 2013).

(2) 다양한 매체들

상담자는 상담에 의뢰된 가족의 특성과 상황들, 다양한 매체의 특성과 관계 등을 고려하여 가족원에게 가장 적절한 매체를 선택하는 것이 중요하다. 쉽게 사용이 가능한 것, 비싸지 않은 가격으로 구입이 가능한 것을 미리 준비해 두며, 잡지나 카탈로그, 카드, 종이, 쇼핑가방 등을 모아 두었다가 사용한다.

매체의 종류는 회화매체(연필, 펜, 크레파스, 목탄, 수채물감, 유화물감, 포스터컬러물감 등)와 조소매체(찰흙, 지점토, 컬러점토, 석고가루 등), 공예매체(수수깡, 색 철사, 각종 끈, 스티로폼) 등이 있다(박현주 · 서명옥, 2013).

(3) 매체 선택의 유의점

미술매체는 상담시간과 공간, 내담자의 상황에 따라 융통성 있게 선택해야 한다. 매체가 다양할수록 내담자들은 독특한 취미와 선호하는 형태를 찾아낸다. 단순하고 덜 구조화된 매체일수록 내담자의 심리적 투사가 쉽다. 비교적 쉽게 사용할 수 있는 제품으로 구입하는 것이 좋고, 각 매체에 대한 이해와 특성, 사용법을 잘 알아두는 것이 중요하다.

〈표 15-1〉 매체의 종류와 특성

종 류		특 성
종이류	신문용지	신문지, 잡지, 서적 인쇄용지. 내담자가 부담 없이 표현할 수 있다.
	도화지	수분의 흡수와 번짐이 그림 그리기에 적당함. 크레파스나 물감 사용
	아트지	종이의 한 면 혹은 양면이 윤이 나도록 만든 종이
	포장용지	크라프트지, 모조지, 유산지
	골판지	여러 종류의 종이가 겹친 것. 화장품이나 약품 등 상자 제조에 쓰임
	화선지	동양화에 주로 쓰이고 번짐 효과가 잘 나타나는 반면 쉽게 찢어짐
	창호지	누르스름한 색이며 보존성이 뛰어남
	기타	색한지, 마분지, 하드보드지, 셀로판지, 사포, OHP필름, 천 등
회화매체	연필	세밀한 표현과 수정이 가능하고 누구나 쉽게 사용
	색연필	크레파스보다 덜 번지고 섬세한 표현 가능. 강한 색의 표현은 어려움
	사인펜, 매직	수정이 어렵고, 진하여 명암을 표현하기 힘듦. 번짐의 효과(수성)
	크레파스	다양한 표현이 가능하고 사용하기가 간편함
	파스텔	색상이 화려하고 부드러우며 다루기 쉬움
	수채물감	뿌리기, 찍기, 번지기 등 다양한 표현, 넓은 면의 채색이 쉬움
	유화물감	발색이 뛰어나고 두껍게 채색할 수 있어 입체감 표현이 가능
	아크릴물감	속성건조, 불투명한 수용성으로 혼색이 자유롭고 색상이 선명, 두께감
	포스터컬러	물로 색상을 고르게 표현할 수 있고 색상이 선명
	기타	먹물, 잉크, 마블링물감, 한국화물감, 파스넷, 페이스페인팅물감, 풀물감

조소매체	찰흙	끈기가 있는 찰진 흙으로 가소성과 유연성이 뛰어남
	지점토	흰색의 종이 점토로 물로도 접착력이 뛰어나고, 색채 표현이 가능
	컬러믹스	착색을 따로 할 필요가 없고 색이 다른 점토끼리 혼합도 가능
	종이죽	기존 제품이나 신문지를 잘게 찢어 물에 불려 사용
	기타	석고, 목재, 비누, 양초 등
공예매체	수수깡, 우드락, 스티로폼, 스팽글, 털실, 빵끈, 철사, 리본끈, 빨대, 종이컵, 일회용 접시	
비정형매체	밀가루, 곡물류, 색모래, 면도크림	
도구	붓, 팔레트, 물통, 지우개, 자, 칼, 가위, 풀, 접착제, 테이프, 스펀지, 줄칼, 낚싯줄	

출처: 박현주 외 (2013).

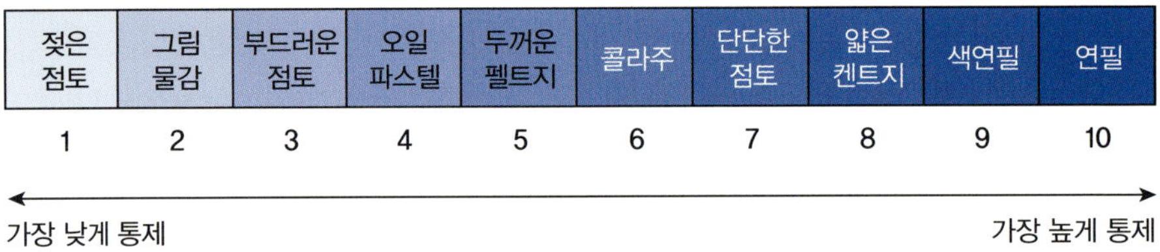

[그림 15-1] 미술매체의 특성

출처: 권기덕 외 (2000).

(4) 치료실 환경

가족미술치료는 기본적인 조건들을 갖춘 미술치료실에서 실시되는 것이 바람직하다. 내담자가 편안하게 작업할 수 있고 창조적인 과정에 도움이 될 수 있도록 구성하는 것이 중요하다. 가족원들은 평화로운 상태에서 보호받고, 미술작업을 통해 내면의 감정을 구체적으로 표현할 수 있다.

치료실이 너무 크거나 작으면 내담자가 위축감을 느끼거나 답답해할 수도 있다. 불안하거나 산만한 내담자라면 더욱 불편하고 불안할 수 있다. 치료실의 도구와 매체는 잘 정돈되어 있어야 내담자들이 매체를 선택하여 사용하기 쉬우므로 치료실 환경은 중요하다. 치료실의 적합한 환경은 다음과 같다.

① 사생활이 보장될 수 있는 장소로 안정감을 주어야 한다.
② 활동하기에 넓은 공간이어야 한다.
③ 실내온도가 적절하고 채광이 충분해야 한다.
④ 다양한 미술도구가 구비되어야 하고, 사용하기 편리하게 배치되어 있어야 한다.
⑤ 바닥과 벽은 청소하기 편한 재질이어야 한다.
⑥ 집단작업이 가능할 수 있는 공간이 확보되어야 한다.
⑦ 내담자의 미완성작품을 보관하거나 전시할 수 있는 수납장, 선반 등이 필요하다(출처: 정문자 외, 2013).

3 상담목표와 상담과정

1) 상담목표

가족미술치료의 목표는 첫째, 현재 가족의 문제해결에 도움을 줄 수 있다. 몸과 마음의 어려움을 경험하고 있는 가족을 대상으로 하여 가족원이 함께 표현하는 미술활동을 통해 심리상태를 진단하고 치료하는 것을 목표로 한다. 가족의 증상을 제거하고 장기간에 걸친 효과적 성장에 있어 자아분화[4], 갈등해소, 문제해결능력 향상 등의 목표를 갖는다. 이를 통해 가족원은 통찰력을 얻고 과거 정서적 경험의 원

4) 내적 또는 외적 정서적 압력에 자동적으로 반응하지 않고 스스로 생각할 수 있는 능력, 또한 불안에 직면하더라도 유연하고 현명하게 행동할 수 있는 능력을 말한다.

인과 결과를 이해할 수 있다. 둘째, 가족생활주기에 있어 발달단계에 일치하는 가족 과업의 촉진이다. 가족의 발달단계에 일치하는 자율적이고 주도적인 자기관리, 가족생활에 대한 만족 등이 상담목표이다. 미술작업을 통해 가족 간 심리적 거리를 관찰하는 등 가족의 변화하는 상황에 적용할 수 있다(권기덕 외, 2000).

2) 상담과정

가족미술치료에서는 다양한 미술기법과 표현을 활용하며, 상담과정에서 미술작업을 통해 자신을 통찰할 수 있게 도와준다. 그러나 그림으로 표현하는 모습으로만 내담자의 심리와 환경을 이해한다면 많은 오류를 범할 수 있다. 상담자는 반드시 그림이나 작품 속의 부분이 무엇을 의미하는지, 무엇을 가장 먼저 표현하였는지, 누구를 나타내는지, 왜 그것을 표현하게 되었는지, 활동을 하고 난 후의 느낌은 어떤지 내담자와 이야기를 나누어야 한다. 상담자는 모든 상황을 의미 있게 연결하여 생각할 수 있어야 한다.

첫 면접에서 가족원이 그린 최초의 그림을 가족구조의 평면도로 인식한다. 첫 그림에서부터 가족의 다양한 정보를 탐색할 수 있으며, 함축적인 가족체계의 개념을 사용하게 된다. 가족이 보다 만족스러운 체계를 조직하도록 돕고, 기존의 경직된 가족체계를 와해시키는 시도를 함으로써 가족의 변화에 개입한다.

가족원들이 미술작업을 하는 동안 외현적이고 함축적인 메시지에 대해 꾸준하게 관찰하는 것은 매우 중요하다. 가족의 역기능, 즉 미분화된 자아, 삼각관계, 부부의 부적응, 상호관계, 이중메시지, 가족동맹, 의사소통양식 등은 무엇인지 탐색한다. 상담자의 어떤 개입 없이 가족원이 그림을 그리는 활동만으로도 자신의 감정을 표현할 수 있도록 해주는데, 이를 바탕으로 한 상담과정은 다음과 같다(Oaklander, 1988, 김정규 외 역, 2006).

- 이 그림을 그리면서 어떤 기분이 들었나요? 어떤 과정에서 불편함이 있었나요? 그것을 지금 이야기해 줄 수 있나요?
- 가족이 함께 그림을 그리면서 어떤 기분이 들었나요? 그림 그리는 과정에서 어떤 이야기를 나누셨나요?
- 가족이 함께 협동 미술작업을 해보면서 어떤 느낌이었는지 이야기해 줄 수 있나요?

① 가족원으로 하여금 미술작업을 하는 과정에서 느낀 경험을 이야기하게 한다. 가족원들이 미술작업을 할 때 실제로 어떤 마음으로 접근하며, 작업을 했는지 내적 과정을 이야기하게 한다.

② 가족원 전체의 그림과 개인의 부분 그림이나 작품을 설명하게 하여, 가족 안에서 자기개방이 지속적으로 일어나게 한다. 모양과 형태, 색깔, 상징들, 사물과 사람을 설명하면서 좀 더 분명하게 묘사하도록 한다.

③ 가족원이 활동한 작품 가운데서 자신 혹은 가족원과 동일시할 수 있는 구체적인 부분을 골라보고, 그 대상이 되어 이야기를 해볼 수 있도록 한다.

- 여러 가지 색깔과 모양 가운데 이 파란 동그라미를 골랐네요. 그럼 이 파란 동그라미가 되어 당신의 이야기를 좀 더 해줄 수 있나요?
- 당신은 지금 무엇을 하고 있으며, 기분은 어떤가요? 이 파란 동그라미에게 지금 해주고 싶은 말이 있나요?

④ 다양한 질문을 통해 가족의 작품을 이해할 수 있어야 하며, 가족의 삶과 여러 가지 기능들, 가족관계 등에 대해 열려 있는 태도를 가져야 한다.

- 당신은 무슨 일을 하죠? 아버지는(엄마는) 어디서 무엇을 하고 계시죠?
- 당신과 가장 가까운 가족원은 누구인가요? 그럼 당신과 가장 멀다고 생각되는 가족원은 누구죠? 그 이유는 무엇일까요?

⑤ 가족이 함께 작품을 만드는 가운데 가족원들의 목소리, 자세, 침묵 등으로부터 중요한 단서를 발견해야 하며 불안의 요소를 찾아낸다.

⑥ 특별히 어떤 부분에 대해 강조할 때, 상담자는 내담자에게 좀 더 집중해서 들어주고 민감하게 알아차릴 수 있도록 도와준다.

- 이 사람은 어디를 가고 있나요? 이 사람은 지금 무엇을 하려는 걸까요?
- 지금 이 사람은 무슨 생각을 하고 있을까요? 그림을 보면서 어떤 느낌이 드나요? 당신은 지금 무슨 이야기를 해주고 싶나요?

⑦ 함께 그림이나 작품을 만들면서 새롭게 알게 된 내담자 가족 내의 실제 상황과 미해결과제에 대해 다시 작업한다.

- 이것은 당신 가족의 삶과 관계 있는 이야기인가요?
- 이것을 보면서 방금 무슨 생각을 했나요? 지금 하고 싶은 이야기가 있나요?

⑧ 그림이나 작품에서 빠진 부분이나 비어 있는 공간이 보이면 조금 더 관심을 기울이고 필요한 것을 질문한다. 누가 어떤 대답을 하는지 주의 깊게 본다.

⑨ 가족 내에서 이야기하기 편한 문제에 대해 먼저 하는 것이 좋으며, 그 이후에 슬프거나 어려운 문제들에 대해 다루어 보면 가족원들이 좀 더 쉽게 마음을 열 수 있다(Oaklander, 1988, 김정규 외 역, 2006).

3) 상담자 역할

가족미술치료 작업이 성공적으로 이루어지기 위한 상담자의 역할은 다음과 같다.

① 주의 깊게 경청하기: 상담자는 모든 눈과 귀를 열어 가족원들에게 온전히 집중하도록 노력해야 한다.

② 공감하기: 내면의 힘이 약하고 민감한 내담자들의 관심을 마음으로 느끼는 것이 중요하다. 상담 초기에 상담자만 내담자를 탐색하는 것이 아니라, 내담자도 상담자를 믿을 만한 대상인지 탐색한다. 내담자가 비밀스럽고 중요한 이야기를 꺼내는 것은 쉽지 않다.

③ 좋은 환경 제공하기: 상담자가 너무 앞서거나 뒤처지지 않게 내담자와 속도를 잘 맞추어 가야 한다. 강요하거나 가르치려고 하는 것은 내담자가 불편해하며 지나친 시도일 수 있다. 편안하고 안정감을 주는 상담환경을 제공하는 것이 중요하다.

④ 용기 주기: 가족이 미술작업에 대한 부담이 큰 경우, 예술적으로 평가하는 시간이 아님을 알리고 용기를 주어 매체들을 편안하게 사용해 보도록 돕는다.

⑤ 비밀 유지하기: 내담자를 보호하기 위해 작품이나 내담자에 대한 자료, 기록들을 안전하게 보관해야 한다.

⑥ 소중하게 다루기: 내담자의 작품은 다른 사람에 의해 손상되거나 부적절하게 다루어지지 않도록 안전한 장소에 잘 보관되어야 한다. 내담자가 표현한 이미지와 작품들은 가치가 있으며 내담자 스스로가 소중한 존재라는 생각을 가지도록 한다(박현주, 2013).

4 상담기법

1) 진단적 도구가 되는 미술작업들

(1) 가족화

가족화(Draw-a-Family: DAF)는 일반적으로 가족원에게 가족의 일부 혹은 전체를 그리게 하여, 마음속으로 느낀 가족의 분위기나 형태가 나타나도록 하는 미술기법이다. 가족원에게 종이를 제공하여 가족을 그려 보도록 하고, 그림 속에 있는 인물들과 자신의 그림에 대해 자유롭게 이야기해 보도록 한다.

가족원이 각각 무엇을 하고 있는지, 어디서 어떤 행동을 하고 있는지 그려 보게 한다. 얼굴표정, 느낌, 심리적 거리감도 느낄 수 있다. 구체적인 특징보다는 그림의 전체적인 형태가 중요하며 가족 안에서 갈등이 생기게 된 초기원인과 가족관계, 자기개념 등에 대해 알 수 있다(신민섭 외, 2003).

[그림 15-2] 가족화

(2) 동적 가족화

동적 가족화(Kinetic Family Drawing: KFD)는 가족화에 움직임을 첨가한 투사화로 가족의 역동성을 파악하기에 좋으며, 내담자가 주관적으로 느끼는 가족원들에 대한 내적 심상이 시각적으로 표현되는 미술기법이다. 내담자에게 자신과 가족을 모두 그리도록 하는데, '무언가를 하고 있는 내용'을 그려 보라고 지시한다. 가족 내에서 내담자에게 가장 영향을 많이 미치는 사람은 누구인지, 부정적인 영향을 끼친 인물에 대한 솔직한 감정이 드러날 수 있다.

[그림 15-3] 동적 가족화

(3) 동그라미 중심 가족화

동그라미 중심 가족화(Family-Centered-Circle Drawing: FCCD)는 원을 중심으로 가족을 그려보는 투사적 그림기법으로, 가족원에게 내재되어 있는 부모와의 관계를 통해 자신을 바라보고 접촉하는 방법이다. 대부분의 사람들에게 그들의 인생에서 가장 중심은 부모이다. 원의 중앙에 부, 모, 자신을 두고 원의 주변에는 각 인물에서 떠오르는 모습을 시각적 자유연상과 상징으로 그려보게 한다. 각 인물의 크기, 신체 부위의 묘사, 얼굴표정, 자신의 주변에 있는 인물과 이미지 등에 대한 해석을 한다(권기덕, 2000).

동그라미 중심 가족화를 통해 부모자녀관계의 다양한 구조나 역동, 분노감정 등을 파악하고, 내담자가 의도하지 않은 표현을 인식하게 되어 자신을 돌아볼 수 있는 기회를 준다. 종이의 가운데 원이 그려져 있으므로 내담자는 빈 공간일 때보다 편안한 마음으로 그림을 그릴 수 있고, 검사에 대한 저항이나 심리적 부담을 줄일 수 있다.

[그림 15-4] 동그라미 중심 가족화

(4) 가족체계 진단법

가족체계 진단법은 그림을 그리는 과정과 매체를 사용하는 방법, 의사소통 등을 통해 가족의 체계를 진단하고 상호작용의 형태를 평가할 수 있는 효과적인 가족 미술치료기법이다. 상담자는 가족이 하나의 작품을 시작하는 순간부터 과제를 수행하며 완성하는 동안, 가족체계를 형성하는 전 과정을 관찰하여 가족원들의 구체적인 행동을 기록한다.

먼저 면접에서 가족 전원이 하나의 미술작업에 참여하게 될 것이라는 것을 알려주어 저항을 감소시켜 준다. 첫 번째로 가족을 두 집단으로 나누어 비언어적으로 공동 미술작업을 실시하는데, 여기서 각 집단의 구성은 가족동맹을 나타낸다. 작업이 끝나면 의사소통을 할 수 있으며 서로 의논하여 작품에 대한 제목을 정하고 작품 위에 제목을 쓰도록 한다.

두 번째로 전 가족이 한 장의 종이에 작업을 하는데, 첫 번째와 마찬가지로 언어적 · 비언어적으로 의사소통하는 것이 금지되며 완성된 작품에 제목을 붙이는 동안만 이야기를 하도록 한다.

세 번째로 언어적 가족미술작업을 실시할 때에는 한 장의 종이 위에 가족원이 함께 그림을 그리며 모든 의사소통이 허용된 상태에서 작업할 수 있다. 전 과정은 단계별로 진행되도록 하며 상담자의 지시에 따라 작업을 시작하고 끝마치도록 한다.

상담자가 관찰해야 할 내용은, 누가 그림을 처음 시작하였는가? 나머지 사람들은 어떤 순서로 참가하였는가? 어느 가족원의 제안이 채택되고 무시되었는가? 각 가족원의 개입 정도는 어떠한가? 각 가족원의 위치는 어떠한가? 개인은 얼마나 많은 공간을 차지하였는가? 정서적 반응들이 있었는가? 작업은 협조적 혹은 개별적이었는가? 등이다. 이러한 정보는 상담자가 가족의 체계와 상호작용, 역할, 행동 형태를 이해하는 데 도움이 된다.

(5) 집-나무-사람 그림검사

집-나무-사람 그림검사(House-Tree-Person test: HTP)는 대표적인 투사적 그림검사로 가족원이 그린 사람, 집, 나무와 같은 대표적인 형상을 통해 성격이나 태도를 탐색할 수 있다. 그림을 통해 가족원 개인의 무의식적인 핵심감정이 드러날 수도 있으며 자기상, 신체상, 가족관계, 자신과 환경과의 관계, 성격구조에 영향을 미치는 가족상황 등에 대한 다양한 정보를 얻을 수 있다.

검사의 진행순서는 4장의 종이에 집, 나무, 사람을 순서대로 그려보도록 하고 상담자가 사후 질문과정을 진행한다. 집 그림은 가족원 내면에 가족관계나 가정생활에 대해 가지고 있는 표상이나 감정을 나타낸다. 나무 그림은 신체상이나 자기개념에 대한 무의식적 성격구조를 드러내며, 사람 그림은 좀 더 의식적인 수준에서 가족원이 가지는 자기개념, 자기에 대한 태도 등 여러 가지 감정이 투사되어 표현된다. 가족원이 가지는 그림 이면의 중요한 의미를 잘 파악하면 개인뿐만 아니라 가족상황을 이해하는 데 도움이 된다(신민섭 외, 2006).

[그림 15-5] 집-나무-사람 그림검사

(6) 동적 집-나무-사람 그림검사

동적 집-나무-사람 그림검사(Kinetic House-Tree-Person: KHTP)는 한 장의 종이 위에 집, 나무, 사람을 함께 그리는 것으로, 세 가지 그림의 관계 속에서 가족원의 성격을 보다 잘 이해할 수 있는 검사이다. 한 장의 종이 위에 집, 나무, 그리고 어떤 행동을 하는 사람의 전체 모습을 그려 보게 한다. 검사의 해석은 정신분석학적인 관점으로 해석하는 집-나무-사람 그림검사(HTP)와는 달리 발달적 체계를 강조한다. 전체로서의 인간을 보며 건강한 잠재력을 고찰하고 이해한다. 또한 생존과 자아실현, 소속감 등을 적용하여 해석한다.

(7) 빗속의 사람 그림검사

빗속의 사람 그림검사(Draw-a-Person-in-the-Rain test)는 내담자에게 종이에 빗속에 서 있는 사람을 그려 보도록 하여 현재 겪고 있는 스트레스의 양과 방어기제를 알아보는 검사이다. 비는 스트레스를 나타내고 비의 질은 그 사람이 느끼는 스트레스의 양을 나타낸다. 스트레스에 대한 방어기제는 우산, 비옷, 나무 등으로 나타난다고 본다. 내담자가 퇴행 없이 스트레스를 얼마나 잘 다루고 있는가에 대해 알아볼 수 있다(신민섭 외, 2006).

[그림 15-6] 빗속의 사람 그림검사

(8) 난화로 표현하기

난화는 종이에 아무렇게나 선을 그린 후 이미지화하고, 특정한 형체를 만들어 이야기해 보는 미술기법으로 내담자 내면의 탐색을 돕는다. 특별한 주제를 주지 않고 자유롭게 곡선, 직선을 그리므로 미술치료의 부담과 긴장감을 줄일 수 있다. 가족미술치료 작업으로 응용하여 '난화 이야기법'을 사용할 수 있다. 상담자와 가족원, 혹은 가족원들끼리 난화를 통한 심상의 형성을 표현한 후 연극처럼 상호 이야기를 만들어나가는 방법이다. 가족원이 난화에서 형체를 잘 찾지 못할 때에는 상담자가 먼저 찾아주어 작업에 대한 부담을 줄여 준다.

[그림 15-7] 난화로 표현하기

〈난화를 통한 가족 이야기 꾸미기(가족/집단)〉

① 상담자가 도화지에 틀을 그린다.
② 가족 중 한 명에게 6~8칸으로 나누게 한다. 가장 큰 칸에 작게 ×를 한다.
③ 가족이 그림을 그릴 순서를 정한다.
④ 상담자가 첫 칸을 시작하기도 하고, 첫 순서의 가족이 × 이외의 칸을 선택하여 난화를 그린다.
⑤ 다음 순서의 가족은 난화에서 이미지를 찾는다.
⑥ 이미지를 찾은 가족이 다시 × 이외의 칸을 선택하여 난화를 그린다.
⑦ 도화지를 받은 가족은 다시 난화에서 이미지를 찾아 그린다. × 칸을 제외한 모든 칸을 메운다.

⑧ 찾은 모든 이미지를 등장시켜 가족들이 이야기를 만들어 ×칸에 적는다.

⑨ 한 가족원에게 전체 이미지를 보면서 연필로 스토리를 쓰게 한다. 혹은 가족이 의논하여 적어도 된다.

⑩ 만들어진 이야기를 중심으로 가족들이 서로의 느낌을 나눈다.

출처: 한국가족놀이치료학회 (2022).

(9) 동적 학교생활화

동적 학교생활화(Kinetic School Drawing: KSD)는 동적 가족화(KFD)를 변형한 형태로서 아동이 학교상황에서 자신을 어떻게 지각하는지를 알아보기 위한 검사이다. 학교적응, 또래관계에 대한 정보를 알 수 있다. 학교에서 자신과 선생님, 친구 한 명 이상이 무엇인가 하고 있는 그림을 그려 보도록 한다. 그림을 해석할 때 내담자가 학교에서 자신의 모습을 어떻게 그리는지, 선생님이나 친구들에 대해 어떤 행동을 하는지 살펴본다(신민섭 외, 2006).

[그림 15-8] 동적 학교생활화

(10) 풍경구성법

풍경구성법(Landscape Montage Technique: LMT)은 도화지에 순서대로 '강, 산, 밭, 길, 집, 나무, 사람, 꽃, 동물, 돌, 만족하지 않다고 생각하는 것들'을 차례로 불러주어 그려 넣고 하나의 풍경이 되도록 채색하게 한다. 그리고 그림 속의 계절, 시각, 기후, 사람과 집 등의 관계에 대해 이야기한다. 내담자의 구성능력과 무의식의 심리를 알 수 있는 검사이다(최외선 외, 2006).

2) 치료적 도구가 되는 미술작업들

(1) 콜라주

콜라주(collage)는 종이나 다양한 소재의 물체를 풀로 붙여 장식하는 작업을 말하며, 그림이 많은 잡지나 신문 등에서 마음에 드는 사진을 오려 도화지에 풀로 붙여 표현한다. 여러 가지 재활용품이나 곡물, 자연물 등 다양하고 일상적인 물건들을 함께 사용할 수 있다.콜라주는 언어적 표현에 비해 표현이 더 쉽고 내담자가 정확한 자기감정을 전달하는 데 부담이 줄어들 수 있다. 내담자의 분노 노출하기, 희망에 대한 상징 등 다양한 감정을 표현한다. 그 외에도 천, 휴지, 스펀지, 레이스, 단추, 털실 등 접착제로 붙일 수 있는 다양한 매체로 활용이 가능하다. 가족이 함께 하는 콜라주 작업은 가족의 응집력을 높여 주며 가족원의 내면의 소망이나 부정적 감정을 상징으로 표현할 수 있다(Oaklander, 1988, 김정규 외 역, 2006).

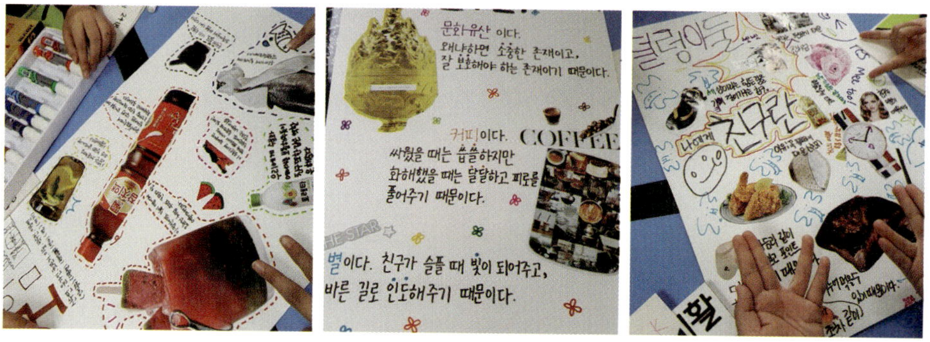

[그림 15-9] 콜라주 만들기

(2) 만다라 그리기

만다라는 개인의 삶의 영역, 즉 소우주 영역을 나타내므로 만다라를 제작하는 것은 지금의 내가 누구인지 보여 주는 개인적 상징을 만드는 작업이라고 할 수 있다. 가족미술치료에서 가족원이 집단으로 만다라 작업을 하면 거부감이 적고 편안하며, 어색했던 가족원을 이해하고 집단의 역동을 더 잘 나타낼 수 있다. 만다라 작업 전에 명상으로 긴장을 완화시키고, 작업하는 과정에서 느낀 감정을 다루는 것도 중요하다.

만다라는 기존의 문양에 크레파스, 색연필, 사인펜 등을 이용하여 색칠하거나 내담자가 만다라를 창작하여 그린다. 그 외에 다른 재료를 활용하여 만다라를 완성할 수도 있다. 만다라 작업에서 색채를 다양하게 사용할 수 있도록 하며 가족원의 자기이해, 기억과 감정을 통합하는 데 유용하다. 타인의 작품을 보고 느끼는 가족원의 감정에 대해서도 표현하고 수용해 준다. 가족원들이 만든 만다라를 모아서 나무를 꾸며 보거나 가족이 원하는 형태의 작품을 만들어 보는 등 가족응집력을 높이는 활동을 할 수 있다(박현주 외, 2013).

[그림 15-10] 만다라 그리기

(3) 나무 그리기

미술치료에서 나무는 자신을 상징적으로 나타내므로 내담자가 표현한 나무는 큰 의미를 갖는다. 가족원이 함께 그리는 나무그림을 통해 자신과 가족에 대한 이미지를 형상화시킬 수 있으며, 현재 내담자의 에너지 수준을 파악할 수 있다(박현주 외, 2013). 현재의 자신을 나무로 나타내면 어떤 나무가 될지 그려본다. 또 가족원이 함께 집단으로 꾸며서 완성한 나무가 어떤 나무인지 이름을 붙여 보고, 나무의 모양, 색, 장소, 건강상태, 날씨 등에 대해 이야기한다. 미래지향적인 나무를 그렸다면 현재의 모습은 어떤지, 미래의 나무와 다른 점은 무엇인지에 대해 이야기 나눈다.

[그림 15-11] 나무 그리기–희망나무

(4) 사포와 크레파스로 그리기

가족원들에게 사포의 까칠한 질감과 크레파스의 부드러운 서로 다른 질감을 먼저 느껴 보게 한다. 조화를 이루지 못할 것 같은 두 가지 매체가 서로 어울리게 변하는 모습을 본다. 상담자는 사포에 부분적으로 밑그림을 미리 그린 후 섞어 나누어 준다. 가족이 상호작용을 통해 혹은 개인의 느낌대로 다양한 표현을 해볼 수 있도록 한다. 개인의 그림이 완성되면 밑그림에 맞추어 사포를 나열해 본다.

사포와 크레파스로 그리기 작업은 가족의 마음과 생각을 나누는 상호작용으로 협동심과 공동체 의식을 높일 수 있고, 개인의 자존감과 자신을 표현할 수 있는 능력을 개발하여 성취감이 향상되는 작업이다. 두 가지 매체가 조화되는 과정과 작업 전후의 느낌도 나누어 본다(최선남 외, 2007).

[그림 15-12] 사포와 크레파스로 그리기

(5) 동물 가족화

동물 가족화(Animal Family Drawing Test: AFDT)는 가족원을 특정 동물로 표현하여 종이에 그려 보게 하고, 각 가족원을 표현하는 동물은 무엇이며 어떻게 표현했는지를 통해 가족 안의 다양한 역동을 알아보는 미술치료기법이다. 내담자가 직접 그림을 그리는 것이 어려운 유아나 아동의 경우 상담자가 여러 가지 동물 그림이 그려진 종이를 제시한다. 자신의 가족과 닮은 동물을 찾아보면서 가족특성과 역동을 생각하고, 적절한 동물을 찾아 오려서 표현할 수 있도록 한다. 동물 그림 자료를 오리고 도화지에 적절히 배치하여 붙여 보는 것은 내담자의 심리적 부담이 덜할 수 있다. 이를 통해 가족관계를 이해할 수 있고 가족원에 대한 부정적인 마음을 간접적으로 표출할 수 있다.

[그림 15-13] 동물 가족화

(6) 찰흙이나 점토로 만들기

찰흙이나 점토는 부드럽고 감각적이며 아무렇게나 주무를 수 있고, 연령에 상관없이 호감을 가질 수 있는 재료이므로 가족미술치료에서 사용하기 좋은 작업이다. 찰흙이나 점토가 갖는 유연성과 부드러움은 긴장된 내담자를 이완시키고 다양한 욕구를 표현하기에 좋다. 가족원에게 먼저 찰흙을 만질 수 있는 충분한 시간을 주고, 부드럽고 촉촉한 점토를 만지고 놀이하듯 주무르면서 무엇인가를 만들 수 있음을 안내한다.

또한 흙은 우리 마음속의 깊은 내적과정의 작업을 촉진시켜, 자신의 감정을 표출하고 상상력을 발휘한 작품을 만들 수 있게 한다. 불안과 두려움이 있는 사람들은 찰흙으로 통제감과 자신감을 느낄 수 있다. 이 작업은 언어에 지나치게 의존하지 않으면서 보다 편하게 자신을 표현할 수 있다. 가족원들은 찰흙놀이를 하면서 자신의 생각과 아이디어, 감정, 경험을 나누고 새로운 상호작용을 한다(Oaklander, 1988, 김정규 외 역, 2006).

그러나 통제나 억압이 심하고 흙이 지저분하다고 생각하는 사람은 이 작업을 힘들어 할 수도 있다. 그 대신 모형을 만드는 점토나 부드러운 플레이 도우는 어린 아이들이 다루기 쉽고 매우 유연해서 찰흙과 다른 추가적인 감각경험을 제공한다(Webb, 1991, 권영민 외 역, 2006).

[그림 15-14] 흙과 점토로 만들기

5 사례 연구

1) 개요[5)]

내담자 가족은 한부모 가정으로 44세 엄마와 18세, 15세의 두 딸과 11세 아들이 함께 가족 프로그램에 참석하였다. 내담자(모)는 결혼 후 경제활동을 전혀 하지 않았던 남편과 7년 전 이혼하고 세 자녀를 양육하고 있다. 가족의 호소문제는 내담자(모)의 건강이 좋지 않고 우울감이 있으며 내성적이라 타인과의 관계에 어려움을 겪고 있고 세 자녀를 양육하기에 경제적 · 심리적으로 부담이 많다. 매사에 자신감이 없고 한부모가 되면서 타인과 관계를 맺는 활동이 점점 힘들어졌다. 사춘기인 둘째 딸과 의견 충돌이 많고 자주 심하게 다툰다고 한다. 이혼 이후에 양육의 어려움과 경제적 문제로 인해 좋은 엄마가 되지 못했다는 죄책감을 가지고 있다.

큰 딸은 태권도 유단자로 고등학교 2학년이지만 대학 진학이 결정되어 있는 상태며, 성격이 밝고 가족을 잘 돌본다. 막내아들은 활발하고 축구를 좋아해서 운동을 계속하고 싶어 하지만 경제적 형편이 따라주지 않아 어떻게 해야 할지 걱정이다. 작은 딸은 자신의 이야기를 하기 싫어하고, 마음의 불만을 표정으로 많이 나타낸다. 상담실에 와서 엄마와 멀리 떨어져 앉아 있었고 가족들과의 신체적 · 심리적 거리가 멀게 느껴졌다. 남편은 이혼 후 전혀 연락이 되지 않고 양육비는 받은 적이 없다. 아이들이 커 가는데 남편이 아이들을 돌아보지 않아 서운함과 원망이 있다.

5) 이 사례는 재구성한 가상 사례이다.

2) 가족미술치료의 적용

내담자(모)는 이혼 이후 경제적 어려움이 오랜 시간 지속되어 신체적으로 허약하고, 심리적 부담감이 극심한 상황이었다. 우울감을 호소하는 내담자(모)의 심리상태를 가족이 이해하고 정서적 지지체계를 단단하게 재정비할 수 있도록 지지상담을 한다. 먼저 내담자(모)는 좋은 엄마로 살지 못했다는 죄책감과 미안한 마음을 감정카드와 바람사진카드를 활용하여 충분히 표현하게 하여 감정을 해소하게 한다. 자녀들도 함께 감정카드로 표현하고 내면에 감추고 있는 부정적 감정을 탐색하고 표현하는 시간을 가질 수 있다.

가족 미술치료기법으로 '만다라 그리기'와 '콜라주' 작업을 하면서 가족 안에서 표현하고 싶은 이야기를 다양한 매체를 통해 꾸며 보고 표현하는 시간을 갖는다. 막내아들이 그린 만다라 그림은 '소원이 이루어지는 밤'이라고 제목을 붙이는데, 축구를 좋아하고 잘하는데 집에 경제적인 여유가 없어 다른 친구들처럼 마음 놓고 하지 못하고 중학교에 가서도 계속하지 못할 것 같아서 속상할 때가 있다고 한다. 나중에 부자가 되어서 엄마도 고생 안 하고, 누나도 대학 가고, 본인도 축구를 계속하는 꿈을 꾼다는 이야기를 한다. 막내는 가족과 함께하는 활동이 좀 어색했는데 그림을 그리면서 기분이 좋아졌다고 한다. 이전에 무관심했던 감정의 변화와 느낌에 대해 나누어 보고, 자신의 의지를 보이면 충분히 지지해줄 수 있다.

네 명의 가족이 함께 '콜라주' 작업을 할 수 있다. 주제를 정하고 다양한 그림을 찾아 오려붙이고 글도 써보면서 각자의 원하는 생각을 들어 보고, 가족의 힘을 다져 희망의 메시지를 전달하는 시간을 가질 수 있다. 가족미술활동을 통해 오랜만에 색연필과 사인펜, 풀, 색종이 등의 미술매체를 접하게 되어 좋고, 현실은 불만족스럽고 불편한 부분이 많지만 가족 안에서 행복한 조건들을 더 많이 찾을 수 있다는 긍정적인 생각을 할 수 있다.

[그림 15-15] 바람사진카드, 감정카드

출처: 학지사 심리검사연구소.

[그림 15-16] 만다라 그리기

[그림 15-17] 가족 콜라주 만들기

활동하기 1

영화 〈지상의 별처럼〉을 감상하고 이야기를 나누어 봅시다. 난독증에 걸린 주인공 이샨은 가족과 친구들에게 관심을 받지 못하고 학교부적응을 보이고 있었는데, 진심을 다해 다가오신 선생님을 만나게 되면서 치유를 경험하게 되는 내용입니다. 또한 그림이라는 매체를 통하여 주인공은 난독증이라는 콤플렉스를 극복하고 자신감을 회복하게 됩니다. 이 영화를 시청하고 다양한 예술활동이 주인공 내면의 문제와 관계회복에 어떻게 기여했는지에 대해 분석해 봅시다.

활 동 하 기 2

1 가면 꾸미기 : 내가 아는 나, 남이 아는 나

① 종이가면, 콜라주 재료(잡지 외, 붙일 수 있는 다양한 재료들), 여러 가지 미술도구(사인펜, 유성펜, 가위, 풀 등)를 준비한다.

② 가면의 겉면에 '남이 아는 나'를 표현하고, 가면의 안쪽 면에 '내가 아는 나'를 표현한다. 다양한 콜라주 재료를 잘라 붙이거나 펜을 사용하여 자신의 성격과 특징을 적어 보고, 내가 인식하는 내면의 자기상을 파악한다. 반면 타인(부모님, 형제, 친구, 교사, 공동체)이 인식하는 나의 모습은 어떤 이미지인지 생각해 본다.

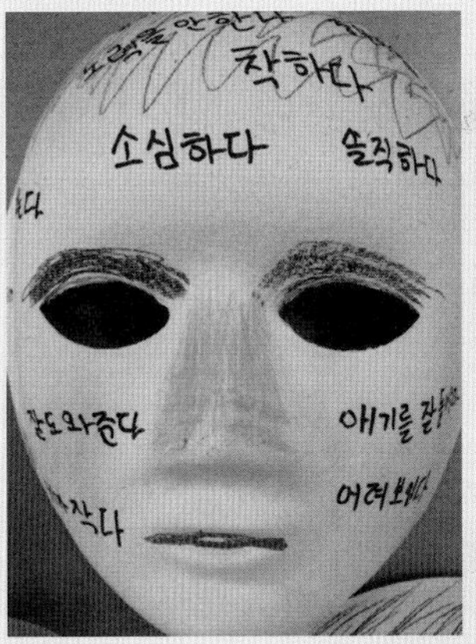

2 함께 나누어 봅시다.

- 표현하지 못한 나의 내면의 욕구는 무엇인지 생각해 본다. '불일치한 자기'와 '일치된 자기', '이상적인 자기'(되고 싶은 나)에 대해 알게 된 것이 있다면 같이 이야기 나누어 본다.
- 가족 안에서 부모자녀를 바라보는 불일치되고 부정적인 이미지는 없는가? 이전에 생각하지 못했던 나의 긍정적인 모습을 구체적으로 찾아서 적어 보자.
- 작업을 마친 뒤 느낌을 나누어 본다.

활 동 하 기 3

1 가족태양계 그리기

① 자신이 가족을 태양계에 비유해 이미지로 생각해 본다.

② 도화지 혹은 A4용지에 자신의 이미지를 표현한다. 하고 싶은 대로 자유롭게 그린다.

③ 가족/집단원 중 한 명이 자신이 그린 가족 태양계를 설명한다.

④ 나머지 구성원들은 상담자의 입장에서 다양한 질문을 한다.

⑤ 발표를 한 구성원은 어떤 질문이 자신의 가족에 대한 통찰을 하는 데 도움이 되었는지 피드백한다.

2 함께 나누어 봅시다.

- 작업을 마친 뒤 느낌을 나누어 보고, 이 경험을 통해서 무엇을 얻었는지 이야기한다.

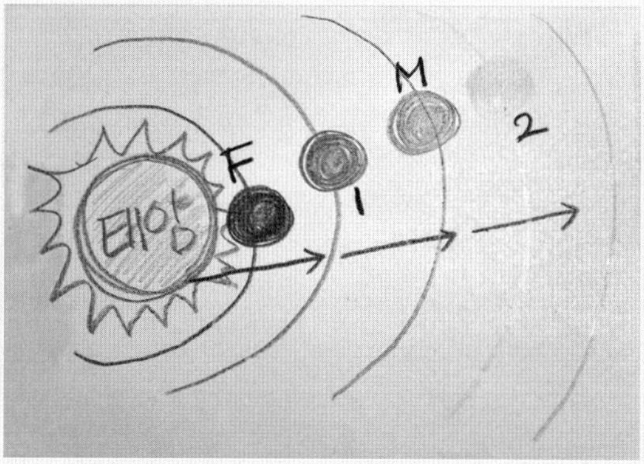

출처: 한국가족놀이치료학회 (2022).

/참/고/문/헌/

CHAPTER 01 가족상담의 개요

김유숙, 전영주, 김요완 (2017). **가족평가**. 서울: 학지사.

정문자, 정혜정, 이선혜, 전영주 (2018). **가족치료의 이해(3판)**. 서울: 학지사.

천정웅, 이형하, 이승민, 이정희 (2015). **이민다문화 가족복지론**. 경기: 양서원.

한재희 (2014). **한국적 다문화상담**. 서울: 학지사.

Freedman, J., & Combs, G. (1996). **이야기치료: 선호하는 이야기의 사회적 구성**. 김유숙, 전영주, 정혜정 공역 (2009). 서울: 학지사.

Kelvin. D. M., & White, J. M. (2000). **가족이론**. 김종천 역 (2000). 서울: 대학출판사.

McGoldrick, M. Gerson, E., & Shellenberger, S. (2011). **가계도: 사정과 개입**. 서울: 학지사.

Nichols, M. P., & Schwartz, R. C. (2001). **가족치료: 개념과 방법**. 김영애, 정문자, 송성자, 제석봉, 심혜숙, 김정책, 정석환, 김계현, 이관직 공역 (2002). 서울: 시그마프레스.

Reiter, M. D. (2018). **가족치료의 길잡이**. 정혜정 역 (2021). 서울: 학지사.

Whitchurch, G. G., & Constantine, L. L. (1993). Systems theory. In P. G. Boss, W. J. Doherty, R. Larossa, W. R. Schumm, & S. K. Steinmetz (Eds.). *Sourcebook of family theories and methods: a contextual approach* (pp. 325-352). NY: Pleum Press.

CHAPTER 02 가족상담 전달체계

김인숙 (2003). 가족지원기본법(안)제정의 배경과 내용. **한국사회복지학회 정책토론회자료집**, 12-20.

김춘경, 이수연, 이윤주, 정종진, 최웅용 (2016). **상담학 사전**. 서울: 학지사.

김태현 (2000). 가족상담서비스의 현황과 정책적 방향에 관한 연구. **한국가족관계학회지**, 5(1), 161-186.

김학종 (2015). 기업 내 상담의 운영 실태 및 과제에 대한 재고-삼성, LG, 현대, 롯데그룹을 중심으로. 신라대학교 사회복지대학원.

신혜종 (2015). 가족상담 및 치료의 현황과 과제: 일 학회 발표 사례를 중심으로. **가족과 가족치료**, 23(4), 781-800.

여성가족부 (2022). 2022 가족사업안내(I). 여성가족부.

온경자 (2009). 학교상담제도의 문제와 개선방안 연구-Wee센터의 운영사례를 중심으로. 원광대학교

행정대학원.
왕은자, 김계현 (2010). 기업상담 효과에 대한 세 관련 주체(내담자, 관리자, 상담자)의 인식비교분석. 한국상담학회 상담학연구지, 11(2), 641-656.
이선혜, 신영화, 서진환 (2005). 한국 가족치료의 현장과 인력: 전국기관 조사연구. **한국가족치료학회**, 13(1), 79-123.
전영주, 황경란, 양무희, 배덕경, 송정숙, 이복숙, 정수빈, 염은선 (2015). **가족상담 개념과 실제**. 서울: 신정.
정문자, 정혜정, 이선혜, 전영주 (2018). **가족치료의 이해**. 서울: 학지사.
조남정 (2019). 사설상담소 현황과 발전방안-전라북도를 중심으로. **한국지역사회학회**, 27, 115-130.
하혜숙, 김동일 (2007). 다시 생각해 본 성폭력 개입프로그램: 성폭력 가해자 교육 및 상담 구성을 위한 소고. **열린교육연구**, 15(2), 111-125.
한국건강가정진흥원 (2021). 2020년 가족지원사업 연간결과보고서. 한국건강가정진흥원.
한국건강가정진흥원 (2022). 2022년 가족사업안내. 여성가족부.
한국여성정책연구원 (2019). 2018년 전국다문화가족실태조사 연구. 여성가족부.
근로복지넷 www.workdream.net
대한민국 법원 www.scourt.go.kr
불교신문 www.ibulgyo.com
서울대학교병원 www.snuh.org
아산병원 www.amc.seoul.kr
여성가족부 www.mogef.go.kr
위키백과 ko.wikipedia.org
통계청 www.kostat.go.kr
한국가족치료학회 www.familytherapy.or.kr
한국건강가정진흥원 www.familynet.or.kr
한국교육개발원 www.kedi.re.kr /www.wee.go.kr
한국상담심리학회 krcpa.or.kr
한국상담학회 counselors.or.kr

CHAPTER 03 가족상담의 실제

김유숙, 전영주, 김수연 (2005). **가족평가핸드북**. 서울: 학지사.
김유숙, 전영주, 김요완 (2017). **가족평가**. 서울: 학지사.

이상선 (2017). 고위험 신생아 부모의 스트레스, 부부의사소통, 배우자 지지가 부모적응에 미치는 영향. 연세대학교 석사학위논문.

이원숙 (2016). **가족복지론**. 서울: 학지사.

정문자, 정혜정, 이선혜, 전영주 (2017) **가족치료의 이해**. 서울: 학지사.

조홍식, 김인숙, 김혜란, 김혜련, 신은주 (2017). **가족복지학**. 서울: 학지사.

Nichols, M. P. (2010). **가족치료: 개념과 방법**. 김영애, 김정책, 송성자, 심혜숙, 정문자, 제석봉 공역 (2011). 서울: 시그마프레스.

Olson, D. H., DeFrain, J., & Olson, A. K. (2000). **건강한 부부관계 만들기(Empowing Couples)**. 21세기 가족문화연구소 역 (2003). 경기: 양서원.

Reiter, M. D. (2018). **가족치료의 길잡이**. 정혜정 역 (2021). 서울: 학지사.

CHAPTER 04 대상관계 가족상담

김도애 (2009). **주머니속의 행복(개정판)**. 서울: 소담출판사.

김진숙 (2001). 대상관계이론의 상담적 적용에 대한 고찰. **상담학 연구**, 2(2), 327-344.

서혜석, 강희숙, 이미영, 고희숙 (2012). **가족치료 및 상담**. 경기: 공동체.

송정애 (2011). **가족상담의 이론과 실제**. 경기: 양서원.

임종렬 (2005). **대상관계이론 집중과정**. 서울: 한국가족치료연구소.

장진아 (2014). **한눈에 보는 프로이트와 대상관계이론**. 창원: 경남가족상담연구소.

최규련 (2012). **가족상담 및 치료**. 경기: 공동체.

최영민 (2013). **대상관계이론을 중심으로 쉽게 쓴 정신분석이론**. 서울: 학지사.

한재희, 김영희, 김용태, 서진숙, 송정아, 신혜종, 양유성, 임윤희, 장진경, 최규련, 최은영 (2013). **부부 및 가족상담(한국상담학회 상담학 총서 5)**. 서울: 학지사.

Cashdan, S. (1988). **대상관계치료**. 이영희, 고향자, 김해란, 김수형 공역 (2005). 서울: 학지사.

Frankland, A. (2014). **대상관계 심리치료 실제 : 사례로 보는 치료 안내서**. 김진숙 역 (2019). 서울: 학지사.

Hamilton, N. G. (1990). **대상관계 이론과 실제**. 김진숙, 김창대, 이지연 공역 (2007). 서울: 학지사.

Hamilton, N. G. (1996). **심리치료에서 대상관계와 자아기능**. 김진숙, 김창대, 이지연, 윤숙경 공역 (2008). 서울: 학지사.

Nichols, M. P. (2010). **가족치료: 개념과 방법**. 김영애, 김정택, 송성자, 심혜숙, 정문자, 제석봉 공역 (2011). 서울: 시그마프레스.

Scharff, J. S., & Scharff, M. D. (1991). **대상관계 가족치료 Ⅰ: 이론과 기법**. 이재훈 역 (2006). 서울: 한

국심리치료연구소.
Scharff, J. S., & Scharff, M. D. (1995). **초보자를 위한 대상관계 심리치료**. 오규훈, 이재훈 공역 (2008). 서울: 한국심리치료연구소.
Stadter, M. (1996). **대상관계 단기치료**. 이재훈, 김도애 공역 (2006). 서울: 한국심리치료연구소.
현대정신분석연구소 www.kicp.co.kr

CHAPTER 05 다세대 가족상담

김학준 (2014). 인터넷 커뮤니티 '일베저장소'에서 나타나는 혐오와 열광의 감정동학. 서울대학교 석사학위논문.
이부덕 (2007). 영성적 가족치료: 다면적 접근이론과 실제. 한국가족치료학회 춘계학술대회 자료집.
정문자, 정혜정, 이선혜, 전영주 (2017). **가족치료의 이해**. 서울: 학지사.
Bowen (1978). *Family Therapy in Clinical Practice*. NY: Jason Aronson.
Goldenberg, I., & Goldenberg, H. (2000). 김득성, 윤경자, 전영자, 전영주, 조명희, 현은민 공역 (2001). **가족치료**. 서울: 시그마프레스.
Kerr, M. E., & Bowen, M. (1988). **보웬의 가족치료이론**. 남순현, 전영주, 황영훈 공역(2005). 서울: 학지사.
McGoldrick, M., Gerson, R., & Shellenberger, S. (1992). **가계도: 사정과 개입**. 이영분, 김유숙, 정혜정 공역 (2005). 서울: 학지사.
Titelman, P. (1998). *Clinical application of Bowen family systems theory*. NY: The Haworth Press.
Torman, W. (1993). **형제자리와 가족상담**. 김도애, 황경란 공역 (2009). 경남가족상담연구소 출판부.

CHAPTER 06 경험적 가족상담

고영수 (2015). 사티어 변형체계치료를 경험한 내담자의 변화과정연구. **가족과 가족치료**, 23(1), 115-134.
김영애 (2019). **사티어 빙산의사소통**. 김영애가족치료연구소.
김영애 (2020). **사티어 경험주의 가족치료: 이론과 실제**. 김영애가족치료연구소.
이영분, 신영희, 권진숙, 박태영, 최선령, 최현미 (2008). **가족치료 모델과 사례**. 서울: 학지사.
이화자, 최연실 (2010). 사티어 성장모델과 비폭력 대화모델에 기반한 부부집단치료 프로그램의 개발과 검증: 질적 분석을 중심으로. **한국가족치료학회지**, 18(1), 131-156.
전영주, 황경란, 양무희, 배덕경, 송정숙, 이복숙, 정수빈, 염은선 (2016). **가족상담: 개념과 실제**. 서울: 신정.

정문자 (2007). **사티어 경험적 가족치료.** 서울: 학지사.

정문자, 정혜정, 이선혜, 전영주 (2013). **가족치료의 이해.** 서울: 학지사.

최승애 (2016). 사티어 변형 체계적 치료를 경험한 내담자의 사례 분석. **상담학 연구: 사례와 실제, 1**(1), 83-107.

최진태, 황경애 (2011). 중년여성의 자존감 향상을 위하여 사티어 변형 체계적 치료를 적용한 상담사례연구. **한국가족치료학회지, 19**(1), 53-76.

황경애 (2010). 사티어 변형 체계적 지료를 적용한 미혼여성의 상담사례연구. **한국가족치료학회, 18**(2), 109-134.

Nichols, M. P. (2014). **가족치료: 이론과 실제.** 김영애 역 (2015). 서울: 시그마프레스.

Smith, R. (2006). **결혼생활의 거짓말.** 이순주 역 (2006). 서울: 북앳북스.

CHAPTER 07 구조적 가족상담

김용태 (2000). **가족치료 이론.** 서울: 학지사.

김유숙 (2014). **가족치료 이론과 실제.** 서울: 학지사.

김혜숙, 박주현, 이영주, 임상록 (2012). **가족상담 및 치료.** 서울: 신정.

송성자 (2004). **가족과 가족치료.** 서울: 법문사.

정문자, 정혜정, 이선혜, 전영주 (2012). **가족치료의 이해.** 서울: 학지사.

최규련 (2008). **가족상담 및 치료.** 서울: 공동체.

한재희, 김영희, 김용태, 서진숙, 송정아, 신혜종, 양유성, 임윤희, 장진경, 최규련, 최은영 (2013). **부부 및 가족 상담.** 서울: 학지사.

Aponte, H. J. (1994). **빵과 영혼.** 엄예선 외 공역 (1995). 서울: 하나의학사.

Diane Gehart (2014). **가족상담 및 심리치료 사례개념화-이론 및 임상사례 기반의 실제적 접근- 2판.** 이동훈, 김지윤, 강민수, 양모현, 이화정, 김예진, 신지영, 서현정, 양하나, 정보영, 조은정, 최순정, 양순정 공역 (2021). 서울: 학지사.

Minuchin, S. (1974). **가족과 가족치료.** 이명홍 역 (1988). 서울: 이화여자대학교.

Minuchin, S., Nichols, M. P., & Lee, W. Y. (2007). **부부 · 가족상담의 4단계 모델.** 오진미, 신희천, 유계식, 김만권 역 (2007). 서울: 시그마프레스.

Nichols, M. P., & Schwartz, R. C. (2001). **가족치료: 개념과 방법.** 김영애, 정문자, 송성자, 제석봉, 심혜숙, 김정책, 정석환, 김계현, 이관직 공역 (2002). 서울: 시그마프레스.

CHAPTER 08 전략적 가족상담

김용태 (2000). 가족치료이론. 서울: 학지사.

김유숙, 전영주, 김수연 (2003). 가족평가핸드북. 서울: 학지사.

류경남, 최수정 (2006). 가족상담심리 용어사전. 서울: 학지사.

양승은 (1995). 전략적 가족치료모델. 이화여대 사회복지학회편. 가족치료총론. 서울: 동인.

정문자, 정혜정, 이선혜, 전영주 (2012). 가족치료의 이해. 서울: 학지사.

Fisch, R. (1965). Resistance to change in the psychiatric community. *Archives of General Psychiatry*, *13*, 359-366.

Goldenberg, I., & Goldenberg, H. (2000). 가족치료. 김득성, 윤경자, 전영자, 전영주, 조명희, 현은민 공역 (2001). 서울: 시그마프레스.

Haley, J. (1964). Research on family patterns: an instrument measurement. *Family Process*, *2*, 41-65.

Jackson, D. D. (1965). The study of the family. *Family Process*, *4*(1), 1-20.

Madanes, C. (1981). 전략적 가족치료 이론과 사례. 오창순 역 (1998). 아시아미디어리서치.

Nichols, M. P. (2010). 가족치료: 개념과 방법. 김영애, 김정책, 송성자, 심혜숙, 정문자, 제석봉 공역 (2011). 서울: 시그마프레스.

CHAPTER 09 인지행동 가족상담

김유숙 (2014). 가족치료 이론과 실제 3판. 서울: 학지사.

김진숙, 권석만 (2010). 부부신념 척도개발. 한국심리학회지, 28(2), 460-475.

(사)한국가족치료학회 (2017). Norman Epstein박사의 인지행동부부가족치료의 실제. (사)한국가족치료학회 하계워크숍.

송성자 (2004). 가족과 가족치료. 서울: 법문사.

송정아, 최규련 (2011). 가족치료 이론과 기법. 서울: 하우.

양명숙, 김동일, 김명권, 김성회, 김춘경, 김형태, 문일경, 박경애, 박성희, 박재황, 박종수, 이영이, 전지경, 제석봉, 천성문, 한재희, 홍종관 공저 (2018). 상담이론과 실제 2판. 서울: 학지사.

유영달 (2017). 상담의 이론과 실제. 서울: 창지사.

유영주, 이창숙 (2002). 부부행복찾기 II. 서울: 신정.

전영주, 황경란, 양무희, 배덕경, 송정숙, 이복숙, 정수빈, 염은선 (2016). 가족상담: 개념과 실제. 서울: 신정.

정문자, 정혜정, 이선혜, 전영주 (2012). **가족치료의 이해**. 서울: 학지사.

정민선, 서진희, 최연실 (2022). 인지행동치료의 최근 동향과 부부 · 가족치료적 함의-수용-전념치료(ACT)와 통합적 행동 부부치료(IBCT)를 중심으로-. **가족과 가족치료, 30**(2), 69-91.

최규련 (2008). **가족상담 및 치료**. 서울: 공동체.

최규련 (2015). **부부문제와 부부상담**. 서울: 신정.

Aaron T. Beck (1988). **사랑만으로는 살 수 없다**. 제석봉 역 (2001). 서울: 학지사.

Becvar, D. S., & Becvar, J. (2013). **가족치료 체계이론적 통합(8판)**. 정혜정, 이형실, 윤경자, 이동훈 공역 (2016). 서울: 시그마프레스.

Dattilio, F. M., & Padesky, C. A. (1990). **부부를 위한 인지치료**. 곽욱한, 김영란, 김윤정, 남주영, 박영애, 조정혜 공역 (2010). 서울: 학지사.

Dattilio, F. M. (2010). **커플 및 가족을 위한 인지행동치료**. 김진숙 역 (2020). 서울: 학지사.

Long, L. L., & Young, M. E. (2007). **부부상담과 치료**. 이정연 역 (2009). 서울: 센게이지러닝.

Nichols, M. P., & Schwartz, R. C. (2001). **가족치료: 개념과 방법**. 김영애, 정문자, 송성자, 제석봉, 심혜숙, 김정책, 정석환, 김계현, 이관직 공역 (2002). 서울: 시그마프레스.

Nichols, M. P. (2010). **가족치료 이론과 실제**. 김영애 역 (2011). 서울: 시그마프레스.

Nichols, M. P. (2010). **가족치료: 개념과 방법**. 김영애, 김정택, 송성자, 심혜숙, 정문자, 제석봉 역 (2011). 서울: Pearson Korea.

Wright, J. H., Brown, G. K., Thase, M. E., & Basco, M. R. (2019). **인지행동치료 2판**. 김정민 역 (2019). 서울: 학지사.

CHAPTER 10 해결중심 단기치료

정문자, 이영분, 김유순, 김은영 (2019). **해결중심 가족상담**. 서울: 학지사.

정문자, 정혜정, 이선혜, 전영주 (2012). **가족치료의 이해**. 서울: 학지사.

Bannink, F. (2009). **1001가지 해결중심 질문들**. 조성희, 신수경, 이인필, 김은경 공역 (2015). 서울: 학지사.

Dejong, P., & Kim, I. B. (1998). **해결을 위한 면접**. 노혜련, 허남순 공역 (2017). 서울: 박학사.

Kim, I. S., & Szabo, P. (2005). **해결중심단기코칭**. 노혜련, 김윤주, 최인숙 공역 (2013). 서울: 시그마프레스.

Reiter. M. D. (2014). **가족치료 사례개념화**. 정혜정 역 (2016). 서울: 학지사.

CHAPTER 11 이야기치료

김유숙, 고모리 야스나가, 최지원 (2013). **놀이를 활용한 이야기치료**. 서울: 학지사.

송정숙, 배덕경, 전영주 (2014). 학령기 자녀를 둔 양육미혼모에 대한 이야기치료 단일사례연구: 부모됨의 정체성 재구성을 중심으로. **한국가족치료학회지, 22**(4), 323-345.

이선혜 (2008). 내러티브접근의 가족치료사적 의의와 한국 가족치료 발전에 대한 함의. **한국가족치료학회지, 16**(1), 43-62.

정문자, 정혜정, 이선혜, 전영주 (2012). **가족치료의 이해**. 서울: 학지사.

Freedman, J., & Combs, G. (1996). **이야기치료: 선호하는 이야기의 사회적 구성**. 김유숙, 전영주, 정혜정 공역 (2009). 서울: 학지사.

Morgan, E. (2000). **이야기치료란 무엇인가?**. 고미영 역 (2013). 서울: 청목출판사.

Nichols, M. P. (2010). **가족치료: 개념과 방법**. 김영애, 김정택, 송성자, 심혜숙, 정문자, 제석봉 공역 (2011). 서울: 시그마프레스.

White, M., & Morgon, E. (2006). **어린이와 가족을 위한 이야기치료**. 최민수 역(2010). 서울: 시그마프레스.

White, M. (2007). **이야기치료의 지도**. 이선혜, 정슬기, 허남순 공역(2010). 서울: 학지사.

CHAPTER 12 통합적 가족상담

김한나 (2008). 유치부 아동의 전인적인 성장을 위한 통합절충 가족치료 연구. 강남대학교 대학원 석사학위논문.

유영주, 김순옥, 김경신 (2008). **가족관계학(제2개정판)**. 서울: 교문사.

유옥 (2012). **가족상담 및 치료의 이론과 실제**. 서울: 동문사.

이상복 (2007). **통합절충 가족치료**. 서울: 강남대학교 출판부.

이현주, 엄명용 (2012). 이혼위기 부부의 통합적 부부치료 사례연구. **한국가족치료학회, 20**(2), 201-224.

정문자 (2008). 한국 가족의 문제와 관련된 변인의 발달단계별 탐색. **한국가족치료학회지, 16**(1), 5-11.

정수경 (2000). 문제유지통합모델을 적용한 가족치료 사례연구. **정신보건과 사회사업, 9집**.

최경석, 김양희, 김성천, 김진희, 박정윤 (2006). **한국 가족복지의 이해(제3판)**. 서울: 인간복지.

Long, L. L., & Young, M. E. (2007). **부부상담과 치료**. 이정연 역 (2009). 서울: 시그마프레스.

Nichols, M. P. (2010). **가족치료: 개념과 방법**. 김영애, 김정택, 송성자, 심혜숙, 정문자, 제석봉 공역 (2011). 서울: 시그마프레스.

Olsen, D. (1993). **통합적인 가족치료**. 윤상철 역 (2006). 서울: 쿰란.

Schwartz, R., & Sweezy, M (2020). **내면가족체계치료**. 김춘경, 배선윤 공역 (2021). 서울: 학지사.

Spiegel, L. (2017). **아동과 함께하는 내면가족체계치료**. 신인수, 김아신 공역 (2020). 서울: 하나의학사.

CHAPTER 13 가족놀이치료

김수정 (2013). **가족치료놀이**. 경기: 공동체.

김유숙, 고모리 야스나가, 최지원 (2013). **놀이를 활용한 이야기치료**. 서울: 학지사.

신현정(2019). **치료놀이의 이해와 적용**. 서울: 학지사.

염숙경 (2009). **아동의 증상과 특성별 놀이치료**. 서울: 학지사.

정문자, 제경숙, 이혜란, 신숙재, 박진아 (2013). **아동심리상담**. 경기: 양서원.

山中康裕, 김유숙 (2005). **모래놀이 치료의 본질**. 서울: 학지사.

Booth, P. B., & Jernberg, A. M. 편저. **치료놀이**. 윤미원, 김윤경, 신현정, 전은희, 김유진 공역 (2021). 서울: 학지사.

Bowers, N. R. (2013). **가족놀이치료: 가족을 위한 협력적 접근**. 김유숙, 최지원, 김사라 공역. 서울: 학지사.

Carey, L. J. (1999). **모래놀이치료**. 이정숙, 고인숙 공역 (2002). 서울: 하나의학사.

Corey, G. (2001). **심리상담과 치료의 이론과 실제**. 조현춘, 조현재 공역 (2003). 서울: 시그마프레스.

Oaklander, V. (1988). **아이들에게로 열린 창**. 김정규, 윤인, 이영이 공역 (2006). 서울: 학지사.

Rivett, M., & Street, E. (2009). **가족치료의 실제: 100가지 핵심기법**. 가족연구소 마음, 박의순 역 (2013). 서울: 시그마프레스.

Schaefer, C. E., & Cangelosi, D. M. (1993). **놀이치료기법**. 이순행, 김은하, 주현숙, 박유미, 전경숙, 이유진 공역 (2009). 서울: 시그마프레스.

Schaefer, C. E., & Carey, L. (1994). **가족놀이치료**. 성영혜, 김현숙, 유가효, 송정아, 최영희, 이경화 외 공역 (1997). 서울: 상조사.

Webb, N. B. (1991). **위기에 처한 아이들을 위한 놀이치료**. 권영민, 김미정, 노혜숙, 엄연주, 조영미, 조혜숙, 한찬숙 공역 (2006). 서울: 학지사.

한국가족놀이치료학회 (2022). 가족놀이치료 워크숍.

코리아 보드게임

마인드 프레스

학지사 심리검사연구소

신라대학교 가족상담센터

CHAPTER 14 가족인형치료

김용태 (2000). 가족치료 이론. 서울: 학지사.

정문자, 정혜정, 이선혜, 전영주 (2012). 가족치료의 이해. 서울: 학지사.

최광현 (2008). 가족세우기 치료 : 가족문제에 대한 통찰과 해결. 서울: 학지사.

최광현 (2013). 인형치료 : 트라우마 가족치료에 대한 적용. 서울: 학지사.

한재희, 김영희, 김용태, 서진숙, 송정아, 신혜종, 양유성, 임윤희, 장진경, 최규련, 최은영 (2013). 부부 및 가족상담. 서울: 학지사.

Corey, G. (2001). 심리상담과 치료의 이론과 실제. 조현춘, 조현재 공역 (2003). 서울: 시그마프레스.

Hamilton, N. G. (1990). 대상관계 이론과 실제. 김진숙, 김창대, 이지연 공역 (2007). 서울: 학지사.

Nichols, M. P. (2014). 가족치료 이론과 실제. 김영애 역 (2015). 서울: 시그마프레스.

Payne, J. L. (2006). 가족세우기. Prafulla 역 (2008). 서울: 샨티.

한국가족놀이치료학회 (2022). 가족놀이치료 워크숍.

경남가족상담연구소

코리아 보드게임

신라대학교 가족상담센터

한국인형치료학회

학지사 심리검사연구소

Guidecraft

CHAPTER 15 가족미술치료

권기덕, 김동연, 최외선 (2000). 가족미술치료. 서울: 동아문화사.

박현주, 서명옥 (2013). 미술치료의 매체활용법. 서울: 학지사.

신민섭, 김수경, 김용희, 김주현, 김향숙, 김진영, 류명은, 박혜근, 서승연, 이순희, 이혜란, 전선영, 한수정 (2006). 그림을 통한 아동의 진단과 이해. 서울: 학지사.

정문자, 제경숙, 이혜란, 신숙재, 박진아 (2013). 아동심리상담. 경기: 양서원.

최선남, 김갑숙, 전종국 (2007). 집단미술치료. 서울: 학지사.

최외선, 이근매, 김갑숙, 최선남, 이미옥 (2006). 마음을 나누는 미술치료. 서울: 학지사.

Oaklander, V. (1988). 아이들에게로 열린 창. 김정규, 윤인, 이영이 공역 (2006). 서울: 학지사.

Webb, N. B. (1991). 위기에 처한 아이들을 위한 놀이치료. 권영민, 김미정, 노혜숙, 엄연주, 조영미, 조혜숙, 한찬숙 공역 (2006). 서울: 학지사.

한국가족놀이치료학회 (2022). 가족놀이치료 워크숍.

찾/아/보/기/

인명

내용

저자 소개

전영주
Purdue University 아동발달가족학과 박사
현) 신라대학교 상담심리복지학과 교수
저서: 뉴노멀시대의 결혼과 가족(2021), 커플상담과 신경생물학(2019),
가족치료의 이해(2018), 가족상담 개념과 실제(2016)

염은선
신라대학교 가족학과 박사
현) 신라대학교 가족상담센터 사무국장
저서: 뉴노멀시대의 결혼과 가족(2021), 가족상담 개념과 실제(2016)

황경란
신라대학교 가족학과 박사과정 수료
현) 조은아동가족상담소 소장
저서: 뉴노멀시대의 결혼과 가족(2021), 가족상담 개념과 실제(2016),
가족학의 핵심개념(2013)

배덕경
신라대학교 가족학과 박사과정 수료
현) 부산광역시 청소년상담복지센터 상담원
저서: 가족상담 개념과 실제(2016), 가족학의 핵심개념(2013)

송정숙
신라대학교 가족학과 박사과정 수료
현) 미담가족상담센터 센터장
저서: 뉴노멀시대의 결혼과 가족(2021), 가족상담 개념과 실제(2016),
가족학의 핵심개념(2013)

이복숙
신라대학교 가족학과 박사과정 수료
현) 부산광역시건강가정지원센터 가족상담전문위원
저서: 뉴노멀시대의 결혼과 가족(2021), 가족상담 개념과 실제(2016),
가족학의 핵심개념(2013)

21세기 가족상담

초판발행 2022년 9월 10일 **1판 1쇄** | 2025년 9월 10일 **1판 2쇄**

지은이 전영주 염은선 황경란 배덕경 송정숙 이복숙

펴낸이 최용구 | **펴낸곳** 도서출판 **신정**
주소 (04316) 서울시 용산구 원효로 89길 19 (원효로1가)
전화 02)3211-4782, 0266(영업부), 3211-4783(편집부), 3211-4784(팩스)
이메일 sjbook2002@naver.com | **홈페이지** www.sjbook.co.kr
등록 2001년 5월 11일 제13-702호
기획마케팅 최용구 장만동 최충구 진소희 | **책임편집** 석기은 황가연

ISBN 978-89-5912-818-1 93330
정가 28,000원